조선은 망할 수밖에 없었다

1권

팩트(facts)로 보는 조선과 일본
그리고 청, 열강의 1850-1905년의 역사

조선은 망할 수밖에 없었다 1권

초판 1쇄 발행 2022년 6월 2일

지은이 이행기
펴낸이 장현수
펴낸곳 메이킹북스
출판등록 제 2019-000010호

디자인 장지연
편집 김한솔
교정 강인영
마케팅 장윤정

주소 서울특별시 구로구 경인로 661, 핀포인트타워 912-914호
전화 02-2135-5086
팩스 02-2135-5087
이메일 making_books@naver.com
홈페이지 www.makingbooks.co.kr

ISBN 979-11-6791-175-9(93910)
값 18,000원

ⓒ 이행기 2022 Printed in Korea

잘못된 책은 구입하신 곳에서 바꾸어 드립니다.
이 책의 전부 또는 일부 내용을 재사용하려면 사전에 저작권자와 펴낸곳의 동의를 받아야 합니다.

홈페이지 바로가기

메이킹북스는 저자님의 소중한 투고 원고를 기다립니다.
출간에 대한 관심이 있으신 분은 making_books@naver.com로 보내 주세요.

이행기 지음

조선은 망할 수밖에 없었다

1권

팩트(facts)로 보는 조선과 일본
그리고 청, 열강의 1850-1905년의 역사

메이킹북스

서문

　우선 이 서문을 읽어 주시는 여러분께 진심으로 감사의 마음을 전합니다. 이 책은 한글로 번역된 56년 치의 철종실록, 고종실록과 승정원일기 그리고 38년 치의 비변사등록 외에 300여 권의 책, 250여 편의 학술 논문, 90여 편의 석박사 학위 논문 등 640여 편을 참고했습니다. 이들 자료에서 저자들의 해석이나 주장은 빼고, 오직 역사적 사실(facts)만을 찾아내서 정리했습니다.
　역사 전공자가 아닌 제가 이 책을 쓰게 된 동기는 단순합니다. 그것은 조선은 아무런 문제가 없었는데 이완용 등 이른바 '을사오적'이 조선을 팔아먹어 망했는가 하는 것이었습니다. 과연 그런가 하는 의문이 오랫동안 없어지지 않았고, 이 문제가 우리에게 매우 중요한 것임을 깨달았습니다.
　이후 여러 조선 근대사 책들을 봤지만 역사적 사실들이 서로 인과관계에서 설득력이 약하거나, 중간중간 단절과 비약이 심해 책들을 볼수록 머리가 더 혼란해졌습니다. 일본, 청나라, 러시아, 영국, 미국 등의 움직임과 조선 근대사를 연계해서 보면 더욱 그랬고, 조선 근대사의 숲을 볼 수가 없다는 것이 저의 솔직한 심정이었습니다. 또 기업은 "육대주 오대양"을 "일터"로 삼아 뛰고 있는데, 역사는 집 "마당" 안에만 머물러 있는 것도 이해가 되지 않았습니다. 이것을 해결하는 방법은 조선 근대사를 단순히 조선사에 국한해서 살피는 대신, 지역학(area study)적인 관점에서 조선 외에 동시대에 조선에 영향을 준 나라들의 역사, 정치, 군사, 외교, 경제, 과학, 문화 등을 폭넓게 살펴봐야 한다고 생각했습니다.

목마른 놈이 우물 판다고, 그래서 약 7년 전부터 우물을 파기 시작했습니다. 처음에는 1800년부터 1910년까지 111년간의 조선과 일본 그리고 열강의 움직임을 보려고 했습니다. 그런데 1850년 전까지 자료의 양이 상당히 불규칙하여 제외시켰고, 1906-1910년은 자료가 너무 많아 역시 제외시켰습니다. 이것을 마치고 보니, 여기저기 많이 부족하다는 것을 느낍니다.

솔직히 이 책은 재미있는 책은 아닙니다. 오히려 고통스럽고 지루할 수 있습니다. 저도 이것 때문에 포기하려고 여러 번 망설였습니다. 그러나 이런 책이 한 권쯤은 꼭 있어야 한다는 생각을 버리지 않고 지금까지 버텨 왔습니다. 이 과정을 통해 저의 머릿속에 어지럽게 흐트러져 있던 역사의 레고 조각들이 교체되기도 하고 많이 조립되기도 했습니다. 여러분의 머릿속에도 혼란한 역사의 레고 조각들이 있어서, 이 책을 통해 약간이라도 조립이 된다면 여러분의 시간과 돈이 아깝지 않을 텐데, 과연 얼마나 그 일을 할 수 있을지 두려움이 앞섭니다.

'악마는 디테일에 있다'는 말과, '믿음의 세계에 거짓이 많고 의심의 세계에 진실이 많다'는 말을 여러분도 많은 지적 혼란을 느끼면서 경험하시리라 생각합니다. 끝으로 어려운 출판 시장 상황에도 이 책을 출판하는 데 흔쾌히 동의해 주신 메이킹북스의 장현수 사장님께 다시 한번 감사드립니다.

이행기

목차

서문   4

1800년~1849년 조선의 역사   22

10세의 순조 즉위와 수렴청정 | "장차 몇 시절이나 지탱"할지 걱정한 대왕대비 | '애절양' | 1810년의 굶주린 백성의 수 | 홍경래의 난 | "소방의 미약한 힘으로 어떻게 제때에 초멸할 수 있었겠습니까?" | 세자 책봉에 관한 청 황제의 '칙서'와 '고명' 내용 | 급격히 줄어든 강화부의 군량 | 과거제의 폐단 | "얻은 것은 항아리 하나의 저축" | "반드시 망하게 될 뿐입니다" | 왕이 불태우게 한 흉서 | "속국 중에서 가장 공순하다" | 왕세손 책봉의 칙서와 조서 | 궁중의 사치와 탐관오리 | 순조가 지적한 과거제의 문제점 | 7세의 헌종 즉위와 수렴청정 | 헌종 책봉의 칙유 | 프랑스 신부 처형 | 아편전쟁 정보를 입수한 조선 | 1848년의 과거제 실상 | 18세의 철종 즉위와 수렴청정

1800년~1849년 일본의 역사   35

막부, 쇼군, 번, 번주 | '산킨고타이' | 조정과 막부의 관계 | 서양 지식에 개방적이었던 막부 | 인구조사 | 인체 해부도 '해체신서' | 국방강화와 해외진출 | 오사카와 에도 농민들의 생활 | 종합세계지리서와 대백과전서 | 러시아에 대한 경계심 | 청국의 외국 정보 수준 | '대일본연해여지전도' | 《신론》 | 쇄국책 | 지볼트 사건 | 해외팽창론 | 아편무역이 중요한 영국과 인도 | 오시오 헤이하치로의 난 | 모리슨호 사건 | 데키주쿠 | 아편전쟁 | 고도칸 | 백과사전 《후생신편》 | 포술교육, 반사로, 내화벽돌 | 덴포개혁 | 신수급여령 | 난징조약 | '해방팔책' | 네덜란드 국왕의 개국 권고 | 대형 선박 건조허가 요청 | 미국 함대의 에도 출현 | 석탄 중간 공급지 | 혁명의 해 1848년 | 조선의 연호 사용

1850년 조선   50
암행어사도 눈물을 흘렸다 | "거꾸로 매달린" 것 같은 백성 | 왕릉과 묘지 수리비

1850년 일본   52
대총제조방 | 함풍제 즉위와 태평천국의 난 | 빛의 속도 측정

1851년 조선   54
인구의 3%가 죄수 | "고리대금업자가 이자놀이" 하는 것 같은 세금징수 | 조운선 고의 침몰 | 이명섭 모반사건

1851년 일본   56
사쿠마 쇼잔 | 일본 최초의 신문 | 해저 케이블, 지구자전 증명, 세계 박람회

1852년 조선   57
우의정과 좌의정의 호소 | "당장 무슨 변이 일어날 듯" 불안해하는 좌의정

1852년 일본　　　　　　　　　　　　　　　　　　　　　　58

슈세이칸 | 요시다 도요 | 미국함대의 방문 계획을 통보받은 막부 | 러시아의 사절단 파견 | 나폴레옹 3세 즉위 | 《해국도지》

1853년 조선　　　　　　　　　　　　　　　　　　　　　　60

"궁핍한 백성을 보는 것은 어찌 그리도 야박하단 말입니까" | "모두가 죽음에 빠지게" 될 것을 염려하는 영의정 | 경상북도에서 발견된 흉서

1853년 일본　　　　　　　　　　　　　　　　　　　　　　62

에도 앞바다에 출현한 '구로후네' | 미국 대통령의 국서 | 총의 도면을 그리게 한 번주 | 번주들의 의견을 물어 개항을 결정한 막부 | 인재육성과 해군건설론 | 이사가와지마 조선소 | 대형 선박 건조 허용 | 러시아 사절단의 방문 | 요시다 쇼인의 밀항 실패 | 대외교섭 사료집 완성

1854년 조선　　　　　　　　　　　　　　　　　　　　　　66

영의정의 호소 | 고향을 떠나는 백성들 | "백성을 잃은 지 오래되었습니다" | 병조가 한심한 병조판서 | 싸움판이 된 과거장 | 러시아 제독의 조선 방문 보고

1854년 일본　　　　　　　　　　　　　　　　　　　　　　69

일미화친조약 | 페인트, 증기기관차, 전신 | 밀항에 또 실패한 요시다 쇼인 | 일영화친조약 | 함선 제조 기술 습득 노력 | 러시아와 국경선 확정 | 네덜란드 국왕의 해군교육 제의 | 네덜란드 장교의 일본해군 창설 건의 | 후쿠자와 유키치와 사카모토 료마

1855년 조선　　　　　　　　　　　　　　　　　　　　　　73

신하를 만나지 않는 왕 | 돈이 없는 병조와 경기도 | 호조의 재정난 | 옛날과 싸우는 유생들

1855년 일본　　　　　　　　　　　　　　　　　　　75
해군교육 시작 | '양학소'

1856년 조선　　　　　　　　　　　　　　　　　　　77
탐관오리의 처벌을 호소하는 대신들 | 호조판서와 병조판서의 상소 | 능을 옮기는 비용 | 가구당 2냥 이하의 구휼금 | 조선 점령을 건의한 프랑스 제독

1856년 일본　　　　　　　　　　　　　　　　　　　80
33세에 곱셈, 나눗셈을 배웠다 | 지중해 진출이 좌절된 러시아 | 애로우호 사건 | 미국 총영사 부임 | '쇼카손주쿠' | 네안데르탈인 화석

1857년 조선　　　　　　　　　　　　　　　　　　　83
"미치광이" 좌의정의 절규 | 궁전 수리비 등 | 칙사 대접에 군량미까지 동원

1857년 일본　　　　　　　　　　　　　　　　　　　85
아무르 지역을 탐내는 러시아 | 일미화친조약 개정 | 통상조약 체결 의사를 표명한 막부 | 제2차 네덜란드 군사교관단

1858년 조선　　　　　　　　　　　　　　　　　　　87
여전히 곤궁한 병조와 호조 | 재산을 뺏기는 부자들 | 궁전 수리비와 구휼비

1858년 일본   89

안세이 5개국 조약 | 안세이 대옥 | 암살 시도, 에도 유학, 영어 공부 | 일미수호통상 조약 | 톈진조약 | 아이훈 조약

1859년 조선   92

"조석을 보전하지 못할 것" 같다는 철종 | "극한 지경"에 이른 진주 | 침묵하는 언관과 신하를 만나지 않는 임금 | 조선인 범죄자는 조선에서, 일본인 범죄자는 쓰시마에서 처벌 | 상소하면서 돈을 뜯는 유생들 | 군량미까지 동원한 궁전과 왕릉 수리

1859년 일본   95

네덜란드 해군교육 완료 | 초대 주일 영국공사 부임 | 톈진조약 무효를 선언한 청 | 《종의 기원》

1860년 조선   97

"매질하고 긁어내어 흩어지고 쓰러지는" 백성들 | 군기고에 화약이 없었다 | 전국 관청의 돈을 동원하여 궁전 수리 | 안세이 5개국 조약 체결 통보 | '열하문안사' 파견 결정

1860년 일본   99

미국방문 사절단의 충격 | 사절단의 기록과 건의 | '사쿠라다문 밖의 변' | 함풍제의 피신과 러시아의 연해주 획득 | '만엔킨'

1861년 조선   102

"피맺힌 간절한 마음을 토로"한 좌의정 | 왕의 문란한 생활을 직언하는 영의정 | "흉년이든 풍년이든 불쌍한 사람은 백성" | 병조의 1천 냥도 궁전 수리비에 | "참으로 예의의 나라이다" | 러시아와 조선의 국경선 확정

1861년 일본   105

해군의 해외 유학 건의 | 러시아군의 쓰시마 점령 | '항해원략책'과 존황양이파 | '도사 근왕당' | 외국군의 요코하마 주둔 | '총리아문' | 동치제 즉위와 서태후 | 남북전쟁, 농노해방

1862년 조선   109

진주민란 | 경상도, 충청도, 전라도의 민란 | "눈물을 닦아도 그칠 줄을 모릅니다" | "그토록 맹목적인 헌신과 존경, 복종을 배우지 않았더라면" | 창고가 빈 호조와 병조

1862년 일본   112

분큐사절단과 런던각서 | 분큐사절단의 문명 탐방 | 네덜란드에 최초의 유학생 파견 | 계속되는 암살, 습격, 방화 사건 | 비스마르크 수상

1863년 조선   116

경상도의 가장 작은 고을 | 사망 3개월 전 "다급해하는" 철종 | 좌의정의 사직상소에 나타난 실상 | 프랑스 선교사가 본 조선인의 정신 상태 | 고종 즉위와 수렴청정 | 동학의 실상과 최제우의 체포 | 1863년의 회계부

1863년 일본   119

'상락'과 시모노세키 포격 사건 | '조슈 파이브'의 영국유학 | 사츠에이 전쟁 | 8.18사변 | 사카모토 료마의 각오 | 이홍장의 편지

1864년 조선   122

1월부터 돈이 없는 호조 | 대왕대비가 본 조선 | 도고를 폐지하라 | 조운선 고의 침몰 | 나태한 무관과 잡과의 실상 | 27만 냥을 횡령한 관리 | 최제우 사형

1864년 일본   126

'이케다야의 변'과 '금문의 전투' | 제1차 조슈정벌 | 사쿠마 쇼잔의 암살 | 시모노세키 전쟁과 히코시마 | 가이텐 궐기 | 27세 외교책임자의 헌책 | '막부는 유한하지만 일본은 무한하다' | 《만국공법》

1865년 조선   131

대보단과 만동묘 | "생산이 모조리 텅텅" 비었다 | 경복궁 중건 결정 | 원납전 515만 냥 | 장부에는 16만여 석, 실제는 1만여 석 | 강화부의 군사 대비 태세

1865년 일본   135

시바타사절단과 조선소 건설 계약 | 주일 영국공사의 포함외교 | 사츠마번의 유학생 파견 | '만국공법' 학습 열풍 | 청국 세관 총세무사의 상주문

1866년 조선   138

수렴청정 철렴 | 병인박해 | 병인양요 | 왕비 책봉 의식 | 제너럴셔먼호 사건 | "상국(上國)"의 공문이 있어야 교역을 할 수 있다 | 전선(戰船) 수리 비용 | 강화도 백성들에 1만 냥 | 원납전 액수와 수령직, 초사직 | 전선수리비와 강화도 구휼금의 규모

1866년 일본   143

《서양사정》| 삿쵸동맹 | 요코스카 제철소 건설 시작 | 개세약서 | 민중들의 봉기 | 제2차 조슈정벌 | 막부 내부의 '대정봉환(大政奉還)' 의견 | "이 한목숨 이슬같이 사라진다 한들 무슨 한이 남으랴" | 붕괴되기 한 해 전에도 유학생을 보낸 막부 | 빈춘사절단 | 보오전쟁과 북독일 연방 탄생

1867년 조선　　　　　　　　　　　　　　　　　　　　　　148

슈펠트 제독의 방문 | 야도 마사요시의 정한론 | 문을 무보다 더 중요시하는 왕과 대신들 | 원납전과 무기 수리비 | 구휼금 1만 4천 냥 | 당백전 주조 중단과 호전의 폐해

1867년 일본　　　　　　　　　　　　　　　　　　　　　　152

파리로 간 시부사와 에이이치 | 프랑스 장교의 부국강병 건의 | 조선과 프랑스, 미국 간의 화해를 추진한 막부 | 삿도맹약 | 대정봉환 | '왕정복고의 대호령' | 미국, 알래스카 매입

1868년 조선　　　　　　　　　　　　　　　　　　　　　　156

미국 군함 쉐난도호의 방문 | 포격을 받은 쉐난도호 | 5개월간 원납전과 인건비 비교 | 사형 집행의 사례들 | 국경선에 대한 고종의 지식 | 일본 외교문서 접수 거부

1868년 일본　　　　　　　　　　　　　　　　　　　　　　160

도바-후시미 전투 | 열강의 신정부 승인 | 조약 체결권자는 천황 | 조선의 '인신무외교' | 쇼군의 항복 | '정체서'와 태정관 제도 | 에도 무혈 입성 | '5개조어서문' | 막부 지지 세력의 저항 | 에노모토 다케아키의 저항 | 청의 벌링게임 사절단 | 조선, 청, 일본의 인재육성

1869년 조선　　　　　　　　　　　　　　　　　　　　　　166

"나라가 나라로 유지되지 못한다" | 가혹한 세금에 시달리는 백성 | 처참한 주거환경 | 함경도 백성들의 러시아로의 집단탈주 | 종친의 과거 특채와 난장판이 된 과거장 | 경상도와 전라도의 민란 | 외교문서 접수 거부 이유 | 정현덕과 안동준

1869년 일본   170

판적봉환 | 전신 부설과 전신망 | '쇼콘샤'와 '야스쿠니 신사' | 국력배양 우선론 | 일본 최초의 주식회사와 '엔' | 관제 개혁, 징병제 | 대륙간 철도, 수에즈운하, 주기율표

1870년 조선   173

왕릉과 종묘 수리비와 조총 제작비 | "서양오랑캐"들도 "중국 성인의 가르침에 다 감화될 것" | 월급도 못 주는 경상감영 | 기아에 허덕이는 백성 | 러시아로 넘어간 백성들, 잘 살고 있었다 | 서계를 수정한 일본 외무성 | 조선과의 조약 체결 의사를 표명한 미국

1870년 일본   177

공부성, 공부대학교 | 가쓰라 다로 | 대(對)조선 강경론 | 청국과의 수교 결정 | 미국의 재정·통화정책 조사 | 농민봉기 | 보불전쟁

1871년 조선   181

신미양요 | 로우 공사의 철수 결정 | 척화비 설치와 우의정의 '정신승리' | 서원 철폐와 유생들의 저항 | 영해민란 | 군기조성소에 10만 냥 | '외무성'과의 접촉을 거부하는 조선

1871년 일본   185

해외유학생 규칙과 우편제도 | 조폐공장, '신화조례', 금본위제, '엔' | 폐번치현 | '일청수호조규'와 조선의 지위 | 류큐인 피살 사건 | 이와쿠라 사절단의 출발 | 베르사이유 궁전에서 탄생한 독일제국 | '파리 코뮌'

1872년 조선   189

외무성 관리 접촉을 거부하는 조선 | 계속되는 일본 외무성의 회견 요청 | '관왜난출' | 외무성 관리들의 조선 철수 | 외무성의 왜관 접수와 '대일본공관' | 경복궁 중건 비용 783만 냥 | 9개 고을 수재민에 3천 냥

1872년 일본   193

기상관측 시작 | 프랑스 군사고문단, 도미오카 제사장 | 백성들 간에 도는 소문 | '학제' | 일본 최초의 철도 | '국립은행' 조례 | 이와쿠라 사절단의 미국 방문 | 일본의 반성을 촉구 | 정치제도, 운하와 물류비, 마찰과 도로 | 영국 방문 기록 | 일본의 낙후 원인 | 이홍장의 중국 사대부 비판

1873년 조선   199

궁전공사에 반대하는 상소 | 사신들의 허위 보고 | 일본을 모멸한 동래부사 | 최익현의 대원군 비판 상소 | "이미 300년 동안을 신하로서 섬겨" 온 조선

1873년 일본   203

징병령 | 농민폭동 | 잿더미가 된 황궁 | 심각한 재정적자 | 청국 대신의 답변 내용과 양계초 | 목례로 청 황제를 알현한 외무경 | 조선에 군대파견과 특사파견의 대립 | 사이고 다카모리의 낙향 | 비스마르크의 충고

1874년 조선   209

역관 오경석과 영국 서기관의 대화 | 중국어를 모르는 사신들 | 백만 냥이 드는 전각 세 채 건설 | "시를 지어서 적을 물리치겠습니까?" | 군인명부는 빈 장부 | 수재민 구휼금 규모 | 세금이 아니라 약탈이었다 | 아내를 팔고 아들을 팔게 만드는 환곡제도 | 우의정의 일본에 관한 인식과 정보 수준 | 고종과 암행어사의 대화 | 일본에 대해서 아는 것이 없었다 | 일본에 서계 수정을 요청

1874년 일본 216

일본군의 대만 출병 | 대만 출병에 대한 일본 측 논거 | 일본에 배상금을 지불한 청 | '민선의원설립 건백서' | '사가의 난' | 육군사관학교, 의사시험제도 등 | 서계를 수정한 외무성 | 광서제 즉위, 몰트케의 연설, 캐번디시 연구소

1875년 조선 220

연호를 '광서'로 사용 | "작은 나라"의 감격 | 청국 황제에게 곡하고 "만세"를 외치는 고종 | 서양대례복과 행사장 정문 출입을 거부 | 서계 접수 거부 결정 | 일본 공관원의 귀국 | 운요호 사건 | 일본 전권대신의 부산 도착 | 강화도 복구비 75%는 현지 조달 | 세입의 3배를 지출하는 호조 | 방납과 도고의 문제점 | "모든 법도가" 무너졌다는 고종

1875년 일본 228

대조선 정책 | '입헌체제 수립에 관한 조칙' | 사할린과 쿠릴열도 | 거문도 점령을 건의한 주일 영국공사 | 조선에 특사 파견 결정 | 조선 정벌을 주장하는 건백서들 | 폐도령 | 이홍장의 중국 유학자 비판

1876년 조선 232

강화도조약 체결에 대한 청의 충고 | 세 차례의 회담 | '서술책자'에 나타난 조선의 입장 | 강화도조약 | 서계 접수거부에 대한 조선의 해명 | 일본의 무기류 기증 | 고종과 신헌의 대화 | 조약 책자 전국에 배포 | 최익현의 강화도조약 반대 상소 | 고종도 개탄한 무기상태 | 수신사 김기수 임명 | 김기수의 귀국 보고 | 〈무역규칙〉 조인 및 수출입세 면세 | "죽고 싶어도 죽지 못해 러시아로 흘러들어가는 사람들" | 가뭄, 경복궁 화재

1876년 일본　　　　　　　　　　　　　　　　　　　243

조선의 '속방' 논쟁 | 김기수의 방문 일정 | 외무성이 준비했던 일정 | 김기수의 조선 내 위치 | 보이지 않는 '가이드라인' | 마음껏 시찰하라는 일본과 곧 돌아가야 한다는 김기수 | 김기수의 고뇌 | 이노우에의 충고 | 김기수의 방문 소감 | 수신사의 귀국 | 회계학 연구서, 서양식 부기법 | 오가사와라 제도 편입 | 헌법기초제정 칙어 발표 | '질록처분'과 사무라이들의 불만 | 사무라이들의 반란 | 일본, 청, 조선의 철도 | 민간기업 독려 | 과학사 | 타자기, 탄산음료

1877년 조선　　　　　　　　　　　　　　　　　　　254

궁궐의 절제를 호소하는 영의정 | 1876년의 회계부 | 거지에게 5전씩 | 서울 관아에 곡식이 바닥났다 | 계속되는 조운선 침몰 | 급여를 못 받은 훈련도감 병사들 | 일본의 개화 지원 의사

1877년 일본　　　　　　　　　　　　　　　　　　　257

세이난전쟁 | 박람회, 전화, 콜레라 | 공부대학교, 동경대학 등 | 이홍장과 곽숭도의 사대부 비판 | 러터전쟁과 일본의 정보력

1878년 조선　　　　　　　　　　　　　　　　　　　260

서원 복설을 요구하는 유생 1만 명 | "머리끝부터 다 병들었다" | 리델 신부 석방을 명령한 청 황제 | "상국 지휘" | 리델 신부가 본 조선 감옥 | 군의 실상과 치안 상태 | 암행어사가 보고한 삼남 지방 | 일본 수입품에 대한 과세 시도 | 이동인

1878년 일본　　　　　　　　　　　　　　　　　　　266

농민반란 | 오쿠보 도시미치의 암살 | 일본공사의 시베리아 횡단 기록 | 다케바시 사건과 '군인훈계' | 《특명전권대사 미구회람실기》 | 러시아의 지중해 진출 좌절 | 곽숭도의 한탄

1879년 조선 270

"단 하루도 보전하지 못할 것 같습니다" | "부자와 부부가 하염없이 서로 바라볼 뿐 어떻게 해야 할지" 모르는 백성들 | 사신과 고종의 '정신승리' 대화 | 일본군함 시찰을 거부한 훈련대장 | "차라리 외교란 말을 하지 말고 앉아서 제 나라나 지키는 것이 더 낫지 않겠습니까?" | 고종이 본 위급한 조선

1879년 일본 275

콜레라로 10만여 명 사망 | 홍콩과 일본 신문 내용 | 청에서 나온 조선의 개국 문제 | 전 미국 대통령의 청과 일본 방문

1880년 조선 277

미국의 조선과의 조약 체결 시도 | 수신사 김홍집의 출발 | 무기제조술을 배우려는 "작은 나라" | 김홍집의 복명 | 고종과 영의정의 《조선책략》 대화 | 《조선책략》 비판 상소 | 함경도 백성들에게 내린 교서 | 열 집에 아홉 집은 빈 북방 | "상하가 빈곤에" 허덕였다 | 일본공사의 부임과 무기류 기증

1880년 일본 283

미야코제도와 야에야마제도 | '흥아회' | 김홍집의 일본 도착과 외무경의 조언 | 《조선책략》의 내용 | 재정악화와 마쓰가타 마사요시 | 참모본부장의 군사력 증강 강조 | 이홍장의 슈펠트 초청

1881년 조선 288

유생 1만 명의 《조선책략》 비판 상소 | 김홍집의 사직상소 | 황재현과 홍시중의 《조선책략》 비판 상소 | 홍재학, 신섭 등의 《조선책략》 비판 상소 | 청국 칙사에 은 7천 냥 | 별기군 | 수구파 비판 상소 | 조사시찰단의 귀국 보고 | "가난을 편안히 여기게 만드는" 안빈낙도 | 이재선 사건 | 김윤식의 상소 | 세자 결혼식 비용은 12만 냥 | "나라 일은 날로 잘못되고" | 대궐 내의 문제점과 기강. 치안

1881년 일본 298

국회 개원 조칙 발표 | 가네코 겐타로와 우에키 에모리 | 조선의 방문단 | '마쓰가타 디플레이션' | 미국과의 협상을 피한 조선 | 이리 지방을 획득한 청 | 알렉산더 3세

1882년 조선 303

조미수호조약 체결 | 조미수호조약의 내용 | '속방조회문' | 속방조회문을 무시한 미국 | 임오군란 | 어윤중과 김윤식의 대원군 제거 건의 | 대원군 납치 | "대국과 너희 조선은 임금과 신하의 관계" | 청국군, 왕십리와 이태원 습격 | 제물포조약 | 묄렌도르프, 마건상 | 30세 고종의 결의 | 척양비 제거 | 27세 지석영의 상소 | "마음으로는 옳게 여기면서 입으로는 그렇지 않다고 하는" | 〈조중상민 수륙무역장정〉 | 고종의 하유

1882년 일본 315

이토, 헌법연구를 위해 유럽 방문 | "귀국 일은 언제나 토할 듯 토하지 않을 듯하니, 이러고서 일이 될 것인가" | '속방' 조항을 둘러싼 이홍장과 슈펠트의 대립 | 불공정조약 개정 회담과 주일 영국공사 | 일본의 조선 파병 결정 | 청국의 조정 제의를 거부한 일본 | 미국, 조선이 독립국임을 일본에 통보 | 군비확장 논의 | 청 내부의 대일 주전론 | 임오군란 사죄사 파견 | 무라타 총과 탄약 5만 발 기증 | 37세의 '일본은행' 초대 총재 | 군비확장 계획과 증세 | 박영효를 만난 주일 영국공사

1883년 조선 322

무너지는 공권력 | 배로 귀국하는 것을 허락받지 못한 조선 사신 | 보빙사 파견 | '조일통상장정'과 관세권 회복 | 청국인이 남대문에 내건 '방문' | '조영수호조약' | "조선은 청나라의 속국이므로 본토와 같이 본다" | 한성순보, 전환국, 혜상공국, 해관

1883년 일본 328

4년 전 유학생과의 약속을 지켜 세운 회사 | 22세의 기술자가 입안한 비와호 건설 | 주청 영국공사 파크스 | '조일통상장정'에 대한 유럽 공사들의 불만 | 보빙사의 미국 시찰과 귀국 | 배에서 유교 서적만 읽은 민영익 | 영국, 조선에 총영사 파견 결정 | '만국공법' 번역가가 본 청과 일본의 차이점

1884년 조선 332

'한성순보' 사건 | 세계표준시 확정 국제회의 | 청국군 1,500명 철수 | 민영익의 귀국 보고 | "광명세계로 들어갔다가 이제 또다시 암흑세계로 돌아왔다" | 좌절된 고종의 의복간소화 시도 | 거의 공석이 된 주진독리 | 변리공사로 강등된 미국공사 | 2천 년 전 중국 사람에 대한 시험을 치는 조선 | 호조판서와 영국 총영사 | 갑신정변 | 청국군과 일본군의 교전 | 부친들의 자결 | 청년들에게 희망을 가졌던 김옥균 | 한성조약 | 고종의 결의 | 유학을 떠난 윤치호

1884년 일본 341

1년간 유럽시찰에 나선 육군경 | 헌법제정을 위한 조직 구축 | 화족령 | 미쓰비시 나가사키조선소 | 청불전쟁 | 세계표준시 확정 | 주청 영국공사와 갑신정변 해결 방향 | 주청 영국공사, 거문도 점령을 건의 | 청국의 갑신정변 해결 방침 | 일본의 갑신정변 해결 방침 | 조선의 개혁을 주장한 주청 영국공사 | 조러조약과 조선에 대한 러시아의 관심 | 일본 해군 식단에 고기, 빵, 우유 등장

1885년 조선　　　　　　　　　　　　　　　　　　　　347

거문도 점령 | 이홍장과 일본 공사의 서한 | 조선의 영국 비난 | 청국과 일본 군대의 철수 | 민란과 활빈당의 준동 | 월급이 없는 지방 하급관리 | "세상에 우리나라처럼 가난한 나라는 없습니다" | 당오전 문제와 조운선 고의 침몰 | "군량이 없는 몇 길이나 되는 빈 성을 지키며" | 대원군 귀국 저지와 이홍장 | 제1차 조러밀약설과 원세개 파견 | 대원군이 귀국하던 날에 사형집행 | 대조선 강경책으로 전환한 이홍장 | 원세개와 메릴, 조선 해관

1885년 일본　　　　　　　　　　　　　　　　　　　　356

NYK, 무라타 총, 하와이 이민 | 반청 감정과 '오사카 사건' | 예조참판의 일본 방문 | '탈아론' | 펜제 점령과 거문도 점령 | 주청 영국공사의 청국 설득 | 텐진조약 | 제1차 조러밀약설과 일본 외무성 | 청불전쟁의 종식과 손문의 결의 | 내각제도 실시 | 서아프리카 회의와 '선점'권

참고 사항　　　　　　　　　　　　　　　　　　　　362
　조선과 일본의 연혁
　1800년~1891년 조선의 인구 및 가구 수, 가구당 인구
　1800-1905 회계부 내역 중 주요 항목
　원납전 내역
주석　　　　　　　　　　　　　　　　　　　　　　　372
참고 자료 리스트　　　　　　　　　　　　　　　　　397
찾아보기　　　　　　　　　　　　　　　　　　　　407

1800년~1849년
조선의 역사

1850년부터 1905년까지 조선과 일본을 연도별로 살펴보기 전에, 1800년 정조 사망부터 1849년 철종 즉위 전까지의 기간을 조선과 일본으로 나누어 개괄적으로 보자. 사실 이 기간의 조선과 일본에 관한 국내의 자료가 매우 부족하다. 그래서 조선의 경우는 더욱더 조선왕조실록과 비변사등록에 의지할 수밖에 없다. 우선 조선의 1800년부터 1849년까지의 역사를 개괄적으로 보자.

10세의 순조 즉위와 수렴청정

1800년 6월에 48세의 정조가 사망하고, 7월에 10세의 순조가 즉위하였다. 즉위 후 3년간은 영조의 계비인 대왕대비 김씨(정순왕후 1745-1805)가 수렴청정을 하다가 "마땅하지 못한 사람이 감당할 수 없는 일을 맡았기 때문에" 화재, 수해, 가뭄 등이 많았다며 1803년 12월에 수렴청정을 거두었다.[1]

"장차 몇 시절이나 지탱"할지 걱정한 대왕대비

수렴청정을 한 지 약 1년 반이 지난 1802년 7월, 대왕대비는 "종사와 국가"가 불안하고, 백성들의 삶은 "위급함이 거꾸로 매달린 것" 같은 상황이라고 백관들에게 토로한다.

"… 오늘날 조정의 모양을 보건대 백공(百工)이 태만하고 여러 일들이

번잡하며 쇠약한 것이 습관을 이루어 떨치고 일어날 희망이 없으니 이와 같은 기상(氣像)으로 장차 몇 시절이나 지탱하여 끝내 능히 4백 년 종사와 국가를 부식(扶植)할 수가 있겠는가? … 생각이 여기에 미치니 어찌 개탄스럽고 마음이 매우 절박하지 않을 수 있겠는가? … 조정의 형편을 둘러볼 때 처음 기대했던 것과는 아주 어긋난다. … 도무지 그저 안락하게 지내며 재물이나 탐하면서 몸조심이나 하며 일을 하는 듯 마는 듯 하는 모양이다. … 생민의 절실한 해독은 탐리(貪吏; 탐관오리)보다 심한 것이 없다. … 아! 생민의 위급함이 거꾸로 매달린 것 같을 뿐이 아닌데 위아래가 직무에 게을러 한 해가 가고 두 해가 가도 한 가지도 구제하는 대책이 없으니 … 우리 생민을 보호하고 우리나라의 기틀을 튼튼히 하라. …"2

'애절양'

이런 백성들의 삶은 나아지지 않았는데, 다음 해인 1803년에 정약용이 쓴 '애절양(哀絶陽)'이라는 시를 통해 알 수 있다. 정약용은 당시 강진에 유배 중이었는데 군포의 착취를 견디지 못한 남편이 자신의 생식기를 잘라버리자, 부인이 울부짖는 것을 보고 당시의 비통한 상황을 묘사했다.

갈밭마을 젊은 아낙네 목 놓아 길게 슬피 우는 소리
관문 앞 달려가 통곡하다 하늘 보고 울부짖네
출정 나간 지아비 돌아오지 못하는 일 있다 해도
사내가 제 음경 잘랐단 소리 들어본 적 없네
시아버지 삼년상 벌써 지나갔고, 갓난애 배냇물도 안 말랐는데

이 집안 삼대 모두 군적(軍籍)에 실렸다네
억울한 하소연하려 해도 관가 문지기는 모두 호랑이 같고

이정은 으르렁대며 외양간 소마저 끌고 갔다네
우리 남편 칼 들고 방에 들어가더니 피가 방바닥에 흥건하네

스스로 한탄하기를 "애새끼 낳은 죄로구나!"…
부잣집들 일 년 내내 풍악 울리며 흥청망청하면서
낟알 한 톨 비단 한 치 바치는 일 없네
다 같은 백성인데 이다지도 불공평할까
객창에 우두커니 앉아 시 구편을 거듭 읊노라[3]

1810년의 굶주린 백성의 수

수원·광주(廣州)·경기·삼남(三南)의 진휼을 마쳤다고 아뢰었다.【수원의 기민은 14만 1천 1백 75구(口)… 광주(廣州)의 기민은 4만 5천 3백 12구… 경기와 여주 등 26읍진의 기민은 38만 7천 8백 89구…. 호서의 평택 등 50읍진과 역(驛)의 기민은 1백 31만 1천 9백 59구… 호남 전주 등 90읍진과 역의 기민은 4백 76만 4천 4백 57구… 영남의 경주 등 71읍진과 역의 기민은 1백 72만 9천 6백 60구…】로 진휼을 받은 기민의 수는 총 840만 1,239구(口)인데, 이해 말 보고된 인구의 수는 758만 3,046구였다.[4]

홍경래의 난

1811년 말에 평안도 지역에서 홍경래의 난이 일어나기 시작했다. 이는 1812년 4월에 진압되는데, 1812년 2월 순조실록에 있는 부호군 오연상의 상소를 통해 당시 평안도 지역의 문제점과 홍경래의 난의 발생 배경을 알 수 있다.

"신은 이제 막 서읍(西邑)에서 갈려 왔기에 고을의 형편과 민정(民情)에 대해 대략 보고 들은 것이 있습니다. … 작년에는 들판이 온통 시뻘

겷게 타버려 오곡은 고사하고 무릇 구황하는 곡식 등속도 모두 흉년을 면하지 못하였는지라, 저 원망하며 구덩이에 뒹구는 무리로서 굶주림과 추위를 견디지 못하고 요역에 시달린 나머지 집을 버리고 가산을 탕진하게 되어 서로 부축하고 끌며 지경을 나오는 자가 계속되어 끊이지 않았습니다. 게다가 돌림병이 크게 번져 길거리에서 굶어 죽는 사람이 서로 이어지매 … 이에 성읍이 함락되던 날 소를 노략질해 주린 사람을 먹이고 창고를 도둑질해 급한 사람을 도우니, 저 어리석은 소민(小民)들이 한때 음식을 먹여주는 것을 이롭게 여겨 그림자와 메아리처럼 서로 따랐던 것입니다. 정주성(定州城)에 들어가 웅거하고 있는 적도들은 태반이 이와 같은 부류입니다…. 부자나 가난한 자나 모두 곤궁하고 쟁기와 보습을 들지 못하여 경작을 바랄 수 없게 되었습니다… 만약 각별히 위로하고 구휼하여 그 마음을 감복시키지 않는다면, 반드시 장차 서로 모여 도둑이 될 것이니… 그리고 군정(軍丁)에서 군포(軍布)를 징수하는 것은 비록 평시에도 백성들에게 뼈에 사무치는 폐가 됩니다. … 만약 다시 전례와 같이 바칠 것을 독촉한다면, 거북이 등에서 털을 찾고 뿔 없는 양을 내놓게 하는 격으로 … 작년의 군포로서 채 거두지 못한 것은 일체 정지하게 함이 마땅합니다. …"라고 했다.⁵

"소방의 미약한 힘으로 어떻게 제때에 초멸할 수 있었겠습니까?"

홍경래의 난을 진압한 후에 조선은 청국에 감사의 글을 보낸다. 여기에서 순조는 조선을 "소방(小邦)", 자신을 "신(臣)"으로 지칭하며, 홍경래의 난을 진압하게 도와준 "천조(天朝)"의 "황은(皇恩)"에 "감격해" 하고 있다.

"조선 국왕은 삼가 아룁니다. 곧 소방이 불행하여 흉역이 난리를 일으키매 주토한 전말을 두루 진달하고 … 지난해 … 가산군의 토적 홍경래·이희저·우군칙·김사용·김창시·이제초·정경행·홍이팔 등이 … 정주·박천·태천·곽산·선천·철산·용천 등의 고을을 함락시키고 … 이번에 흉적들이 성을 차지함이 본디 굳어 오랫동안 관병에 항거하였으니, 만약 천조에서 굽어 자휼하시어 성무(聖武)를 혁연히 펼치지 않았더라면, 소방의 미약한 힘으로 어떻게 제때에 초멸할 수 있었겠습니까? 신은 … 더욱 황은을 찬송하고 감격해 마음에 새겼습니다만, 보답할 길이 없습니다. … 신이 용렬함에도 능히 흉추를 섬멸한 것은 실로 황상(皇上)의 위덕(威德, 위엄과 덕망)이 멀리까지 입혀져 이미 내복(內服)과 같은 데 힘입은 것이며 … 사리가 이러한지라, 삼가 갖추어 주문합니다."라고 하였다.

이렇게 난을 진압하고 청국의 "황은"에 감사하며 보고한 것은 1882년 임오군란 진압 후에도 있다. 그때 고종은 "황제께 보고하는 조치가 없어서는 안 되겠다"며 병조판서 조영하와 공조참판 김홍집 등을 보낸다.[6]

세자 책봉에 관한 청 황제의 '칙서'와 '고명' 내용

1812년 말에는 순조의 아들을 세자로 책봉하는 것을 허락하는 청 황제의 칙서와, 황제가 제후 및 신하들에게 주던 임명장에 해당하는 고명(誥命)이 내려진다. 그 내용을 보자.

칙서에 "황제는 조선 국왕에게 유시하노라. 왕이 아뢴 바를 보니, 그대 아들의 나이가 이미 네 살이 되어 장차 미리 저위를 세워 한 나라의 바람에 위로하기를 청하였는데, 그 뜻과 글이 간절하다. … 특별히 크게 은륜을 내려 이 진청을 윤허한다. … 다만 세자에 미쳐서는 중국의 울타리와 담장이 되어 더욱 본지(本支)가 번성하는 경사가 있고 … 공경하여 짐의 명령에 어긋나지 말도록 특별히 유시한다." 하였다.

고명은 다음과 같다. "봉천승운황제는 다음과 같이 말하노라. 짐은 생각건대, 제왕은 멀리 있는 나라들을 안정시켜야 하니 이에 계체(繼體)의 은혜를 밝히는 것이고 … 경건히 진청해 왔으므로 … 이에 너를 봉하여 조선국 왕세자로 삼는다. … 충근의 절조에 힘써서, 고명을 크게 받들어 종사를 영원히 지키도록 하라. 공경할지어다."라 하였다.[7]

이 세자가 효명세자(1809-1830)이다. 그는 1827년부터 순조를 대신해 대리섭정을 하다가 3년 후 21세의 나이에 사망한다. 그는 사후에 문조로 추존되었는데, 익종이라고도 한다. 그의 비가 신정왕후(1808-1890)인데, 헌종의 어머니이다. 헌종 이후 철종이 사망하자 조(趙)대비 신정왕후가 1863년에 11세의 고종으로 승계시키고, 약 3년간 수렴청정을 한다.

급격히 줄어든 강화부의 군량

강화도에 비축되어 있던 군량이 그 전에 비해 많이 줄었는데, 1816년 10월에 비변사에서 "… 근래에 점점 줄어들어 예전에 10여만 석이나 되던 것이 지금은 수천여 석밖에 안 되니, 예비의 허술함은 논할 것도 없거니와, 지출의 어려움이 날로 더욱 심해지고 있습니다. …"라 하였다.[8]

과거제의 폐단

1818년 5월의 사성(司成, 성균관 종3품) 이형하의 상소 내용을 보면, 이때도 과거제에 많은 문제가 있었음을 알 수 있다.

"지금 나라와 백성의 폐단을 말할 만한 것이 한두 가지가 아니지만 서둘러서 기필코 고치고야 말 것은 곧 과거의 폐단입니다. … 그 폐단의 항목을 열거한다면, 거리낌 없이 남이 대신 글을 짓고 대신 써 주며, 수종들이 책을 가지고 과장에 마구 따라 들어가고, 과장에 아무나 함부로 들어가며 … 바깥 장소에서 써 가지고 들어가며, 고관에 추종함이 공공연히 행하여지는 일과 이졸들이 얼굴을 바꾸어 드나드는가 하면 … 이외에도 수없이 많은 부정한 행위들을 다시 제가 들어 말할 수 없습니다. … 지난 섣달의 감제에서는 … 계단을 올라와 당(堂)에서 싸움판을 벌여 거의 과장의 몰골이 아니었습니다. …"[9]라 하였는데, 이날의 기록을 보면 이외에도 심각한 얘기들을 많이 하고 있다.

"얻은 것은 항아리 하나의 저축"

홍경래의 난이 일어난 지 10년이 지난 1822년 9월, 사헌부 정4품 정원선의 상소를 보면 당시의 모습을 잘 볼 수 있다.

"… 오늘날이 과연 다스리는 길로 나가고 있다고 보십니까. … 형정이 제대로 거행되지 않고… 사치가 날로 심해지고 … 백성은 날로 찌들어 가는데, 고을마다 두루 탐욕이 성행하여 수탈의 정사가 아닌 것이 없고, 간사하고 교활한 것들이 향곡에 횡행하여 모두가 침탈할 생각만 하는가 하면, 놀고먹는 자는 날로 늘어나 쇠잔한 백성에게 부역이 집중되고, 도망간 자가 날로 많아져 가난한 백성만 징수당하므로, 팔도의 백성들이 항상 마음 졸이며 조석을 보전하지 못할 형세에 놓여 있습니다. 백성들은 체력을 소모해 가며 몸은 땀에 젖고 발에는 진흙을 묻힌 채 해가 다 가도록 죽어라 일을 합니다. 그러나 얻은 것은 항아리 하나의 저축에 불과한데 … 나물만 가지고 어떻게 연명할 수 있으며 삼실만 가지고 어떻게 추위를 막을 수 있겠습니까? 한 번 관리만 보아도 가슴이 떨리고 담이 흔들리며, 한 번 관령(官令)만 들어도 머리를 앓고 이마를 찌푸립니다.

집을 팔고 세간을 팔아도 부족하면 아이를 안고 가족을 이끌고 사방으로 흩어지므로, 이웃과 일가붙이에게 징수하느라 마을이 시끄럽습니다. 한 집이 도망가면 열 집이 그 해를 입고, 열 집이 도망가면 백 집이 견디어 내지 못합니다. 어린아이를 포대기에 안고 이리저리 떠돌다가 구렁으로 거꾸러지는 모습을 전하께서는 어떻게 보실 수 있겠으며, 부녀자가 발을 구르면서 원망하고 울부짖는 소리를 전하께서는 어떻게 들으실 수 있겠습니까? …"[10]라 하였다. 22년 동안 변한 것이 없었다는 것을 알 수 있다.

"반드시 망하게 될 뿐입니다"

1825년 11월, A4 용지로 14페이지에 달하는 장문의 상소를 우의정 심상규가 올렸다. 이런 장문의 상소는 드물다. 줄여서 보자. "… 수확이 점차 감소되어 백 년이나 십 년 전에 비하면 거의 반감되고 … 서로 다투어 빼앗고, 혹 무단과 토호들이 따라서 벗겨 먹습니다. 가장 곤궁하고 고할 곳이 없는 자가 처음부터 군정에 뽑혀 군병이 됩니다. … 이들에게는 마땅히 양식과 병기를 넉넉히 주고 요역을 면제해야 하는데, 지금은 도리어 그들에게서 많은 전포(錢布)를 거두어 경비로 쓰고 있으니, 이런 일은 예로부터 어떤 나라에도 없었던 일입니다. … 백골이 된 후에 오히려 군포를 거두며, 어린 아이인데도 연줄을 타지 못하기 때문에 면하지 못해 황구가 모두 군정에 충정됩니다. 또 지적해서 받을 곳이 없는 자는 친족에게서 받아들이고, 친족도 없으면 이웃과 마을에서 받아들이는데, 옛날에는 친족에게 받고 마을에서 받은 것이 백에 1, 2를 차지하던 것이 지금은 친족과 마을에서 받아들이는 것이 10에 4, 5를 차지합니다. … 바닷가 백성으로 말하자면 … 지금은 어전 하나와 염분 하나도 모두 관(官)에 매여 있어 … 한 마리를 잡거나 한 움큼의 소금도 구울 수가 없습니다. 그런데도 관에 내는 세는 전과 같으며 … 날로 채찍질을 가하고 붙잡아 가는 것이 서로 잇달아 어느 곳에나 걱정거리가 되어 … 한겨울에 전복을 캐고 한추위에 미역을 채취하느라 남자와 부녀자가 발가벗고 바다 밑으로 들어가 떨면서 물결에 휩싸여 죽지 않은 것만도 참으로 요행이며, 해안에 불을 피워 놓고 바다에서 나오면 몸을 구워 피부가 터지고 주름져서 귀신처럼 추한데 겨우 몇 개의 전복을 따고 어렵게 몇 줌의 미역을 따지만 그 값으로는 입에 풀칠을 하면서 살아갈 수가 없습니다. 그런데 감고의 억지 징수와 별무의 늑매로 회초리와 욕이 낭자하며, … 불쌍한 이 하민(下民)들이 어떻게 살아가겠습니까? 변방의 백성으로 말하자면 … 이른바 진장(鎭將)이란 … 부임할 때 이미 산처럼 많은 빚을 지고 있으나 진름(賑廩, 급여)이 아주 박하고 진민(賑民)이 아주 적어서 한 섬의 쌀이나 한 꿰미의 돈도 달리 나올 곳이 없으므로, 사생은 따지지 않고 번번이 벗겨 먹는 것을 일삼고 … 환곡을 지나치게 받아들이는 등 하지 못할 짓이 없습니다. … 이들은 모두 전하께서 임명하여 백성을 다스리게 한 자들입니다. 그런데 … 학대까지 하니, 그 학대함이 비록 내가 한 것은 아니라 하더라도 … 내가 한 것과 무엇이 다르겠습니까? … 가정에는 책을 읽는 자식이 없고 세상에는 자신을 단속하는 사람이 없어 창피를 부끄러워할 줄 모르고 … 아비도 금하지 않으며 형은 혹 서로 돕기까지 하니, 가정의 풍속이 이와 같습니다. … 이제 이미 위란의 조짐이 있어 今危亂已兆 … 참으로 빨리 이미 무너진 기강을 떨쳐서 바로잡지 않으면 역시 반드시 망하게 될 뿐입니다 其亦必亡而已矣 … 백성을 두려워할 줄 알고 근본을 튼튼히 하기에 힘쓰기를 도모하고, 백성들의 상정(常情)을 살펴 물이 배를 뒤엎는다는 경계를 두려워하소서. …" 하자 순조가 "정성이 매우 감탄스럽다"며, 이것을 시행하게[11] 했다.

1825년의 이 모습은 1802년에 대왕대비가 백성들의 삶을 한탄한 것이나 1803년 정약용이 '애절양'에서 그린 백성들의 모습, 1812년 홍경래의 난이 발생할 때의 상황과 차이가 없고, 수십 년 후에 나오는 여러 신하들의 상소 내용들과도 차이가 없다.

왕이 불태우게 한 흉서

이로부터 5개월 후인 다음 해 1826년 4월에는 청주에서 흉서가 발견되었는데 순조가 이를 보고 불태우게 했다.

"… 청주 북성문에 걸어 놓은 2도(度)의 흉서는 요괴한 참언을 부회하고 말이 극히 부도하여 … 급히 알리니, 임금이 곧 승정원에 내려서 불에 태우게 하고, 인하여 유시하기를, '진달한 밀계 가운데 2도의 흉서는 곧 잠시라도 남겨둘 수 없는 흉언이므로 이미 승정원에 명하여 곧 그 자리에서 불에 태우게' 하였다. … 보고 아는 자가 있으리라 생각되니, 엄하게 신칙하여 감히 전하여 말하지 못하게 하라. … 생업을 권장하고 진정시키는 것을 현재의 급선무로 삼을 것이다. …"라 하였다.

이들 범인의 심문 내용을 보면 "… 혹은 홍경래의 여러 열적들이 죽지 않았다고 하고, 혹은 제주에서 모이기로 기약했다고 하면서 … 두 장의 흉서를 스스로 짓고 스스로 써서, 청주 북문에 걸어 놓았는데 천일(天日: 임금)을 지척(指斥)하고 국가를 무훼하여 오만한 말과 혼란한 이야기가 이르지 않는 바가 없었다. … 흉서를 청주 감영에 걸어 놓았는데 … 허황되게 떠벌리는 요망하고 거짓된 말로 인심을 현혹시켰고 … 모두 대역부도로써 …" 죄인 두 명을 처형했다.[12]

"속국 중에서 가장 공순하다"

1830년에 효명세자가 죽자, 순조는 신하를 청국에 보내 이를 알리고 청국 황제의 상유문을 받았다. 상유문은 "예부에서 조선 국왕 이(李)휘(諱)가 재자관 …을 임명하여 연경에 보냈는데, 자문을 접수하니 해국의 왕세자 이(李)휘(諱)가 병으로 세상을 떠났다고 아뢰고 전례에 비추어 … 관원을 보내어 치제해야 한다고 청하는 등의 말을 하였는데, 조선 국왕은 정성스럽게 번봉을 지키며 해마다 직공을 닦아 속국 가운데서 가장 공순하다고 일컬어졌었다. … 은혜를 더 내리고 상급도 갑절을 더하여 우휼을 보이도록 하라. …"[13]고 했다.

왕세손 책봉의 칙서와 조서

다음 해인 1831년에는 청국이 효명세자의 아들(헌종)을 왕세손으로 책봉하는 것을 승인하는데, 청 황제의 칙서와 조서의 내용을 보자. 칙서에는 "황제는 조선 국왕 이공(李玜)에게 칙유하노라. 왕의 주청한 것을 보건대, 저 손자의 나이가 4세라고 하여 … 짐은 생각건대 … 특별히 큰 은택을 베풀어 이번 진청을 윤허한다 … 이환(李奐)을 봉해 조선국 왕세손을 삼고 … 왕과 세손은 윤발(綸綍, 황제·임금이 신하나 백성에게 내리는 말)을 은총으로 받들어 … 공경하여 짐의 명령을 폐기함이 없도록 하라. …"하였다. 또 왕세손에게 내리는 조서에는 "… 너 이환(李奐)은 바로 조선 국왕 이공(李玜)의 손자로서 … 그대를 봉하여 조선 국왕의 세손을 삼는다. … 고명을 크게 받들어 종조를 영구히 받기 바란다. 공경할지어다."라 하였다.[14]

궁중의 사치와 탐관오리

순조가 사망하던 해인 1834년 2월의 상소를 보면 여전히 사치와 탐관오리가 넘쳐 나고 재정이 고갈되어 있었음을 알 수 있다. 지평(사헌부 종5품) 이병영이 올린 상소이다.

"… 벼슬아치 집으로부터 아래로는 여염에 이르기까지 서로가 본을 받아 한차례의 혼례에 드는 혼수가 중인(中人) 열 집의 재산보다도 많고 한 차례의 잔치에 드는 비용이 가난한 백성의 1년 치의 양식거리만이 아닙니다. … 신의 생각에는 먼저 궁중부터 절약에 힘써 행하여 … 또 우리나라 백관의 관복은 중국의 제도를 본뜨고 있는데 이것도 소모의 근본입니다. … 탐욕한 자는 물론 벌을 받은 자가 많지마는 … 죄를 씻어주어 서용(敍用)하고 있으니 … 이러고서야 어떻게 탐욕한 자를 징계하고 청렴한 자를 권장할 수 있겠습니까. 무릇 탐관오리가 … 벼슬자리가 적체되었다가 한 고을을 얻으면 처자를 보호하는 것은 으뜸을 삼고, 윗사람을 잘 섬기어 진급을 도모하려면 뇌물을 충당하는 것이 급하기 때문입니다. … 서울과 지방의 각영과 각사(各司)의 공화(公貨)는 점점 탕갈되어 지탱할 수 없는 데에 이르렀다고 합니다. …"[15]

순조가 지적한 과거제의 문제점

순조가 1834년 2월에 "… 최근에 과거의 폐단이 한정이 없어 선비들의 부정한 버릇과 시관의 협잡이 갈수록 더욱 심해져 … 수습을 할 수 없다. 이러고서야 팔방이 어떻게 해체되지 않겠으며 나라의 기강이 어떻게 땅을 쓴 듯이 없어지지 않겠는가? …"[16]라 하였다.

7세의 헌종 즉위와 수렴청정

1834년 11월에 44세의 순조가 사망하고, 순조의 손자인 7세의 헌종이 즉위했다. 즉위 후 순조의 비 순원왕후가 1840년 12월까지 6년간 수렴청정을 한다. 수렴청정을 거두는 이유는 "주상의 춘추가 한창이고, 성학이 숙성하여 번거로운 만기에 응할 수" 있으며 "5, 6년 이래로 흉년이 잇따라 근심이 눈앞에 가득하고, 폐단이 날로 심해져서 온갖 법도가 다 어지러웠으나 안팎 할 것 없이 수습할 수 없었으니"[17]라며 자신의 능력 부재에 그 이유를 돌렸다. 당시 헌종은 13세였다.

헌종 책봉의 칙유

헌종이 즉위한 다음 해인 1835년에, 청 황제가 헌종을 책봉하는 칙유를 내렸다. "황제는 조선국의 왕세손 이(李)에게 칙유하노라. … 관원을 보내어 … 그대의 나라에 널리 알리고 그대를 봉하여 조선 국왕으로 삼아 국정을 계승하여 다스리게 하고 … 힘써 후복(侯服)을 계승하고 충성과 순종을 실천하여 천가(天家, 중국 황제)에 병한(屛翰, 중국의 제후의 나라)이 되도록 하라. 그대는 이를 공경히 받들어 짐의 명령을 어기지 말도록 하라 …"[18]고 하였다.

프랑스 신부 처형

1839년에는 "서양인 범세형, 나백다록, 정아각백과 정하상, 유진길을 추국하고 베었다. 정하상은 신유사옥 때 정법된 정약종의 아들로서 …" 이들 외에도 많은 "사학죄인"들을 "목 베었다". 1846년에는 김대건도 효수하였다.[19]

아편전쟁 정보를 입수한 조선

조선은 청에 보내는 연행사를 통해 1840년 말에 아편전쟁이 일어난 것을 알았다. 그러나 조선은 영국의 압도적인 무력에 청이 패전했다는 사실은 정확히 알지 못했다. 오히려 항구를 추가 개방하고, 그 결과 중국은 영토를 상실하지 않았고 아무 문제가 없다는 결론을 내리고 있었다. 반면 일본은 아편전쟁의 위기감을 심각하게 느꼈다.[20]

1848년의 과거제 실상

2월에 영의정 권돈인이 "… 근래의 풍기(風氣)는 공도라는 미명에 구애되어 … 가장 뒤지고 잡된 시권을 마음 써서 거두어 뽑으므로 … 글을 잘하고 참으로 재주가 있는 자는 모두 떨어지고, 하찮고 남의 손을 빌린 자는 모두 시권이 입선에 참여되니, 한세상의 웃음거리가 되고 …"[21] 있는 실정이었다.

18세의 철종 즉위와 수렴청정

1849년 6월에 22세의 헌종이 사망하고, 18세의 철종이 즉위했다. 즉위 후 순조의 비 순원왕후가 1851년 12월까지 2년여 간 다시 수렴청정을 한다.[22]

1800년~1849년
일본의 역사

우선 일본 역사를 이해하는 데 필요한 주요 용어와 1800년 이전까지의 일본의 상황을 간략하게 살펴보자.

막부, 쇼군, 번, 번주

도쿠가와 이에야스(德川家康, 1543-1616)는 일본을 통일하고 1603년에 에도(江戶, 동경)에 막부(幕府)를 열고, 천황으로부터 쇼군(將軍)이라는 칭호를 받았는데, 정식 명칭은 '정이대장군(征夷大將軍)'이었다. 막부의 쇼군은 상당한 자치권이 부여된 전국 260여 개 번(藩)의 번주(藩主, 다이묘(大名)라고도 함)들을 통치하였는데, 쇼군이 내린 결정을 번주들이 반대할 수는 없었다. 막부는 에도, 오사카, 교토, 나가사키 등의 대도시를 직할령으로 다스렸고, 광산과 주요 교통로를 지배하고, 대외무역과 화폐주조권을 독점하여 다이묘에 대해 압도적 우위에 있었다. 번주는 자기의 번 안에서 절대적 통치자였고, 자신의 봉신(封臣)과 부하 무사를 거느렸다. 봉신은 또 자신의 하급무사와 번주에게서 받은 봉지(封地)를 갖고 있었다. 이들 봉신과 그 아래의 하급무사들의 직위는 보통 세습되었는데, 당시 전체 무사계급은 전 일본 인구의 5% 정도였다. 번은 막부에 조세를 바치지는 않았고 일종의 공납과, 에도를 방어하거나 전략적 요충지를 경비할 병력 등을 제공했다. 번은 독자적 군사력을 가지고 지방자치를 행했는데, 막부는 번이 강대해지지 못하도록 막부의 승인 없이는 번이 군대를 증강시키거나 성을 보수할 수도 없게 하였다. 또 번을 감독, 감시하는 메쓰케(目付)라는 직책을 두었다.[23]

'산킨고타이'

이 외에 막부는 각 번의 번주들을 장악하는 데 아주 효과적인 '산킨고타이(參勤交代)'제를 1635년부터 1865년까지 실시한다. 이 제도에 따라 번주들은 원칙적으로 1년은 에도(동경)에 거주하고, 1년은 자신의 번에서 통치를 했다. 따라서 각 번은 번주와 그의 가족, 가신들이 머물 수 있는 큰 저택(번저, 藩邸)이 에도에 필요했는데, 이런 비용과 에도 체류 및 이동에 따른 비용은 번에게 매우 큰 부담이었다. 그러나 이 제도로 인해 전국의 도로망이 발달되고, 전국의 번주들이 에도에 있음으로 인해 상업이 발달하는 계기가 되었으며, 일본 전국의 시장을 배경으로 한 상인계급이 나타나 새로운 실력자로 떠오른다.[24]

조정과 막부의 관계

교토에 있는 조정(천황)은 에도에 있는 막부(쇼군)로부터 1년에 2-3만 석을 지급받아 운영되는 가난한 조직이었다. 쇼군이 임명한 교토 쇼시다이(所司代)는 교토의 군정관 역할을 했다. 이렇게 도쿠가와 막부는 조정을 통제했고 막부가 제정한 규정에 따르면, 천황은 정치에 관심을 가지면 안 되고 오로지 학문에만 전념해야 했다.[25]

서양 지식에 개방적이었던 막부

도쿠가와 막부는 나가사키의 작은 섬인 데지마(出島)에 있던 네덜란드의 상관(商館)을 통해 서양에 관한 정보와 지식을 얻어왔는데, 이 지식을 네덜란드어로 배워야 했기 때문에 서양연구를 난학(蘭學, 난가쿠)이라 불렀다. 18세기 들어와서는 유럽과 서양의 지식에 대해 막부는 보다 개방적이 되었다.

그 예를 보자. 1708년 당시 쇼군 도쿠가와 쓰나요시(德川綱吉, 재위 1680-1709)는 일본의 대유학자 아라이 하쿠세키(新井白石, 1657-1725)를 보내 일본에 밀입국하려다 체포된 이태리의 선교사 죠반니 시도티(Giovanni Sidotti, 1668-1714)를 심문하게 했다. 이 심문 내용이 《서양기문(西洋紀聞)》이라는 책으로 나왔는데, 여기서 아라이는 서양의 과학적 지식을 긍정적으로 평가하였다. 막부에서 물러난 아라이는 유럽 등의 지리, 외국어와 서양의 법률제도 및 역사를 연구했다.

또 1720년 당시 쇼군 요시무네(德川吉宗, 재위 1716-45)는 기독교 관련 서적 외의 서양 서적에 대해서는 금지령을 해제하였다. 아울러 그는 막부의 관리에게 네덜란드 연구를 지시하였는데, 그 결과로 1745년에 네덜란드-일본어 사전인 《난일사전(蘭日辭典)》이 나왔다.[26]

인구조사

일본의 인구조사는 1721년에 시작되었는데, 인구가 약 3천만 명으로 당시 영국, 프랑스, 독일, 이태리보다 많았다. 이 인구조사는 보통 6년마다 시행되었는데, 1721년 이후 약 1세기 동안 일본의 총인구는 거의 변화가 없었다. 당시 에도가 약 1백만 명, 오사카가 40만 명의 인구를 가진 대도시였다.[27]

인체 해부도 '해체신서'

의학연구는 도쿠가와 시대에 정통유학의 탄압을 비교적 덜 받았는데, 1774년 8월에 스기타 겐파쿠(杉田玄白, 1733-1817)가 《해체신서(解體新書)》를 발간했다. 이 책은 독일인이 지은 인체 해부도의 네덜란드어판을 번역한 것이다. 스기타는 이 책을 출간하기 3년 전에 막부의 감옥에서 사형수의 시신 해부에 직접 참여하여, 이 책과 실제의 인체가 일치함을 눈으로 직접 확인하였다. 이후 3년 동안 초고를 11번이나 쓴 끝에 마침내 《해체신서》를 완성했다. 오늘날 우리가 사용하는 간, 폐, 심장, 피부 등 대부분의 신체와 의학 관련 용어들이 모두 이 책에서 시작됐다. 이 《해체신서》의 번역 경위와 고생담, 그리고 네덜란드 의학의 전래 등을 기록한 책이 그가 지은 또 다른 책인 《난학사시(蘭學事始)》라는 책이다.[28]

국방강화와 해외진출

하야시 시헤이(林子平, 1738-1793)는 1791년까지 4년간 16권으로 된 《해국병담(海國兵談)》이라는 책을 출간했다. 여기서 그는 점증하는 러시아의 위협에 대항할 일본의 국방력이 미약함을 지적하였다. 하야시는 대포를 갖추어 해양을 방어하는 것이 일본에게 가장 중요한 것이라 역설했다. 그러나 이후 그는 외적의 위협을 빌미로 막부를 비판했다는 죄로 투옥되었고 책은 몰수되었다. 혼다 도시아키(本多利明, 1744-1821)는 알파벳 사용과 쇄국 타파를 주장하고, 일본이 동양의 영국이 되어야 하며, 북쪽으로 영토를 확장해야 한다고도 했다.[29]

오사카와 에도 농민들의 생활

서부 일본의 대부분의 번주들은 오사카에 사무소와 창고를 설치하여 과잉 생산된 미곡을 팔아 필요한 물자를 공급하는 기지로 활용하였다. 이러한 역할을 일본 동부에서 한 곳은 에도였다. 이후 도시에서 돈을 번 부유한 평민들이 나타났고, 이들이 상공업에 장기적으로 투자를 하였는데, 1620년에 양조업으로 시작한 지금의 미쓰이(三井) 그룹이 그들 중 하나이다.

일본에서도 기근 등으로 인해 대규모 농민봉기가 전국에서 일어나기도 했으나 대부분 비무장으로 막부에 대한 도전으로까지 번지지는 않았고, 농민들의 생활 수준은 여러 면에서 평균 이상이었다.[30]

이제부터 1800년~1849년의 일본의 역사를 보자.

종합세계지리서와 대백과전서

지리학자인 야마무라 사이스케(山村才助, 1770-1807)가 당시 최신의 네덜란드 자료를 참조하여, 약 90년 전에 일본에서 나온 《채람이언》을 보충하여 종합세계지리서인 《정정증역채람이언(訂正增譯采覽異言)》을 1802년에 펴냈다. 그리고 사츠마(薩摩) 번의 번주 시마즈 시게히데(島津重濠, 1745-1833)는 많은 학문적 사업을 후원했는데, 1804년에는 농업·약용 식물의 대백과전서가 완성되었다.[31]

러시아에 대한 경계심

1804년 9월에는 러시아 황제의 특사가 일본과의 교역을 위해 나가사키에 입항했다. 그는 에도에 가서 쇼군에게 국서를 전달할 것을 요구했으나, 막부의 거절로 결국 그는 다음 해에 귀국했다. 《해체신서》를 집필한 스키타 겐파쿠는 1807년에는 《야수독어(野叟獨語)》라는 책을 펴내, 일본의 군사력으로는 러시아와 전쟁이 불가능하므로 무역을 통한 군사력 증강을 강조했다.

1811년에는 러시아의 측량선이 쿠릴열도 남부에 나타나자, 막부는 선장 등을 체포했다. 다음 해에 러시아 사절이 일본을 방문하여 해명서를 제출하였고, 이에 막부는 이들을 석방했다.[32]

청국의 외국 정보 수준

1820년 전후에 편찬된 〈광동지방지〉는, 포르투갈은 말레이시아의 말라카(Malaca) 근처에 있고, 영국(England)은 네덜란드(Holland)의 다른 명칭이거나 보호령이거나 둘 중의 하나로 되어 있었다. 그리고 프랑스는 본래 불교 국가였으나 나중에 가톨릭 국가가 되었으며, 포르투갈과 동일하다고 설명되어 있었다.[33]

'대일본연해여지전도'

이노 타다타카(伊能忠敬, 1745-1818)가 17년간 일본 전역을 측량한 결과를 바탕으로, 그가 사망한 3년 후인 1821년에 일본의 지도인 '대일본연해여지전도'가 완성되었다. 이노 타다타카는 1800년에 막부의 지시로 홋카이도 지리 탐사를 떠나 이후 일본 전역을 214장의 세밀한 지도로 완성했다. 위도를 계산하는 등 그의 지도는 20세기에 들어서도 일본군이 계속 사용할 만큼 대단히 정교했다. 이런 그의 지도를 네덜란드 의사에게 선물한 '지볼트 사건'이 1828년에 일어난다.[34]

《신론》

유학자인 아이자와 세이시사이(會澤正志齊, 1781-1863)는 1825년에 《신론(新論)》을 집필했다. 이 책은 서양의 침략으로부터 일본을 지켜야 한다고 강조하여 이후 존황양이(尊皇攘夷)론의 대표적인 책으로 받아들여진다. 그는 특히 러시아의 위협에 대처하기 위해 청국과의 제휴와, 일본 자체적으로는 수병(水兵)을 둘 것, 군비 강화와 풍부한 식량 저장 등을 강조했다. 그는 또 신분제 폐지와 거함을 건조하여 해양을 방어할 것을 강조했다.

아이자와는 러시아는 반드시 청을 공격하여 중국 서북 지역과 만주 등을 점령한 뒤에는 베이징을 공격할 것과, 인도와 페르시아(이란), 투르크(오스만 터키)에의 침략도 예상했다.[35]

쇄국책

막부가 1825년에 쇄국책인 '이국선무이념타불령(異國船無二念打拂令)'을 공포했다. 그 내용은 외국선박이 접근하면 발포하여 내쫓아야 하며, 만약 상륙하면 투옥하고 그들의 배를 파괴해도 좋다는 것이었다.[36]

지볼트 사건

천문, 역술, 지리, 측량 등을 관장하던 기관인 덴몬카타(天文方)의 다카하시 가게야스가, 1828년 일본을 떠나게 된 네덜란드 상관(商館)에 소속된 의사 지볼트(P.F.Siebold)에게 이노 타다타카의 지도를 기념으로 건네준 사건이다. 지볼트는 약 5년간 일본 의학 발전에 많은 공헌을 했고, 다카하시에게도 서양 책을 많이 구해 준 것에 대한 보답이었다. 결국 지볼트는 추방되었고, 다카하시는 심문을 받다가 옥사했는데 그의 사체는 에도로 옮겨져 법에 따라 참수됐다.[37]

해외팽창론

사상가, 농학자, 병학가인 사토 노부히로(佐藤信淵, 1769-1850)는 1833년에 《병법일가언(兵法一家言)》을 펴냈다. 그는 영국과 러시아처럼 일본도 타국을 지배할 것을 주장하면서, 그 대상으로 조선과 중국 본토, 만주, 인도네시아와 필리핀 및 오가사와라 제도까지 언급했다. 이런 해외팽창론은 난학자들 외에 막부 소속의 유학자들도 주장했다.

막부의 유학자인 고가 도안(古賀侗庵, 1788-1846)도 《해방억측(海防臆測)》이라는 책을 1838년에 썼는데, 그도 일본의 해외진출을 주장하며 무역 증진과 해외 정보 강화 및 해군 창설을 주장했다.[38]

아편무역이 중요한 영국과 인도

1834년에 영국의 동인도회사가 더 이상 청국과의 무역을 독점할 수 없게 되자, 영국정부는 정부 관리인 무역감독관을 청국에 파견하여 동인도회사를 대신하여 통상을 감독하도록 했다. 그의 임무는 통상 감독 외에 양국 간 국가 대 국가의 평등한 관계를 여는 일로, 이는 청국의 화이(華夷) 사상에 따른 조공제도와는 다른 것이었다.

영국에 은을 지불하고 면직물을 수입하던 인도는 점차 면직물 수입이 증가함에 따라 은의 부족이 심각해졌다. 그 부족한 은을 메우기 위해서는 청국에 더 많은 아편을 수출하여 은을 벌어들여야 했는데, 청국은 1820년대부터 인도에서 수입하는 아편이 면화보다 많아졌다.[39]

오시오 헤이하치로의 난

일본에서는 보기 드문 무장저항이 1837년에 오사카에서 일어났다. 오사카의 관리였던 오시오 헤이하치로(大塩平八郎, 1793-1837)는 '구민(救民)'을 기치로 내세우고, 1837년 2월부터 오사카 주변의 농촌에 비밀리에 격문을 배포했다. 격문은 농민을 괴롭힌 관리들과 사치 향락에 빠져 있는 오사카의 부자들을 처형하고, 이들의 금은보화를 가난한 사람들에게 나누어 줄 것이라는 내용이었다. 그러나 그의 난은 하루 만에 진압되었다.

1832-1837년간에는 대기근으로 10만 명 이상이 사망하고 전국에서 민란이 일어났는데, 이를 '덴포의 대기근'이라 한다. 오시오 헤이하치로의 난도 이런 배경에서 일어났다.[40]

모리슨호 사건

1837년 7월에 미국의 상선 모리슨호가 에도만에 도착하자 당시 발령되어 있던 외국선박 격퇴령에 따라 에도만의 책임자는 포격을 가했고, 결국 모리슨호는 청국으로 돌아갔다. 모리슨호에는 일본인 표류자들과 영국 관리 1명이 타고 있었는데, 마카오에 있던 미국 기업이 일본과의 통상을 위해 이들 표류자를 미국상사의 배인 모리슨호에 실어 일본에 돌려보낼 것을 제안했고 이에 동의한 영국의 관리가 동승한 것이었다. 1854년에 일본과 화친조약을 맺기 위해 다시 일본에 온 미국의 페리 제독이 이 사건을 언급하며 유감을 표한다.[41]

데키주쿠

오사카의 네덜란드 의학자인 오가타 고안(緖方洪庵, 1810-1863)은 1838년에 네덜란드(서양) 연구를 위한 사(私)학교인 데키주쿠(適塾)를 설립했다. 후쿠자와 유키치(福澤諭吉, 1835-1901), 하시모토 사나이(橋本左內, 1834-59, 참수), 청일전쟁 당시 조선 주재 일본공사인 오토리 게이스케(大鳥圭介, 1833-1911), 일본군을 창설한 오무라 마스지로(大村益次郎, 1824-1869, 암살) 등도 여기에서 공부했다. 데키주쿠는 국립 오사카대학으로 발전한다.[42]

아편전쟁

청국 광동에서 청국인들에 의한 아편밀수는 계속되었다. 1839년에 공포된 법령은 아편 재배자, 상인, 그리고 소비자들 외에 외국인 수입업자들에 대해서도 사형을 규정했다. 3월에 임칙서(林則徐, 1785-1850)가 광동에 도착하여 대대적인 소탕작전을 폈는데, 7월에 영국 수병이 한 청국인을 살해한 사건이 발생하여 청나라 당국은 범죄자 인도를 요구했고, 영국은 영국민에 대한 청국의 형법 적용을 거부했다. 아편전쟁의 첫 교전은 11월에 일어났는데, 영국의 멜버른(Melbourne) 내각은 약 4천 명의 육군과 32척의 함정을 청국에 파견했다.[43]

고도칸

미토(水戶) 번의 번주 도쿠가와 나리아키(德川齊昭, 1800-1860)는 부패와 타락을 없애고, 인재를 양성하여 국가의 독립과 발전을 기해야 한다는 학자들의 주장을 받아들여 1841년에 '고도칸(弘道館)'을 설립했는데, 5만 4천여 평의 대규모였다.[44]

백과사전 《후생신편》

1841년에는 막부 최대의 번역 사업으로 평가받는 《후생신편(厚生新編)》이 총 60권으로 번역, 발간되었다. 이 책의 원본은 100여 년 전에 프랑스가 발간한 백과사전으로, 이 책을 네덜란드어로 번역한 것을 일본어로 번역한 것이었다. 막부는 서문에서 시골 농부와 일반인들이 이 사전을 읽어 생활에 도움이 되도록 하기 위한 것이라 했다.[45]

포술교육, 반사로, 내화벽돌

막부의 신하였던 포술가 에가와 다로자에몬(江川太郎左衛門, 1801-1855)은 1841년에 에가와숙(江川塾)을 열어 포술을 가르쳤는데 사쿠마 쇼잔, 기도 다카요시, 아베 마사히로 등이 그의 제자였다. 이후 1853년에는 막부의 허가를 얻어 용광로의 일종인 반사로(反射爐)를 설치하여 대포를 주조한다. 에가와는 일본 벽돌의 선구자이기도 하다. 대포 주조를 위해 반사로 건조작업에 착수한 그는 네덜란드 문헌을 통해 반사로에는 흰색으로 구운 내화(耐火)벽돌이 최적이라는 사실을 알게 된다. 그는 마침내 1,700도의 고온에서도 견딜 수 있는 벽돌을 만들어 반사로를 완공했다. 이후 막부는 조선소 건설 및 긴자의 벽돌 거리를 조성할 때에도 내화벽돌을 이용해 건축물을 지었다.[46]

덴포개혁

1841년 9월에 막부는 '덴포(天保)개혁(1841-1843)'에 착수했다. 과중한 세금으로 덴포 연간(1830-1844)에 농민봉기(잇키 一揆)가 빈발했고, 가난한 백성들은 에도나 오사카의 미곡상, 고리대금업자 등을 습격하여 방화와 약탈을 일삼았다. 개혁의 내용은 사치 억제와 에도에 들어온 농민들의 귀향을 추진하여 에도의 불안과 농촌의 재건을 기도했다. 그러나 엄격한 풍속통제와 물가통제로 경제가 위축되고, 농민 등의 강력한 저항과 반대에 직면하여 개혁은 실패했다.[47]

신수급여령

1842년 6월, 나가사키에 입항한 네덜란드 선박은 아편전쟁이 끝나면 영국함대가 일본에 올 것이며, 만약 무역 요구를 거부하면 전쟁이 발발할 것이라는 소문을 전했다. 다음 달인 7월, 막부는 외국선을 무조건 격퇴하라는 명령을 철회하고, 외국선에 대해 귀국을 권고하고, 필요하면 연료, 식량, 식수를 제공하도록 하는 '신수급여령(薪水給與令)'을 포고했다.[48]

난징조약

아편전쟁 발발 약 3년 만인 1842년 8월 말에 영국과 청은 난징조약을 체결했다. 그 내용은 광동에서 외국 무역에 대한 독점 상인 폐지, 협정관세율 채택, 홍콩 할양 그리고 상해 등 5개 항구를 개방할 것 등이었다. 특히 개항장에는 영국 영사가 주재하며 영국인 거주자들에게는 치외법권을 허용하고, 배상금으로 2,100만 멕시코 달러를 지급하도록 했다.

이 조약 외에 세 개의 추가 조약이 체결되었는데 영국과 호문채(虎門寨) 추가 조약(1843.10월), 미국과 망하(望廈)조약(1844. 7월), 프랑스와 황포(黃埔)조약(1844. 10월)이다. 이 조약들에는 '최혜국 조관'이 있었기 때문에 한 나라가 특권을 얻으면 타국에게도 똑같은 특권이 부여되었다. 영국과의 호문채조약으로 수입관세율이 5%로 중국에 불리하게 결정되었다. 아편무역이 합법적으로 승인되는 것은 1858년 톈진조약 때이다.[49]

'해방팔책'

난징조약 체결 3개월 후인 1842년 11월, 사쿠마 쇼잔(佐久間象山, 1811-1864)은 해안 방비를 위한 의견서인 '해방팔책(海防八策)'을 막부의 해상 방어를 담당하고 있던 자신의 번주에게 제출했다. 그 내용은 해안 요충지에 포대 설치, 서양식 대포의 대량 주조, 서양식 군함과 장교를 갖춘 군대 양성, 근대적 교육 실시, 인재 선발, 민심을 단결시킬 것 등이었다.[50]

네덜란드 국왕의 개국 권고

1844년 네덜란드 국왕 빌렘2세가 쇼군에게 친서를 보내, 무역을 개방하는 문제 때문에 청국이 영국과 전쟁을 했는데, 그런 위험에 일본도 처해 있다며 법을 변경하여 개항을 할 것을 권고했다. 그러나 막부는 현실적으로 불가능하다고 회신했다.[51]

대형 선박 건조허가 요청

미토번주 나리아키는 1845년 8월에 막 취임한 26세의 로주(老中) 아베 마사히로(阿部正弘, 1819-1857)에게 번들이 대형선박을 건조하도록 허용해 줄 것을 요청했다. 당시 일본은 1609년 이래로 적재량 500석 이상의 군용 선박 및 상선을 번들이 건조하지 못하게 하고 있었다.

로주(老中)는 막부에서 가장 중요한 관료로 4-5명으로 구성되었다. 이들의 업무는 대외정책과 대규모 건설 사업, 반란군 진압 시 군사를 소

집하고 조직하는 일 등이었다.⁵²

미국 함대의 에도 출현

1846년 4월과 윤 5월에는 영국과 프랑스 선박이 류큐(琉球, 오키나와)에 와서 통상을 요구했고, 7월에는 미국 동인도함대 군함 2척이 에도의 우라가(浦賀)에 나타났다.⁵³

석탄 중간 공급지

1848년 5월에 미국 하원은 청국과의 무역을 발전시키기 위해 항로 개설이 중요하며 그 중간에 필요한 석탄 공급기지로 일본을 주목했다. 당시 미국에서 번성한 포경업의 포경선단에게도 일본 항구의 개방은 중요했다.⁵⁴

혁명의 해 1848년

1848년은 이태리, 프랑스, 오스트리아, 헝가리, 폴란드, 독일 등에서 혁명이 끊이지 않은 해였다.

이태리의 시칠리에서는 1월에 혁명이 일어나 3월에 시칠리 의회는 독립을 선포했으나, 5월에 프랑스의 부르봉 군대가 시칠리를 점령했다. 이에 혁명의 기운이 이태리 전역에 퍼졌고, 밀라노 사람들은 오스트리아군을 축출했으나, 8월에 오스트리아군이 다시 밀라노를 점령했다. 베니스도 3월에 공화국을 선포했으나 역시 8월에 오스트리아가 다시 점령했다.

프랑스에서는 국왕 루이 필립(Louis Phillipe, 재위 1830-1848)이 공공집회를 억압하여 파리에서 폭동이 일어났는데(2월혁명), 민중들에게 발포하여 결국 루이 필립은 영국으로 도망가고, 제2공화정이 반포(2월) 되었다. 프랑스 전역에는 노동자들이 거리를 장악하는 등 불안이 만연

했다. 이후 사회주의자들의 반란이 유혈진압(6월)되었고, 루이 나폴레옹(Louis Napoleon, 재위 1848-1870)이 대통령으로 선출되어 제2공화정이 성립되었다(12월). 루이 나폴레옹은 1851년 말에 쿠데타를 일으켜 국민투표로 임기 10년의 대통령으로 취임하고, 1852년에는 황제로 즉위, 선포하여 제2제정이 시작된다.

오스트리아 비엔나에서도 시위가 발생하여 3월에 메테르니히(Klemens von Metternich, 1773-1859) 수상이 사임을 하고 왕은 도망갔다. 헝가리에서도 3월에 혁명이 일어나 독립을 이루었으나, 다음 해인 1849년 전쟁에서 러시아와 오스트리아 세력에 패해 다시 독립을 잃었다. 폴란드에서도 3월에 봉기가 일어났으나 5월에 프러시아 군에 의해 진압되었고, 6월에는 프라하(보헤미아)에서도 저항운동이 일어났으나 오스트리아군에 의해 유혈진압되었다. 덴마크의 크리스티앙 8세가 사망하자 슐레스비히-홀슈타인 문제가 점화되면서 독일에서는 범게르만민족주의가 분출되었고, 독일 연방 전역에서 시위가 일어났다.

이처럼 1848년의 혁명들은 결국 실패로 끝났다. 그러나 이태리(Kingdom of Italy, 1861), 독일(1871)에서는 통일로 그 결실을 맺게 된다. 이태리의 베니스는 1866년에, 로마는 1870년에 이태리 왕국에 통합된다.[55]

조선의 연호 사용

조선의 역사를 시작하기 전에 우선 조선의 연호(年號)에 대해서 살펴보자.

조선은 중국의 연호를 계속 사용하다가, 1895년 3월 10일에 중국 연호의 사용을 중단한다.

승정원일기와 조선왕조실록에 의하면 조선은 청국 황제의 재위 기간에 따라 '도광(道光)', '함풍(咸豊)', '동치(同治)', '광서(光緖)'를 차례로 사용하였고, 1894년부터 1896년까지는 '개국(開國)', 그리고 1897년(고종 34)부터 1907년(고종 44)까지는 '광무(光武)'를 사용했다.

1895년 3월 10일(음) 고종실록을 보면, 내무아문에서 각 도(道)에 제반 규례를 훈시한 기록이 있는데 그중에 "제86조: 명나라와 청나라를 떠받들지 말고 우리나라의 개국 연호가 정해졌으니 모든 문서와 계약서 등에 청나라 연호를 쓰지 말 것."이라 했다. 즉, 이때부터 청나라 연호를 사용하지 않게 된 것이다. 승정원일기 및 고종실록 1897년 8월 16일(음 7.19)자 기록을 보면 "'광무(光武)'라는 연호를 세웠다".

따라서 이 책은 이것에 근거하여 각 연도 다음에 '동치(同治)' 또는 '광서(光緖)'라는 중국 연호를 그대로 사용할 것이다. 철종실록에 1850년은 '도광(道光)' 30년이며, 철종 재위 1년차이다.

1850년(도광道光 30, 철종 1) - 조선

이해는 철종이 즉위한 다음 해로서 당시 철종은 19세였다. 그때까지 누적되어 온 사회적 모순과 경제적 궁핍이 여전하고 모든 면에서 불안한 시절이었다.

암행어사도 눈물을 흘렸다

지방 관리들이 무고한 소민(小民)에게 마구 징수하는 일이 잦았고, 전라도 보성에서는 집을 뒤져 재산을 빼앗고 조금이라도 그 뜻을 거스르면 몽둥이를 휘두르는 등 "뼈에 사무치는 아픔"이 되어가고 있었다. 이러한 백성들의 모습은 황해도에서도 다르지 않았는데, 황해도 암행어사는 "크게 한숨이 나오고 눈물이 흐른다"라고 말하기까지 했다.[56]

"거꾸로 매달린" 것 같은 백성

이러한 지방 고을의 사정은 "빈 창고와 헛된 장부가 모두 10에 7~8"이라는 영의정 조인영의 보고에 압축적으로 나타나 있다. 조인영은 또 백성들의 생활은 이러한데 "조정에서 쓰임의 정도가 날로 증가하고 민간의 사치는" 줄어들지 않고 있었고, 우의정 권돈인은 "국법과 명분이 땅에 떨어졌"다고 한탄하며, "백성의 목숨이 거꾸로 매달린 것이 오늘날과 같은 적이" 없다고 했다. 2월 초에 비변사에서 "남쪽에서 온 사람의 길에서 들은 말을 들으면 모두 당해 군수가 포흠된 환곡 수만 석이 있다 하여 여리(閭里)로 두루 다니며 집을 뒤져 재산을 빼앗고 조금이라도 그 뜻을 거스르면 몽둥이가 따라 걱정스러워하고 허둥댐이 마치 불에 타고 물에 빠진 듯이 급박하며 부축하고 이끌며 흩어지니 경색이 참혹하며 …"라고 했다. [57]

왕릉과 묘지 수리비

백성들은 이렇게 굶주리는 상황에서 조정은 왕족의 묘지 4개 수리비로 9천 냥, 동칠릉(東七陵)의 수리비로 1만 3천 냥을 지출했는데, 이것은 기록되어 있는 지출 금액만 합한 것이고, 추가로 지출된 금액은 모른다. 백성들은 "나물국으로도 배를 채우지 못하여 흩어지는 일이 끊이지 않으니"[58]라고 영의정 조인영이 묘사한 당시 백성의 삶을 생각하면 2만 2천 냥은 엄청 큰돈이다. 그 근거로 1868년에 경복궁 중건 공사 당시 승정원일기의 기록을 보면, 5개월간 동원한 숙련공(공장) 및 일반공 총 2만 3,583명에게 지급한 인건비는 1,555냥 15푼이었다. 따라서 1850년의 2만 2천 냥은 1868년에 지급한 월급을 기준으로 보면 33만 명의 월급에 이르는 금액인데, 18년간 물가를 고려하면 최소 50만 명의 월급에 해당할 것이다.

이것이 19세의 철종이 통치한 첫해 조선의 상황이었다.

1850년(가에이嘉永 3) - 일본

대총제조방

현재의 사가현과 나가사키 현에 걸쳐 있었던 사가(佐賀)번은 이해에 서양식 대포와 군함 제조를 위해 대규모 공장인 대총제조방(大銃製造方)을 설립하였다.[59]

함풍제 즉위와 태평천국의 난

2월에 청 황제 도광제가 69세로 사망하고, 3월에 도광제의 넷째 아들 함풍제(재위 1850-1861)가 19세의 나이로 즉위했다. 7월에는 홍수전의 추종자들이 조직한 부대인 '배상제회(拜上帝會)'가 조직되어 1851년 9월에는 태평천국의 난(Taiping Rebellion)을 일으키게 된다. 태평천국 군대는 18개 성 중 16개 성에 진출하여 약 600개의 시를 공략하였으나 통치하지는 못했다. 이들은 1864년에 유럽의 무기 지원을 받은 청 정부에 의해 진압될 때까지 난징 등 중국 남동부를 휩쓸었다.[60]

빛의 속도 측정

프랑스의 아르망 피조(Armand Hippolyte Fizeau, 1819-1896)가 1849년 9월에, 빛의 속도가 315,000km/초라는 값을 얻었고, 이를 프랑스 과학 아카데미에 보고한 것이 1850년 3월이었다. 피조의 연구

결과는 오늘날 인정하는 값과 약 5% 차이가 있는데, 현재 빛의 속도는 299,792,458m/초이다. 그래서 1미터는 1/299,792,458초 동안 움직인 거리를 말한다.[61]

1851년(함풍咸豊 1, 철종 2) - 조선

인구의 3%가 죄수

1월부터 우의정 권돈인은 나라의 재정이 "밑 빠진 독에 물이 새 나가듯" 하고, 호조에 돈을 지원해야 하나 '손댈 만한 곳이 없는 실정'이었다.

3월에 우의정 박영원은 "삼정(三政)을 걷어치운 지 오래고 국법은 땅을 쓴 듯이" 없어졌다고 했고, 5월에 좌의정 김흥근은 경기, 충청, 전라, 강원도 암행어사의 보고서를 아뢰며, 거의 모든 고을의 환곡 장부가 허위로 만들어져 포흠이 없는 마을이 없고, 포흠을 하지 않는 아전이 없다고 했다. 7월에는 김흥근이 "백성들의 터럭 하나라도 병들지 않은 것이 없다"고 했고, 윤 8월에는 김흥근이 다시 "사실은 약탈이나 다름이 없습니다"라며 백성이 수탈당하고 있음을 아뢰며 "어찌 통곡하고 눈물을 흘리지 않을 수 있겠습니까"라며 통탄한다.

2월에는 체포된 이웃 주민을 구하기 위해 서울의 뚝섬 백성 수백 명이 "몽둥이를 들고 허리에는 칼을 차고서 대낮에 도성 안에서 창궐"하는 일이 일어났다. 이 사건으로 10여 명이 참수당하고, 수 명이 유배를 갔다. 10월에는 좌의정 김흥근이 "포도청의 죄수가 무려 20여만 명이나 됩니다."라며 포도청이 안일하게 세월만 보낸다며 포도대장의 처벌을 아뢨다. 2년 전 조선의 총인구가 647만 명이었으니, 인구의 3%가 죄수였던 것이다.[62]

"고리대금업자가 이자놀이" 하는 것 같은 세금징수

우의정 권돈인은 법을 집행하는 부서의 하급직 관리들이 소송을 조작하고 토색질을 하는 등 폐단이 많아 백성들이 살아갈 수가 없고, 법을 관장하는 곳이 "도리어 법을 능멸하는 곳"이 되었다고 보고했다. 이런 와중에도 사치는 만연하였고, 백성들에게는 세금을 더 얹어 징수하는 것이 마치 "고리대금업자가 이자놀이 하는 것과 같다"며, 우의정 박영원은 고종의 "솔선수범"을 아뢨다.[63]

조운선 고의 침몰

북한산성의 행궁과 각처의 관청 건물과 사찰, 군기(軍器)를 수리하는 비용이 부족하자, 1852년부터 5년간 총과 화약 제조를 정지하고 그 돈을 "근자의 예가 많이" 있듯이 전용하여 쓰게 한다. 이런 상황인데, 12월에는 좌의정 김흥근이 세금으로 받은 곡식을 실어 나르는 배인 조운선을 고의로 침몰시켜도 제대로 처벌을 받거나 배상을 하지 않으니 "무엇을 꺼려해서 고의로 치패하지 않겠습니까"라고 아뢨다.[64]

이명섭 모반사건

이런 혼란 속에 소현세자의 8세손인 이명섭을 추대하려는 모반사건이 황해도 지역에서 일어나, 이명섭은 압송 도중에 사망하고 연루자들은 효수당한다. 연말에 순원왕후는 2년여 만에 수렴청정을 거둔다.[65]

소현세자(1612-1645)는 인조의 장남으로 효종의 형이다. 그는 병자호란(1636-1637) 때 인질로 청에 갔다가 8년 만에 귀국했으나 두 달 만에 사망하고, 그의 부인 강 씨는 다음 해에 사약을 받는다. 소현세자의 자식들 중 두 아들은 1648년에 제주 유배 중 사망하고, 3남 경안군(이회, 1644-1665)만 살았다. 소현세자는 귀국 후 갑자기 사망했는데, 독살당했다는 설이 있다. 강빈의 노모와 형제들도 모두 죽임을 당했다.

1851년(가에이 4) - 일본

사쿠마 쇼잔

40세의 사쿠마 쇼잔(佐久間象山, 1811-1864)이 에도(江戶, 동경)에 서양 포술과 네덜란드어를 가르치는 서양학교를 설립했다. 제자 중에는 가츠 가이슈(勝海舟, 1823-1899), 요시다 쇼인(吉田松陰, 1830-1859), 사카모토 료마(坂本龍馬, 1836-1867) 등이 있다.[66]

일본 최초의 신문

일본 최초의 신문인 〈요코하마 매일신문〉이 창간되었다. 1874년에는 〈요미우리신문〉, 1879년에는 〈아사히신문〉이 창간된다. 1841년에 표류하여 미국에 살다가 10년 만에 돌아온 존 만지로(万次郎, 1827-1898)는 연금 상태에 처해지지만 청소년들에게 영어도 가르친다. 2년 후 페리 제독의 재방문 때 그는 쇼군 직속의 무사로 발탁된다.[67]

해저 케이블, 지구자전 증명, 세계 박람회

영국해협을 가로지르는 해저 전신 케이블이 설치되었고, 프랑스의 푸코(Jean Bernardo Foucault, 1819-1868)가 파리에서 실험을 통해 지구의 자전을 증명했다.

5월부터 10월까지 6개월간 런던 세계 박람회가 웅대한 철골과 유리로 지어진 런던의 '수정궁'에서 개최되었다. 여기에는 화학제품, 식료품, 교통수단 및 운송기계, 기계류 및 공작도구, 무기 등이 전시되었다.[68]

1852년(함풍 2, 철종 3) - 조선

우의정과 좌의정의 호소

순원왕후의 수렴청정이 끝나고 철종이 친정을 하게 된 첫날, 우의정 박영원은 강직하고 과단성 있게 임하며 절용(節用)하고 청렴한 품행을 장려하는 것이 가장 시급한 일이며, 이를 위해 '신하를 자주 접촉할 것'을 건의한다.

2월에 영의정 김흥근은 재물이 고갈된 나라는 보존할 가망이 없다며 절약할 것을 아뢴다. 4월에도 좌의정 박영원은 "백성의 재물을 수탈하는 일이 많아서 산업이 날로 형편없게 되어 백성이 궁핍하게 되었고, 따라서 기근을 만나기라도 하면 이 백성들이 모조리 죽는 것을 즉시 보게 될 것"이기 때문에 역시 절약을 강조했다. 이렇게 돈이 없는 조정은 2만 냥, 1만 냥을 바친 지방의 유학자들에게 수령 등의 관직을 하사한다.[69]

"당장 무슨 변이 일어날 듯" 불안해하는 좌의정

7월에 전 평안감사는 백성들이 곤궁해진 지 오래되었고, 흉년이 더해졌는데 칙사가 계속 와서 "아침에 저녁 일을 생각하지 못할 정도로" 형세가 황급하다고 했다.

좌의정 이헌구도 백성들이 고통받는 일이 "천백 가지"나 된다며, 평안도 지역에서 "들리는 소문에 당장 무슨 변이 일어날 듯" 하다며 "초조하여 어찌할 바를 모르겠습니다"라고 당시 불안한 평안도 지역의 상황을 말하고 있다.[70]

1852년(가에이 5) -
일본

슈세이칸

지금의 가고시마(鹿兒島)현과 그 인근 지방에 있었던 사츠마번(薩摩藩)의 번주 시마즈 나리아키라(島津齊彬, 1809-1858)는 부국강병을 위해, 가고시마에 공업단지인 '슈세이칸(集成館)'을 설치하였는데, 여기서 대포와 함선을 제작한다.[71]

요시다 도요

현재의 시코쿠(四國)의 고치(高知)현에 있었던 도사번(土佐藩)의 관리였던 요시다 도요(吉田東洋, 1816-1862)는 일본은 정밀한 서양의 학문을 배워야 한다고 했다. 그의 후원을 받은 도사번의 출신자로는 1880년대 민권운동의 지도자로 활동하는 이타가키 다이스케(板垣退助, 1837-1919), 1867년에 대정봉환을 도사번 번주에게 건의한 고토 쇼지로(後藤象二郎, 1838-1897), 미쓰비시 그룹의 창업자 이와사키 야타로(岩崎弥太郎, 1835-1885) 등이 있다.[72]

미국함대의 방문 계획을 통보받은 막부

미국은 일본을 개항시키기 위해 다음 해에 함대를 파견하기로 결정하고 이 사실을 일본에 통보해 줄 것을 네덜란드에 요청하였다. 이에 따라 개항을 건의하는 자카르타의 네덜란드 총독의 편지를 나가사키의 네덜란드 상관장이 막부에 전하면서 사절의 방문 목적과 일행의 이름을 알렸다.[73]

러시아의 사절단 파견

미국 함대의 일본 방문 계획을 알게 된 동부 시베리아의 총독은 이에 대한 대책이 필요하다고 2월에 보고하였다. 이에 따라 러시아는 푸차틴 해군중장을 특사로 한 사절단을 일본에 파견할 것을 결정하고, 이들 사절단이 통상 및 국경선 확정 등을 협의하기 위해 다음 해에 일본에 도착한다.[74]

나폴레옹 3세 즉위

프랑스에서는 나폴레옹 3세(Louis Napoleon Bonaparte, 1808-1873)가 국민투표를 통해 압도적 찬성으로 제2제정(제2제국)을 수립하고 황제로 즉위하였다. 제2제정은 독일과의 보불전쟁에서 패해 나폴레옹 3세가 포로로 잡히던 1870년까지 지속된다.[75]

《해국도지》

린쩌쉬(林則徐, 1785-1850)로부터 자료를 건네받은 친구인 웨이위안(魏源, 1794-1857)이 서양 세력에 대한 경각심을 일깨우기 위해 집필한 《해국도지(海國圖志)》가 이해에 100권으로 재간행되었다. 이 책에서 웨이위안은 서양의 전함, 무기, 훈련 등을 배울 것을 강조했는데, 이 책의 초판은 1842년에 50권으로 간행되었다. 이 《해국도지》가 일본에서는 2년 뒤에 오쓰키 사다카(大槻禎)에 의해 번역되어 발간되는데, 오쓰키는 서문에서 해양을 지키기 위해서는 외국의 사정을 알아야 하는데, 외국의 사정을 아는 데는 《해국도지》가 가장 상세하여 간행한다고 했다.[76]

1853년(함풍 3, 철종 4) - 조선

이해 백성들의 처참한 생활에 대한 대신들의 표현은 더욱 처절해진다.

"궁핍한 백성을 보는 것은 어찌 그리도 야박하단 말입니까"

영의정 김좌근이 4월에 돈은 고갈이 되고 "폐단을 바로잡을 방도가" 없다고 아뢰었다. 6월에는 "백성들을 약탈하고 침탈하여 뼈를 깎고 살을 저며 내는 사단은 진실로 하나하나 매거할 수" 없고, "포흠 낸 아전을 위해서는 어찌 그리도 후하고, 궁핍한 백성을 보는 것은 어찌 그리도 야박하단 말입니까"라며 부정부패를 저질러도 처벌받지 않는 현실을 비판했다.

7월에 우의정 조두순은 "나라의 다급한 재정을 곧 남의 일 보듯" 하는 관리들의 태도를 비판하며, 궁중부터 절약할 것을 주장한다. 8월에는, 줄어드는 세금을 보충하고자 상인들에게 "살을 깎고 털을 긁는 것같이 혹독하게 수세를 하여 부족한 것을 채우니, 불쌍한 저 상민(商民)들이 어떻게 지탱해 나갈 수 있겠습니까?"라고 비변사가 고했다.[77]

"모두가 죽음에 빠지게" 될 것을 염려하는 영의정

12월에 영의정 김좌근은 농사짓는 땅은 13년 전에 비해 8분의 1이 줄어들어 "백성들이 흩어지고, 토지를 폐기하여" 옥토가 황무지가 되었고, "윗사람과 아랫사람이 서로 부정을 저지르면서 국법이 안중에 없어 … 백성과 고을 모두가 죽음에 빠지게 하고야 말 것"이라고 경고했다.[78]

경상북도에서 발견된 흉서

12월에는 경북 봉화현에서 괘서 사건이 발생했는데, 그 내용은 알 수 없으나 이를 보고한 경상감사 조석우에 따르면 "도무지 차마 말하지 못할 흉언이고 흉서"라 했다. "가져다 보았더니, 부도(不道)한 흉언은 천지가 다하도록 있을 수 없는 아주 패악한 것이 아님이 없었으니, 등골이 떨리는 것도 깨닫지 못하였습니다"라고 했다. 이를 보고받은 정원용 등도 "대변괴", "같은 하늘 밑에서 살 수 없는 원수"라 했다. 그러나 이 사건의 진범은 잡히지 않았다.[79]

1853년 일본

1853년(가에이 6) -
일본

에도 앞바다에 출현한 '구로후네'

6월 3일, 미국의 동인도함대 사령관 페리 제독(Matthew C.Perry, 1794-1858)이 일본이 '구로후네(黑船)'라 부르는 4척의 군함을 이끌고 류큐(琉球, 오키나와)에서 에도의 이즈(伊豆) 앞바다에 나타났다. 페리는 "특이하고 거의 야만적인 한 국민을 제 국민의 가족으로 맞아들이려는 시도가 유혈 참사 없이 이루어지기를" 기도했다.[80]

미국 대통령의 국서

미국 대통령 필모어(M. Fillmore, 재임 1849-1853)는 국서에서 세계의 정세가 변해 시대에 맞는 새 법을 만드는 것이 필요하다며 양국 간 자유무역을 통해 상호 이익을 기대한다고 했다. 미국의 국서에 대해 막부는 당시 쇼군(將軍)이 와병 중이라 다음 해에 답을 하기로 한다. 실제로 12대 쇼군 도쿠가와 이에요시(德川家慶, 재위 1837-1853)는 페리가 떠난 10일 후에 사망한다. 그를 뒤이어 10월에 4남인 도쿠가와 이에사다(德川家定, 재위 1853-1858)가 13대 쇼군으로 취임한다.[81]

총의 도면을 그리게 한 번주

국서를 전달한 후 미국 측이 군함을 공개하자 많은 사무라이들이 신식무기의 작동을 보면서 그림을 그렸다. 사츠마번주 시마즈 나리아키라는 페리가 막부에 기증한 총 두 자루 중 한 자루를 빌려 밤새 총의 도면을 그리도록 하여 번으로 돌아가서 똑같은 총을 제조하도록 명령한다. 이때 사츠마에는 무라타 스네요시(村田經芳, 1838-1921)라는 15세의 기술자가 있었는데, 그는 이때부터 소총 개량에 일생을 바친다. 그가 바로 청일전쟁에서 일본군의 승리에 결정적 기여를 하는 무라타 총의 개발자이다.[82]

번주들의 의견을 물어 개항을 결정한 막부

미국 대통령의 국서를 받은 막부는 그동안의 관례를 깨고 막부 관리 및 여러 번주들에게 개국에 대한 의견을 물어 막부의 방향을 정했다. 이를 단행한 사람은 34세의 로주(老中) 아베 마사히로(阿部正弘, 1819-1857)였다.

번주들 중에는 즉각 전쟁 준비를 하자는 미토번의 번주 도쿠가와 나리아키(德川齊昭, 1800-1860)도 있었는데, 그는 마지막 쇼군인 도쿠가와 요시노부(德川慶喜, 재위 1867-1868)의 친부(親父)이다. 그러나 히코네(彦根) 번주인 38세의 이이 나오스케(井伊直弼, 1815-1860)는 위기에 처했는데 쇄국을 고집해서는 안전과 평화를 보장할 수 없다며 일본의 현실을 직시할 것과, 군함 건조와 개국을 주장했다.[83]

인재육성과 해군건설론

막부의 신하 가츠 가이슈(勝海舟, 1823-1899)는 '해방건언(海防建言)'이라는 건의서를 막부에 올려 신분 제한을 철폐하고 인재를 등용하여 천문학, 지리학, 물리학 등을 교육할 것을 건의했다. 가츠가 바란 대로 2년 후 나가사키에 '해군전습소(海軍傳習所)'가 세워져 자신이 100여 명을 지도하게 된다.

1853년 일본

미국에 대한 대응책을 논의하는 자리에서 막부의 관리들과 번주들은 '해군건설론'을 주장했다. 이를 위해 우선 모든 번들에게 대형함선 건조와 보유를 허용하며, 네덜란드로부터 함선 건조 기술을 이전받거나 함선을 매입해야 한다고 했다.[84]

이사가와지마 조선소

마침내 막부는 현재 이바라키(茨城) 현에 있었던 미토번(水戶藩)에게 군함 건조를 명령했으며, 이를 위해 미토번은 이시가와지마(石川島)에 조선장(造船場) 기공식을 다음 해 1월에 가진다. 이 이시가와지마 조선장이 이시가와지마 조선소의 기원이 되며,[85] 이것이 현재 세계적인 중공업회사인 IHI(Ishikawajima Heavy Industries)이다.

대형 선박 건조 허용

나가사키에 있던 네덜란드 상관장은 네덜란드 교관단을 일본에 초빙하여 해군교육을 받을 것을 건의한다. 이 건의에 따라 막부는 페리가 떠난 지 불과 3개월 후인 9월 중순에 1635년부터 유지해 온 대선금지령을 해제하여 각 번들이 대형 선박을 건조할 수 있도록 허용했다. 막부는 마침내 11월에 미국과 전쟁을 피하고, 해양 방어를 강화한다는 입장을 확정했다.[86]

이처럼 34세의 로주가 정책을 결정하던 막부는, 관례를 깨고 번주들의 의견을 듣고 그들의 주장을 받아들였다. 이후 막부는 신속하고 구체적으로 정책 방향을 정하고 행동한다.

러시아 사절단의 방문

러시아의 푸차틴 제독 일행이 8월에 나가사키에 도착했다. 그러나 쇼군 이에요시의 사망과 국경문제의 경우 시간이 필요하다는 일본의 입장을 듣고 다음 해 1월에 일본을 떠난다. 이들은 비록 협상은 하지 못했지만 일본 측 전권대표의 태도에 대해 좋은 인상을 갖고 떠났다. 러시아 함대가 일본에 머물고 있던 때에도 일본 측은 러시아의 함선에 세 번이나 승선하여 총포 등을 세밀히 조사했다. 이들이 머물고 있던 10월에 영국의 지원을 받은 터키가 러시아에 선전포고를 하여 크림전쟁이 발발했다.[87]

이렇게 미국과 러시아 함대가 왔을 때 그냥 돌려보내지 않고 일본은 무엇이든 배우려 했고, 세밀히 조사하고 도면까지 그려 제작하려고 했다.

요시다 쇼인의 밀항 실패

이때 요시다 쇼인(吉田松陰, 1830-1859)이 이 러시아 함선을 타고 해외로 밀항하기 위해 나가사키에 도착했으나 그들은 이미 떠난 후였다. 요시다는 서양 학문을 습득하려 노력했는데, 그는 편지에서 힘을 쏟아 서양의 병학(兵學)을 알도록 노력해야 한다고 했다. 쇼인은 페리가 왔을 때 배의 무장 상태 등을 실제와 거의 비슷할 정도로 관찰해 기록했다.[88]

대외교섭 사료집 완성

막부의 외교자문 역을 해 온 하야시(林) 가문과 쇼헤이자카 학문소(昌平坂学問所)는 1566년~1825년 동안 약 260년간의 대외교섭 사료집인 《통항일람(通航一覽)》을 완성해 막부에 헌상했다.[89]

1854년(함풍 4, 철종 5) - 조선

이해에도 백성들의 삶과 조선의 미래에 대한 절망적인 말들이 대신들의 입에서 나오고 있다.

영의정의 호소

1월에 영의정 김좌근이 "나라의 형세와 백성의 목숨이 조석을 보존하지 못할 만큼 위태"롭고, "가혹한 정사가 맹수와 홍수의 해보다도 심한" 상태이며, "고생을 해도 항아리에는 남는 것이 하나 없고 베틀이 텅 비어" 있다며 절약을 솔선수범하기를 철종에게 아뢰었다.

2월에 김좌근은 환곡의 경우, 3백 개의 주(州) 가운데 실제로 곡식을 납부하는 곳은 몇 곳이 없다고 하며, "백성의 고혈이 남김없이 다" 떨어지고 말았으니 "지금 당장 패망하게 될 조짐이 충분히 닥쳤다"고 할 만한데, 대책이 없다고 했다. 11월에는 김좌근이 민생이 "숨이 넘어갈 지경이라 어찌할 바를 모르겠습니다"라고까지 했다.[90]

고향을 떠나는 백성들

함경도를 다녀온 예조판서 김보근이 5월 말에 보고한 함경도의 실정은 "환곡을 거둬들일 때에는 매질을 하고 차꼬를 채워 가며 몰아대니" 백성들이 흩어지고, 10월에 영중추부사 정원용이 보고한 전주의 모습은

"3, 4천의 빈털터리 백성들이 매년 4, 5만 냥의 돈을" 납부해야 했으며, 예로부터 물자가 풍부했던 순천은 "고향을 떠나지 않는 자가" 없는 지경이었다.

12월에 경상좌도 암행어사의 보고를 아뢰는 비변사는 경작할 토지가 없는데도 세금을 징수하는 등 "팔도가 모두 같은 병"을 앓고 있다고 했다. 이러한 문제점은 전라좌도·우도의 암행어사의 윤 7월 보고에도 나온다.[91]

"백성을 잃은 지 오래되었습니다"

군역(軍役)도 무너지고 있었던 것은 마찬가지였다. 윤 7월에 전라우도의 암행어사는 백성들이 "군역을 사지(死地)에 나가가는 것"으로 여겨 어떻게든 피하기 위해 이름과 나이를 속이고, 심지어는 사대부의 조상들의 무덤이 있는 마을로 들어가 군역을 피하니 "조정은 속수무책으로 백성을 잃은 지 오래되었습니다"라고 했다.[92]

병조가 한심한 병조판서

9월에 병조판서 홍종응은 한 달 전에 검열을 했는데, 말(馬)도 제대로 없고, 군의 사기와 기율은 나태하여 "저절로 한심하다는 생각이 들었습니다"고 했다.[93]

싸움판이 된 과거장

1월에 비변사가 보고한 무과시험장은 "다투고 치받는 자리"가 되었고, 8월에 비변사가 보고한 문과 과거시험장 역시 "문필(文筆)의 우열은 대수롭지 않은 일로 여기고 … 짓밟고 때리면서 일개 전쟁터"가 되었다. 과거 시험장은 "집에서 응시하는 것"과 차이가 없을 정도였고, 시험 답안지는 "길거리에서 마구 바치는" 지경이었다.[94]

1854년 조선

러시아 제독의 조선 방문 보고

일본을 방문하고 러시아로 돌아가던 푸차틴 해군중장 일행이 거제도를 들러 동해안 탐사를 마치고 자국 황제에게 조선 "민중들의 낮은 수준"에 대해 보고했다. 그런데, 이들이 함경남도 용성진에 방문했을 때 러시아인이 "조총을 한 차례 쏘아" 그 고을 사람 1명이 죽고, 또 러시아인이 "화를 내며 포를 쏘아" 포구의 백성 1명이 죽었다고 비변사등록에 기록되어 있다.[95]

1854년(가에이 7, 안세이安政 원년) - 일본

일미화친조약

1월에 페리가 함대를 이끌고 다시 왔고, 3월에 일본은 12개 조의 '일미화친조약(가나가와조약)'을 체결하였다. 이 조약으로 에도에 있는 시모다(下田) 항은 즉시, 홋카이도의 하코다테(箱館) 항은 다음 해 3월에 개항하기로 하고, 최혜국 대우를 부여했다. 일본의 교섭대표 하야시 후쿠사이(林復齋)는 난파 선원의 구조라는 목적이 달성되었으면 교역은 무리하게 할 것이 아니라 주장하여, 교역은 조약에 명기하지 않았다.[96]

페인트, 증기기관차, 전신

이때 일본은 페인트, 증기기관차, 전신이라는 큰 경험을 하게 된다. 하야시의 명령으로 에도의 도장(塗裝) 기술자 마치다 다쓰고로(町田辰五郞)는 미국 함선에 가서 페인트 도장법을 배워 조약 체결 장소인 응접소 건물을 페인트로 칠했는데, 이것이 일본 최초의 페인트 도장이다. 페리는 모형 증기기관차와 100여 미터의 기차선로를 가져와 작동을 해보였는데, 이로부터 18년 후인 1872년 10월에 에도의 신바시-요코하마 간 철도가 개통된다. 또 페리는 약 1.6km의 거리에 전선을 가설하고 시험통신을 하여 순식간에 문자를 보내는 것을 보여 줘 일본인들을 놀라게 했다. 이것 역시 15년 후인 1869년에 에도와 요코하마 사이에 상업용 전신이 실용화되는 계기가 되었다.

그런데 유럽에서는 1854년 이해에 런던과 파리가 전신으로 연결되었고, 1857~1858년 사이에는 대서양 횡단 해저 케이블이 설치된다. 1861년에는 뉴욕과 샌프란시스코를 연결하는 전신이 가설된다.[97]

밀항에 또 실패한 요시다 쇼인

페리의 방문 기간 중 24세의 요시다 쇼인이 23세의 가네코 시게노스케(金子重之輔, 1831-1855)와 미국으로 밀항하려다 좌절되었다. 쇼인은 미리 페리에게 편지를 보내 일본의 법률이 엄격해 해외에 나갈 수가 없기 때문에, 배 안에서 무슨 일이든지 할 테니 데려가 달라고 했다. 페리는 비록 이 요청을 거절했지만 이들의 용기에 감명을 받았다고 기록했다.

또다시 밀항에 실패한 쇼인은 밀항 시도를 자수하고 고향으로 유배되었는데, 이때 쇼인의 스승 사쿠마 쇼잔의 격려 편지가 발견되어 사쿠마도 이후 약 9년간 근신에 처해진다. 사쿠마는 1871년에 《성건록(省諐錄)》이라는 책을 출간하는데, 여기서 그는 기하학, 외국어, 대포의 중요성과 국력 강화를 강조한다.[98]

일영화친조약

러시아와 크림전쟁 중이던 영국 군함이 7월에 나가사키에 와서 영국 함대의 일본 항구 기항을 요청했다. 이때 일본은 영국의 의도와 달리 일미화친조약과 유사한 일영화친조약을 10월에 체결하여, 나가사키와 하코다테 두 항구의 개항을 영국에 약속했다. 당시 일본은 네덜란드 상관장으로부터 받은 특별 정보보고서인 '별단풍설서'를 통해 크림전쟁의 발발 사실을 알고 있었다.[99]

함선 제조 기술 습득 노력

11월에는 러시아의 푸차틴 제독 일행이 국경협상을 위해 방문했는데, 에도에 대지진이 발생하여 1만여 명이 희생되었다. 이로 인해 러시아 함선도 파손되어 수리를 해야 했는데, 막부는 기술자 7명을 엄선하여 러시아의 함선 제조 기술을 전수받는 기회로 삼았다.[100]

러시아와 국경선 확정

12월(양 1855년 2월)에는 마침내 러시아와 화친조약(시모다 조약)을 체결하여 시모다(下田), 하코다테, 나가사키의 개항을 약속했다. 또 국경선에 대해서는 이투르프(Iturup, 択捉) 섬 전체와 그 남쪽은 일본이, 우루프(Urup, 得撫) 섬 및 그 북쪽은 러시아에 속하는 것으로 했다. 그리고 가라후토라 부르던 사할린(樺太)에 대해서는 양국 사람들이 같이 사는 곳이라 경계를 정하지 않았다. 제2차 대전 후 소련(러시아)이 이투르프 섬 남쪽의 4개도를 영유함으로써 일본이 그 영유권을 주장하며 현재까지 미해결의 상태다.[101]

네덜란드 국왕의 해군교육 제의

일본이 발주한 함선을 크림전쟁의 발발로 인해 네덜란드가 제작할 수가 없었다. 이에 네덜란드 국왕의 명령으로 네덜란드 장교 파비우스(G. Fabius)를 일본에 파견하여 증기기관 조작법, 포를 사용하는 법 등을 가르쳐주겠다고 했다. 이를 받아들인 막부는 약 2개월에 걸쳐 200여 명을 교육시킨다. 이 교육과정을 지켜본 네덜란드 상관장은 일본인들이 빠르게 습득하자 "경탄할 만하다"고 네덜란드 동인도총독에게 보고했다.[102]

1854년 일본

네덜란드 장교의 일본해군 창설 건의

파비우스는 일본 해군 창설을 위한 건의서를 막부에 제출했다. 여기서 그는 무역, 증기선 보유, 함선 건조 추진, 외국인 교관단에 의한 인재 양성, 국내 교육제도 확립, 유럽에의 유학 등을 권고하였다. 막부는 이러한 파비우스의 건의를 받아들여 네덜란드에 군함을 재발주하고, 대규모 네덜란드 교관단을 통해 본격적인 해군교육을 시작하게 된다.[103]

후쿠자와 유키치와 사카모토 료마

향후 일본에 큰 영향을 미치는 이들의 활동을 보자.

19세의 후쿠자와 유키치(福澤諭吉, 1835-1901)는 고향 오사카를 떠나면서 "다시는 돌아오지 않으리라"며 나가사키로 "기뻐하면서" 갔다. 18세의 사카모토 료마(坂本龍馬, 1836-1867)는 고향 도사번에서 당시 30세의 가와다 쇼로(河田小龍, 1824-1898)를 찾아갔다. 가와다는 사카모토에게 쇄국은 절대 불가하며, 개항을 해야 하는데 선박은 제대로 없고, 병사들도 훈련되어 있지 않아 외국의 공격을 받으면 필리핀처럼 식민지가 될 것이라 했다. 그러면서 그는 무역을 일으키고, 외국선박을 구입하여 해상에 익숙한 사람들을 길러내야 한다고 강조하는데, 이런 그의 말을 향후 사카모토 료마는 모두 직접 행동으로 실천한다.[104]

1855년(함풍 5, 철종 6) - 조선

신하를 만나지 않는 왕

1월부터 영의정 김좌근이 왕이 "드물게 신료들을 만나고", 신하를 대할 때는 "침묵을 주로 하고", "의견을 내지 않으시니"라며, "실학으로 실정(實政)을 행"하기를 아뢨다.[105]

돈이 없는 병조와 경기도

병조판서 홍재철이 4월에 아뢴 내용을 보면 병조는 여전히 "군색"했다. 이유는 균역청에서 받아오는 무명과 베의 품질이 너무 빈약하고 양도 적어 각종 지출에 "쓸 길이 만무"했기 때문이다. 그래서 앞으로는 이러한 물건 대신 돈으로 받을 것을 건의했다. 이 내용은 20년 후인 1875년 7월에 당시 좌의정 이최응이 방납의 문제에 대해서 자세히 설명할 때 언급하는 것과 같다.

5월에 영의정 김좌근은 황해도 무사 시험장의 실정을 보고하는데, 시험 치러 온 사람들에게 군장(軍裝)과 궁마(弓馬)를 "가혹하게 점검하고 탈을 잡아서" 토색질하는 것이 적지 않아 수험자 "거의 모두가 재산을 탕진"하는 지경이었다. 7월에 경기감사는 저축은 텅 비었는데 써야 할 비용은 매우 많아 "5천 냥"을 빌려달라고 또 "전례가 없는 요청"을 했다.[106]

1855년 조선

호조의 재정난

3월에 "능과 원(園)"을 옮기는 일을 시작하게 되자 왕이 10만 냥을 내려줬다. 그런데 능을 옮기는 일을 끝낸 호조가 12월에는 호조의 "창고의 저축이 고갈"되어 20만 냥을 추가로 요청했다. 이를 위해 훈련도감, 금위영, 어영청, 양향청, 총융청, 수영(水營) 등의 군사조직이 갖고 있던 돈, 무명, 쌀과 호조와 사옹원이 갖고 있던 돈, 호남과 영남에 저축해 둔 쌀 1만 석과 돈 2만 5천 냥과 무명 등을 동원하여 충당한다.[107]

옛날과 싸우는 유생들

8월에는 전국의 유생 3,416명이 상소를 올려 약 150여 년 전에 죽은 윤선거, 윤증, 이현일을 탄핵하여 관작과 시호를 박탈할 것을 상소한다. 유생들의 주장은 '이들 3명이 송시열을 장해(戕害)했다'는 것이었다. 이에 철종은 "당시에 스스로가 시비가 있었는데, 지금 와서 무슨…"이라며 상소를 한 우두머리에게 몇 년간 과거 응시 자격을 박탈했다.[108]

이처럼 조선의 유생은 과거와 싸우느라 현재와 미래를 생각하지 않았음을 볼 수 있다. 일본은 6월에 네덜란드 해군 장교들을 초청하여 해군 교육을 시작했다.

1855년(안세이 2) - 일본

해군교육 시작

6월에 네덜란드 해군 군사교관단 22명이 도착하여 본격적으로 교육을 시작한다. 막부는 나가사키에 '해군전습소(海軍傳習所)'를 세웠고, 후보생의 선발기준으로 젊고 성실하며 문맹이 아니거나 포술이나 난학 또는 배의 건조법을 습득한 자로 했다. 제1차 해군 전습은 1857년 8월까지 약 1년 10개월간 계속된다.

피교육생들은 교관단으로부터 4년간 증기기계, 함선 운용, 포술 및 소총술, 항해술, 지리, 네덜란드어, 증기기관, 조선기술 등 다양한 교육을 받는다. 이때 막부의 정책 결정 핵심자인 36세의 로주(老中) 아베 마사히로는 사격법, 육상전 및 포대 제작 등 많은 것을 배울 것을 명하였다. 12월에는 네덜란드와도 화친조약을 맺었다.[109]

'양학소'

막부는 에도에 '양학소(洋學所)'를 세워 서구 서적, 특히 군사 서적의 번역을 담당하게 했는데 이것이 동경대학의 전신이다. 조슈번에서도 '서양학소(西洋學所)'를 세워 네덜란드, 영국, 프랑스 등의 군사 서적들을 번역했다.

3월에는 러시아의 니콜라이 1세(재위 1825-1855)가 사망하고 알렉

1855년 일본

산더 2세(재위 1855-1881)가 즉위했다.[110]

  1853년 페리의 방문 후, 막부는 1854년에는 미국 등과 조약을 맺고, 1855년에는 네덜란드로부터 본격적으로 해군 양성 교육을 받았다. 이처럼 당시 막부는 결단과 후속 조치 시행이 매우 빨랐다.

1856년(함풍 6, 철종 7) - 조선

탐관오리의 처벌을 호소하는 대신들

1월에 우의정 박회수는 당시 팔도의 위급한 상황에 대해 "거의 장차 백성이 없어지고 난 다음에야 그칠 것 같습니다"며 무엇보다 탐관오리 때문이라 했다.

11월에는 좌의정 김도희가 탐관오리는 그 죄가 죽여도 오히려 가벼운데 "가볍게 처분하였다가 곧바로 용서"하는 일이 많다고 했다. 재정은 "동쪽을 무너뜨려 서쪽을 보충"하고 있고, 기강은 날로 해이해져 법률은 시행할 수 없고, 법률을 어기기를 "맛좋은 엿을 먹듯이" 하는 실정이라고 아뢰었다.[111]

호조판서와 병조판서의 상소

3월에 호조판서 홍재철은 "무익한 비용과 급하지 않은 수요"가 있다면서, "전하의 사사로운 용도"에 마땅히 관심을 쏟아야 한다고 했다. 병조판서 홍열모는 "저축이 점점 고갈"되고 있고, "아직도 구차하게 임시변통하는 것을 면하지 못하겠습니다"라고 했다.[112]

능을 옮기는 비용

조정은 전년에 이어 능을 옮기는 데 대규모 비용을 지출하는데, 3월에는 10만 냥을 산릉도감과 호조에 나누어 주게 했다. 8월에는 경기감사가 능에 쓸 제사 물건과 행궁을 짓고 교량을 세우는 비용이 너무 들어 2만 냥을 추가 요청하지만, 5천 냥만 지원하는 등 필요 경비도 제대로 주지 못했다. 11월에는 광주유수도 능을 옮기는 비용으로 1만 냥을 요청한다.[113]

가구당 2냥의 구휼금

능을 옮기는 데는 많은 돈을 지출하지만, 7월에 경상도가 수재를 당해 1만여 호 이상이 무너지고 5백 명 이상이 사망했을 때 지원한 금액은 은자(銀子) 2천 냥과 옷감 등이었다. 은의 경우 청국에서 사들이는 1냥의 가격이 1857년 1월의 기록을 보면 6냥이라고 한 바, 이것을 기준으로 해도 1만 2천 냥이다.

8월에는 황해도 지방에서 수해로 5천여 호가 피해를 입었는데, 여기에도 1만 냥을 지원하고 9월에 '은자 5백 냥'을 추가 지원한다.[114] 즉, 수재를 당한 가구에 2냥 정도 지원한 것인데, 이것을 보면 능을 옮기는 비용이 얼마나 큰 것인지 알 수 있다.

조선 점령을 건의한 프랑스 제독

프랑스 극동 함대 사령관 게랭(De Guerin) 제독은 7월부터 두 달간 동해, 남해, 서해안을 탐사하고 본국에 보고했다. 그는 보고서에서 조선은 관민이 분열되고 무력한 나라이며, 조선의 관리들은 군함을 보면 "떨거나 달아날 줄 밖에" 모른다고 했다. 실제로 비변사등록 7월 기록을 보면 충청도 앞바다에 "그들이 왔다가 간 의도를 따져 묻지 못하였을 것입니다"고 했다.

게랭은 청국이 더 이상 조선의 보호자 역할을 할 능력이 없고, 러시아가 조선을 점령하려 하고 있다고 판단했다. 따라서 조선은 먼저 점령하려는 유럽국가의 희생이 될 것이 확실하다며 6천여 명의 병력을 동원하여 점령할 것을 본국에 건의했다.

그러나 프랑스는 이때 청국에 여념이 없어 이를 묵살한다. 게랭의 보고는 전년도에 프랑스 식민성 장관이 조선을 식민지로 하기 위해 조사하여 보고하라고 한 지시에 따른 것이었다.[115]

1856년(안세이 3) - 일본

33세에 곱셈, 나눗셈을 배웠다

전년도 10월부터 시작된 해군교육에 참여한 학생들의 수학 실력은 피교육생의 대표였던 33세의 가츠 가이슈조차 "이제 겨우 곱셈, 나눗셈을 익혔습니다"라고 할 정도였다. 나가사키에서의 교육이 어느 정도 궤도에 오르면서 막부의 로주 아베 마사히로는 항해술 외 다른 것도 배우게 하기 위해 자카르타에 유학생을 보내려 하기도 했다.[116]

지중해 진출이 좌절된 러시아

1853년부터 시작한 러시아와 영국, 프랑스, 터키군 사이의 크림전쟁이 3월에 파리 강화조약이 체결됨으로써 끝이 났다. 이 조약으로 흑해에는 어느 나라도 요새를 구축하거나 전함을 유지할 수 없게 됨으로써 러시아의 지중해 진출은 차단되었다. 이는 러시아의 패배이자 영국의 승리였는데, 15년 후 프로이센과 프랑스 간의 보불전쟁이 끝나고 체결된 1871년 런던회의에서 흑해 비무장 조항이 철폐됨으로써 러시아는 흑해와 지중해로 진출할 수 있게 된다. 크림전쟁으로 러시아군은 약 48만 명이 전사하는 등 엄청난 희생을 치렀고, 경제적으로도 큰 타격을 입었으며, 특히 행정면에서 큰 퇴보를 가져와 개혁을 추구하게 만들었다. 국제적십자사가 만들어진 것도 크림전쟁 이후였다.[117]

애로우호 사건

청국에서는 제2차 아편전쟁으로 불리는 애로우호(Arrow) 사건이 일어난다. 10월에 광주항에 정박하고 있던 화물선 애로우호에 청국 관리가 승선하여 선원 12명을 해적 혐의로 체포했다. 이에 영국 공사 보우링(John Bowring)과 광주 영사 파크스(Harry Parkes)는 엄중 항의하고 이들의 석방과 사과를 요구했다. 그러나 청국은 거부했고, 결국 10월 말 영국군이 광주를 공격했다. 영국이 희망한 아편의 합법화에 청국은 이 당시까지도 반대하고 있었다. 이런 상황에서 애로우호 사건이 일어났고, 이 전쟁에 프랑스도 참전한다.[118]

미국 총영사 부임

8월에는 미국 총영사 해리스(Townsend Harris)가 일본에 부임하는데, 그의 임무는 통상조약을 체결하는 것이었다.[119]

'쇼카손주쿠'

12월에 막부는 요시다 쇼인의 구금을 해제하였고, 쇼인은 집에서 '쇼카손주쿠(松下村塾)'를 열어 신분에 차별 없이 교육했다. 그는 "세상일은 잠깐 노력한다고 이룰 수 있는 게 아니다. 오랜 정성이 수없이 쌓여야만 이뤄낼 수 있다"고 강조했다. 그의 제자로는 구사카 겐즈이(久坂玄瑞, 1840-1864), 다카스키 신사쿠(高杉晋作, 1839-1867), 이토 히로부미(伊藤博文, 1841-1909), 야마가타 아리토모(山縣有朋, 1838-1922), 마에바라 잇세이(前原一誠, 1834-1876) 등이 있다.[120]

네안데르탈인 화석

이해에 독일의 뒤셀도르프 근교 한 동굴에서 과학교사가 인간 조상의

1856년 일본

화석 두개골을 발견했는데, 네안데르탈인이라 했다. 1886년에는 프랑스 남부에서 크로마뇽인 유골이, 1959년에는 탄자니아 협곡에서 170만 년 전의 오스트랄로피테쿠스의 두개골이 발견된다.[121]

1857년(함풍 7, 철종 8) – 조선

해가 지날수록 대신들이 왕에게 아뢰는 내용은 더욱 심각해진다. 재정 상황은 계속 악화되고, 여전히 기강은 문란하고, 풍속은 나날이 사치해지고, 또 공인(貢人)들로부터 은(銀) 등 필요한 물품을 공급받은 조정은 공인들에게 시세의 3분의 1도 주지 못하는 실정이었다.

"미치광이" 좌의정의 절규

1월에 좌의정 김도희는 "지금 온갖 법도가 무너지고 많은 병폐가 고질이 되어" 지혜로운 자는 손을 댈 데를 모르는데 "전하께서 과연 무엇을 믿고서 조금도 성의(聖意)를 쏟지 않으시는 것입니까?"라며 자신의 속마음을 털어 놓았다. 그는 "오직 같잖은 몸이 벼슬에서 물러나 구렁텅이에 쓰러져 미치광이의 말로 다시 번거롭게 하지 않겠습니다"라고 절규하듯 아뢴다.

5월에 우의정 조두순은 "위로는 주상의 잘못에서부터 아래로 서울과 지방의 기강이 무너져 해이해지고 … 모두 타락하여 모발까지도 모두 병이" 들었다고 했다. 탐관오리 문제는 심각하여 백성들을 "죄를 씌워 모질게 닦달하여 필경에는 그 재산을 몽땅 빼앗고 나서야" 그만두는 지경이고, 포구나 강 연안에서 명목 없는 세금을 거두는 일은 갈수록 심해져 "가죽을 벗기고 살을 베어 내듯이 긁어모아 … 백성이 하루를 보존하기가 어렵습니다"라고 했다.[122]

궁전 수리비 등

순조의 능인 인릉(서울 서초구) 이장을 위해 경기도에 1월 초에 추가로 1만 냥을 지급했고, 왕이 인릉에 갈 때 사용할 배다리(舟橋) 설치 비용으로 4천 냥을 지출했다. 5월에는 인정전(창덕궁의 정전) 수리비로 이미 지급한 10만 냥 외에 8만 냥을 추가로 요청하자, 충청도, 경상도와 균역청에서 쌀 8천 석, 선혜청과 호조에서 1만 9천 냥을 동원하여 지급했다.

8월에는 대왕대비 순원왕후(순조의 비, 1789-1857)가 사망하였는데, 이때 장례비로 지출된 금액으로 약 3만 1천여 냥이 기록되어 있으나,[123] 실제로는 훨씬 많았을 것이다.

칙사 대접에 군량미까지 동원

9월에는 중국에서 오는 칙사 대접에 10만 냥이 필요했는데, 천재지변이나 전란에 대비해 비축해 둔 "봉장(封樁)"마저 비어 있었다. 그래서 군량미 1만 석과 영호남에서 1만 석을 거두어 보냈다. 그러나 8월과 9월에 "삼남(三南)에서 물에 빠져 죽고 깔려 죽은 참혹함과 서북의 무더위가 혹심"했는데, 이때 구휼비 지급에 대한 기록은 없다.[124]

1857년(안세이 4) - 일본

아무르 지역을 탐내는 러시아

애로우호 사건으로 영국이 청국과 전쟁을 하고 있던 1월에, 러시아 외무성은 아무르(흑룡강) 지역에서 청과 국경을 확정 짓는 일에 관심을 가질 것을 강조했다. 결국 러시아는 다음 해에 청국과 아이훈조약을 체결하여 아무르강 좌안을 차지한다.[125]

일미화친조약 개정

연초부터 미국총영사 해리스와 화친조약 개정을 위한 협상을 하고 있던 막부는, 2월에 애로우호 사건의 전말을 알고 충격을 받았다. 이때 네덜란드 상관장은 막부 관리에게 일본의 개방을 건의한다. 마침내, 5월에 미국과의 화친조약을 일부 개정한 시모다(下田) 조약을 체결하는데, 나가사키 개항, 미국 영사의 하코네(箱根) 주재 허용, 양국의 화폐교환, 영사재판권을 인정하였다. 이어서 해리스는 미국과 통상조약을 빨리 체결할 필요가 있음을 역설했다.

11월에는 프랑스 군이 참전하여 영불 연합군이 광저우를 점령하고, 1861년까지 군정을 실시한다.[126]

1857년 일본

통상조약 체결 의사를 표명한 막부

6월에 막부의 로주인 아베 마사히로가 사망하여, 후임 로주에 취임한 홋타 마사요시(堀田正睦, 1810-1864)는 12월에 해리스를 만나 미국과의 통상조약 체결 의사를 표명했다. 그는 교토의 천황에게도 이 의사를 전달하며 교토에 가서 보고를 하고 통상조약 체결에 대한 칙허를 얻겠다고 했다. 홋타는 교토의 조정에 보낸 보고서에서 "홀로 고립하여 태평을 누릴 수 있는 국가는 하나도 없다"며 개국을 주장했다.[127]

이 모든 과정을 보면 막부는 상황 파악이 매우 현실적이었고 과감했음을 알 수 있다.

제2차 네덜란드 군사교관단

나가사키에서 진행된 네덜란드 교관단에 의한 제1차 해군 전습은 8월에 성공적으로 끝났다. 일본이 네덜란드에 발주한 군함(간린마루, 咸臨丸)을 이끌고 제2차 네덜란드 군사교관단 37명이 9월에 도착하여 1859년 8월까지 2년간 교육을 계속한다. 가츠 가이슈는 이때도 기하학, 대수학이 너무 어려워 '매우 난처한' 상황이라 했다.[128]

1858년(함풍 8, 철종 9) - 조선

여전히 곤궁한 병조와 호조

3월에 병조판서 남병철이 아뢴 병조의 현실은 여전히 "저축은 바닥을 드러내고 구차하게 운영해 가고" 있었다. 6월에는 호조판서 김병국이 "호조의 곤궁한 상황은 거의 날로 심해져 운용해 나갈 방법이 전혀 없습니다"라고 할 정도였다. 호조의 이런 상황에 대해 철종조차 "호조의 오늘날 사세로는 다른 것을 돌아볼 여유가 없다고 할 만하다."고 인정할 정도였다.[129]

재산을 뺏기는 부자들

10월에 영의정 김좌근은 당시 서울과 지방의 부자들이 재산을 뺏기는 일들이 많다고 보고했다. 그 이유는 탐관오리들이 돈을 빌려가거나 사채를 부자들에게 빌려주고 강제로 뺏거나, 부잣집 자식들에게 허위 문서를 만들어 이를 빌미로 관아에 고발하여 "혹심하게 형을 가하여 징수해 내게" 하여 "부호들은 앉아서 재산을 탕진하는 경우가 셀 수가" 없을 정도라 했다.

이에 대해 철종 자신도 "풍속이 날로 저하되어도 만회할 수가 없고, 기강이 날로 문란해지는데도 진작하여 쇄신시킬 수 없으며, 탐묵이 날로 행해지고 있는데도 징계 면려할 수 없고 사치가 날로 심하여지는데"

라고 한탄할 정도였다.

나라의 모습이 이런데도 아무도 아무 말을 하지 않는 것에 대해 좌의정 조두순은 "진언을 올리는 일 없이 어쩌면 이리도 잠잠할 수 있단 말입니까"라 한다.[130]

궁전 수리비와 구휼비

이해에 큰돈이 집행된 주요 항목을 보면 2월에 세종[英陵]과 효종[寧陵]의 능에 나무를 심는 데 2천 냥을 지출하고, 3월에는 왕릉들과 서궐(경희궁) 수리비로 30만 냥을 요청하나 돈이 없었다. 결국 쌀 2만 5천 석을 지원하는데, 영남과 호남, 함경도의 쌀과 군수용 쌀까지 모두 동원한 것이었다. 그런데 2월에 평안도에 화재를 당한 3백 호에 구휼금 1천 냥을 보내면서 "한 백성도 살 곳을 잃고 한탄하는 일이 없도록" 하라고 했다.[131]

1858년(안세이 5) -
일본

안세이 5개국 조약

막부의 로주 홋타 마사요시는 미국과의 통상조약 체결을 위한 천황의 칙허를 받는 데 실패하는데, 고메이(孝明) 천황은 "무기를 들고 내쫓는 일도 불사해야 할 것이다"는 입장이었다.

칙허를 받지 못하자 홋타는 물러나고, 후임에 임명된 43세의 이이 나오스케(井伊直弼, 1815-1860)는 일본의 안전과 평화를 위해서는 개국을 해야 한다는 입장이었다. 결국 이이는 7월 말에 미국과 통상조약을 체결하고, 이후 네덜란드, 러시아, 영국, 프랑스와도 조약을 체결하는데 이를 안세이(安政) 5개국 조약이라 부른다. 천황의 반대에도 막부가 조약을 체결하자, 고메이 천황은 양위를 하겠다고 하는 등 조정에서는 큰 반발이 있었다.[132]

안세이 대옥

이이 나오스케는 조정 내의 88명의 공경(公卿)을 위주로 한 개국 반대 세력을 탄압하는데 이를 '안세이 대옥(大獄)'이라 한다. 이때 약 100명 이상의 반막부 개국 반대 세력들이 근신 처분과 처형 등을 당하는데, 이이 나오스케도 2년 후 암살당한다. 7월에는 쇼군 도쿠가와 이에사다(德川家定, 재위 1853-1858)가 사망하고 이에모치(德川家茂, 재위

1858-1866)가 즉위한다.¹³³

암살 시도, 에도 유학, 영어 공부

막부가 천황의 허락 없이 안세이 5개국 조약을 체결하자 요시다 쇼인은 막부를 타도해야 한다며, 이이 나오스케의 측근을 암살하려 했다. 쇼인은 제자들과 이 계획을 추진하던 중, 조슈 번의 관리인 스후 마사노스케(周布政之助, 1823-1864)에게 이 계획을 통보한다. 그러나 이 때문에 쇼인은 다시 수감되고 결국 다음 해에 사형당한다.

조슈번의 구사카 겐즈이(久坂玄瑞, 1840-1864)와 다카스키 신사쿠(高杉晋作, 1839-1867)는 번의 허락을 받아 에도에 유학을 가고, 에도를 방문한 후쿠자와 유키치는 이때부터 네덜란드어 공부를 그만두고 영어 공부를 시작한다.¹³⁴

일미수호통상조약

조약의 내용은 요코하마, 효고, 니이가타, 나가사키, 하코다테 5개 항의 개항과 에도와 오사카의 개시(開市), 일본의 관세는 양국이 협정하여 정하며(수출품 5%, 수입품 20%), 영사재판권 인정, 일방적 최혜국 대우 등이었다. 그런데 영국의 반대로 수입품 관세가 중국과 같은 5%로 인하되는데, 이것이 1866년에 체결되는 개세약서(改稅約書)이다. 막부는 이 통상조약 비준서를 전달하기 위해 1860에 미국에 사절단을 보내는데 이때 해군력 향상을 위해 간린마루(咸臨丸)호를 같이 보낸다.¹³⁵

톈진조약

애로우호 전쟁에서 영국. 프랑스 연합군에 패한 청국은 6월에 영국, 프랑스, 러시아, 미국과 톈진조약을 각각 체결한다. 이로써 외교관의 북경 주재, 추가 10개 항구 및 양자강 개방과 아편무역 공인, 영사재판제도, 수입관세 5%, 영국에 400만 냥과 프랑스에 200만 냥의 배상금 지불 등을 규정했다. 그리고 1년 후에 북경에서 조약을 비준, 교환하기로 했다.[136]

아이훈 조약

5월에는 청과 러시아가 아이훈 조약을 체결하여 아무르강(흑룡강) 좌안을 러시아 영토로 인정하고, 우수리 강과 태평양 사이의 지역은 청과 러시아의 공동소유로 하기로 했다.[137]

이해에는 일본에 콜레라가 발생하여 에도에서만 3~4만 명이 사망했다.

1859년(함풍 9, 철종 10) - 조선

"조석을 보전하지 못할 것" 같다는 철종

영의정 정원용은 2월에 "땅에는 남아 있는 이익이 없고 사람에게는 남아 있는 힘이" 없으며, 탐관오리의 징계에 대해서는 "한 번이라도 징계를 논의한 일이 있습니까? 빈말에 지나지 않을 따름입니다"고 했다.

이런 당시의 백성들의 처지에 대해 철종도 2월에 "풍요롭게 사는 가호는 박탈이 너무 심하고 지극히 가난한 백성들은 부역이 편중되어 곳곳에서 모두 짐을 싸서 둘러메니 조석(朝夕)을 보전하지 못할 것 같다"고 인정할 정도였다. 정원용은 3월에 나라의 상황이 "벽이 무너져 가는 집 안이나 물이 새는 배 위에" 있는 처지인데 "재난을 그저 쳐다보기만 하는 것과" 같다고 걱정했고, 철종은 "문신이 글을 읽지 않고 무신이 활을 잡지 않으니 장차 누구에게 손을 빌리겠는가?"라고 한탄했다. [138]

"극한 지경"에 이른 진주

6월에는 비변사에서 경상도 진주 백성들이 "지극히 원통하여" 연명으로 올린 장계 내용을 아뢴다. 그 내용은 관에서 돈이 필요할 때마다 땅에 세금을 더 징수하여, 1855년부터 약 4년 동안 18만 냥 이상을 거두어들여 "완전히 결딴나서 떠돌아다니는 토호(土戶)가 작년과 올해 두 해 동안 3천 3백여 호가 되었으니 … 이토록 극한 지경에까지 이르렀을 줄은 생각지 못하였습니다. …"고 했다.¹³⁹ 이런 상황이 지속되어 3년 후인 1862년에 진주민란이 일어난다.

침묵하는 언관과 신하를 만나지 않는 임금

2월에 영의정 정원용이 언관들이 "근래에는 오로지 침묵을 일삼아 들어도 듣지 못한 듯이" 한다고 했다. 9월에는 정원용이 "지금 전하께서는 한 달에 한 번 차대(次對)를 하는 것 외에는 언제 한번이라도 유사(有司)를 소견하고 여러 신하들을 인접하여 치도(治道)를 물으시고 나랏일을 결정하신 때가 있었습니까?"라며 신하들과 자주 만나기를 아뢰었다.¹⁴⁰

조선인 범죄자는 조선에서, 일본인 범죄자는 쓰시마에서 처벌

6월에 부산의 왜관에서 일어난 간통사건 처리를 보면 조선인 범죄자는 조선에서 처벌하고 "간통을 범한 왜는 포박하여 대마도로 보내 율에 따라 감처하도록 관수왜에게 책유하며 …"라 했다.¹⁴¹

상소하면서 돈을 뜯는 유생들

당시 지방의 유생들이 서울에 올라와 상소를 올리면서 소청(疏廳)을 차려 돈을 걷는 폐단을 영의정 정원용이 보고했다. 지방에서 서울에 파견된 저리(邸吏)들이 유생들이 차린 소청에 돈을 내지 않으면 "죄를 따져 다스려서 간혹 하루 안에 서너 곳에서 잡아가기도 한다고 합니다."며 이들의 상소를 받아들일 만하면 받아들이고, 아니면 모두 즉시 물러나게 해야 한다고 했다.¹⁴² 그런데 이런 폐단은 고종 때에도 이어진다.

군량미까지 동원한 궁전과 왕릉 수리

8월에 궁전 수리와 능침 수선을 위해 12만 냥이 필요했다. 그러나

1859년 조선

전국의 비상용 쌀마저 모두 고갈되자 충청도, 호남의 군량미, 영남 우병영의 군량미를 모아 3만 석, 그리고 선혜청, 병조, 금위영의 무명 50동(同)까지 동원하여 지급하였다.[143]

1859년(안세이 6) - 일본

네덜란드 해군교육 완료

막부는 나가사키에서 하던 네덜란드 교관단에 의한 해군 전습교육을 4년여 만에 중단하고, 2월에는 '군함부교(軍艦奉行)'를 설치하여 해군 관련 업무를 총괄하게 했다. 또 막부는 안세이 5개국 조약 체결을 공포하여 문호를 6월에 개방했는데, 요코하마, 나가사키, 하코다테 등 개항지에는 세관의 전신인 '운조쇼(運上所)'를 개설했다. 운조쇼는 1872년에 '세관'으로 개칭되는데, 일본에서는 개항과 함께 금의 해외 유출이 큰 문제가 된다. 그것은 금:은의 세계시장의 교환 비율은 1:15인 데 비해, 일본에서는 1:6으로 금이 매우 쌌다. 따라서 해외에서 은을 들여와서 금을 산 뒤 해외로 유출시키는 일이 많았다.[144]

초대 주일 영국공사 부임

6월에는 초대 영국 공사로 알콕(Rutherford Alcock)이 부임한다. 당시 요코하마 항에 도착한 영국 상품들이 일본 관리들의 방해로 하역을 못하는 경우가 많았고, 무역으로 인해 물가가 상승하여 생활이 궁핍해진 하급무사들이 반외세를 외치고, 8월에는 러시아 병사 3명이 살해되기도 하는 상황이었다.[145]

1859년 일본

톈진조약 무효를 선언한 청

전년도에 영국 등 4개국이 청국과 맺은 톈진조약에는 1년 내에 베이징에서 비준서를 교환하도록 되어 있었다. 이를 위해 영국, 프랑스 공사가 군대를 이끌고 6월에 다구(大沽) 항에 도착했으나, 청국 군대가 공격을 해 이들은 퇴거하였고, 청 조정은 8월 1일 자로 톈진조약의 무효를 선언했다. 이로써 영국과 프랑스는 격분하게 되었고, 다음 해에 군사행동을 한다.[146]

《종의 기원》

영국의 다윈(Charles Darwin, 1809-1882)이 《종의 기원》을 발간하였는데, 이는 다윈보다 열네 살 젊은 영국의 지질학자 월러스(Alfred Russel Wallace, 1823-1913)가 다윈에게 편지를 보낸 것이 계기가 되었다. 월러스는 말레이-인도네시아 지역 탐사여행에서 환경에 적합한 특성을 가진 개체가 자연에서 살아남으며, 이 개체들이 자신의 특성을 후손에게 오랜 시간 반복적으로 물려주면 새로운 종이 만들어질 수 있음을 여러 증거를 통해 알게 됐다면서 다윈이 검토해 줄 것을 요청했다.

이 논문의 내용은 다윈이 발표를 망설이던 자연선택설(natural selection)과 동일한 것이었다. 월러스의 편지를 받은 지 한 달 후 다윈은 자신의 자연선택설에 대한 요약문을 월러스의 논문과 함께 발표하고 이해에 《종의 기원》을 출판했다.

이때까지는 식물과 동물의 기름을 이용해 불을 밝혔는데, 이해 미국에서 상업적으로 석유를 정제하는 기술이 발명되어, 이후 석유로 불을 밝힐 수 있게 된다.[147]

1860년(함풍 10, 철종 11) - 조선

"매질하고 긁어내어 흩어지고 쓰러지는" 백성들

1월부터 영의정 정원용은, "부호는 강제로 뺏기느라 시달리고, 전민(田民)은 과외에 더 거두는 데에 지쳐" 있고, "족징(族徵, 납부할 세금이 부족할 때 그 친척이 대신 납부하게 함)하고 인징(隣徵)하여 패가망신하는 일이 연이어지고" 있다고 아뢰었다.

같은 날에 좌의정 박회수는 "매서운 추위와 여름 장마에 탄식하고 근심하는 소리를 … 매질하고 긁어내어 흩어지고 쓰러지는 상황을 전하께서는 반드시 보실 수 없단 말입니까"라 했다. 우의정 조두순은 5월에 "재정은 쭈그러져 한 달의 비축"조차 없고, 8월에는 지난해에 발생한 전염병이 계속되어 "죽은 이의 매장을 제때에 하지" 못할 정도라 했다.[148]

군기고에 화약이 없었다

2월에 평양의 군기고(軍器庫)에 불이 났는데, 비변사에 의하면 1811년 이후로 49년간 "군기와 화약을 전혀 감사하지" 않아 "다만 빈 장무만을 끼고 있을 뿐"이었다. 화약고가 모두 탔으나 풀과 나무도 손상이 없는 것을 보고 "화약이 애당초 비축되어 있는 것이 없었음을" 알 수 있다고 했다.[149]

1860년 조선

전국 관청의 돈을 동원하여 궁전 수리

4월에 경희궁(서궐) 수리비용으로 15만 냥을 요청하자, 비변사는 충청도, 호남, 영남 및 함경도에서 모두 2만 4천 석의 쌀과, 선혜청, 호조, 병조, 훈련도감 등 10곳의 관청에서 모두 2만 7천 냥과 베 3천 동(同)을 모아 충당했다.

그런데 9월에 화재와 수해를 입은 수천 가구의 함경도 지방을 위해 철종이 "… 떠내려가고 무너져 내린 열읍의 민호가 수천을 헤아리고 … 농사가 거의 흉년으로 판가름 났으며, 여기(沴氣, 천연두)는 아직도 수그러들지 않아 … 내탕고의 은자 5백 냥" 등을 보냈다.[150]

안세이 5개국 조약 체결 통보

일본이 1858년에 안세이 5개국 조약을 맺은 사실과 도쿠가와 이에모치의 쇼군 승계 사실을 담은 외교문서를 쓰시마번의 사절이 8월에 가져와 조선에 알렸다. 이는 "교린하는 사이에 일이 있으면 서로 알린다는 뜻에서 나온 것입니다"고 비변사에서 보고했다.[151]

'열하문안사' 파견 결정

12월에는 청 황제 함풍제가 영국, 프랑스 연합군의 공격을 피해 열하로 피난을 가자 비변사에서 "열하문안사"를 보낼 것을 건의하였다. 프랑스 선교사 달레가 쓴 '한국천주교회사'에서는 북경 함락 소식이 조선에 전해지자 엄청난 공포가 퍼져, 많은 사람이 산골로 도망가기도 했다고 했다.

이해 4월에 최제우가 동학을 창시했다.[152]

1860년(안세이 7, 만엔万延 원년) - 일본

미국방문 사절단의 충격

1월에는 막부가 최초로 77명의 견미(遣美)사절단을 미국으로 보냈다. 사절단은 미국 군함을 타고 갔고, 기무라 요시타케(木村喜毅) 제독을 단장으로 하는 수행단은 가츠 가이슈를 선장으로 하여 간린마루를 타고 파견되었다. 이후 막부는 1867년 '대정봉환' 전까지 사절단을 5차례 유럽에 보낸다. 미국사절단은 미국 대통령 뷰캐넌(James Buchanan, 재임 1857-1861)에게 쇼군의 국서와 비준서를 바치고, 해군 공창을 방문했다.

이때 기무라 요시타케의 개인 수행원이었던 후쿠자와 유키치의 기록을 보면 "이것이 말이 끄는 수레로구나"라며 새로운 발견을 한 감흥, 일본에서는 돈을 주고 사서 지갑이나 담뱃갑을 만드는 데 사용하던 '카펫'을 "짚신을 신고 황송한 듯이 카펫 위를 걸어다닌" 경험, 술병 마개를 땄더니 "엄청난 소리"가 났고, 얼음을 "입안에 넣다가 깜짝 놀라서 내뿜는 이도" 있었던 기록들이 있다. 귀국할 때 후쿠자와는 영어사전을 갖고 와서 번역한다.[153]

사절단의 기록과 건의

일행 중 37세의 다마무시 사다유(玉虫左太夫, 1823-1869)는 증기기술의 정교함을 체험하고, 앞으로 무역을 하려면 물건을 지금보다 열 배 더 만들어야 하는데, 이를 위해서는 인력으로는 한계가 있고 반드시 증기기계를 만들어야 한다고 기록했다. 사절단은 11월에 귀국하여 건의를 하는데, 그중 오구리 다다마사(小栗忠順, 1827-1868)는 막부의 로주에게 조선소 혹은 제철소 건설을 건의했다.

사절단은 미국에서 막부의 지시를 어기면서까지 필요한 서적을 구입했고 미국이 기증한 약 400권의 책과 모형을 가져와 각 관청에 배분하였다. 그들이 구입한 책은 영어사전, 문법서, 지리서, 지도, 무역법, 항해서 등이었고, 해안 측량서, 워싱턴 지도, 증기기계에 관한 책과 그림, 증기기계 모형 등을 기증받았다. 가츠 가이슈는 "교역하고 화친하는 것은 타국을 존중하고 자국을 낮추고자 하는 것이 아니다. … 개국이냐 쇄국이냐 하는 것은 천하의 형세와 관련된 것이요. … 감히 일가(一家)가 사적으로 할 수 있는 것이 아니다"고 기록했다.[154]

'사쿠라다문 밖의 변'

이들이 미국을 방문하고 있던 중인 4월에 미토(水戶)번의 강경파 존황양이의 사무라이 17명이 주도한 '사쿠라다문 밖(桜田門外)의 변'이 일어나 막부의 로주 이이 나오스케가 암살되는데, 이후 막부의 권위는 서서히 추락하게 된다.[155]

함풍제의 피신과 러시아의 연해주 획득

전년도에 청국이 영국, 프랑스 공사 일행을 공격하고 톈진조약을 무효로 선언한 것에 대응해, 영국과 프랑스 연합군은 약 100척의 함선과 1만 6천여 명의 병사를 동원해 8월에 톈진을 점령하고, 9월에는 북경에 진군하여 원명원(圓明園)을 방화했다. 이에 함풍제는 열하(熱河)로 피신하고, 10월에는 청이 영국 및 프랑스와 각각 조약을 체결하는데, 외교사절의 북경주재, 구룡반도의 영국에의 할양, 프랑스에 대한 배상금을 400만 냥에서 800만 냥으로 인상, 포교권 등이 인정되었다.

이때 청국은 러시아에 도움을 요청하였는데, 러시아는 이 기회를 이용하여 청으로부터 아이훈 조약으로 맺은 아무르강 좌안의 영토를 러시아 땅으로 인정받았고, 우수리 강과 태평양 사이의 연해주도 할양받는 큰 성과를 올렸다. 11월에는 청과 러시아가 베이징조약을 체결하여 동부 국경의 표식을 설치하는 작업을 다음 해 4월 중에 우수리강 하구에서 하기로 했다. 그러나 이를 조선에는 통보하지 않아 조선은 전혀 몰랐다.[156]

'만엔킨'

일본에서는 금화가 해외로 유출되는 것을 막기 위해 금의 함량을 국제시세 수준으로 줄인 '만엔킨(万延金)'을 주조했다. 그러나 심각한 인플레이션이 발생했고, 싼 가격의 면직물 수입이 늘어나 일본 생산업체는 폐업의 위기에 몰리기도 했다.[157]

1861년(함풍 11, 철종 12) - 조선

"피맺힌 간절한 마음을 토로"한 좌의정

1월 말에 좌의정 박회수가 왕에게 직언을 한 내용을 보자. 그가 그동안 상소를 올려 아뢴 것은 모두 "피맺힌 간절한 마음을 토로"한 것이었다면서 "즉위하신 지 10년 간 조치하신 일이 무슨 일이며, 하신 일이 무슨 사업인지 감히 알지 못하겠습니다. … 스스로를 용서하는 마음으로 스스로 태만한 덕을 기르니 국사(國事)는 날로 그릇되어" 가고 있다고 호소한다.

박회수는 이어서 백성들이 "힘써 수고해도 독 한 섬을 채우지" 못하고, 땅에서 수확하는 것은 감소했는데 관리들이 "교묘하게 취하고 억지로 빼앗는 것은 해가 갈수록 늘어나서 … 가난한 자는 유리걸식하고 … 가난한 자나 부자나 백성들의 재력이 모두 고갈"되었다며, 임금의 "굽어 살핌"과 조정의 "처치가 마땅"해야 해결될 것이라 아뢰었다.[158]

왕의 문란한 생활을 직언하는 영의정

6월에는 영의정 정원용이 철종에게 생활 태도에 관한 직언을 한다. "긴 날 한가로운 가운데 만나시는 자들이 환관과 궁첩이고 익히시는 것이 오직 화려한 잔치일 뿐이니, 이것은 국사(國事)에 조금도 보탬이 되지 않을 뿐 아니라 신은 매번 이러한 생각에 미치면 자나 깨나 마음에

맺힙니다. …"며 철종의 건강도 걱정하는 말을 했다.

그런데 1856년 3월에 조선에 들어온 프랑스의 선교사 프트니콜라(Petinicolas)의 당시 기록을 보면 조선의 왕은 밤이나 낮이나 "백 명이 넘는 여자들이 사는 궁궐에서 술에 취해 온갖 추잡한 일을 벌인다. … 나라의 행정은 탐욕스러운 몇 명의 인물들에게 내맡겨 둔다"고 했는데, 영의정의 상소를 통해 이것이 사실임을 알 수 있다. 10월에 좌의정 조두순도 철종의 건강을 걱정하여 영의정과 비슷한 내용의 상소를 올린다.[159]

"흉년이든 풍년이든 불쌍한 사람은 백성"

9월에 영의정 정원용은 풍년이 들었지만 백성들에게 "돈을 강제로 뜯어내기 때문"에 백성들은 흉년보다 오히려 더 궁핍하고, "돈을 거두지 못하면 매질하며 빼앗아 거두는 일이 따라오니 흉년이든 풍년이든 불쌍한 사람은 백성"이라 했다. "양서(兩西) 지방은 민력(民力)이 … 고갈되었고, 삼남(三南) 지방은 백성 상황이 징납으로 거듭 곤란해졌으며 북관 지방은 백성 재산이 재해로 많이 탕진"되었고, 청주 백성들은 "왼쪽에서 징수하고 오른쪽에서 거두어가며 아침에는 매질하고 저녁에는 뺏어가는" 일을 당하고 있다고 했다.[160]

병조의 1천 냥도 궁전 수리비에

이런 상황인데도 여전히 궁 수리 비용은 대규모로 지출되는데, 4월에 호조에서 10만 냥을 요청했다. 이에 비변사는 영남의 좌병영, 호남군(湖南軍), 호서의 쌀과, 선혜청의 돈, 포·목(布木)과 훈련도감, 금위영의 돈 각 1,500냥, 병조에서 1,000냥을 모아 총 2만 3천 석과 9천 냥 등을 지급하였다.

그런데 병조판서 이종우가 8월에 보고한 것을 보면 병조는 "창고에

비축해 둔 것이 고갈되어 하루가 시급한" 상황이었다.[161]

"참으로 예의의 나라이다"

3월과 6월에 청국에 다녀온 사신들이 당시 청국의 사정을 보고한다. 동지사행으로 청국에 갔다가 3월에 돌아온 신석우는 "양이와 억지로 화친하였지만 … 편안하기가 예와 같고 … 방어함이 침착하고 여유가 있으니 …"라고 보고한다.

'열하문안사'로 갔다가 6월에 돌아온 정사 조휘림도 "양이는 별로 침요하는 사단이 없기 때문에 도성의 백성은 안도하고" 있었다고 했다. 이들이 방문하자 청국 측에서 "열국에서는 없었던 것을 조선에서만 유독 있었으니, 한결같은 마음으로 사대하는 정성은 깊이 흠탄할 만하다. 참으로 예의의 나라이다."고 말했다고 전하자, 철종은 "이 어렵고 위험한 때를 당하여, 사대하는 도리에 있어 어찌 한 번쯤 문안하는 예가 없을 수 있겠는가?"라 하였다.[162] 이때 박규수는 부사로 다녀왔다.

그런데 그들이 방문했던 당시는 영국, 프랑스 연합군이 톈진, 북경 등지에서 청국군과 전쟁을 하고, 함풍제가 열하로 피난하고 원명원이 방화로 불에 탈 때였다.

러시아와 조선의 국경선 확정

러시아와 청은 전년도에 맺은 북경조약에 따라 이해 8월에 조선과 러시아, 청나라의 삼국 간의 국경선을 확정하였다. 그런데 이들이 두만강 연안에서 국경비를 세우는 것을 우연히 목격한 경흥부의 군사가 이를 상부에 보고하였고, 경흥부사가 조정에 보고함으로써 조선은 알게 된다.[163]

1861년(만엔 2, 분큐文久 원년) - 일본

해군의 해외 유학 건의

2월에는 해군의 책임자인 군함부교(軍艦奉行)가 상서를 올려 운항 기술을 익히는 것 외에 전쟁에 대비해야 하며, 이를 위해 병학과 외국의 정세를 배우도록 인재를 해외로 유학 보낼 것을 건의했다.[164]

러시아군의 쓰시마 점령

연초에 러시아군이 쓰시마를 점령하는 일이 발생했다. 러시아군은 군함 수리 명목으로 쓰시마에 상륙하여 항만으로 빌려줄 것을 요구했다. 그러나 쓰시마인과 러시아군 사이에 충돌이 발생해 일본인이 다수 사망했고, 막부는 퇴거를 요구했지만 거절당했다. 결국 막부는 영국 공사 올콕에게 협조를 요청해, 영국의 동양함대 소속의 함정 두 척이 쓰시마로 출동함으로써 러시아 해군은 8월 말에 철수했다.[165]

'항해원략책'과 존황양이파

당시 일본의 많은 번(藩)에서는 존황양이를 주장하며 개국에 반대하는 세력이 강했는데, 조슈번에서는 반대로 개국을 주장하는 '항해원략책(航海遠略策)'을 번의 입장으로 정했다. 이는 조슈번의 관리 나가이 우타(長井雅樂, 1819-1863)가 번의 영주에게 제출한 것이다. 그 내용은 외국과의 조약을 파기할 것을 조정에 요구하는 세력이 있는데, 만약 조약을 파기하면 당장 전쟁이 일어나 일본은 망할 것이라는 것이었다. 따라서 일본은 국력을 키우고 대량의 군함을 가져야 한다고 했다.

이 '항해원략책'에 따라 조슈번은 막부(개국)와 조정(쇄국)을 화해시키고자 했다. 그러나 '항해원략책'은 다음 해에 조정의 비판을 받고 조슈번에는 존황양이파가 다시 집권하게 됨으로써 이 정책은 폐기되고, 1863년 2월에 나가이 우타는 책임을 지고 할복한다.[166]

'도사근왕당'

시코쿠(四国)에 있던 도사(土佐)번에서는 존황양이를 주장하던 사무라이들 192명을 모아 다케치 한페이타(武市半平太, 1829-1865)가 도사근왕당(土佐勤王党)을 10월에 결성했다. 여기에는 사카모토 료마와 나카오카 신타로(中岡慎太郎, 1838-1867)도 참여했다. 이후 몇 년 안에 죽음을 맞이하는 80여 명의 도사 근왕파 거의 대부분이 이 명부에 들어 있었는데, 대부분이 하급무사들이었다.

이들은 피로 쓴 서약서에서 일본이 서양에게 능욕을 당하고 풍전등화의 위험에 처해 있는데 그 누구도 이를 해결하고자 하지 않는다, 그래서 자신들이 "백성들에게 닥친 재난을 막아낼 수 있도록 물불을 가리지 않고 솔선할 것을" 다짐했다. 이 구절은 1877년 세이난(西南) 전쟁 때 사이고 다카모리 군(軍)의 출전가 중 "수만 백성 구하기 위해/ 오늘이 마지막이다/ 죽음의 여행길"이라는 구절과 비슷하다. 차이가 있는 것은 사이고 군의 적은 신정부군이다.[167]

외국군의 요코하마 주둔

당시 일본의 치안은 매우 불안했는데, 미국 총영사 해리스의 통역관이 살해당하고, 영국 공사관이 습격을 당해 알콕 공사가 공사관을 요코하마로 옮겨 영국 해군의 보호를 받아야 할 지경이었다. 이에 알콕은 이러한 불안을 해소하기 위해 개항지에 영국군이 주둔하도록 막부에 정식으로 요청했다.

이 요청은 2년 후에 받아들여져 영국과 프랑스 군이 요코하마에 주둔하게 되고, 1864년에는 1천 명 정도로 늘어난다.[168]

'총리아문'

전년도에 맺은 북경조약에 따라 청국은 이해 1월, 외교 전담 기구로 '총리아문(總理衙門, 약칭 총서)'을 설치하여 '조약' 관계를 맺은 대등한 국가들과의 외교를 관할하도록 했다. 그러나 조선 등 조공국과의 관계는 여전히 예부의 관할 하에 두었다. 후속조치로 영국인을 세관 총세무사로 임명하였는데, 1863년에는 하트(Robert Hart, 1835-1911)로 교체된다.

청국은 여전히 태평천국의 난으로 혼란했는데, 당시 영국인의 기록을 보면 그들은 방화, 살육, 약탈을 자행했고, 청 조정의 3배에 달하는 세금을 거두어 민중들이 증오하고 있었다.[169]

동치제 즉위와 서태후

전년도에 열하로 피신한 함풍제가 31세의 나이로 8월에 병사하고, 6세의 동치제(재위 1861-1874.12)가 즉위했는데, 그의 생모가 서태후(西太后, 1835-1908)이다. 동치제가 1874년에 19세의 나이에 요절하자 서태후의 여동생의 세 살짜리 아들을 즉위시키는데, 그가 광서제(재위 1875-1908)이다. 이렇게 동치제와 광서제의 재위 기간 47년간 모든 권력이 서태후에게서 나왔다. 서태후는 함풍제의 후궁이었다.[170]

1861년 일본

남북전쟁, 농노해방

미국에서는 남북전쟁(Civil War, 1861.4~1865.5)이 발발했는데, 사망자 수는 북군이 36만 명, 남군이 26만 명에 이르렀다. 영국, 프랑스 등 대부분의 유럽 정부는 남군을 응원하였는데, 유럽의 여론은 반대로 북군을 지지했다.

러시아는 약 4천만 명에 이르는 농노를 해방시켰는데, 1년 전인 1860년 당시 러시아의 인구는 약 7천 6백만 명, 미국 인구는 3천 1백만 명이었다.[171]

1862년(동치同治 1, 철종 13) - 조선

이해에는 진주민란(2월)을 시작으로 경상도. 전라도. 충청도에서 민란이 거의 일 년 내내 일어났는데, 전국적으로 30~70여 회가 일어났다고 한다. 이를 임술민란이라 한다.

진주민란

아전들이 횡령한 곡식을 충당하기 위해 백성들에게 세금을 더 걷기로 진주목사 홍병원이 결정했는데, 여기에 경상우병사 백낙신이 더 추가하려고 하자 이에 반발한 300여 명의 농민 대표자들이 2월 초에 집회를 열었다. 그러나 주모자인 유계춘이 체포되자 농민들이 난을 일으켰다. 이에 박규수가 안핵사로 파견되어 4월에 보고하는데 "우병사 백낙신이 탐욕을 부려 침학한" 것 때문에 사람들의 "노여움이 일제히 폭발해서" 일어난 것이라 했다. 박규수는 5월의 상소문에서 수천 호에 불과한 단성현이 갚아야 할 환곡이 9만 9천여 석이고, 1백 호에 불과한 적량진은 갚아야 할 환곡이 10만 8천여 석인데, 이를 해결할 방도는 "모두 정도를 어기고 사리를 해치는" 것이라며 백성들의 처참한 실상을 말했다.[172]

4월과 5월에 민란이 집중적으로 일어났는데 철종실록과 비변사등록의 기록을 통해 보자.

경상도, 충청도, 전라도의 민란

4월에는 경상도 "개령 백성 수천 명이 감옥을 부수고 죄수를 탈출시키고 인명을 살상하고 불을 지르고 … 문부를 불태웠"고, 충청도 신창과 온양 등에서 "말을 타고 화포를 쏜 명화적" 수십여 명이 약탈했다. 그 외 함평, 평택에서도 민란이 일어났다. 5월에는 익산에서 민란이 일어나 10명을 체포하여 바로 사형시켰으며, 공주에서도 5명을 효수시켰다. 충청도 연산현에서는 초군(樵軍) 수천 명이 인가를 불태웠고, 전라도 부안현에서는 천 명에 가까운 백성들이 관리를 죽이고, 금구현의 난민들이 인가를 불태우기도 했다. 경상도 선산, 상주, 거창에서도 인가와 서류를 불태우는 일이 있었다.

이들 지역 외에 충청도에서는 회덕, 은진, 청주, 회인, 문의와 전라도에서는 장흥, 순천에서도 민란이 일어났다. 이후에는 기록이 없다가 11월에 함경북도 함흥에서 환곡을 독촉하는 일 때문에 관아의 건물을 부수는 일이 있었고, 12월에는 충청도 청안현에서 가옥을 파괴하는 일이 일어났다.[173]

"눈물을 닦아도 그칠 줄을 모릅니다"

3월에 영의정 김좌근은 "백성들은 고혈을 다 짜냈는데 아전은 자기의 배나 두드리고" 있다고 했다. 같은 날 좌의정 조두순은 백성들은 "… 짐을 챙기고 미투리 끈을 매고서 속히 뿔뿔이 흩어지는 일이 쉬지 않고 일어나고" 있으며, 지은 죄도 없는 백성들이 "한결같이 무슨 죄명을 그리 많이 지었길래 집집마다 용서받지 못한단 말입니까"라고 했다. 7월에 다시 조두순은 상소를 올려 "매양 한밤중에 서성거리면서 줄곧 눈물을 닦아도 그칠 줄을 모릅니다"[174]라고 하며 탐학에 시달리는 백성들을 걱정했다.

"그토록 맹목적인 헌신과 존경, 복종을 배우지 않았더라면"

이러한 당시 조선의 백성들에 대해 프랑스 선교사의 글을 보면 대신들이 말한 것과 차이가 없음을 알 수 있다.

프트니콜라(Petinicolas)가 10월에 삼촌에게 보낸 편지에서, 조선의 관리들은 농민들의 피를 "최후의 한 방울까지" 빨아먹는 "거머리들"이라 했다. 그러나 조선 백성들은 저항을 못한다며, "만약 조선인들이 조금이라도 용기가 있고 또 그토록 맹목적인 헌신과 존경, 복종을 배우지 않았더라면"이라고 안타까워한다. 조선 백성들은 "자신들의 상전에 대항해서 반항할 줄을 모른다"며, "정말 이 나라는 나라들의 명단에서 제외되어야 하며 영원한 망각 속에 매장되어야 한다"라고까지 했다.[175]

그가 조선 관리들을 '거머리들'이라고 표현한 것은 1890년대에 방문하는 영국인 여행가와 영국인 인류학자 등이 조선 관리들을 '흡혈귀들', '강도들'이라고 표현한 것과 같다. 즉 이 이후에도 계속 조선 백성들은 수탈에 시달린다는 것이다.

창고가 빈 호조와 병조

9월에 호조는 급기야 공인들에게서 공급받은 물품들에 대한 돈도 지급을 못하고, 관리들의 월급도 못 줘 15만 냥과 쌀 2만 석을 달라고 비변사에 요청했다. 그러나 돈이 없던 비변사는 남한산성의 군량미와 병조의 돈 1천 냥까지 동원했지만, 쌀 5,500석과 돈 29,000냥, 무명 100동 등을 모았을 뿐이었다.

9월에 병조판서 김대근도 병조의 "창고가 완전히 고갈되어 경상비가 아주 곤궁하고 시급하다"고 아뢨다. 무과시험장은 여전히 "싸움장"이었다.[176]

1862년(분큐 2) - 일본

분큐사절단과 런던각서

막부가 1858년에 체결한 안세이 5개국 조약의 내용 중 에도와 오사카(1863.1)의 시장 개방과, 효고(兵庫, 1863.1), 니가타 新潟의 개항 일정을 연기하기 위해 약 40명의 분큐(文久)사절단을 1월에 프랑스, 영국 등 유럽에 파견했는데, 이들은 약 1년 후에 귀국한다. 이때 일본 내에는 양이운동이 일어나 오사카와 가까운 효고(고베)항을 개항하는 것에 반대했는데, 조정도 반대하고 있었다. 사절단은 영국과의 협상에서 관세 인하와 생사 등의 수출자유화 등을 수락하고, 5년 후인 1867년 12월 7일(양 1868.1.1)로 효고 개항과 오사카 시장 개방을 연기한다는 런던 각서에 조인했다. 단, 개항 6개월 전에 일정을 확정하여 조약 상대국에게 통보해 줄 의무가 있었다. 이를 시작으로 다른 나라들과도 개정하게 되었다.[177]

분큐사절단의 문명 탐방

이때 사절단은 영국의 암스트롱포 제조 회사를 여러 번 방문하여 암스트롱포와 포탄, 총 등 무기 제조에 관해 많은 것을 배웠다. 통역관 후쿠자와는 '병원'과 '은행'에 대한 궁금증을 기록했고, 프랑스에는 있고 영국에는 없는 '징병령'이라는 것이 무엇인지 등 이런 것들을 도무지 알 수가 없었다고 했다. 또, '선거법'이란 무엇이고 '국회'가 무엇인지 질문을 했더니, "질문받은 사람이 그저 웃고만" 있었다고 했다. 이때 역시 통역관으로 수행한 데라지마 무네노리(寺島宗則, 1832-1893)는 강화도조약을 전후한 1873~1879년 동안 외무경을 역임한다.[178]

네덜란드에 최초의 유학생 파견

막부는 이해에 네덜란드에 군함을 주문하고, 최초의 해외유학생을 네덜란드에 파견하는데, 이들 중 니시 아마네(西周, 1829-1897)와 에노모토 다케아키(榎本武揚, 1836-1908)는 국제법을 공부한다. 이들 외에 해군 전습을 받은 사람과 견미사절로 다녀온 사람도 있었고, 수부(水夫), 배 목수, 대장장이, 시계공 등 다양한 직업의 사람이 포함되었다. 이후 에노모토는 홋카이도 개척장관, 주러시아 공사, 외무대신, 해군경 등을 역임하고, 니시 아마네는 계몽사상가로서 활약한다.[179]

계속되는 암살, 습격, 방화 사건

일본 국내에서는 여전히 테러와 암살이 그치지 않았다.

고메이 천황의 여동생인 가즈노미야(和宮, 1846-1877)와 쇼군 도쿠가와 이에모치(1846-1866)의 혼인을 주장한 막부의 로주(老中) 안도 노부유키(安藤信行, 1819-1871)가 성으로 가던 중 미토 번의 존황양이파 사무라이 6명의 습격을 받은 '사카시타문 밖의 사건(坂下門外の変)'이 1월에 발생했다.

4월에는 존황양이파 사무라이들이 교토의 후시미(伏見)에 있는 데라다야(寺田屋) 여관에 비밀리에 모여 친막부파와 서양과의 통상조약 체결에 협력한 인물들의 암살을 모의했는데, 이들이 모두 참살되는 '데라다야의 변'이 일어났다.

8월에는 에도 인근의 나마무기(生麦) 마을을 지나가던 사츠마의 시마

1862년 일본

즈 히사미쓰(島津久光, 1817-1887) 일행이 영국인 관광객을 베어 버린 '나마무기 사건'이 발생했다. 이에 대해 영국은 사츠마에 배상금을 요구하나 사츠마는 거절했고, 결국 다음 해 사츠마는 영국의 포격에 굴복한다.

12월에는 조슈번의 22세의 구사카 겐즈이(久坂玄瑞) 등 급진파 존황양이 사무라이들이 에도 근처에 건설 중이던 영국공사관에 불을 질렀다. 이때 이토 히로부미는 야마오 요조(山尾庸三, 1837-1917)와 함께 당시 막부의 국학자 2명을 참살했다.

이렇게 테러와 살인이 난무하던 와중에, 막부는 1635년부터 다이묘(번주)들을 통제하기 위해 시행해 오던 산킨고타이제도를 대폭 수정한다. 다이묘들이 격년으로 1년씩 에도에 머무르던 것을 수정하여, 3년에 100일만 에도에 머물게 하고, 다이묘의 가족들이 에도에 거주해야 했던 것도 폐지하였다.[180]

비스마르크 수상

프로이센(독일)에는 47세의 비스마르크(Otto von Bismarck, 1815-1898)가 재상에 취임하여 1890년까지 재임하게 된다. 그는 취임 전에 영국에서 디즈레일리(Benjamin Disraeli, 1804-1881)를 만나 자신의 취임 후 계획을 밝혔다. 그것은 군대를 재정비하고, 오스트리아에 전쟁을 선포하고 독일 연방을 해체해, 프로이센의 지휘 아래 독일을 통일하는 것이라고 말했는데, 그는 이를 그대로 실천에 옮긴다.

비스마르크가 재상이 된 배경에는 1861년에 왕위를 계승한 빌헬름 1세가 국방상이 마련한 군사개혁안을 추진하려 했으나 프로이센 의회가 반대한 것 때문이었다. 개혁안의 주요 내용은 군 복무 기간을 2년에서 3년으로 늘리는 것이었는데, 의회에서 반대했다. 이를 해결할 수 있는 인물로 당시 파리 주재 대사였던 47세의 비스마르크가 거론되었다. 그는 9월에 의회에 출석해 그 유명한 '철과 혈'의 연설을 했다. "독일은 프로이센의 자유주의를 기대하고 있는 것이 아니라 프로이센의 힘을 기대하고 있습니다. … 이 시대의 중요한 문제들은 … 연설이나 다수결에 의한 결정들에 의해 좌우되는 것이 아니라 철과 혈에 의해 결정됩니다"라고 했다.

  이런 비스마르크가 1873년에 이와쿠라 사절단을 베를린에서 만날 때, 강대국은 만국공법을 지키는 것이 자국에 불리하면 군사력으로 해결하려 하기 때문에 국력을 키워야 한다고 충고를 해 준다.[181] 그런데 이 사절단 멤버는 이와쿠라 도모미, 오쿠보 도시미치, 기도 다카요시, 이토 히로부미 그리고 하야시 다다스 등 향후 일본을 끌어가는 사람들이다.

1863년(동치 2, 철종 14, 고종 즉위년) - 조선

경상도의 가장 작은 고을

비변사등록 8월 12일 자에는 경상도 군위와 단성의 환곡에 관한 기록이 있다. 군위와 단성 두 현은 영남의 가장 작은 고을인데, 이 두 고을이 작년에 탕감을 받고도 남은 12만여 석 중 금년에 10만여 석을 더 탕감해 달라고 비변사에서 아뢰어 윤허받았다. 이렇게 백성들은 지방관들의 횡령에 시달리고, 조정에는 그만큼 세금이 덜 들어오고 있었던 것이다.

사망 3개월 전 "다급해하는" 철종

철종이 사망하기 3개월 전인 9월 8일 비변사등록에는 영의정 정원용이 사직상소를 올리자 철종이 자신의 심정을 토로한 내용이 있다. "경은 오늘날이 어떤 때라고 여기는가? 백성들의 생산이 충분한가, 국가의 예산이 넉넉한가! 온갖 것이 모두 걱정거리뿐이고 무엇 하나 믿을 데가 없으니, 이 때문에 내가 더할 수 없이 걱정을 하고 있으며 … 어째서 전 상소에서는 늙었음을 말하고 뒤 상소에서는 정력이 다하였음을 말하고 이번엔 병을 말하고 말하기를 반복하는가. … 서글픈 마음을 무어라 표현할 수가 없다. … 나는 이미 경의 고심을 헤아리고 있으니 경도 부디 더할 수 없이 다급해하는 나의 마음을 헤아리라."고 했다.

좌의정의 사직상소에 나타난 실상

9월 17일 자 비변사등록에는 좌의정 조두순의 사직상소가 있는데 "이미 무너진 기강을 정돈하며, 이미 쪼그라든 재정을 넉넉히 만들어 각박하고 거짓투성이의 풍속을 바로잡고 흩어진 민심을 결집시키는 것과 같은" 일은 자신이 할 수 없는 일이라 했다.

프랑스 선교사가 본 조선인의 정신 상태

프랑스 선교사 프티니콜라는 편지에서 "조선의 정신적인 상태는 물질적인 상태보다 훨씬 더 통탄할 만하다. … 조선인들은 침묵 속에서 신음하는 것을 달게" 받아들이며, 작년에 몇몇 지역에서 민란이 발생하였지만, "감히 그런 일을 다시 벌일 생각을 하지 못한다"고 했다. 그리고 철종의 몸은 이미 절반은 무덤 속에 있다고 했는데, 결국 철종은 그의 예언대로 12월에 32년 6개월의 생을 마감한다.[182]

고종 즉위와 수렴청정

철종이 사망하자 12월 8일 자 고종실록에 대왕대비가 "흥선군의 적자에서 둘째 아들 이명복으로 익종 대왕의 대통을 입승하기로 작정하였다."고 했다. 당일 이하응의 "10여 세가 됨직"한 둘째 아들 명복이 왕으로 지명되고, 대왕대비의 수렴청정도 결정된다. 고종은 1852년생이다.

익종(翼宗)은 순조의 아들 효명세자로서 1830년에 21세로 사망했다. 그는 조만영의 딸인 풍양 조씨를 맞아들여 가례를 올렸는데, 대왕대비인 신정왕후이다.

1863년 조선

동학의 실상과 최제우의 체포

12월에 경주에서 최제우와 그의 제자 23명을 체포하는데 그를 체포하러 간 선전관 정운귀의 보고 내용을 보면 동학이 매우 많이 퍼져 있었음을 알 수 있다. "조령(鳥嶺)에서 경주까지는 400여 리가 되고 주군(州郡)이 모두 10여 개나 되는데 거의 어느 하루도 동학에 대한 이야기가 귀에 들어오지 않는 날이 없었으며 주막집 여인과 산골 아이들까지 그 글을 외우지 못하는 자가 없었습니다. … 조금도 부끄러워하지 않고 또한 숨기려고도 하지 않았습니다. 그러니 얼마나 오염되고 번성한지를 이를 통해서 알 만합니다. …"고 했다.[183]

1863년의 회계부

고종실록 12월 30일 자에 있는데 "경각사(京各司)와 각영(各營)에서 계해년(1863)의 회계부를 올렸다. 호조의 양향청·선혜청과 병조의 훈련도감·금위영·어영청·총융청에 현재 남아 있는 금 100냥, … 은(銀子) 21만 4,898냥, …, 돈 46만 2냥, …, 쌀 9만 6,338석…."이었다.

1863년(분큐 3)
- 일본

'상락'과 시모노세키 포격 사건

3월에 쇼군 이에모치는 229년 만에 교토에 올라가 천황을 알현했다(上洛). 이것은 전년도에 천황의 칙사가 에도에 갔을 때 쇼군이 양이를 행동으로 옮기겠다고 한 약속을 실천하기 위한 것이었다. 당시 교토의 조정에서는 양이를 실행할 것을 쇼군에게 재촉하고 있었다. 이에 이에모치는 양이를 위한 행동을 5월 10일(양 6.25)에 결행하겠다고 조정에 상주했다. 그러나 그날이 되어도 막부에서 아무런 행동이 없자, 조슈번의 23세의 구사카 겐즈이가 번의 만류에도 불구하고 시모노세키 앞의 간몬(關門) 해협을 통과하던 미국, 프랑스, 네덜란드 선박에 포격을 가하는 '시모노세키 포격사건'이 일어났다.[184]

'조슈 파이브'의 영국유학

시모노세키 포격 사건이 있기 한 달 전인 4월에 40세의 조슈번의 신하인 스후 마사노스케가 영국에 유학생을 보냈다. 원래는 4명을 보내려 했는데, 이토 히로부미가 친구인 이노우에 가오루에게 부탁하여 5명으로 늘었다. 이들은 26세의 야마오 요조(山尾庸三, 동경제국대학 공학부 창설), 20세의 이노우에 마사루(井上勝, 1872년 일본 최초의 신바시-요코하마 철도 건설), 27세의 엔도 긴스케(遠藤謹助, 조폐술의 개척자),

27세의 이노우에 가오루(井上馨, 외무경, 대장대신), 그리고 22세의 이토 히로부미였다. 이들이 떠나면서 이노우에 가오루는 조슈번의 관리에게 편지를 보내 "돈은 부정하게 빼내 오긴 했으나 먹고 마시는 데 쓰지 않겠습니다. 살아 있는 무기를 살 작정입니다."라고 했다. 이 다섯 명을 '조슈파이브'라 부르는데, 이들은 런던대학교(University College London, UCL)에서 공부한다.[185] 이렇게 막부 외에 지방정부(번)도 자신들의 돈으로 막부의 감시를 피해 20대의 인재를 선발해 해외에 유학을 보냈다. 그러나 당시 번들은 대부분 돈이 부족했다.

사츠에이 전쟁

전년도에 일어난 나마무기 사건에 대한 보복으로 6월에 영국군이 사츠마를 포격하는 사츠에이(薩英) 전쟁이 일어난다. 영국은 가고시마 앞바다에 군함을 이끌고 와서 3일간 협상을 했으나 결렬되었고, 사츠마의 선제 포격으로 전쟁이 시작되었다. 영국군도 큰 피해를 입었으나, 서양 무기의 위력에 놀란 사츠마는 3일 만에 항복을 선언하고, 2만 5천 파운드의 배상금을 지불하고 앞으로 영국과 긴밀하게 협력을 하기로 한다. 1852년에 세운 슈세이칸(集成館)도 이때 대파되었다.[186]

1853년에 미국이 막부에 준 총 두 자루 중 한 자루를 막부에게서 빌려 밤새 총의 도면을 그리게 한 시마즈 나리아키라의 장남이 당시 사츠마의 번주였다.

8.18사변

교토의 조정에서는 공무합체파 공경들이 쿠데타(8.18사변)를 일으켜 조슈번의 존황양이 세력을 축출하는데, 공무합체파의 주장은 개국과 무역을 통해 부강한 나라를 만드는 것이었다. 이때 패배한 조슈번의 무사들은 귀향하는데 산조 사네토미(三條実美, 1837-1891) 등 7명의 조정대신들도 뒤따랐다. 이를 이른바 '7경(卿)의 낙향'이라 한다. 이렇게 교토에서 쫓겨난 조슈번은 이를 만회하기 위해 다음 해에 궁궐에 발포하는 '금문(禁門)의 변'을 일으킨다.[187]

사카모토 료마의 각오

가츠 가이슈의 제자가 된 27세의 사카모토 료마는 누나 오토메(乙女)에게 보낸 편지에서 "저는 고향과 조국을 위해 제 모든 것을 바칠 각오입니다"라 했고, 다른 편지에서는 "다른 사람들과 마음을 합쳐 … 간리(奸吏)들을 싸워 물리쳐서, 일본을 다시 한번 깨끗이 세탁해야 한다고 기원하고 있습니다. … 내가 죽는 날은 천하에 큰일이 나서 살아 있어도 쓸모가 없고 사라져도 상관없는 때가 될 것이며"라 했는데, 료마는 메이지유신이 시작되던 1867년 12월에 암살된다.[188]

이렇게 당시 일본의 20대는 유학을 가거나, 구사카 겐즈이처럼 국내에서 전쟁에 참가하거나, 료마처럼 죽음을 각오하고 나라를 바꾸기 위해 움직이고 있었다. 이런 20대들이 훗날 모두 메이지유신과 그 이후 과정에 큰 영향을 끼친다.

이홍장의 편지

청국의 이홍장은 증국번에게 2월에 보낸 편지에서 서양 기술을 습득할 것을 강조한다. 자신이 영국과 프랑스 군함에서 본 무기의 정밀함과 군인들의 자질은 중국이 따라잡을 수 없는 것이라면서, 군인들이 이를 배우지 않으면 "그 잘못을 크게 후회"할 것이라고 했다.[189]

사츠마 번처럼 청국에서도 서양 무기의 우세함을 자각하고 이를 배워야 한다는 의견이 이홍장 등 일부 지도층에서 나오지만, 결과는 좋지 않았다.

1864년(동치 3, 고종 1)
- 조선

1월부터 돈이 없는 호조

1월 초부터 호조는 돈이 없어 호소하는데, 전년도 휘경원(순조 생모의 묘) 이장 비용으로 지불하지 못한 15만 냥, 철종 국장 비용 10만 냥, 쌀을 사들이는 비용 15만 냥 등 총 40만 냥을 요청하자, 비변사는 "밀봉해 놓은 은자(銀子) 중에서" 사용하게 했다. 호조는 10월에도 20만 냥을 요청하는데 그때도 훈련도감, 함경도 등에 비축해 둔 3만 냥의 은과 26,700석의 쌀로 지급받았고, 11월에는 급여도 지급하지 못해 또 5만 냥을 "빌려달라고" 호소했다.[190]

기획재정부에 해당하는 호조에조차 돈이 없었는데, 왕릉 이장과 장례 비용으로는 20만 냥 이상이 지출된 것이다.

대왕대비가 본 조선

대왕대비는 1월 초에 "아! … 나라가 이렇게 위태롭게 된 책임을 누가 져야 하겠는가? … 금석처럼 굳게 지켜야 할 법조문은 빈 문서로 여기고 작고 큰 뇌물 뭉치를 받아먹는 것을 좋은 일로 여기니, 대각(臺閣)에서는 강직하게 간쟁하는 말이 들리지 않고 … 습속이 날로 그릇되고 세도가 날로 저속해지면서 백성들의 비참한 생활과 나라의 애통스러운 형편은 더 말할 수 없는 지경에 이르렀다"고 했다.[191] 고종이 즉위한 지 겨우 한 달이 되던 때의 조선의 모습이다.

도고를 폐지하라

대왕대비가 전국의 무명잡세를 없애고, 도고(都賈, 독점적 도매상)를 없애라고 지시를 내린 것이 고종실록 1월 24일 자에 있다. 대왕대비는 "이른바 도고란 것은 또 무슨 명색인가? 교통의 요지나 큰 도회지, 먼 변방이나 궁벽한 시골이거나 할 것 없이 곳곳에 자리 잡고 앉아서 갖가지 물건을 독점하고는 값을 높였다 낮추었다 하면서 사고파는 것을 조종하고 다른 사람의 재산을 함부로 빼앗아서 제 욕심만 채우고 있다. … 우리 백성들이 이런 자들에게 수탈당하는 것을 내버려 두고 있으니 …"라고 하며 각별히 엄하게 다스릴 것을 지시했다.

도고가 백성을 "수탈"하였음을 알 수 있는 또 다른 예로, 1882년에 임오군란이 터지자, 고종이 "각종 도고는 민폐와 직결되니 모두 혁파하라"(고종실록 1882. 6. 22)고 그 혼란한 와중에 지시한 것과, 비변사등록 1875. 12. 5일 자 기록에 영의정 이최응이 도고의 문제점을 지적한 것을 들 수 있다.

조운선 고의 침몰

세금으로 거둔 곡식을 운반해 오는 조운선이 고의적으로 파손되는 일이 빈번했다. 이에 대해 대왕대비가 "법령대로 처벌하였다는 이야기는 들어보지 못하고, 그저 침수되었던 곡식에 대한 보고만" 받았다며 불만을 표했다. 며칠 후 비변사에서 "의심스러운 일이 아주 많습니다. … 처음 선적할 때 이미 횡령하고 … 애당초 수량대로 다 싣지 않았다. … 몰래 팔아먹은" 등등의 범행 사실을 아뢴다.

이렇게 세금은 거두어지지 않는데, 경상도 군위와 단성처럼 터무니없이 많은 세금 미납분이 전라도에도 쌓여 있었다. 8월에 의정부에서 "… 11만 6,000여 냥 내에서 2만 냥을 이미 받았으나 그 나머지는 모두 오래도록 허부(虛簿)가 되어 있어서 맞춰 받아 낼 도리가 없으니 모두

빚을 탕감"시켜 주었다.[192]

이렇게 세금으로 받은 곡식을 싣고 가다가 고의로 배를 침몰시켜 빼돌리고, 지방관의 포흠은 더욱 늘어나고, 그래서 백성들은 더욱 수탈되는 등 조세 체계가 제대로 작동하지 않고 있었다.

나태한 무관과 잡과의 실상

대왕대비는 "무관 집안의 자제들이 흔히 지름길을 밟아 벼슬을 하면서 활쏘기를 익히거나 병서(兵書)를 읽는 등의 일은 전혀 생각도 하지 않는다고 한다"고 말했다. 8월에는 당시 잡과(雜科)의 현실이 "… 재주도 있고 기예를 닦은 자가 매번 떨어지는 반면에 청탁에 능한 자들이 입격(入格, 합격)하니, 밤낮으로 하는 짓이란 청탁질할 구멍이나 찾는 것뿐 … 의원은 맥의 이치나 약의 성질을 모르고, 역원은 한어와 만주어도 구분하지 못하는 형편이다. 심지어 음양과나 율과도 … 정통하고 숙련된 자는 없고 그저 흐리멍덩하니"라고 말할 정도였다.[193]

27만 냥을 횡령한 관리

이렇게 세금은 들어오지 않고, 백성들은 관리들의 수탈에 허덕이는데, 함경도 의주의 전 부윤이 3년 만에 27만 냥 이상을 횡령한 사건이 일어났다. 이 보고를 받은 대왕대비가 "놀랍고 분통 서러운 마음이 극도로 이르렀다. … 큰 거리에서 개좌(開坐)하여 심이택을 엄하게 한 차례 형신한 다음 제주목에 위리안치"하도록 했다.

당시 조선의 형량은, 관리가 관할하는 관(官)의 물건을 400냥 이상을 훔치면 참형, 법 적용을 부당하게 하고 800냥 이상의 뇌물을 받으면 교형에 처한 반면, 5천 냥을 뇌물로 받으면 3년 형에 처했다. 그러나 심이택은 1873년 4월에 이조참의로 임명되고 이후 개성유수, 전라감사 등을 지낸다.[194]

이런 엄청난 금액을 횡령한 관리를 처벌한 기록이 보이지 않는 것은 이후에도 똑같다.

최제우 사형

고종실록 3월 2일 자 기사에 "… 최복술이 그들의 두목이라는 것은 자기 자백과 사실 조사를 통한 단안이 있으니 해당 도신(道臣)에게 군사와 백성들을 많이 모아놓은 가운데 효수하여 뭇사람들을 경각시킬 것입니다."고 하였다.

1864년(분큐 4, 겐지元治 원년) - 일본

이해에도 일본에는 전쟁, 암살, 자결 등 유혈사태가 일어나고 변화가 많았던 해이다. 이 사건 하나하나는 모두 일본의 앞날에 큰 영향을 미치는데, 관련자들은 대부분 20대로 이때 사망하거나, 메이지 유신 이후 일본의 방향을 설정하는 데 큰 영향을 미치게 된다.

'이케다야의 변'과 '금문의 전투'

6월에 조슈번의 지사들을 포함한 존황양이파 무사들이 교토에 모여 막부와 조정의 협조를 주장하는 공무합체파 공경들을 암살할 계획을 세웠다. 그러나 교토의 치안을 담당하고 있던 막부 산하의 신센구미(新選組)의 습격을 받아 대부분 참살, 체포되는데 이것이 '이케다야(池田屋)의 변'이다.

이 사실을 전해들은 조슈번에서는 조슈번주의 억울함을 천황에게 호소하기 위해, 24세의 구사카 겐즈이 등이 병사 천여 명을 이끌고 교토로 상경하여 사츠마-아이즈(會津) 번의 연합세력과 전투를 하는데 이것이 '금문(禁門)의 전투'이다. 이 전투로 교토에서는 약 3만여 호가 불에 타 사흘 동안 불이 꺼지지 않았다. 결국 구사카 겐즈이는 자결하고, 조슈번은 조정의 적, 즉 '조적'으로 낙인찍혀 교토 출입을 하지 못하게 된다.[195]

조슈번은 막부를 타도하고 천황에게 모든 권력을 돌려주어야 한다는 입장이었던 것에 비해서, 사츠마번은 막부(쇼군)와 조정(천황)이 서로 협력하여야 한다(공무합체)는 입장이었다. 이 두 세력 간에 일어난 것이 금문의 전투였다.

제1차 조슈정벌

조정은 7월에 조슈정벌의 칙지를 내리고, 15만의 막부 군사를 거느리고 쇼군 이에모치가 직접 출전하게 된다. 이때 36세의 사이고 다카모리(西鄕隆盛, 1828-1877)가 10월에 막부군의 참모로서 조슈번의 대표와 협상을 한다. 사이고는 금문의 전투에 책임이 있는 조슈번의 3명의 신하의 머리를 바칠 것 등을 요구하는데, 그중 한 명이 '조슈 파이브'를 유학 보낸 41세의 스후 마사노스케다. 조슈 번주는 사죄문을 보내는 등 조치를 취했고, 이로써 제1차 조슈정벌은 막을 내린다.

조슈정벌을 앞두었던 사이고는 9월에 막부의 신하 가츠 가이슈를 만난다. 가츠는 사이고에게 일본을 위해서는 조슈번과 협조를 해야 한다고 솔직하게 말했다. 이런 가츠를 사이고는 신뢰하게 된다. 이로 인해 4년 후인 1868년 3월에 신정부 군이 에도에 입성할 때 이 두 사람이 다시 협상하여 무혈입성을 하게 된다.[196]

사쿠마 쇼잔의 암살

제자 요시다 쇼인의 해외 밀항 시도로 9년여 동안 감금 생활을 하던 53세의 사쿠마 쇼잔(佐久間象山, 1811-64)이 3월에 교토로 가서 개국과 국론통합을 설파했다. 그러나 당시 교토는 조슈가 주도하는 존황양이 운동이 정점에 달해 있어서 개국론을 주장하는 자들은 테러를 당하는 일이 빈발했다. 이런 교토에서 사쿠마도 결국 7월에 존황양이파인 가와카미 겐사이(河上彦齊, 1834-1871)의 습격을 받아 사망한다.[197]

1864년 일본

시모노세키 전쟁과 히코시마

전년도에 조슈번이 미국, 프랑스, 네덜란드 선박을 포격한 것에 대한 보복으로 영국을 포함한 4개국 함대가 시모노세키의 조슈번의 포대를 포격한 시모노세키 전쟁이 8월에 일어났다. 이때 영국에 유학 중이던 이노우에 가오루와 이토 히로부미는 4개국이 조슈를 공격할 것이라는 기사를 런던에서 접하고, 6월에 귀국하여 조슈번에 개항과 협상을 권고했다. 그러나 전쟁은 발발했고, 3일 만에 조슈번은 항복했다. 조슈번은 투옥 중이던 25세의 다카스키 신사쿠를 협상대표로 보냈고 이토 히로부미는 통역으로 참석했다. 영국 제독은 시모노세키 앞바다에 있는 히코시마(彦島)를 할양할 것을 요구하나, 다카스키는 기꺼이 목숨을 바칠 각오가 되어 있다며 강력하게 반대했다. 결국 영국 대표는 할양 요구를 포기했고, 조슈번은 조약 체결 당일에 시모노세키항을 개방하여 무역을 시작했다.[198]

이토 히로부미와 이노우에 가오루가 본국에 돌아가겠다고 동료들에게 밝히자, 나머지 3명도 모두 돌아가겠다고 했다. 그러나 이노우에는 공부할 것을 설득했고, 결국 이들 3명은 공부를 마치고 귀국하여 각자의 분야에서 역할을 하게 된다.

가이텐 궐기

제1차 조슈정벌 이후 조슈번에서는 존황양이파들이 물러나고 속론당이 집권했는데, 이들은 군 해산 명령을 내렸다. 이에 반발한 다카스키 신사쿠가 씨름꾼 30명으로 구성된 역사대(力士隊)의 대장 이토 히로부미와 유격대 80명의 병사를 이끌고 시모노세키에 있는 고잔지(功山寺)라는 절에서 12월 말에 쿠데타를 일으키는데, 이를 가이텐(回天) 궐기라 한다. 26세의 야마가타 아리토모(山縣有朋, 1838-1922)가 이끌던 기병대도 이 쿠데타에 참여하는데, 이를 겐지(元治)내란이라고도 부른다.[199]

당시 이토는 적은 인원으로 처음부터 이 궐기에 참여한 데 비해, 인원이 훨씬 많았던 야마가타는 처음에는 참여하지 않았다.

27세 외교책임자의 헌책

막부는 조정에 약속한 쇄국정책을 시행하기 위해, 전년도 12월 말에 막부의 외교 담당 책임자인 27세의 외국 부교(奉行)였던 이케다 나가오키(池田長發, 1837-1879)가 이끄는 사절단을 프랑스에 파견하여 요코하마 항의 개항 연기를 교섭하게 했다. 그러나 프랑스의 반대에 직면한 이케다는 다른 나라들도 같은 입장일 것이라 판단하고 막부의 명령을 무시하고 8월에 귀국했다. 그는 귀국 후 유럽 각국에 상주공사 파견, 모든 국가와 화친조약 체결, 유학생 파견, 서구와의 정보 교환, 일본인의 해외 도항 허가 등을 막부에 건의했다. 이케다는 귀국 시 물리학, 생물학, 공업, 농업 등의 서적을 가지고 왔다. 그러나 이들은 귀국 후 모두 관직을 박탈당하고 처벌받았다. 이들을 '제2차 견구사절' 또는 '요코하마 쇄항(鎖港) 담판사절단'이라고도 부른다.[200]

'막부는 유한하지만 일본은 무한하다'

1860년에 견미사절단의 일원으로 미국에 다녀와 제철소(조선소) 건설을 건의한 바 있는 오구리 다다마사(小栗忠順)가 이해에 조선소 건설 계획을 제출했다. 그러나 막부의 재정이 넉넉지 않다는 이유로 반대에 직면하자 그는 "막부 정권은 유한하지만 일본이라는 나라는 무한하다. 막부가 한 일이 장기적으로 일본을 위한 것이라면 이는 도쿠가와 가문의 명예이자 국익이 아닌가!"라 했다. 결국 막부는 오구리의 건의를 받아들여, 주일 프랑스 공사관 측의 도움으로 요코스카(橫須賀)에 조선소 건설을 위한 준비 작업을 시작한다.

이 조선소는 1871년에 완공되지만, 오구리는 완공 3년 전인 1868년

보신(戊辰) 전쟁 당시 신정부에 의해 41세에 처형당하는데, 그는 막부에 대한 절대적 지지자로 끝까지 신정부에 저항했다. 1905년 일로전쟁에서 승리한 도고 헤이하치로(東鄕平八郎, 1848-1934)는 오구리의 유족에게 그의 업적에 감사를 표했는데, 일본 해군의 승전은 오구리가 만든 요코스카 조선소 덕분이었다는 것이었다.[201]

이처럼 막부는 신하들의 의견을 받아들여 결단을 내리고 행동을 하였고, 메이지 신정부는 그것을 키워 수확을 하였다. 오구리의 말처럼 '정권은 유한하지만 국가는 영원하다'는 것을 잘 보여주고 있다.

《만국공법》

청국에서는 태평천국의 난을 주도했던 홍수전이 자살하고, 난징이 함락됨으로써 태평천국의 난이 14년 만에 끝났다.

미국의 국제법학자 휘튼(Henry Wheaton)이 쓴 책을 선교사 마틴(William Martin)이 중국어로 번역한 《만국공법》이 겨울에 간행되었는데, 이 '만국공법'이라는 번역어가 동아시아에서 '국제법'이라는 단어가 나올 때까지 사용된다. 1881년에 동경대학에 국제법학과가 생긴다.[202]

이 《만국공법》을 공부하고 제대로 활용한 것은 중국이 아니라 일본이었다. 중국이 번역한 다음 해에 일본어로 번역되어 일본 전국에서는 이를 공부하는 열풍이 일었다. 조선에서는 《만국공법》 등을 모아 종로 거리에서 소각시켜야 한다고 했다.

1865년(동치 4, 고종 2) - 조선

속리산 입구에 있는 만동묘에서 명나라 황제에게 그동안 지내던 제사를 철폐하게 하고, 경복궁 중건을 결정하는 등 중요한 결정이 있었던 해이다.

대보단과 만동묘

조선왕조는 1704년(숙종 26)에 창덕궁 후원에 대보단(大報壇)을 설치해 임진왜란 때 군사를 보내준 명나라 신종을 제사 지내오고 있었다. 그러다가 1749년에 영조가 명의 태조와 명의 마지막 황제를 추가하여 이때부터는 명나라의 세 황제의 제사를 지냈다. 그런데 이들에 대한 제사를 속리산 입구에 있는 화양서원 위에 있는 '만동묘(萬東廟)'에서도 지내오고 있었다. 이에 대왕대비가 3월에 '만동묘'에서의 제사를 철폐하도록 하자 충청도와 경상도 유생들이 상소를 올려 반대하였다. 그러나 결국 만동묘 제사는 철폐되었다. 대보단에서는 계속 명나라 황제 3명에 대한 제사가 왕이 직접 참가하기도 하면서 매년 3월, 5월, 7월에 각각 진행되었으나, 일본군이 1894년 6월에 경복궁을 점령함으로써 대보단에서 제사 지내는 것이 정확하게 190년 만에 폐지된다.

참고로, 만동묘는 명나라의 신종과 마지막 황제인 의종을 제사지내야 한다는 송시열(1607-1689)의 뜻에 따라 그의 제자가 1703년에 세운 사당이다. 그러나 당시 만동묘에서는 많은 악행이 저질러지고 있었는데,

승정원일기에 보면 "걸핏하면 수리한다는 핑계를 대고" 수리 비용이나 제사 비용 등으로 백성들에게 강제로 징수했고, 황현은 《매천야록》에서 "묵패(서원에서 발행하는 문서로 이것으로 돈을 징수했다)로 평민을 잡아다가 가죽을 벗기고, 골수를 빼내니"라고 했다. 또 당시 어린이들 노래 중에 "원님 위에 감사, 감사 위에 참판, 참판 위에 판서, 판서 위에 삼정승, 삼정승 위에 만동묘지기"라는 게 유행할 정도였다고 한다.[203]

"생산이 모조리 텅텅" 비었다

승정원일기 3월 19일 자에 공조판서 박규수의 사직상소가 있는데 "지금 생산이 모조리 텅텅" 비었고, "토지의 경계가 바르지 못하여 조세가 날로 줄어들고, 기강의 운용이 법도를 잃어서 조운(漕運)의 폐단이 날로 심해 갑니다"라며 당시 열악한 재정상태를 말한다.

경복궁 중건 결정

그런데 4월에 대왕대비가 경복궁 중건을 결정한다. "익종께서 … 다시 지으려는 뜻을 두었으나 미처 착수하지 못하였고, 헌종께서도 그 뜻을 이어 여러 번 공사를 하려다가 역시 시작하지 못하고 말았다. … 이것은 백성들의 복이며 국운의 무궁할 터전도 실로 여기에 기초할 것이다. 내 마음은 경사와 행복을 이기지 못하겠다."며 경복궁 중건 의사를 밝혔다.

다음 날 대왕대비는 "나라에서 공사를 하려고 드는 이상 안 될 리가 있겠는가?"라며 대신들에게 의견을 물었다. 이에 영돈녕부사 김좌근과 판돈녕부사 이경재만 공사 비용을 걱정하였고, 나머지 대신들은 "모든 백성들이 제집 일처럼 떨쳐나설 것이고", "비용은 오히려 둘째 문제라고 생각합니다."라는 등의 발언을 했다. 대왕대비는 "모두 대원군에게 맡겨버렸으니 매사를 꼭 의논하여 처리하라."고 하였다.

이에 대하여 황현은 《매천야록》에서 "재정이 텅 비어 일을 진행할 수 없어 팔도의 부호들을 뽑아서 돈을 할당하여 거두어들이니 파산한 집이 속출하였다"고 했다. 이른바 원납전이었다. "서울에서는 문세전(門稅錢)이 있었고, 지방에서는 장정의 숫자를 헤아려서 징수하기도" 했고, "민가의 망가진 솥, 보습, 가래까지 거두어" 들였다고 했다.[204]

원납전 515만 냥

승정원일기의 기록(1865.4월~1868.8월)을 보면, 경복궁 중건을 위해 거두어들인 돈의 총액은 515만 냥이다. 그중 선파인(왕가 및 친척)이 낸 돈은 5.5%에 불과한 28만 2천 냥이다(참고 사항 참조). 이렇게 시작된 경복궁 중건이 1867년에 완공되어 다음 해 7월에 경복궁으로 이어하여 1895년까지 사용하였다. 그러나 1873년에 경복궁에 1차 화재가 일어났고(창덕궁으로 이어), 1876년에 2차 화재가 발생했다(창덕궁으로 이어). 을미사변 이후 1896년부터 1907년까지는 경운궁(덕수궁)을 사용한다.[205]

장부에는 16만여 석, 실제는 1만여 석

경기도의 경우 환곡이 장부상으로는 16만 8천여 석에 달하나, 실제 창고에는 1만 4천여 석 밖에 없어, 15만여 석이 부족했다. 이를 받아낸다는 것은 "거의 거북이 등에서 털을 깎는 것과" 같다고 아뢰어, 15만여 석의 "3분의 1"을 특별히 면제시켜 주었다.[206]

강화부의 군사 대비 태세

3월에 임명된 강화 유수가 윤5월에 보고한 강화부의 군사 대비 태세를 보면 군기고와 시설 대부분이 퇴락하였고, "성첩(城堞)·행궁·관사들도 수선해야 할 곳"이 많았다. 병인양요 발발 한 해 전 강화도의 실상이다.

1865년 조선

영의정 조두순은 전국의 역참(말을 바꿔 타던 곳)과 파발(급한 공문을 보내기 위한 제도)의 폐단이 "어떻게 할 수 없을 정도에까지" 이르렀고, "법을 무시하고 함부로 타고 다니는가 하면, 군관(軍官)들의 토색질이 끝이 없으며, 심지어 사대부가에서는 하찮은 편지까지 걸핏하면" 전달하게 하는 실정을 아뢨다.[207]

1865년(겐지 2, 게이오慶應 원년) - 일본

시바타사절단과 조선소 건설 계약

윤 5월에 막부는 외교정책 책임자인 외국 부교(奉行) 시바타 다케나가 (柴田剛中, 1823-1877)를 단장으로 하는 시바타사절단을 프랑스와 영국에 파견하였는데, 이들은 12월에 돌아온다. 이들은 프랑스에서 요코스카 조선소 건설을 위한 정식 계약을 체결하고, 다음 해 4월부터 본격적으로 건설이 시작된다. 시바타는 1862년 분큐사절단으로 유럽에 다녀온 적이 있으며, 이번에는 군사제도 조사를 위한 목적도 띠고 파견되었다. 요코스카조선소 건설에는 4년 동안 총 240만 불이 투입되고, 제철소와 선박 건조·수리를 위한 시설 등의 대규모 시설이 만들어졌다. 이 조선소는 프랑스의 툴롱(Toulon) 군항을 모델로 한 것으로, 오늘날 요코스카 군항의 기초가 되었다.[208]

주일 영국공사의 포함외교

윤 5월에는 주일 영국공사로 37세의 파크스(Harry Parkes, 1828-1885)가 부임하는데, 그는 18년 후 청국 공사로 옮길 때까지 메이지유신 등 일본의 내정과 외교에 있어서 많은 영향을 끼친다. 그는 부임한 지 6개월도 되지 않아 영국, 미국, 프랑스, 네덜란드 함선 9척과 공사들을 데리고 오사카 앞바다에서 포함외교(gunboat diplomacy)로 막부를 압박하였다.

고메이 천황은 반대하였지만, 결국 이들의 요구 조건을 받아들여, 조약 칙허, 수입관세 인하 등을 하게 된다. 수입관세의 경우 다음 해 5월에 개세약서(改稅約書)로 5%로 인하된다. 이러한 혼란으로 인해 쇼군 이에모치가 조슈를 재정벌하려던 계획은 다음 해로 연기되었고, 이러한 막부의 재정벌에 대비해 조슈와 사츠마는 동맹 결성을 추진한다.[209]

사츠마번의 유학생 파견

사츠마번은 이해 초에 10대~30대의 10여 명의 유학생을 시찰단과 함께 막부 몰래 영국에 파견한다. 시찰단은 영국, 벨기에, 독일, 네덜란드, 프랑스 등에 7개월간 체류하며 각국의 방적공장을 견학하고 기계 주문과 기사 파견 등을 협의하고, 각국의 정치, 산업, 군사제도를 시찰하고 온다. 사츠마의 유학생 중 33세의 데라지마 무네노리(寺島宗則, 1832-1893)는 외무대신이 되고, 18세의 모리 아리노리(森有禮, 1847-1889)는 문부대신이 된다. 모리는 런던대학교에서 국제법을 공부하고 24세이던 1871년에 초대 주미 일본공사, 1875년에 초대 주청 공사를 역임하고 문부대신이 된다.[210]

막부는 권위를 잃어갔지만 유학생을 보내고 요코스카 조선소 건설도 계획대로 추진해 나갔으며, 사츠마, 조슈 등 큰 번들도 인재를 해외 유학 보내고, 번 내부의 제도를 개혁해 나갔다.

'만국공법' 학습 열풍

전년도에 중국어로 번역된 《만국공법(萬國公法)》이, 이해 일본의 '개성소(開成所)'에서 일본어로 출판됐는데, 일본의 많은 지식인들이 이 책을 읽게 되었다. 이후 일본에서는 이 책의 영문(英文) 원문의 일부분을 직접 번역한 것도 출판되고, 중국어 번역본과 일본어 번역본을 함께 수록

한 책도 나온다. 1882년에는 사법성의 지시로 휘튼의 영문판 전체를 번역한 것이 나온다. 이처럼 청국보다는 일본에서 《만국공법》이 더 많이 읽혔다.[211]

청국 세관 총세무사의 상주문

청국의 세관 총세무사인 영국인 로버트 하트는 총리아문에 건의서를 올려 철도, 증기선, 전신 및 광산 채굴과 서양과의 외교 등을 강조했다. 그는 특히 사절을 해외에 파견할 것을 강력히 권고했다.[212]

1866년(동치 5, 고종 3) - 조선

수렴청정 철렴

대왕대비인 신정왕후가 약 2년 2개월 만에 수렴청정을 그만두는데, 고종실록 2월 13일 자에 "주상의 나이가 이미 혈기 왕성한 때"이고, "능히 모든 정사를 총괄할 수" 있다고 하였다.

병인박해

연초부터 프랑스 선교사 9명과 남종삼 등 조선의 천주교 신자들이 체포되어 처형되는 일이 일어나는데, 1873년까지 8천 명에서 2만 명에 이르는 천주교 신자가 처형되는 병인박해의 시작이다. 조선인의 도움으로 청으로 탈출한 리델 신부로부터 조선의 박해 사실을 들은 프랑스 극동함대사령관 로즈 제독과 주청 프랑스 임시 대리공사 벨로네는 "불인불의(不仁不義)한 나라인 조선을 징벌할 것"을 결정하고 청의 총리아문에 이 사실을 알린다. 총리아문은 이 사실을 조선에 통보한다.

로즈 제독은 8월 중순에 3척의 배를 거느리고 한강까지 수로를 측정하고 청국의 즈푸로 귀항했다가, 9월 초에 7척의 군함을 이끌고 강화성을 점령하는 병인양요가 일어난다.[213]

병인양요

프랑스는 조선과 통교를 시도했으나 대원군은 "화친하는 것은 나라를 팔아먹는 행위이다. … 교역을 허락한다면 이는 나라를 망하게 하는 행위"라며 끝내 거부한다. 그러나 9월 말에 고종이 "지금 양이들이 강화도를 차지한 지 이미 10여 일이 지났는데도 … 군사 모집에 응해오는 사람들이 아직까지 이처럼 적다. … 성안은 어느덧 텅 비었다고 한다. … 진실로 몹시 슬픈 일이다."라고 할 정도로 백성과 관리들의 대응은 매우 소극적이었다. 프랑스군은 정족산성 전투(10월 1일)에서 예상외의 타격을 입고 약 40일 만인 10월 중순에 철군한다.[214]

왕비 책봉 의식

그런데, 고종이 "군사 모집에 응해오는 사람들이 아직까지 이처럼 적다"고 탄식을 한 바로 다음 날인 9월 24일, '민치록의 딸'을 왕비로 책봉하기 위한 청국 칙사가 왔다.

청 황제의 칙서는 "황제가 조선 국왕 성(姓) 모(某)에게 칙유하노라"로 시작하였고, 왕비로 책봉하는 고문(誥文)은 "… 너 조선 국왕 성(姓) 모(某)의 처 민 씨는 … 너희 나라가 누대에 걸쳐 충정을 게을리한 적이 없었는데 … 이에 너를 특별히 조선 국왕비로 봉하니 … 삼가하여 짐의 명령을 저버리지 말도록 하라."고 되어 있었다. 이어서 의례를 진행하였는데, "상이 무릎을 꿇고서 세 번 머리를 조아리고 산호하였다(上跪。三叩頭山呼). … 네 번 절하고 일어나 몸을 폈다(四拜興平身)."

병자호란 때 삼전도의 굴욕 때는 "상이 세 번 절하고 아홉 번 머리를 조아리는 예를 행하였다(上行三拜九叩頭禮。)"[215]

'산호(山呼)'는 신하가 임금의 만수무강을 축원하며 두 손을 치켜들고 만세를 부르는 것이다. 이러한 제반 절차를 보면 청은 조선을 신하국가로 보았고, 조선도 청국의 신하로서의 예를 취했음을 잘 알 수 있다. 병

1866년 조선

인양요 와중에도 이런 속국으로서의 의식을 치른 것이다.

제너럴셔먼호 사건

병인양요 발발 2개월 전인 7월에 미국 선적(船籍)의 제너럴셔먼호가 평양 군민에 의해 불에 타 전원이 사망하는 사건이 일어난다.

당시 평양감사 박규수는 보고에서 "그들을 제압하고 이기는 방책으로는 화공 전술보다 더 좋은 것이 없으므로 일제히 불을 질러서 그 불길이 저들의 배에 번져 가게" 하였고, 평양 군민들은 이들을 "때려죽였으며" "남김없이" 죽였다고 했다. 이에 고종은 "그 기개와 의리가 아주 가상히 여길 만하다"고 했는데, 이때 죽은 제너럴셔먼호의 사람은 20여 명이었고, 평양 주민 중에서는 7명이 사망하고, 5명이 부상당했다.

이 사건을 로즈 제독으로부터 들은 주청 미국공사 벌링게임(Anson Burlingame)은 영국과 프랑스에 공동 출병을 제의했다. 그러나 모두 미온적이어서 다음 해 1월에 벌링게임은 미국 군함을 조선에 보내 제너럴셔먼호의 진상을 질문하는 내용의 서신을 황해도 장연 군수에게 전달하고 이후에도 군함을 보내 서신을 교환하게 한다.[216]

"상국(上國)"의 공문이 있어야 교역을 할 수 있다

연초부터 미국, 영국의 상선이 와서 교역을 요구했다. 2월에는 영국 상선 로나호가 충청도에 왔는데 선주는 오페르트(Ernest Jacob Oppert)였다. 이때 조선은 "상국의 공문이 없어서 감히 임의로 허락할 수가 없다"고 했다. 이 배는 7월에 다시 충청도에 와서 교역을 원하였으나 역시 거절되었다.

미국 배가 2월에 부산 앞바다에 왔는데 이때의 보고서에는 "글자를 쓰게 했더니 구름 같기도 하고 그림 같기도" 하다고 했고, 7월에 영국 상선이 강화도에 와서 교역을 요구했을 때도 거부했다.[217]

전선(戰船) 수리 비용

로즈 제독이 7척의 함선을 이끌고 강화도에 도착하기 5일 전인 9월 1일의 비변사등록을 보면 고종이 "무비니 선척이니 하는 것이 이름만 있지 실제는 아무 것도 없을 게 불을 보듯 하니 … 지금 내탕금 3만 냥을 내릴 것이니 … 각 수영(水營)으로 나누어 보내어 … 하나하나 수리하게 하라…." 하였다.

강화도 백성들에 1만 냥

병인양요가 끝난 후인 10월 초에 강화도 백성을 위해 "산 자이건 죽은 자이건 위무하고 구휼해 주는 것이 급선무이니 … 지금 내탕전 1만 냥을 내리니 … 이리저리 떠도는 백성들이 하나도 없도록" 하라고 했다.[218]

원납전 액수와 수령직, 초사직

그런데 승정원일기 10월의 기록을 보면 원납전을 낸 사람들에게 "나의 뜻을 보여 주는 일을 하지 않을 수 없다"며 수령, 초사(初仕) 등의 직을 하사한다. 이날 직을 하사받은 기부자는 모두 51명으로, 총 93만 6,180냥을 기부했다.

이들 중 총 49만 8,300냥을 기부한 19명에게는 수령직이 내려졌는데, 인당 평균 기부액은 2만 6,226냥이다. 총 27만 1,790냥을 기부한 21명에게는 초사(初仕)직을 하사했는데, 인당 평균 기부액은 1만 2,942냥이다. 그 외에 오위장에 4명, 6품직에 4명, 상당하는 직에 2명, 그리고 공조참의에 1명이 부여됐다.[219]

1866년 조선

전선수리비와 강화도 구휼금의 규모

위의 원납전 수치 자료를 참고하면, 각 도(道)의 전선(戰船)을 수리하는 데 내린 3만 냥은 수령 자리 하나 얻기 위해 바친 2만 6천여 냥보다 조금 많은 금액이고, 병인양요를 겪은 강화도 백성들에 내린 구휼금 1만 냥은 초사직 하나 얻기 위해 내는 1만 2천여 냥보다 작은 금액이었다. 병인양요 전후로 국방과 강화도 백성들에게 쓰는 돈이 이 정도였는데, 병인양요 때 백성들이 군사 모집에 응할 리는 없었을 것이다.

12월에는 당백전을 발행하여 사용하기 시작했는데, 5개월 후인 1867년 5월에 발행을 중단한다.[220]

1866년(게이오 2) - 일본

《서양사정》

후쿠자와 유키치(福澤諭吉)가 그동안 서양 각국을 방문하며 얻은 지식과 정보를 담은《서양사정(西洋事情)》 초판을 출간했는데, 이 책은 일반인들의 서양에 대한 호기심도 자극하여 종이 값을 급등시킬 정도로 많이 팔렸다. 이 책의 내용은 서양의 정치, 외교, 군사, 과학기술, 회사, 학교, 도서관, 신문, 병원, 박물관, 증기기관, 전신기 등 광범위했다.[221]

삿쵸동맹

막부의 조슈 재정벌에 대비하여 무기 구입, 군수 식량 제공 등에서 상호 협력관계를 보여 오던 조슈(長州)번과 사츠마(薩摩)번은, 사카모토 료마와 나카오카 신타로의 활약으로 1월(양 3월)에 '삿쵸(薩長)동맹'을 맺는다. 이 동맹의 목적은 조슈의 입지를 강화하여 정치적 파멸을 막기 위한 것이었는데, 반(反)막부 세력의 등장을 의미한다. 다음 해에 메이지 유신이 시작되고 난 뒤에 이들 사츠마와 조슈번의 리더들이 향후 일본의 정치, 경제와 군사 등을 이끌게 된다.[222]

요코스카 제철소 건설 시작

3월에는 요코스카 제철소 건설공사가 시작되었고, 8월에 막부는 일본에 온 프랑스 경제사절단과 600만 달러의 차관 계약을 맺었다. 이 차

관의 대부분은 요코스카 제철소 건설과 군수품과 무기, 군함의 구입 등에 쓰였다.[223]

개세약서

전년도에 막부가 약속한 대로 1858년에 체결한 안세이조약을 수정하여 영국, 프랑스, 미국, 네덜란드 대표와 막부 간에 천황의 이름으로 5월 13일(양 6.25)에 '개세약서(江戶改稅約書)'가 체결되었다. 그 내용 중에는 청국과 같이 수입관세를 5%로 인하하고, 무역자유화를 허용하였다. 안세이조약은 일본의 관세자주권을 인정하지 않아, 외국의 동의가 없으면 일본이 관세율을 자율적으로 결정할 수 없었는데, 개세조약에서 일본은 외국(영국)의 요구대로 5%로 수입관세를 인하시켰다.

일본이 이렇게 잃어버린 관세자주권을 회복하는 것은 45년 후인 1911년이다. 이는 대표적인 불평등조약으로 일본 내 수입 증가와 재래산업의 쇠퇴와 몰락을 초래했다.[224]

민중들의 봉기

오사카와 에도 주변의 민중들이 쌀값과 생필품 물가의 급등에 반발하여 5~6월에 봉기를 일으켰다. 이후 다른 많은 지역에서도 봉기가 일어나 미곡상 수백 군데가 습격당하고 소규모 마을에서도 봉기가 일어났다. 에도 인근 지방에서는 수천 명의 농민과 생사(生絲) 생산자들이 격렬하게 항의했고, 마을의 상층 계층의 가옥도 파괴됐는데, 결국 군대가 진압했다. 이것은 조슈 재정벌을 앞둔 막부에게는 큰 부담이었다.[225]

제2차 조슈정벌

막부가 마침내 제2차 조슈정벌을 7월에 단행했다. 그러나 다카스키 신사쿠를 중심으로 한 조슈번은 결사 항전했고, 전쟁 시작 직후 막부군은 대부분 퇴각하여 사실상 휴전 상태에 들어갔다. 이런 상황에서 8월 말(음 7월 말)에 쇼군 이에모치가 20세의 나이로 오사카 성에서 사망한다. 이후 막부군의 지휘권은 29세의 도쿠가와 요시노부(德川慶喜, 1837-1913)에게로 넘어갔으나, 막부군은 패퇴를 거듭하고 결국 천황은 휴전의 칙지를 내렸다. 요시노부는 이때 도쿠가 종가(宗家)만 상속하고 쇼군직은 승계하지 않았는데, 이로 인해 이에모치가 사망한 7월부터 12월까지 약 5개월 동안 쇼군이 없는 사태가 이어졌다. 그런데, 12월에는 36세의 고메이 천황이 급사한다.[226]

막부 내부의 '대정봉환(大政奉還)' 의견

제2차 조슈 정벌 실패 후, 38세의 마츠다이라 요시나가(松平慶永, 1828-1890) 등은 막부에 향후 정책을 건의한다. 그들은 대세가 일변했으니 "도쿠가와 가문의 종래의 제도를 바꾸어 제후에 명령을 내리는 체제를 정지하고 … 효고(고베, 神戶) 개항, 외국과의 교제, 제후의 지배, 화폐제도 및 천하 대정(大政)의 전부를 조정에 반환할 것"을 주장했다.[227] 즉, 이때 이미 막부 내부에서 '대정봉환'의 건의가 나온 것이다.

"이 한목숨 이슬같이 사라진다 한들 무슨 한이 남으랴"

28세의 나카오카 신타로는 이해 가을에 자신의 고향인 도사번의 관리들에게 편지를 보내 자신의 견해를 밝힌다.

"바다 건너 다른 나라 사람들의 장점을 배우고 … 외국인들의 기술을 연마하고 그들의 군사학을 배워야 한다. 그런 다음에야 그들과 맺은 조약을 바로 잡고 바다 건너 다른 나라를 정복하며, 그간의 국치를 씻어 버릴 수 있을 것이다. 이와 같은 과업을 이루어 낸다면 이 한목숨 이슬같이 사라진다 한들 무슨 한이 남으랴"고 했는데, 그는 다음 해 12월에 암살당한다.[228]

1866년 일본

붕괴되기 한 해 전에도 유학생을 보낸 막부

막부가 붕괴되기 한 해 전인 이해에도 막부는 영국 공사 파크스의 권고에 따라 영국에 14명의 인재를 유학 보낸다.

그중에는 16세의 하야시 다사스(林董, 1850-1913), 18세의 도야마 쇼이치(外山正一, 1848-1900)와 11세의 기쿠치 다이로쿠(菊池大麓, 1855-1917)가 있었다. 하야시는 외무차관, 주청공사를 거쳐 주영공사 시절인 1902년에 일영동맹을 체결하고, 도야마는 문부대신이 된다. 기쿠치는 수학자로서 일본에 서양수학을 보급하고, 동경대 총장, 문부대신을 역임하고, 세계적인 '이화학연구소(理化學研究所)'를 1917년에 설립하여 초대 소장이 된다. 이들은 런던대학교에서 공부했다.

사츠마번도 미국에 8명, 프랑스에는 구로다 기요타카(黒田清隆, 1840-1900) 등을 유학 보냈다. 이들은 2년~7년간 해군 분야를 공부하고 돌아오는데, 구로다는 1876년 강화도조약의 일본 측 전권대표로 강화도에 온다.[229]

빈춘사절단

주청 영국공사 토마스 웨이드는 공친왕에게 건의서를 올려, 청국의 발전을 위해서는 미래를 봐야지 과거를 돌아봐서는 안 된다는 것을 강조했다. 그의 건의 내용은 로버트 하트가 전년도에 건의한 것과 비슷한데, 철도, 증기선, 전신, 학교, 서양식 군제도 등을 받아들일 것과 외국에 청국의 외교 사절을 주재시킬 것을 강조했다. 웨이드와 하트의 건의를 참고하여, 청국 정부는 자료 수집을 위해 63세의 빈춘(斌椿)이 이끄는 비공식 사절단을 유럽에 파견하였다. 이 사절단의 안내는 하트가 맡았는데, 영국, 프랑스, 독일, 벨기에, 러시아 등을 방문했다. 귀국 후 이들은 세 권의 기록을 남겼는데, 주로 풍속, 빌딩, 기계 등에 국한되었고, 정치, 사회체제 등에 대해서는 거의 언급이 없었다.[230]

보오전쟁과 북독일 연방 탄생

유럽에서는 7주 전쟁(Seven Week's War)이라고 알려진 프러시아-오스트리아 전쟁(보오전쟁, Austro-Prussian War)이 일어났는데, 예상을 뒤엎고 프로이센의 승리로 끝났다. 이 전쟁은 양측이 각각 35만 명을 동원한 19세기 전쟁 중 가장 큰 전쟁이었는데, 프로이센의 몰트케(Karl Bernhard von Moltke, 1800-1891) 장군은 당시 신무기였던 후장총(後裝銃)을 사용하여 오스트리아군을 7월 초 쾨니히그래츠(Königgrätz) 전투(사도바(Sadowa) 전투라고도 한다)에서 거의 전멸시켰다. 8월에 프라하 조약을 체결하여 오스트리아는 베네치아를 이탈리아에 넘겨줬으며, 슐레스비히-홀슈타인은 프로이센에 병합되고, 오스트리아는 독일 연방에서 완전히 손을 떼게 되었다.

비스마르크는 북독일 연방(North German Confederation)을 세웠는데, 이는 마인(Main)강 이북의 모든 독일 국가들의 연합이었다. 다음 해에는 북독일연방 헌법이 제정되었고, 오스트리아-헝가리제국(Austro-Hungarian Monarchy)이라는 이중 군주국(dual monarchy)이 탄생하였다. 이 북독일 연방 헌법은 1871년의 비스마르크 헌법으로 계승되어 독일은 정치적 안정기를 맞이한다. 이중군주국은 한 명의 왕 아래에서 대외정책과 전쟁에 관해서만 공동으로 대처하고 각각 독립된 헌법과 의회를 둔다.[231]

1867년(동치 6, 고종 4) - 조선

슈펠트 제독의 방문

전년도에 있은 제너럴셔먼호 사건의 실상을 파악하고자 연초에 미국 해군 대령 슈펠트(Robert Wilson Shufeldt, 1822-1895)가 군함을 이끌고 황해도 장연에 1월 말(음 12월 말)에 왔으나 장연 현감으로부터 아는 바가 없다는 대답을 받고 돌아갔다. 11월에는 주일 미국 공사가 국무장관 슈어드(William H. Seward, 재임 1861-1869)에게 미국의 명예를 위해 상응하는 조치를 취할 것을 건의했고, 슈어드는 동의를 표했다.[232]

야도 마사요시의 정한론

청의 예부는 일본인 야도 마사요시(八戶順叔, 하치노헤)가 전년도 12월에 홍콩의 신문에 기고한 글의 초록을 조선에 전달했는데, 3월 초에 이를 받아본 조선 조정은 경악했다. 그것은 일본이 80여 척의 배를 이끌고 조선을 정벌할 것이라는 내용이었는데, 조선 조정은 쓰시마에 문의하고 회답을 요청했다. 이 편지는 5월 중순에 교토에 있던 쇼군 요시노부에게 보고되었고, 이것은 풍설이라고 정식으로 부인하는 회답을 일본 측이 보낸다. 회신이 10월에 도착했는데 일본의 사절이 곧 "경기(京畿)"에 가서 일본 내의 사정을 설명할 것이라 했다.

그러나 조선은 12월에 동래부사의 명의로 막부 사절의 조선 방문에 대해 반대 의사를 분명히 했다. 이유는 사절을 맞이하고 보내는 것이 번거로운 것과, 예전에 없던 약속이라 약속이 한 번 훼손되면 지키기 어렵게 되기 때문이라 했다.[233]

문을 무보다 더 중요시하는 왕과 대신들

정2품의 좌참찬 신관호(신헌)가 1월에 시급하고 중요한 여섯 가지 사항에 대한 상소를 올리는데, 당시 조선 상층부의 국방과 전략 및 문(文)과 무(武)에 대한 인식을 볼 수 있는 내용이 있다.

신헌은 당시 군졸들은 "오합지졸과 같고, 무기는 녹슬어" 못 쓸 정도이고, "서울의 군영에 있는 군사조차 이 꼴"이고, 포수들은 "화약을 장착하는 법조차 모르고" 있는 실정이었다. 그리고 지방에 "민보(民堡)를 쌓도록 장려"할 것을 주장하는데, 그 이유는 "백성들로 하여금 스스로 지키게 하는 것보다 더 튼튼한 것이 없어서"라고 했다.

신헌은 "민보를 쌓게 해서 몇 천 리 되는 바닷가를 빙 둘러친 다음, 징과 북을 둥둥 울리고 깃발을 은밀히 드러내어 연락을 해서 서로 구원하게" 하면 감히 적들이 "범하지 못할 것입니다"라고 했다. 그리고 북쪽 국경 지역에는 "어떻게 매번 경병(京兵)을 멀리 내보내 방어하게 할 수 있겠습니까"라며, 다섯 집으로 하여금 통(統)을 만들게 하면 "도망치거나 죽는 자가 있다고 하더라도 다섯 집에서 당연히 책임지고 세울 것이기 때문에" 이런 방법으로 주민 스스로 국경을 지키게 해야 한다고 했다. 3월에는 고종이 모화관에 가서 군사를 사열하였는데, 이때 영돈녕부사 김좌근이 "바라건대 문(文)과 무(武)를 숭상하면서 문을 무보다 더 중하게 여기는 뜻에 유념하소서."라고 하자 고종은 "진술한 말이 매우 옳으니, 마땅히 명심하겠다." 하였다.[234]

1867년 조선

원납전과 무기 수리비

고종실록의 기록을 보면 훈련도감, 총융청, 군기시 등에 무기 수리 비용으로 의정부가 1월부터 9월까지 총 8만 5천 냥을 지급한 기록이 있다.[235] 그런데 승정원일기를 보면 이해 한 해 동안 경복궁 중건을 위해 거둬들인 원납전 총액은 59만 1천 냥이었다. (참고자료 참조)

이 기록들로만 보면 이해의 무기 수리 비용은 경복궁 중건을 위해 거두어들인 원납전의 14% 수준이었다. 군사는 "오합지졸"이고, 무기는 녹슬었고, 포수는 "화약을 장착하는 법조차" 모른다고 신헌이 1월 초에 보고했고, 3월에는 홍콩의 신문에 일본인이 쓴 정한론 기사를 받아보고 경악을 한 조선이었다.

구휼금 1만 4천 냥

3월에는 화재가 일어나 인적·물적 피해가 컸는데, 이에 대한 조정의 지원 규모는 매우 작다.

공충감사 신억이 은진과 논산의 민가 110호의 화재 피해를 보고하면서 "그 밖에 경상(京商)들이 사들인 쌀, 해객(海客)들이 쌓아 놓은 소금, 육지에서 날라 오고 바다에서 실어 온 재물과 물품 수십만 금이 모두 불타버렸습니다"고 했다. 이에 고종은 "이번에 내려 보낸 내탕전 2,000냥으로 … 살아나갈 방도를 마련하여 …" 주게 했다. 강원감사 조석여는 강릉부에 불이 나서 "관사 및 각 대청, 각 창고 330여 칸, 고을 근처에 있는 7개 동 및 3개 면의 민가 570호 … 대동미와 …. 2,350냥이 모두 불탔고, 사람 71명이" 사망했다고 보고했다. 이에 대해 "… 관청 건물을 짓는 일에 1만 냥, 민가를 짓는 일에 2,000냥을 모두 내탕전으로 특별히" 내려주었다.[236]

당백전 주조 중단과 호전의 폐해

5월에는 당백전 주조가 중단되고, 청나라의 동전(소전, 호전)이 상평통보와 함께 공식적으로 유통이 되게 되었다. 강원도, 경기도, 전라도 등지에서 동전 위조범들을 효수한 기록을 2월, 3월, 5월, 10월, 12월에 볼 수 있는데, 10월에는 의정부가 위조범의 문제가 심각해지자 "현장에서 잡히는 대로 … 곧 효수하도록" 윤허를 받았다. 6년 후인 1873년 10월에는 호전의 폐해가 당백전보다 심해, 물가가 몇 배 뛰어오르자 "호전을 혁파하고 우리나라 돈을 씀으로써 물가를 고정시키고 인심을 진정"시킬 것을 아뢰는 상소가 올라온다. 대원군이 물러나기 한 달도 안 된 시점이었다.

11월에 3년 만에 경복궁의 정전(正殿)이 완공되었다.[237]

1867년(게이오 3) - 일본

1월 초에는 고메이(孝明) 천황의 뒤를 이어 아들 무쓰히토(睦仁)가 계승하여 1912년까지 메이지(明治)시대를 연다. 메이지는 고종과 같은 1852년생이다.

파리로 간 시부사와 에이이치

막부는 프랑스 공사 로슈의 제안에 따라 파리박람회에 쇼군 요시노부의 동생인 14세의 도쿠가와 아키타케(德川昭武, 1853-1910)를 보내는데, 프랑스에서 유학할 계획이었다. 수행원 중에는 36세의 다나베 다이치(田辺太一, 1831-1915) 외에 27세의 시부사와 에이이치(渋沢栄一, 1840-1931) 등이 있었다.

시부사와는 의학 또는 선박·기계 같은 서양의 좋은 점을 취해야겠다고 생각하고 있었다. "그래서 선상에서부터 전력으로 프랑스어 공부를 시작하고 문법서 등의 수업을 받았다"고 했다. 이해 말에 메이지유신이 일어나지만, 시부사와는 프랑스에서 은행, 주식, 공채, 증권거래소, 공장 등을 시찰하고, 회계법과 금융, 주식회사 등을 공부했다. 그는 스위스, 네덜란드, 벨기에, 이탈리아, 영국 등을 방문하고, 다음 해 12월에 귀국하는데, 1869년에 대장성 국장에 임명되어 개혁을 주도한다.[238]

프랑스 장교의 부국강병 건의

1월 중순에 단장 샤노인느 대위를 포함한 19명의 프랑스 군사고문단이 도착했다. 2개월 후 샤노인느는 막부에 의견서를 제출하여, 1858년 아이훈 조약 이후 러시아의 위협이 커지고 있다며 부국강병을 강조했다. 그 방책으로 무역, 군함 건조, 육군의 정비, 사관학교 설치, 무기의 자체생산 등을 건의했다.

막부는 1월 말부터 6월까지 미국에 사절단을 파견하는데, 이들은 해군병학교, 해군 공창 등을 견문하고, 군함과 소총 구매계약을 체결한다.[239]

조선과 프랑스, 미국 간의 화해를 추진한 막부

전년도 10월에 병인양요와 관련하여 작성한 조선의 서계가 3월 중순에 막부에 전달되었다. 그러나 이미 프랑스의 로즈 제독 일행이 요코하마에 와서 병인양요의 상세한 전말이 요코하마의 신문에 게재되어 일본에서는 알고 있었다. 쇼군 요시노부는 병인양요의 상세한 보고를 받고 조선과 프랑스, 미국 사이를 조정하기로 결정하고, 이미 2월 초에 프랑스 공사 로슈를 면담했을 때 조선과의 중재 의사를 표명했다.

그러나 로슈는 당시 주청 프랑스 공사와 청국 정부가 교섭 중임을 밝혔다. 그리고 만약 청국 정부가 청의 속국인 조선의 문제에 관여한다면 이것은 청국 정부와 주청 프랑스 공사 간의 교섭이 될 것이기 때문에, 그 사이에서 일본 정부가 조정에 나서도 효과가 기대되지 않는다고 말했다. 이에 막부는 4월에 미국 정부에도 조정을 제의했는데, 11월에 국무장관 슈어드의 명의로 일본 정부의 제안을 수락하고, 사의를 표했다.[240]

삿도맹약

6월에는 사츠마(薩摩)번과 도사(土佐)번 사이에 삿도(薩土)맹약이 체결되었다. 그 내용은 정권을 조정에 반환할 것과 서로 힘을 합쳐 신명을 바칠 것을 다짐했다. 그러나 이후 도사번은 이를 위한 행동을 하지 않았고, 이로 인해 사츠마번은 조슈번과 함께 무력으로 막부를 타도하려는 계획을 세우고 사태는 긴박하게 진행된다.[241]

대정봉환

이때 사츠마번의 가로(家老)인 32세의 고마쓰 다테와키(小松帶刀, 1835-1870)가 도사번의 고토 쇼지로에게 도사번에서 독자적으로 막부에 대정봉환 건의서를 제출할 것을 조언했다. 이에 고토는 도사번주 야마우치 요도(山內容堂, 1827-1872)를 설득했고, 결국 야마우치는 10월 3일, 쇼군에게 '대정봉환(大政奉還)' 건의서를 제출했다.

요시노부는 마침내 10월 14일(양 11.8), 조정에 '대정봉환' 상소문을 제출했는데 "종래의 구습을 고치고 정권을 조정에 돌려드려 … 마음을 같이 하고 힘을 합해 함께 황국을 보전할 수 있다면, 반드시 해외 만국과 병립할 수 있을 것입니다. 신 요시노부가 국가에 할 수 있는 일은 이것뿐이라고 생각합니다"라고 했다. 조정은 다음 날 이를 수리했다.[242]

1603년에 도쿠가와 이에야스(德川家康, 1543-1616)가 일본을 통일하고 천황으로부터 쇼군(將軍) 직을 받아 도쿠가와 막부를 세운 뒤, 264년 만에 정권을 조정(천황)에 돌려준 것이다. 이 '대정봉환'부터 길게는 1889년에 메이지헌법이 반포되는 시점까지를 '메이지유신(Meiji Restoration)'이라고 부르기도 한다.

'왕정복고의 대호령'

그러나 대정봉환을 선언한 후 두 달 동안 신정부 구성에는 아무런 진전이 없었다. 이에 사츠마번과 조슈번은 무력으로 막부를 타도하고 왕정을 복귀시키려는 계획을 세웠는데, 조정 내에서는 이와쿠라 도모미가 이 계획에 호응하여 거사를 준비하였다. 드디어 조슈와 사츠마번의 군대가 교토로 출발하였고, 12월 9일(양 1868년 1월 3일), 이들이 주축이 된 반(反)막부군 약 1만 2천 명이 궁성을 점거하고 황궁의 출입을 봉쇄하였고, 메이지 천황은 '왕정복고의 대호령(大號令)'을 발포하였다.

대호령의 내용은, 쇼군직의 사직을 허락하고, 막부를 폐지하며, 총재, 의정(議定), 참여(參与)의 3직(職)을 설치했다. 또 "오만하고 타락하고 더러운 습성"을 없애고 인재 등용이 제일의 급선무이며, "폐단을 구할 방책이 있다면 누구라도 괜찮으니 건의해야 할 것"이라고 했다. 3직 제도는 다음 해 윤 4월에 발표되는 '정체서(政體書)'에 의해 폐지되고, 태정관 제도가 시행된다. 참여에는 사이고 다카모리, 오쿠보 도시미치, 고토 쇼지로가 임명되었다.

오쿠보 등 강경파는 쇼군 요시노부에게 관위 사퇴와 영지 반납을 요구하기로 결정하고, 이와쿠라는 만일 요시노부가 따르지 않으면 단호하게 토벌해야 한다고 했다. '왕정복고의 대호령(大號令)' 바로 다음 날 교토에서 31세의 사카모토 료마와 29세의 나카오카 신타로는 사무라이들에 의해 암살되었다.[243]

미국, 알래스카 매입

미국은 여론의 반대에도 러시아로부터 알래스카를 720만 불에 매입했는데, 이를 추진한 사람은 당시 미국무장관 슈어드(William H. Seward, 재임 1861-1869)였다. 알래스카는 영국령 캐나다와 국경을 접하고 있었고, 크림전쟁(1853-1856) 이후 영국군의 알래스카 점령 위협이 가중되어 러시아로서는 지켜내기 어려운 상황이었다.[244]

1868년(동치 7, 고종 5) -
조선

미국 군함 쉐난도호의 방문

제너럴셔먼호 사건 조사를 위해 주청 미국공사관은 아시아 함대의 페비거 대령(Captain John Febiger, 1821-1898)이 지휘하는 쉐난도(Shenandoah)호를 조선에 파견했다.

3월 말에 쉐난도호 방문에 대해 평안 감사 박규수가 보고하는데, 그들의 방문 목적은 "2년 전에 우리나라의 상선이 이 강의 어귀에서 없어졌기 때문"이라고 했다. 그리고 자신들의 문건이 "귀국의 임금 앞에 닿도록 해 주기 바랍니다. … 우리가 여기에 온 것은 우의를 두텁게 하고자 하는 것이니 귀국의 임금은 여러 높은 사람들과 함께 잘 처리하여 두 나라가 길이 화목하게 지내게 하기 바랍니다"라며 회답을 기다린다고 했다. 이때 평안 감사 측은 언덕에 장대를 설치하여 여기에 편지를 매달아 미국 쉐난도호와 서신을 교환하였다.[245]

포격을 받은 쉐난도호

조선은 황해감사의 명의로 회답을 했는데 제너럴셔먼호 사건의 발생 과정을 설명하고, 선박은 불에 타 침몰했고, 현재 한 사람의 생존자도 억류되어 있지 않다고 했다. 페비거 함장은 조선의 회신을 쉽게 믿지 않았고, 한 달 남짓 대동강 부근에 머무르면서 수로를 상세히 측량

한 다음 청국으로 귀항했다.

그런데 페비거 함장이 4월 하순 항행 중 조선 포대로부터 포격을 받았다. 이에 페비거는 고종에게 서한을 보내, 국기를 게양한 함정에 대한 포격 행위를 조선 조정이 지지한다면 그것은 미국에 대한 모욕이라 했다. 따라서 조선 조정이 명령한 것이 아니라면 포격 행위에 사죄하거나, 포격에 가담한 자를 처벌해 주기 바란다고 했다.[246]

5개월간 원납전과 인건비 비교

2~3월과 윤 4월, 그리고 5~6월의 5개월 동안 승정원일기에 기록된 원납전 총액과 인부들에게 지급한 돈에 관한 기록을 보자. 이 5개월간 거두어들인 원납전 총액은 49만 3,548냥이고, 동원한 인력 2만 3,583명에게 지급한 돈은 1,555냥 15푼이었다.[247]

즉, 경복궁 건설 인건비로 지출한 금액은 같은 기간에 거두어들인 원납전의 0.32%에 불과했고, 인당 평균 한 달에 받은 돈은 6.6푼에 불과했다. 당시 화폐단위는 1냥= 10전= 100푼으로, 한 명이 15개월을 일해야 1냥을 받을 수 있는 것이었다. 그런데 경복궁 건설에는 5백만 냥 이상이 지출되었고, 한 해 전 조선의 인구는 680만 명이었다.

사형 집행의 사례들

고종실록과 승정원일기에 다양한 사례가 있다.

2월에 함경감사와 공충감사가 돈을 몰래 주조한 범인 8명을 효수했고, 5월에는 의정부에서 "지나가는 배를 임대하였다가 이렇게 파선되는 지경에 이르게" 한 선주를 효수했다. 그리고 "서양 선박이 들어와 정박했을 때 먼저 소리를 지르며 저들 오랑캐의 배에 올라 오랑캐의 모자를 쓰고 춤을 추었던" 백성과 "뭍에 내려 물 길을 곳을 찾으려고 방황하자, 표주박을 청해 대신 물을 길어 주며 흉적들에게 아부"한 백성도 효수됐다.

반면에 "오랑캐들 대신 물을 길어 주고 돈을 받는 것을 보고는 몸을 날려 그를 붙잡고 치고받아 고함을 지른" 사람에게는 가상히 여겨 "후하게" 시상했다.

6월에는 "양선이 구만포에 와서 정박하고 있을 때에 놈들을 찾아가 만나고 수작질"하고 "양선이 소동을 일으킬 때에 저놈들과 문답"한 사람을 효수했다.[248]

이렇게 외국인에게 물을 떠 주고 돈을 받은 백성조차 사형시켰지만, 1864년에 함경도에서 27만여 냥을 3년 만에 백성들로부터 수탈한 지방관은 제주에 위리안치 되었다가 몇 년 후 이조참의, 개성유수, 전라감사로 영전되는 실정이었다.

국경선에 대한 고종의 지식

10월에 돌아온 함경도 암행어사와 고종 간에 국경선에 대해 대화한 기록을 승정원일기에서 보자.

"이 도의 땅이 다 러시아 오랑캐의 경계와 지극히 가깝다고 하는데, 과연 어떠하던가?" …

"그 땅이 어느 때에 러시아 오랑캐가 사는 곳이 되었는가?"

"4, 50년 전 러시아 오랑캐가 중국에 창궐할 때 중국이 당 1000리를 끊어 주었는데, 이 경계는 후춘(後椿)과 경계를 접하는 곳으로 계패(界牌)가 있습니다."

"계패란 무엇인가?"

"계패는 바로 중국과 우리나라가 경계를 나눌 때 설치한 것입니다." …[249]

이것을 보면 고종은 조선의 국경이 어디까지인지도 몰랐던 것으로 보인다. 1861년에 러시아와 조선의 국경선을 청과 러시아가 확정할 때도 아무런 통보를 받지 못한 수모를 겪은 지 7년이 지난 시점이었다.

일본 외교문서 접수 거부

쓰시마번주의 서계(외교문서)를 가지고 온 사절단이 12월 중순에 부산 왜관에 도착했다. 이들은 왜관에 방문한 왜학훈도(訓導, 통역) 안동준 등에게 서계의 등본을 제시하고 '대정봉환'의 대요를 설명했다. 그리고 이를 설명하기 위해 사절이 별도로 올 것이라는 말을 전하고 또 새로운 도장[新印]을 사용해야 하는 이유도 설명했다.

그러나 훈도는 서계에 사용한 '황실(皇室)', '봉칙(奉勅)' 등의 글자가 격식에 어긋났다는 이유로 접수를 거부했다. 일본의 사절은 거듭 본국의 '대정봉환' 등을 설명하며 서계 접수를 요청했지만, 훈도는 별도의 사신이 오더라도 격식을 위배한 사신은 접대할 수 없다고 했다. 당시까지 조선은 쓰시마를 통해 일본과 교류했으며, 막부와 직접 통하지는 않았다.

1678년에 부산에 초량왜관(용두산 공원 주변)이 설치되어 조선과 일본(대마도) 간의 외교 및 무역 업무를 수행하고 있었다. 규모는 약 10만 평에 이르렀다. [250]

1868년(게이오 4, 메이지明治 원년) - 일본

도바-후시미 전투

전년도 말부터 에도에서는 막부와 사츠마번 간에 발포, 총격전 등으로 양측에 사상자가 발생하고 있었고, 마침내 에도에 있던 사츠마번의 번저에 막부가 포격을 가했다. 이런 소식이 전해지자 오사카의 막부군은 교토 공격을 결정했다. 결국 1월 3일(양 1.27)에 교토로 진군하던 막부군은 도바와 후시미 양 지점에서 조정의 군대와 충돌한다. 이를 '도바-후시미(鳥羽-伏見) 전투'라고 하는데, 다음 해 6월까지 진행되는 보신(戊辰) 전쟁의 시작이다. 그러나 전쟁이 시작되자 막부군은 패배를 거듭했고, 쇼군 요시노부는 막부의 고위 신하들과 각 부대장들의 의견을 따르지 않고 1월 7일, 오사카를 떠나 에도로 갔고, 이를 알게 된 막부군은 오사카 성을 버리고 탈주한다.[251]

열강의 신정부 승인

이 전쟁이 시작되기 이틀 전인 1월 1일, 영국, 미국, 프랑스, 네덜란드 등 6개국은 국외중립(局外中立)을 선언하였는데, 이는 신정부를 막부와 동등한 지위로 인정하는 것이었다. 즉, 이때까지는 막부만이 일본 유일의 합법정부였는데, 그것이 더 이상 아닌 것이 되었고, 따라서 신정부로서는 환영할 일이었다. 12월에 이들 국가들은 신정부의 요구에 따라

국외중립을 해제하고, 신정부를 일본 유일의 합법정부로 승인한다.[252]

조약 체결권자는 천황

1월 10일(양 2.3)에 신정부는 그동안 쇼군이 갖고 있던 조약 체결권을 이제부터는 메이지 천황이 가진다는 사실을 전 세계에 공포하는 문서를 주일 외교사절들에게 보낸다.

"일본의 엠퍼러는 각국의 원수 및 백성에게 다음 사항을 통고한다. … 앞으로 짐은 국가 내외의 모든 사항에 대해 최고의 권능을 행사할 것이다. 따라서 천황 칭호가 종래 조약 체결 때 사용되던 다이쿤(大君)이라는 칭호를 대신하게 된다"는 것이었다.[253] 이 문서는 조선과의 관계에서 매우 중요하다.

조선의 '인신무외교'

일본 외무성은 위의 내용을 세계 각국에 통고한 것처럼, 조선에도 똑같이 이를 알리는 서계를 쓰시마번을 통해 통보하였고, 이해 12월에 쓰시마의 사절이 부산의 왜관에 도착한다. 그러나 조선은 이 서계의 접수를 거부하는데, 그 이유는 서계에 '천황', '짐', '칙' 등 중국 황제만 사용할 수 있는 용어를 일본이 사용했기 때문이었다. 이런 이유로 1875년까지 약 7년간 조선은 일본의 외교문서 접수를 거부하고, 결국 1875년 10월 운요호 사건을 거쳐 1876년 2월에 강화도조약이 체결됨으로써 양국의 외교관계가 수립된다.

조선의 지도층은 '인신무외교(人臣無外交)', 즉 '신하(조선)는 외교를 하지 못한다'는 명나라 때부터 내려온 사상에 따라 조선이 독자적으로 외교를 할 수 없다는 입장이었다. 박규수조차 미국의 통상 요구에 "인신무외교이다"라 했고, 이양선이 와서 통상 요구를 해도 "상국(上國)"의 허가 없이 할 수 없다고 이양선에 답을 해 오고 있었다.[254]

쇼군의 항복

결국 요시노부는 조정에 굴복하여 2월 중순에 에도를 떠난다. 그런 요시노부에게 영국공사 파크스도 더 이상의 처벌은 가하지 않도록 신정부에게 요청했고, 도쿠가와 가문도 유지될 수 있었다. 쇼군은 항복을 했지만, 막부의 지지세력은 에도 및 동북부의 20여 개 번에서 계속 무력 저항을 한다.[255]

'정체서'와 태정관 제도

윤 4월 27일(양 6.11)에는 '정체서(政體書)'가 발표되어, 국가권력을 입법, 사법, 행정 3권으로 분리시켜 태정관에 집중시켰다. 태정관 제도는 1885년에 내각제도가 도입되면서 폐지된다.[256]

에도 무혈 입성

당시 에도에는 약 100만 명이 거주하고 있었는데, 신정부군이 에도를 공격하기 이틀 전인 3월 13일, 막부의 대표 가츠 가이슈와 신정부군의 대표 사이고 다카모리가 최후의 담판을 가진다. 이 둘은 1차 조슈 정벌을 앞둔 1864년 9월에 만나 대화를 나눈 적이 있는데, 이때 가츠를 전적으로 신뢰할 수 있게 됐던 사이고가 에도 점령을 이틀 앞두고 가츠를 만났다.

사이고는 가츠의 제안대로 도쿠가와의 직할 영지를 1/4로 줄이고, 막부 군대의 무장해제를 조건으로 에도에 무혈입성을 하게 되는데, 이들 간의 타협 때문이기도 했지만 당시 에도 주변에서 일어나고 있던 농민 봉기가 확대될 우려가 있었고, 구미 열강이 이 내란에 개입할 우려도 있었다.[257]

'5개조어서문'

신정부군의 에도성 공격을 하루 앞둔 3월 14일(양 4.6), 메이지 천황은 '5개조어서문(五箇條御誓文)'을 발표했다. 그 내용은, 널리 인재를 모으고, 상하가 합심해 국가정책을 펼치며, 국민이 희망을 잃지 않게 하고, 낡은 관습을 버리고 보편적인 도리에 기초하여 행하고, 지식을 세계에서 구한다는 것이었다.[258]

막부 지지세력의 저항

동북지방에서는 무쓰(陸奧), 데와(出羽), 에치고(越後) 등의 번들이 중심이 되어 5월에 '오우에쓰(奧羽越) 열번(烈藩) 동맹'을 맺고, 여기에 아이즈(會津)번(현재 후쿠시마(福島)현의 서쪽) 등이 참가했다. 특히 아이즈번이 중심이 되어 신정부군에 격렬히 저항했으나, 결국 9월에 아이즈번도 항복했다. 에치고번의 가로(家老) 고바야시 도라사부로(小林虎三郎, 1828-1877)가 지번(支藩)으로부터 지원받은 쌀 100섬을 굶주린 사무라이들의 요구를 물리치고 미래를 위해 학교를 세우는 데 사용한다. 이것을 기념하여 현재 나가오카(長岡)시에 '쌀 백 섬 동상'이 있다.[259]

이 전쟁에 동원된 신정부군은 약 8만 명으로, 수적으로 뒤졌던 오우에쓰 열번 동맹 등 저항세력의 희생이 컸다. 특히 정부군과 여러 번 처절하게 전투를 치룬 아이즈번의 희생이 컸다.

에노모토 다케아키의 저항

동북지방에서 전쟁이 진행되고 있던 8월에, 막부의 신하인 32세의 에노모토 다케아키(榎本武揚)는 8척의 함대를 이끌고 홋카이도의 하코다테(箱館)로 탈출하여, 약 3천여 명의 병사와 고료가쿠(五稜郭)에서 항전을 계속했다. 그는 신정부군의 대장이었던 28세의 구로다 기요타카에게 자신이 네덜란드에서 공부했던 국제법 책을 보내면서 일본에 한 부밖에 없으니 전란에 소실되지 않도록 해 달라고 당부하고 자신은 최후까지 싸울 것을 다짐했다. 결국 그는 다음 해 6월에 항복하고, 약 3년간 복역 후 구로다의 구명운동으로 석방된다.[260]

7월에는 에도를 동경으로 개칭하며, 9월에는 연호를 메이지(明治)로 정했다. 10월에는 에도 성을 황거(皇居)로 정했고, 다음 해 3월에 천황과 정부가 동경으로 옮긴다.

후쿠자와 유키치(福澤諭吉)는 자신이 운영하고 있던 사교육 기관을 '경응의숙(慶應義塾)'으로 변경하고, 서양학문을 배우려는 자는 누구나 입학할 수 있게 했다. 또 일본 최초의 물리학 입문서인 《훈몽궁리도해(訓蒙窮理圖解)》를 발간했는데, 이후 수십 종의 물리학 입문서가 잇따랐다.

한편, 하와이에 사탕수수밭 노동자로 약 100명의 일본인이 이민을 떠나는데, 1885년부터 본격적으로 이민이 시작된다.[261]

청의 벌링게임 사절단

청이 영국과 1858년에 체결한 톈진조약에는 10년 후에 조약을 수정할 것을 규정하고 있었는데, 청은 영국의 정책을 전혀 몰랐다. 이에 대한 대책으로 청국 조정은 이임하는 미국공사 벌링게임(Anson Burlingame, 1820-1870)을 단장으로 임명하여 사절단을 서구 각국에 파견하여, 청국의 개국 속도를 재촉하지 않도록 설득하게 했다.

이들은 5월에 미국무장관 슈어드와 조약을 체결했는데, 미국은 청국의 발전에 간섭하지 않을 것, 양국 국민이 서로의 국가 내에 거주하는 것 등이었다. 영국도 청에게 지나치게 빠르게 변화하도록 강요하지 않을 것이며, 어느 유럽 국가도 청국에게 강요하는 것에 반대한다고 했다. 이후 이들은 프로이센, 러시아를 방문했으나, 벌링게임이 도중에 사망함으로써 더 이상의 성과를 거두지 못했다.

벌링게임을 수행했던 부사(副使) 2명은 벨기에와 이태리를 방문하고 1870년 10월에 귀국한다. 그러나 한 명은 청국 서부로 파견되어 하급 관리가 되었고, 다른 한 명은 몽골 변방 지역으로 파견되어 여생을 마친다.[262]

조선, 청, 일본의 인재육성

7년 후인 1876년에 수신사로 일본에 다녀오는 김기수도 안동부사로 발령받고, 1879년에는 함경도 덕원부사로 발령받아 1881년까지 근무 후 성균관 대사성, 함경도 의주부윤, 이조참의, 홍주목사 등에 임명된다. 이처럼 조선이나 청국은 해외에 다녀온 사람들을 중용하지 않고 한직으로 발령했음을 알 수 있다. 그러나 일본의 거의 모든 리더들은 군사, 국제법, 경제, 철도, 광산, 의학, 조선 등 다양한 분야에서 해외에 유학을 다녀오거나 기술을 배워 각 분야에서 활약한다. 심지어 막부는 막부가 붕괴되기 한 해 전에 11세의 어린이까지 영국에 유학을 보내 수학자로 키웠다.

조선과 청, 그리고 일본의 인재육성 정책의 차이를 알 수 있는 대목인데, 그만큼 국력의 차이도 벌어졌다.

1869년(동치 8, 고종 6) - 조선

"나라가 나라로 유지되지 못한다"

1월 말 호조판서 김병국은 사직상소에서 토목공사가 "갈수록 더욱 번잡"해지고 "중외의 저축이 이미 다 떨어져 전혀 손을 쓸 수가 없는 형편입니다"며 사직을 청했다.

5월에 영의정 김병학은 상소에서 "나라에서 봉해 둔 곡식도 고갈되고 백성들의 쌀 주머니도 텅 비어 있습니다. 옛날에 이른바 나라가 나라로 유지되지 못한다는 지경에 불행하게도 가까워 오고 있습니다. … 신이 전후에 걸쳐 진달한 것도 한두 번이 아닌데 매번 마음에 새겨 두겠다는 비답을 받았을 뿐이지 받아들이는 것을 보지 못하였습니다. … 전하가 허심하게 받아들이겠다고 한 것도 빈말에 가까운 것입니다. …" 하니, 고종은 다시 "마음에 새기겠다"고 대답했다.[263]

영의정이 말한 내용 중 "전하가 허심하게 받아들이겠다고 한 것도 빈말에 가까운 것입니다"는 하소연은 이후에도 여러 신하들에게서 나온다. 즉, 고종은 신하들의 의견을 잘 받아들였지만, 실제 조치를 취하거나 행동으로 옮긴 것은 거의 없었다는 것을 보여준다. 일본 막부의 지도층은 결단이 빠르고 행동이 뒤따랐다는 것과 다른 점이다.

가혹한 세금에 시달리는 백성

8월에도 영의정 김병학이 서울과 지방의 모리배들이 세금을 착복하는 것을 아뢰며 "나라의 토지는 날로 줄어들고 수세는 너무 과중하기 때문에 둔민(屯民)이 흩어지고 있습니다."라 했고, 같은 날 우의정 홍순목은 "어전(漁箭)이나 염분에 대해서 … 모리배들이 규정 밖에 거두어들이고 있으니, 바닷가 백성들이 어떻게 편안히 살 수 있겠습니까"[264]라고 아뢴다.

처참한 주거환경

9월 말 우의정 홍순목의 상소 내용을 보자. "몇 칸의 오막살이에 진흙을 발라 벽을 만들어 위로는 비가 새고 옆으로는 바람이 들락날락하니 … 부모와 처자와 함께 머리를 맞대고 뒤섞여 거처하면서 부유한 집의 토지를 빌어 경작하여 일 년 내내 고생하지만, 소득은 마침내 쌀독도 미처 채우지 못하는데, 가을엔 베를 징수하고 겨울엔 환곡을 받아들입니다. … 혹시라도 흉년을 만나기라도 한다면 구덩이에 뒹구는 지경에 저절로 이르게 되는 것은 진실로 필연적 형세입니다."라 하였다.[265]

함경도 백성들의 러시아로의 집단탈주

함경도 아오지 백성들이 집단으로 러시아로 넘어가는 일이 10월에 발생하자, 의정부에서 "진(鎭)의 모든 군민들이 함께 국경을 넘어간 것은 반드시 하루아침에 일어난 변고가 아닙니다. 더구나 비적들과 결탁하여 공갈하면서 포를 쏘고 부대의 물건을 빼앗아갔으니 …"라 했다. 이때 약 4,500명이 러시아로 넘어갔다고 한다.[266]

종친의 과거 특채와 난장판이 된 과거장

1월 초에 고종은 종친들의 번성을 위해 과거 특채를 지시하는데 "앞으로는 대군, 왕자군, 적왕손, 왕손을 제외하고는 모두 외조(外朝)의 규례에 의하여 과거에 응시하고 벼슬에 나아가는 데에 있어 장애가 없게 하고 … 만세토록 우리 지자(支子)와 지손(支孫)을 보존하려는 계책인 것이다. 나중에 다시 만일 다른 의견을 내놓는 자가 있으면 그는 나의 죄인이 될 뿐만 아니라 실로 태묘(太廟)의 죄인이 될 것이니 …"라 하였다.

그러나 과거시험장은 여전히 난장판이었다. 9월 시험 때 "몇백 명은 다 들어오지 않았으며 … 과장 밖의 기와와 돌이 과장 안으로 어지럽게 날아들어 왔습니다."라며 시험을 중단했음을 보고했다. 11월에는 이름을 위조하는 일까지 있었다.[267]

경상도와 전라도의 민란

전년도 11월에 경상도 칠원현 백성 수천 명이 민란을 일으켜 칠원현 수령을 몰아냈다. 1월에 이 사건의 주모자 4명을 효수하고, 15명을 유배형에 처한다. 3월에는 전라도 광양현에서도 민란이 발생했는데 "난민 수백 명이 머리에 흰 두건을 두르고 동헌에 뛰어들어 현감을 위협하여 부절(符節)과 군기시와 사창의 환곡을 빼앗으려고 … 총과 칼과 깃발까지 갖추었다니 오래 전에 모의했다는 것을 알 수 있습니다. 이것은 대수롭지 않은 민란에 비할 것이 아니"라고 삼군부에서 보고했는데, 주동자 6명을 6월에 참형에 처한다.[268]

외교문서 접수 거부 이유

전년도 12월에 이어 3월에 안동준은 왜관을 방문하여 조정이 일본의 서계를 거부한 이유 세 가지를 설명했다. 그것은 양국의 접촉은 쓰시마가 담당해 왔는데 신정부로 변혁을 꾀한 형적이 있다는 점, 일본에서 쇼군을 폐지하고 천황이 외교를 직접 관장할 것이라 하지만 의심스럽다, '황', '칙' 등의 문자를 일본이 조선에 강요하는 것은 일본이 조선을 신하로 삼으려는 것을 보여주는 것이라 했다.

이후에도 왜관은 동래부사 측을 접촉하지만 조선의 입장은 변함이 없었다. 11월에는 안동준이 다시 편지를 왜관 측에 보내, 쓰시마 번주의 직위명이 바뀐 점, 서계에 새로운 도장을 찍은 것, 예조참판 대인(大人)이라 하지 않고 예조참판 공(公)이라고 한 것 등을 지적했다. 이어서 한 글자라도 눈에 거슬리면 수용할 수 없다면서, 이를 깨닫지 못하고 있으니 개탄스럽다고 했다. 이렇게 쓰시마 사절이 왜관에 도착한 지 1년이 지났지만 조선과의 교섭은 교착상태였고, 국면을 타개할 전망도 보이지 않았다.[269]

정현덕과 안동준

동래부사 정현덕과 훈도(통역) 안동준은 대원군이 내려보낸 사람들이다. 정현덕은 대원군이 물러난 지 두 달 후인 1874년 1월 10일에 박제관으로 교체되고, 안동준은 1874년 8월에 "빚진 공금" 문제로 처벌을 받고, 1875년 3월에 효수당한다.[270]

1869년 일본

1869년(메이지 2) - 일본

6월에 보신전쟁이 끝나고 일본은 근대화를 본격적으로 추진한다. 이 해에 일어난 변화 중 가장 큰 것은 260여 개의 번(藩)들이 갖고 있던 땅과 소속 백성들을 조정(천황)에 반환한 '판적봉환(版籍奉還)'이다. '판'은 땅을 의미하고, '적'은 호적 즉, 백성을 의미한다.

판적봉환

1월에 일본의 4대(大) 번인 사츠마, 조슈, 도사, 히젠(肥前, 사가(佐賀)번이라고도 함)의 번주는 연명으로 봉토(땅)와 백성을 조정에 봉환할 것을 청원했고, 다른 번주들도 이에 참가했다. 6월에 이를 받아들이는 칙령을 내리고, 이후 260여 번주가 판적을 봉환했고, 번주들은 각 번의 지사로 임명되었다.

이런 이유로 판적봉환 후 쓰시마번의 번주 소우 요시아키라(宗義達)도 봉건제후로서의 신분을 상실하고 예전의 직함도 없어졌다. 정부가 임명한 지방관이 된 소우는 1871년 7월에 외무성 외무대승에 임명된다.[271]

전신 부설과 전신망

1854년에 조약을 체결하러 온 페리 제독이 통신을 시험한 지 15년만인 이해에 요코하마와 도쿄 쓰키치(築地) 세관 사이에 전신을 부설했다. 이것은 영국이 1839년, 미국이 1844년에 전신을 개통한 것과 비교하면 불과 25~30년의 시간 차였다.

이후 1875년에는 홋카이도-큐슈의 전신망이 설치되었고, 1879년에는 전신국이 110여 개소, 전신선의 총연장이 6천 km에 달해 일본의 기본적인 전신망이 거의 완성된다. 1887년에는 동경에 중앙전보국이 세워진다.[272]

'쇼콘사'와 '야스쿠니 신사'

쇼콘사(招魂社)라는 신사가 동경에 세워졌는데, 이는 일본을 위해 일하다가 죽은 사람들의 혼령을 제사 지내기 위한 것으로, 이곳에 도바-후시미 전투와 하코다테에서의 전사자 3천 5백여 명의 위패를 안치했다. 이후 1879년 6월에 태정대신 산조 사네토미(三條實美)의 지시로 쇼콘샤는 야스쿠니(靖國) 신사로 이름을 바꾸어 오늘에 이른다.[273]

국력배양 우선론

2월(양 3월)에 당시 태정관의 고위직이었던 이와쿠라 도모미는 절약하고 허울을 버리며 실질을 구해 나라의 근본을 일으켜야 함을 강조했다. 또 대외 개방과 서구와의 외교 강화를 강조하며, 러시아는 북해도 지방에 큰 우환이기 때문에 장기적으로 러시아에 대한 대비 태세를 갖추어야 함을 강조했다.[274]

일본 최초의 주식회사와 '엔'

전년도 12월에 2년 만에 프랑스에서 돌아온 28세의 시부사와 에이이치는 2월에 일본 최초의 법인이자 주식회사를 시즈오카(靜岡)에 설립했다. 10월에는 재무담당 고관이던 31세의 오쿠마 시게노부(大隈重信, 1838-1922)의 설득으로 대장성 조세담당 국장이 되었다. 그는 구조개혁국을 이끌며 도량형, 조세제도, 은행 제도 개혁에 큰 업적을 남겼다.

1869년 일본

오쿠마 시게노부는 7월 초에 주일 각국 공사들에게 신화폐의 주조 사실과 품질에 대해 통보했는데, 이때 화폐 단위로 '엔'을 처음 사용했다.[275]

관제 개혁, 징병제

31세의 야마가타 아리토모(山縣有朋)는 26세의 사이고 쓰구미치(西鄕從道, 1843-1902)와 함께 6월 말에 프랑스, 영국, 독일, 러시아 등 유럽 7개국과 미국의 군사제도 시찰에 나섰다.

7월(양 8월 중순)에는 신정부가 행정조직을 개혁하여 6개의 성(省)이 생기는데, 이때 외무성, 대장성 등이 생겼고, 병부성의 대보에는 오무라 마스지로(大村益次郞, 1824-1869)가 임명되었다. 그는 프랑스를 모델로 하여 징병제 도입을 추진했는데, 그것을 시작하기도 전에 불만을 품은 사무라이들에게 피습당해 12월에 사망한다. 다음 해 8월, 14개월 만에 구미시찰에서 귀국한 야마가타가 병부소보에 취임하여 마침내 징병제 실시 등 군사제도의 정비가 본격적으로 시작된다.[276]

대륙간 철도, 수에즈운하, 주기율표

미국에서는 대륙간 철도가 개통되었고, 수에즈운하가 11월에 완공되었다. 또 러시아의 멘델레예프(Dmitri Mendeleev, 1834-1907)가 러시아 화학회의 잡지에 발표한 〈원소의 구성 체계에 대한 제안〉이라는 논문에 주기율표를 발표했고, 과학 학술지 〈네이처〉지가 11월 영국에서 창간되었다. 왓슨과 크릭이 1953년에 DNA 구조 해석을 발표한 논문도 〈네이처〉이다.[277]

1870년(동치 9, 고종 7) - 조선

왕릉과 종묘 수리비와 조총 제작비

1월부터 4월까지 왕릉과 종묘 등의 수리를 위해 지출한 기록이 4회 있는데, 총 지출액은 30만 냥이다. 1월 중순에 종묘와 영녕전 수리를 위해 5만 냥, 하순에 능, 원(園), 묘(廟)의 정자각(丁字閣) 수리를 위해 5만 냥, 2월에는 태묘(太廟)와 각릉의 공사를 위해 10만 냥, 그리고 4월에는 능 수리 비용이 부족하여 10만 냥을 추가로 보냈다. 그런데 군비로는 5천 냥이 지급된 기록이 6월에 있는데, "선혜청의 갑주대전(甲冑代錢) 중" 5천 냥을 훈련도감에 보내 조총을 제조하게 했는데, 다음 해 2월의 기록을 보면 "갑주대전 2천 냥"으로 조총 160자루를 장만했다고 보고했다.[278] 갑주대전은 갑옷과 투구를 만들기 위한 비용이다.

"서양오랑캐"들도 "중국 성인의 가르침에 다 감화될 것"

3월 7일에 고종이 강관(講官) 박규수와 문답한 것을 보자.

"천하의 만국에 어찌 성인의 교화를 지키지 않는 자가 있겠는가. 그런데 양이의 사교(邪敎) 같은 것은 어찌하여 나왔는가?"

"… 저들의 허다한 사람들 가운데 마침내 하루아침에 크게 깨닫는 자가 있어 그들의 설이 사망(邪妄)됨을 자각하고 중국 성인의 가르침에 다 귀의하게 될 것입니다 … 신은 사해(四海) 밖의 허다한 이적들이 끝내는 반드시 중국 성인의 가르침에 다 감화될 것이라고 여깁니다."라고 했다.

그런데 그 "서양오랑캐"들이 이해부터 다음 해 사이에 블라디보스토크, 나가사키, 상해, 홍콩, 싱가포르를 연결하는 해저케이블을 가설하여, 런던을 거쳐 샌프란시스코까지 세계를 한 바퀴 도는 전신망을 완공시킨다. [279]

월급도 못 주는 경상감영

9월에 경상감사 김세호가 올린 사직상소에서 상주에 있던 경상 감영(監營)은 "창고의 장부가 텅텅 비어서 아래로는 관아의 일꾼들에게 봉급으로 지급할 것마저 없고, 비상시를 대비하기 위해 마련해 둔 것마저 바닥이 나고 말았으며, 위로는 비상시에 대한 준비를 할 수가 없습니다. 폐단이 이처럼 극에 달해 수습할 길이" 없다고 했다.[280]

기아에 허덕이는 백성

특히 함경도에 기근이 매우 심했는데, 길가에는 굶어죽은 시체가 널려 있었다고 한다. 이에 쌀을 옮겨다가 구제를 하기도 했으나, 전년도부터 이해까지 6천여 명이 기근 때문에 러시아로 넘어갔다. 그러나 조정은 국경을 넘은 "죄인" 8명을 11월에 효수한다. 경기도에도 굶는 사람들이 많았다. 11월에 경기감사 박영보가 "열읍에서 처음에 보고한 것이 2만여 구입니다. … 일가친척이나 혼인관계 그리고 노비와 주인 간에 상호 구제할 수 있는 자들은 자세히 조사하여 빼 버리고 다시 보고하여 온 것이 1만 5,000여 구입니다."라고 했다.[281]

러시아로 넘어간 백성들, 잘 살고 있었다

러시아로 넘어간 함경도 백성을 데려오기 위해 조선 조정이 북경의 예부에 공문을 보내 협조를 요청하였다. 이와 관련하여 윤 10월에 승문원이 보고하는데 "중국 예부에서 온 자문에, '러시아 경계에 도망가 있는 북관의 민물(民物)을 쫓아 돌려보내는 일과 관련하여 후춘 협령이 직접 러시아에 가서 총독에게 그 까닭을 따졌더니 그가 대답하기를, 「조선의 남녀 백성들이 지금 유분(綏芬) 등지에서 농사를 지으며 생활이 안정되었으며 이런 사정을 이미 조선에 통지하였다.」고 하였다. …"고 했다.[282]

서계를 수정한 일본 외무성

조선은 이해에도 일본 서계의 접수를 거부했다. 2월 하순에는 외무성이 파견한 사다 하쿠보, 모리야마 시게루(森山茂) 등이 초량왜관에 도착하여, 20여 일간 왜관에 머물렀다. 이때 동래부사 정현덕의 서한이 도착하지만 전년도에 안동준이 보낸 내용과 같았다. 정현덕도 한결같이 옛 규범을 준수하여야 한다며 거부 이유를 밝혔다. 사다 하쿠보 등 외무성 관리들은 3월 초순에 일본으로 돌아가는데, 조선을 정벌해야 한다는 의견을 외무성에 제출했고, 쓰시마 관리들도 6월 초에 이와 비슷한 의견을 제출했다.

이후 8월에 있은 안동준과 쓰시마 측과의 회담 결과를 보고받은 일본 외무성은 외무경이 예조판서에게, 외무대승이 동래부사에게 보내는 서계를 다시 작성했다. 이 서계에서는 '황', '칙', '조신(朝新)' 등 조선과 마찰을 빚고 있던 자구의 사용을 일체 피했다. 이 서계를 들고 일본 외무성의 요시오카 외무권소승 등이 11월 초에 왜관에 도착하여 훈도 안동준과의 회견을 요청했다. 그러나 이번에는 쓰시마번의 관리 이외의 사람과의 회견을 거부했다.[283]

조선과의 조약 체결 의사를 표명한 미국

4월에 미국의 그랜트(Ulysses Simpson Grant, 재임 1869-1877)

대통령은 1867년의 슈펠트와 1868년의 페비거의 제너럴셔먼호 탐문 항행 결과를 보고 받고, 조선 원정을 결정했다. 이에 따라 미국무장관 피시는 주청 미국 공사 로우(Frederick Low)에게 훈령을 내려, 손해배상과 재발 방지를 위한 난파선 보호조약 체결 등을 훈령했다.

이에 따라 로우는 12월 말(양 1871. 2월 중순)에 총리아문을 방문하여, 조선과 조약을 체결할 의향이 있으니 이 뜻을 조선에 전해주기를 요청했다. 그러나 조선은 속국이기 때문에 예부의 소관이라 총리아문이 직접 교섭하기가 어렵다는 이유로 요청을 거부했다. 로우 공사는 두세 차례 더 총리아문을 방문하여 고종 앞으로 보내는 신함을 전달해 줄 것을 요청했는데, 그 내용은 미국 상선이 표류했을 때의 편의 제공과 선박 수리, 음식물 공급 등이었다. 또 제너럴셔먼호 사건에 대해 아직 미국은 정확하게 알지 못하고 있고, 로우 공사와 아시아 함대 사령관이 조선에 가서 교섭을 하고자 하니 우호적으로 대해주기를 바란다고 했다.[284]

1870년(메이지 3) - 일본

공부성, 공부대학교

공부성(工部省)이 창설되어 철도, 광산, 전신 등을 중심으로 공업화를 이끌게 된다. 공부성은 조선소와 광산을 접수하고 관영공장을 경영하고, 인력 육성에도 나섰다. 이에 힘쓴 사람은 '조슈 파이브'의 한 명이었던 야마오 요조(山尾龍三)였는데, 34세로 공부성의 국장이던 1871년에 공업 인재 양성을 위한 학교 창설과 해외 유학제도를 건의한다.

인재양성을 위해 창설한 것이 기숙사형 학교인 '공학료(寮)'인데, 창설에 반대하는 의견이 많았다. 이에 야마오는 사람을 만들어 두면 그 사람이 공업을 발전시킬 것이라며 주장을 굽히지 않았다. 이것이 공부(工部)대학교로 발전해 동경대학 공학부의 전신이 된다. 공부대학교의 교수는 모두 영국인이었고, 25세의 영국인이 학교장으로 임명되어 교육과정을 결정했다. 야마오는 43세이던 1880년에 공부경(卿)에 취임한다.[285]

가쓰라 다로

22세의 가쓰라 다로(桂太郎, 1848-1913)가 보불전쟁의 패전으로 정치적으로 혼란한 프랑스 대신 독일로 유학을 가서 3년간 군사학을 공부한다. 이해에 일본은 육군은 프랑스식, 해군은 영국식으로 편제를 확정했는데, 추후에 육군은 독일식으로 바꾼다.[286] 가쓰라는 참모본부 창설(1878)에도 관여하며, 총리로 재직 중이던 1904년에는 러시아에 강경한 입장을 견지한다.

대(對)조선 강경론

조선에 일본의 서계를 전달하지 못하고 3월 초에 귀국한 사다 하쿠보(佐田白茅, 1833-1907)는 외무경에게 건의서를 올려, 조선은 일본을 멸시하였으니 반드시 정벌해야 하며, 그렇지 않고 사절을 백 번을 보내어도 그것은 하책이라고 건의했다.

6월에는 참의 기도 다카요시도 조선에 대한 적극 정책을 외무대보 데라지마 무네노리에게 건의했으나 오쿠보 도시미치는 기도의 의견에 단호히 반대했다. 7월 말에는 20세의 외무성의 외무대승 야나기와라 사키미츠(柳原前光, 1850-1894)가 우대신 이와쿠라 도모미에게 의견을 제출했다. 조선은 일본을 보존하는 데 "기초이자 장래 만국 경략과 진취의 기본이 될 것이나, 만약 타국에게 선수를 뺏긴다면 국사(國事)가 여기서 끝나고 말 것"이라며 "관(寬), 맹(猛)과 은(恩), 위(威)를 병행"하면 큰 전쟁을 치르지 않고도 복종시킬 수 있을 것이라 했다.[287]

이렇게 일본 내에서 조선에 대한 강경책이 제기되었으나 내부적으로 통제되었고, 1873년에는 러시아의 위협에 대응하는 것이 시급한 일이 되어, 조선 문제는 뒤로 밀린다.

청국과의 수교 결정

조선에서 계속 서계 접수를 거부하여 외교관계 수립이 어렵게 되자, 일본은 조선의 종주국인 청국과 먼저 수교하면 쉽게 해결될 것이라는 판단하에, 9월에 외무대승 야나기와라 사키미츠를 대표로 한 사절단을 톈진에 보내 청의 조약 체결 의사를 확인한다. 일본의 서계를 접수한 청국은 10월 중순에 공식적으로 수락하는 회답을 보냈다. 이때 북양

통상대신 이홍장도 양국이 서구의 압력에 적절히 대응하면 서로 도움이 될 것이라며 찬성했다. 반대파도 많았지만 다음 해 9월에 양국은 수호조규를 체결한다.288

미국의 재정·통화정책 조사

윤 10월에는 39세의 이토 히로부미가 일행 21명과 함께 새 지폐 발행에 따른 재정 및 통화정책의 조사를 위해 미국에 출장을 가는데, 다음 해 5월에 귀국한다. 그의 건의에 따라서 '신화폐조례'가 제정된다.289

농민봉기

7월-12월 간 일본 전국에서 농민봉기가 일어났다. 어떤 지역에서는 5천여 명이 폭동을 일으켰고, 11월에는 6~7천 명의 농민이 집을 파괴하고 관청을 습격하여 장부를 불태우고, 관사와 감옥을 파괴한 뒤 죄수를 석방하고, 현의 하급 관리를 살해하는 일도 있었다. 또 위조화폐를 둘러싸고 2만 명이 폭동을 일으켜 파괴, 방화, 살인을 저질렀고, 12월에는 세금을 줄일 것을 요구하는 폭동이 있었다. 이로써 수십여 명이 교수형에 처해졌다.290

이것을 보면 농민반란이 일어날 때 살인, 방화와 관청 습격, 서류 소각, 죄수 석방 등은 조선과 차이가 없음을 알 수 있다. 즉, 일반 백성들의 행태는 큰 차이가 없고, 지도층이 국가의 방향을 정하고 제대로 갔느냐 하는 것이 양국의 큰 차이점이다.

보불전쟁

유럽에서는 프로이센(독일, 프러시아)과 프랑스 간에 보불전쟁(Franco-Prussian War)이 일어났다. 이 전쟁은 독일의 재상 비스마르크가 만든 일명 '엠스의 전보(The Ems Dispatch)'라는 것이 원인이 되었다.

2년 전인 1868년에 스페인에서 혁명이 일어나 여왕 이사벨라 2세(재위 1833-68)가 추방되자, 스페인은 독일의 호엔쫄레른(Hohenzollern) 가문의 레오폴드(Leopold) 공을 즉위시키려 했다. 그러나 독일의 스페인 접근을 우려한 프랑스의 나폴레옹 3세가 이를 저지시켰다.

이후 프랑스 대사가 엠스에서 휴양 중이던 프로이센 왕을 방문하여 이 문제가 향후에 재발되지 않도록 보증을 받으려 했다. 그러나 프로이센 왕은 이를 거부하고, 이 사실을 비스마르크에게 전보로 알렸다. 비스마르크는 이 전보 내용의 문맥을 교묘하게 조작하여 양국의 국민이 서로 분노하도록 했는데, 이것이 '엠스의 전보' 사건이고 이로 인해 7월에 보불전쟁이 터졌다.

9월에 스당(Sedan) 전투에서 프로이센군이 압승하고 나폴레옹 3세는 프로이센군에 항복했다. 이로써, 9월에 파리에서는 제2제정이 무너지고 제3공화국이 선포되었으며, 다음 해 1월 하순에 파리가 함락된다. 나폴레옹 3세는 독일 감옥으로 보내졌고, 1871년에 영국으로 망명하여 거기에서 2년 후에 사망한다.[291]

1871년(동치 10, 고종 8) - 조선

신미양요

주청 미국공사 로우는 미국의 아시아함대 소속 함선 5척과, 로저스 해군소장과 함께 나가사키에서 출발하여, 4월 1일(양 5.19)에 충청도 해미현 앞바다에 도착했다.

고종실록에 보면, 4월 9일에 경기 감사가 미국 측에서 보낸 편지 한 통을 올렸는데, "조선의 높은 관리와 협상할 문제가 있기 때문"에 왔으며, "이 바다 한 지역에서 정박하고 있으면서 조약이 체결되기를 기다렸다가 돌아가겠습니다"고 했다.

4월 10일에도 미국 측이 인천부사에게 서한을 보내, 조선 조정의 "높은 관리"와 토의하기 위해 "지금 여러 날 동안 배를 머물러 두고" 인천 팔미도 앞바다에서 좋은 소식이 있기를 기다리고 있다고 했다.

그런데 4월 14일(양 6.1), 경기 감사의 보고에 의하면, 미국 함대가 "손돌목 쪽으로 향하였으므로 광성진에서 먼저 대포를 쏘았습니다. 그러므로 부사가 약속대로 그에 호응하여 크고 작은 모든 대포를 일제히 쏘니, 그 배들도 이 대포 소리를 듣고 대포를 마구 쏘면서 거침없이 손돌목을 지나갔습니다"라며 신미양요의 발발을 보고했다. 4월 23일(양 6.10)에는 초지진 일대가 초토화되었고, 다음 날에는 덕진진이 무혈점령되고 광성보의 진지도 점령됐다. 고종실록 4월 24일에 나타난 광성보 전투의 보고 내용은 "이양선에서 쏘아대는 대포알은 비 오듯 날아왔

고, 육지의 적들이 쏘아대는 조총알은 우박 쏟아지듯" 마구 떨어져, 패하게 되었다고 했다.[292]

로우 공사의 철수 결정

결국 미군은 4월 25일에 모함기지로 철수하였고, 이후 20여 일 동안 로우 공사는 서신을 통하여 조선 측과 교섭을 진행했다. 이 기간 동안에도 조선은 백사장에 장대를 세워놓고 편지를 주고받았는데, 조선은 손돌목 포격사건에 대한 사과를 하지 않았고 조약 체결 의사도 없었다. 결국 조약 체결을 기대할 수 없다고 판단한 로우 공사는 철수를 결정했다.

미국 측은 5월 15일, 부평부사에게 공문을 보냈다. 미국은 서로에게 이익이 되는 일을 하고자 무력을 과시하지도 악의를 품지도 않았고, 또 사전에 문서를 보내 진심을 전달했음에도 뜻밖에 배가 지나갈 때 조선군이 총포를 발사했다고 항의했다. 따라서 오랫동안 머무를 필요가 없게 되었다면서, 바로 다음 날인 5월 16일(양 7.3)에 청국의 즈푸로 돌아갔다.[293]

척화비 설치와 우의정의 '정신승리'

신미양요 후 대원군은 "수천 년 동안 예의의 나라로 이름난 우리가 어찌 금수 같은 놈들과 화친할 수 있단 말인가"라며 전국에 '척화비(斥和碑)'를 세웠다. 우의정 홍순목도 "병인년(1866) 이후로부터 서양 놈들을 배척한 것은 온 세상에 자랑할 만한 일입니다"고 했다. 그런데 이때도 병인양요 때처럼 각지로부터 오는 곡식 운송이 끊겨 곡가가 날로 폭등하는 등 사회가 매우 불안했다. 역관 오경석(吳慶錫, 1831-1879)은 3년 후인 1874년에 북경에 갔다가 주청 영국공사관의 서기관 메이어즈(W.T. Mayers)와 대화를 나눈다. 이때 오경석은 신미양요 당시 자신이 미국 측의 문서를 직접 대원군에게 전달했다면서, 신미양요 후 대원

군은 몹시 의기양양했지만, 만약 미국이 두 달만 더 머물렀다면 대원군은 항복했을 것이라고 말한다.[294]

서원 철폐와 유생들의 저항

3월에는 한 인물에 대해 한 서원에서만 제사를 지내고, 그 외의 서원은 모두 철폐하도록 했다. 당시 서원의 폐해가 아주 커서 "백성은 춤추고 칭송하는 소리가 천지에 진동"할 정도였고, 황현은 《매천야록》에서 "서원에 붙어사는 유생 무리들은 하루아침에 갈 곳을 잃어 더욱 미쳐 날뛰며 소리치고 상소를 한다고 대궐 앞에 엎드려 있는 것이 줄줄이 이어졌다"고 했다.

마침내 전국의 서원 중에서 "대원군 앞에 나아가 품의한 결과 … 47개 서원을 제외하고는 모두 제사를 그만두며 현판을 떼어내도록" 했다.[295]

영해민란

3월에 경상감사가 영해부에서 "도적 무리 수백 명이" 관장을 죽이고 관에서 사용하는 도장 등을 빼앗았다고 보고했는데, 이것을 영해민란 또는 이필제의 난이라 한다. 8월에는 경상도 조령에서 5, 6십 명이 무기고를 습격하는 일이 발생해 일당 44명을 체포하였는데, 이때 이필제가 체포되었다.

의금부의 12월 조사 내용을 보면, 이필제는 "흉악한 반역 음모를 품고" 진천, 진주, 영해에서 변란을 꾸몄는데, 이필제 등 관련자 3명은 당일에 능지처사를 당했다. 이필제는 1862년 2월에 진주민란을 일으켜 경상우도 병마절도사 백낙신을 몰아내고, 도피하다가 이때 체포되었다.[296]

군기조성소에 10만 냥

10월에는 보기 드물게 큰 금액의 군비 지출이 있었다. "진무영의 군기조성소(軍器造成所)에 선혜청의 돈 10만 냥을 이획하라고 분부하라."
하였는데, 자세한 사용 내역은 없다.[297]

'외무성'과의 접촉을 거부하는 조선

이해에도 조선은 일본의 서계를 접수하지 않았다. 일본 측은 대정봉환 후 조약 등 모든 외교 사무는 외무성 소관이 되었고, 외교업무는 외무성 직원이 한다는 설명을 동래부사 측에 다시 설명했다. 그러나 동래부사 측은 '쓰시마번'을 경유하지 않으면 일체 교섭에 응하지 않을 것이며, 일본이 '외무성'을 설치했다고 해도 쓰시마번에게 외교업무를 위임하기를 바란다는 말만 되풀이했다. 또 9월에는 이 일을 위해 외무성 직원이 왜관에 온 것도 전례 없는 일이라며 면담을 거부했다.[298]

1871년(메이지 4) - 일본

이해에 일본에서는 많은 변화가 일어난다. '해외유학생 규칙' 발표, 23세의 도고 헤이하치로(東鄕平八郞) 등 10여 명의 영국. 미국 유학, 조폐공장 건설, '폐번치현', '신화(新貨)조례' 시행과 '엔'의 사용, 청국과의 수호조규 체결, 이와쿠라 사절단의 출발, 요코스카 조선소의 완공 등이다.

해외유학생 규칙과 우편제도

2월에 태정관이 '해외유학생 규칙'을 발표하여, 영국, 프랑스, 독일, 미국 등 국가별로 배울 과목을 정했는데, 주로 이공계열과 국제법, 이학, 의학, 법학 등이었다. 또, 3월에는 도쿄-교토-오사카 간에 우편제도가 실시되었는데, 다음 해 7월에는 일본 전국으로 확대 실시된다.[299]

조폐공장, '신화조례', 금본위제, '엔'

4월에는 영국인의 설계로 오사카에 조폐공장이 설립되었는데, 폐쇄된 홍콩 조폐국 설비를 사들였고, 전 홍콩 조폐국장이었던 영국인을 조폐공장 책임자로 하고 외국인 기술자를 고용하여 화폐 제조에 착수했다. 1889년부터는 일본 자체의 기술로 화폐를 제조할 수 있게 된다. 5월 초(양 6월 말)에는 '신화(新貨)조례'를 발표하여, 금본위제를 채택하고, 새로운 화폐 단위인 '엔'을 사용하고, 7월부터는 엔화를 통용시켰다. 여기에는 미국의 화폐 및 금융제도 조사를 위해 현지 출장을 다녀온 이

토 히로부미의 건의서가 있었다.[300]

폐번치현

7월에 '폐번치현(廢藩置縣)'을 실시하는데, 봉건제도인 '번'을 폐지하고, 중앙집권적인 '현'을 설치하여, 전국의 현에는 중앙정부에서 현령을 파견하게 됐다. 이 조치로 번들이 지고 있던 모든 채무는 신정부에 이전되었는데, 이로 인해 오사카와 에도의 대상인들 중 일부가 몰락하는 등 사회적 불안은 있었지만, 번들로부터 큰 저항은 거의 없었다. 이유는 번의 부채를 정부가 떠맡기 때문인데, 당시 대부분의 번들은 '산킨고타이' 제도 등으로 인해 부채가 누적되어 있었다.

이 날 메이지 천황은 칙서를 내렸는데, 겉치레를 없애고 간결함을 위주로 하며, 나라에 기강을 세우고 정령을 하나로 통일해야 한다고 했다.[301]

'일청수호조규'와 조선의 지위

청 내부에서는 일본과의 조약 체결을 두고 여전히 반대의견이 많았다. 그러나 북양통상대신 이홍장과 양강총독 증국번은 조선과 달리 청의 속국이 아닌 일본은 서구와 동등하게 청과 조약을 체결해야 한다는 입장이었다. 8월에 협상을 시작한 양국은 청에서는 이홍장, 일본 측에서는 대장경 다테 무네나리(伊達宗城, 1818-1892)가 전권대표로 참여하여, 9월 말에 양국 간 평등한 수호조약을 체결한다.[302]

그러나 강화도조약을 앞둔 1875년 말, 이 조약 제1조에 있는 '소속 방토(邦土)'의 해석을 두고 북경에서 청과 일본 간에 논쟁이 일어난다. 조선이 청국의 땅이라고 하는 청과, 조선은 독립국이므로 청의 땅이 아니라는 일본의 논쟁이었다.

류큐인 피살 사건

12월에 류큐(오키나와)민 약 70명이 대만 남단에 표류하였는데, 이 중 50여 명이 대만 원주민에 의해 살해되는 대만사건이 일어났다. 당시 류큐는 청과 사츠마에 모두 조공을 바치고 있었는데, 다음 해 7월(양 8월)에 이 사건이 사츠마에 알려진다.[303]

이와쿠라 사절단의 출발

12월 31일(양)에는 마침내 이와쿠라 사절단 46명이 5명의 여자 유학생을 포함한 40여 명의 사비 및 국비 유학생들과 함께 미국으로 출발한다. 이날 송별연에서 산조 사네토미는 "가라! 바다에서 증기선을 옮겨 타고 육지에서 기차를 갈아타며, 만 리 각지를 돌아 그 이름을 사방에 떨치고 무사히 귀국하기를 바란다"고 했다. 사절단의 목적은 서구 열강과 맺은 불공평한 조약을 개정하기 위한 사전 교섭 외에, 법률제도, 의회, 재판소 등을 견학하고 교육, 회계, 조세, 외환, 보험, 기차, 전신, 우편, 무기고, 조선소, 군사학교, 제철소 등을 시찰하여 일본이 도입하는 것을 연구하는 것이었다.

사절단의 대표는 46세의 우대신 이와쿠라 도모미이며, 그 외 38세의 참의 기도 다카요시, 41세의 대장경 오쿠보 도시미치와 30세의 공부대보 이토 히로부미 등 당시 일본의 거물들이었다. 이때 22세의 하야시 다다스도 외무성 7등출사로 수행했고, 유학생 중에는 18세의 가네코 겐타로(金子堅太郞, 1853-1942)가 포함되었는데, 1889년 메이지헌법 수립에 참여한다. 사절단은 1년 9개월 후인 1873년 9월에 귀국한다.[304]

베르사이유 궁전에서 탄생한 독일제국

전년도에 시작된 보불전쟁에서 파리 시민이 굶주림과 추위에도 독일군의 포위에 저항함으로써 프랑스는 패전은 했으나, 프랑스의 저력과

단결을 세계에 과시하였다. 보불전쟁에서 독일의 사상자는 12만 명, 프랑스는 30만 명에 달했다.

1월 중순에 파리의 베르사이유 궁전의 '거울의 방'에서 프로이센의 왕 빌헬름 1세가 독일황제(German Emperor)로 추대되어 독일제국(German Empire)이 탄생하고, 4월에는 새로운 제국헌법이 공포된다. 5월에 체결된 프랑크푸르트 조약으로 프랑스는 알사스 및 로렌 지방의 일부를 프로이센에게 양도하고, 50억 프랑의 배상금을 지불하기로 하고, 프랑스가 배상금을 완불할 때까지 독일군은 프랑스의 주요 요새를 점령한다.[305]

'파리 코뮌'

프랑스의 사회주의자들은 파리를 점령하여 3월에 '파리 코뮌(Paris Commune)'을 선포하나 정부군에 의해 5월 말에 진압된다. 그 전후 기간 동안 수만 명이 사망하는데, 즉결재판에서 처형된 사람만 약 2만 명 이상으로 "피비린내 나는 죽음의 춤판"이 벌어졌다. 이와쿠라 사절단이 다음 해 12월에 프랑스에 도착해 약 2개월간 체류한다. 당시에도 여전히 혼란했는데 "문명국이라 하더라도 중류층 이하의 인민은 아직 완고하여 사리가 어둡고 폭력적이다"라고 기록했다.

1872년에 프랑스에서는 국민개병제가 확립되고, 프랑스는 배상금 50억 프랑을 지불기한 전인 1873년 3월에 모두 지불한다. 1919년에는 제1차 세계대전의 전승국인 프랑스가 똑같은 장소인 '거울의 방'에서 독일의 항복을 받아낸다.[306]

1872년(동치 11, 고종 9) - 조선

이해는 일본과의 관계가 파탄 나는 결정적인 한 해이다. 조선은 일본의 설명에도 불구하고 절대 일본의 서계를 접수할 의지가 없었다. 이를 자세히 보자.

외무성 관리 접촉을 거부하는 조선

일본 외무성 관리 3명과 쓰시마번 관리 2명이 기선을 타고 1월 중순에 부산에 도착했다. 이들은 예전의 쓰시마번주 요시아키라 외무대승이 예조참판에게 보내는 서계를 지참했는데, 그 내용은 대정봉환, 막부 폐지, 천황의 친정, 폐번치현 등 일본의 행정제도 개혁으로 옛 관직에서 모두 해임되고, 외교는 외무성에서 관장하게 되었다는 것을 다시 자세히 설명했다. 그리고 자신은 이름을 요시아키라에서 시게마사로 개명했다는 것과, 외무대승에 임명되어 조선과 구교(舊交)를 회복시키는 임무를 맡고 있음을 알렸다. 시게마사는 동래부사, 부산첨사에게도 비슷한 내용의 서한을 보냈다.

그러나 왜관을 방문한 안동준은 일본 관리가 타고 온 선박이 서양선박과 같으므로 앞으로는 조선에 올 때 절대 기선을 사용하지 말 것과, 이번에 타고 온 기선은 속히 돌려보낼 것을 요구했다. 그리고 동래부사 정현덕은 일본 정부 파견원은 규정에서 벗어난 것이니 속히 귀국시킬 것을 안동준에게 명했고, 일본 기선이 입항한 당일부터 부산의 시장을 모두 폐쇄하는 철공철시(撤供撤市)를 단행했다. 왜관의 책임자인 관수(館守)는 3월 1일에 또다시 외무성 직원 파견 이유를 자세히 설명한 서한을 동래부사, 부산첨사에게 전달하여 "… 바라건대 두 사또께서는 … 순히 거행되는 도를 베푸시길 바랍니다"라 했다.[307]

계속되는 일본 외무성의 회견 요청

일본 측은 3월 20일에 앞서 설명한 내용을 다시 상세히 설명하는 문서를 동래부사와 부산첨사에게 보내 외무성 직원과의 회견을 요망했다. 이 서한에서는 전년도에 청국과 조약을 맺을 때도 대일본국, 대청국이라고 서로 칭했고, 천황, 황제, 천자, 황상, 폐하, 칙 등의 문자를 서로 사용했다는 것도 설명했다. 5월 2일에 다시 일본 측은 서계의 전달과 외무성 직원과 동래부사와의 회견에 대한 회답을 요청했으나 거부당했다.[308]

'관왜난출'

결국 일본 측은 동래부사를 직접 만나 해결하는 것 외에는 방법이 없다고 결론을 내리고, 훈도 안동준과 함께 6월 1일에 동래부에 도착했는데, 이를 관왜난출(館倭欄出)이라 부른다. 이들이 동래부에 머물며 회담을 요청하고 있던 6월 5일에 동래부사는 일본의 요청을 모두 거절하는 각서를 전달했다.

이렇게 양국 간의 중요한 외교 문제를 조정의 지휘를 거스르고 지방 관리가 독단으로 처리한다는 것은 불가능한데, 고종실록 6월 7일에 기록되어 있는 영의정 김병학의 발언을 보면 그것을 알 수 있다. "… 이른바 사원(使員)과 만나 대면하는 것은 약조 이외의 일에 속하는 문제입니다. 토의 확정하려는 뜻도 없이 끝내 한정 구역 밖으로 뛰쳐나간 것은 참으로 300년 동안 있지 않았던 일입니다. … 두 나라에서 규정한 금지 조항에 대해서는 원래 변동시킬 수 없다는 것을 엄한 말로 알려주고

이치에 근거하여 돌려보냄으로써 다시는 미련한 짓을 저지르는 일이 없게 하도록 분부하는 것이 어떻겠습니까?"[309]라고 하였다.

이 당시는 일본에서 대정봉환(1867), 판적봉환(1869)과 폐번치현(1871)을 거쳐 중앙집권체제가 확립되고, 외교 업무를 외무성이 관장한 지 이미 10개월이 지난 시점이었다. 그런데 조선은 외무성이 아닌 이미 없어진 쓰시마번의 관리들과 외교업무를 협의하겠다고 주장하고 있었던 것이다.

외무성 관리들의 조선 철수

결국 일본 측은 포기하고 다음 날 왜관으로 돌아갔다. 이들로부터 자세한 보고를 받은 외무성 관리들은 즉시 철수 결정을 내리고, 왜관 관수의 명의로 조선 당국의 무성의를 성명했다. 그 내용은 일본 측이 지난 몇 년간 일본의 사정을 설명했음에도 조선 측은 언제 세계를 접수할지도 모른다고 하여 직접 동래부사를 만나 자세히 설명하고자 훈도와 같이 동래부에 간 것을 설명했다. 또 일본의 정치적, 제도적 변화와 외무성이 외교를 담당하는 것 등을 다시 설명하고, 6월 15일에 떠났다.[310]

외무성의 왜관 접수와 '대일본공관'

8월 초 외무경 소에지마 다네오미(副島種臣, 1828-1905)는 왜관을 접수하기 위해 외무성 직원 파견을 결정하고, 쓰시마번이 조선에 진 부채는 모두 갚을 것 등을 결정했다. 이를 위해 외무대승 하나부사 요시모토(花房義質, 1842-1917) 일행이 9월 중순에 왜관에 상륙하여 도착 사실을 동래부사 측에 알렸다. 그러나 이때도 조선은 접촉을 거부하고 외무성 관리와 배를 모두 조속히 돌려보낼 것을 주장하고, 다음 날부터 철공철시를 단행했다. 결국 하나부사는 초량 왜관을 접수하고 9월 24일 귀국한다. 다음 해 4월에 외무성 관리 히로츠 히로노부(廣津弘信)가

부임하고 초량왜관은 '대일본공관'이 된다.[311]

경복궁 중건 비용 783만 냥

4월에 영의정 김병학이 "이후로는 한 칸의 방이나 한 층의 다락이라도 다시는 추가로 세우지 마시어 절약의 미덕을 밝히도록 하소서"라 했다. 9월 15일, 승정원일기에는 "건축의 역사(役事)가 끝났으니 영건도감"을 철파"하게 하였다. 다음 날 고종실록에는 영건도감에서 바친 회계부의 기록이 있는데, 내하(內下)한 돈이 11만 냥, 선파인이 원납한 돈이 34만여 냥, 각인(各人)이 원납한 돈이 727만 여 냥으로 총 783만 8,694냥이었다.[312]

상기 783만 냥을 거두어들인 기간에 대한 언급은 고종실록에 없다. 그런데 승정원일기를 보면, 대왕대비(신정왕후)가 경복궁 중건을 명한 1865년 4월 2일부터 1868년 8월까지 3년 4개월간 월별 징수한 원납전 총액은 515만 114냥이다. 따라서 상기 783만여 냥은 1868년 8월까지 거두어들인 515만 냥에 추가하여, 1872년 9월까지 4년간 268만여 냥을 더 거두어 783만 냥이 된 것으로 보인다. 즉 7년 5개월간 매년 1백만 냥 이상을 거둔 것으로 보인다.

9개 고을 수재민에 3천 냥

그런데 10월 말에 북도(北道)에 쏟아진 비로 9개 고을의 "사람들이 물에 빠져 죽고 민가가 물에 떠내려가거나 무너지고 논밭이 떨어져 나간 것이 이렇게도 많으니"라며 "백성과 동고동락하려는" 뜻에서 고종이 "특별히 내탕고의 돈 3천 냥을" 내려보냈다. 12월에는 영의정 홍순목이 풍년이 들어도 백성들은 살기가 힘들다며 "부모를 섬기고 자식을 기르기도 어렵고, 쌀독은 텅 비었는데 물가는 점점" 오르고 있다고 했다.[313]

1872년(메이지 5) - 일본

이해에도 일본에서는 많은 변화가 일어난다. 서구를 방문 중이던 이와쿠라 사절단은 7개월간의 미국 방문 후 영국을 약 4개월간 방문하고 12월에 프랑스에 도착한다.

기상관측 시작

홋카이도의 하코다테(箱館)에 기상관측을 하는 측후소가 문을 열었는데, 1875년에는 동경기상대가 기상관측을 시작하고 1884년부터는 일기예보가 시작된다.

2월에는 화재가 발생하여 동경의 긴자 지역에 있던 약 3천 채의 건물이 불에 탔다. 이에 메이지 정부는 영국인 기술자를 고용하여 벽돌거리를 만들기로 하고 긴자 재건계획을 세웠는데, 약 90만 엔이라는 막대한 예산이 투입되어 비판이 매우 컸다.

후쿠자와 유키치가 '학문의 권장'을 2월에 발간하여 1876년까지 총 340만 부가 판매되었는데, 당시 일본 인구는 약 3,500만 명이었다. 그는 이 책에서 어려운 한자나 난해한 고문을 읽고 한시를 짓는 등 실제 생활에 쓸모가 없는 것이 아니라 일상생활과 밀접한 것을 공부할 것을 강조했다. 그리고 모든 개인은 경제적 독립을 도모해야 하는데, 그것이 국가 독립을 위한 기초라 했다.[314]

1872년 일본

프랑스 군사고문단, 도미오카 제사장

5월에는 27명의 제2차 프랑스 군사고문단이 3년 계약으로 일본에 도착했다. 이들의 월급은 150~400엔이었는데, 가장 높은 태정대신의 월급이 500엔 수준이었다. 7월에는 동경 북쪽에 비단 제품 생산 공장인 '도미오카(富岡) 제시장(製絲場)'이 설립되는데, 여기에는 프랑스에서 수입한 약 300대의 프랑스제 실 뽑는 기계가 설치되었고, 프랑스 기술자들이 근무하였다. 처음에는 여공(女工)을 구할 수가 없었는데, 외국인이 여공의 피를 빨아먹는다는 소문 때문이었다. 이 공장은 이후 일본 비단 생산의 거점이 되었다.[315]

백성들 간에 도는 소문

1879년에 그랜트 전 미국 대통령이 일본을 방문할 때도 그랜트가 피를 사기 위해 일본에 왔다는 소문이 돌고, 1879년과 1886년에 전염병이 발병하여 환자를 격리시킬 때도 환자의 장기를 빼내기 위한 것이라는 소문이 돌아 수송 중이던 환자를 빼내는 일까지 일어난다. 조선에서도 1886년에 외국인이 아이들을 납치해 눈을 빼서 사진을 인화하는 약으로 사용한다는 소문이 돌았는데, 백성들 사이에 이런 소문이 도는 것은 양국 간에 큰 차이가 없었음을 알 수 있다.

'학제'

8월에 '학제(學制)'가 발표되어 전국적으로 소학교 교육이 실시되지만, 소학교 건설비와 수업료 등의 문제로 기대만큼 성과가 없었다. 결국 1879년에 '학제'는 폐지되고, '교육령'이 반포되는데, 이때도 취학률은 크게 오르지 않았고, 1900년에 수업료 징수가 폐지되자 취학률이 상승했다. '학제' 포고 전날, 문부성은 '무지는 사람을 타락과 빈곤에 빠뜨리며 가정을 파괴하고 종국에는 사람의 인생을 망친다'며 교육을 강조했다.[316]

일본 최초의 철도

9월에는 동경의 신바시-요코하마 간 29km의 철도가 개통되었는데, 기관차와 기관사는 영국제, 영국인이었다. 상등석 요금이 쌀 약 40kg 값에 해당하는 1엔 50전일 정도로 비쌌는데, 다음 해에는 승객이 140여 만 명에 달했다.

일본의 철도 개통은 영국이 철도를 개통한 지 42년 만이었는데, 아르헨티나는 이미 1857년에 개통했고, 1870년 당시 전 세계 철도의 길이는 10만 km가 넘었다. 1880년대 말까지 일본 전국 주요 간선철도가 완성되고, 1900년에는 총 연장이 7천 km에 이른다. 1879년에는 일본인 기관사가 배출되고, 1907년에는 레일의 자국산화, 1911년에는 증기기관차의 자국산화에도 성공한다. 19세기가 끝날 무렵 전 세계 철도 총연장은 약 80만 km였는데, 미국이 30만 km였고 유럽 국가들은 각각 4만~5만 km 정도였다.[317]

'국립은행' 조례

일본의 각 번에서는 자체적으로 화폐를 발행하여 사용했기 때문에 200여 개가 넘는 종류의 각 번의 화폐가 당시에도 사용되고 있었다. 그들 간의 교환이 매우 복잡했고 따라서 이를 정리할 필요가 있었다. 이를 위해서는 은행제도를 확립하는 것이 커다란 과제였는데, 전년도 말부터 시부사와 에이이치 등이 검토하여, 미국의 은행(national bank) 제도를 기초로 하고 각국의 법률을 참고하여 '국립은행' 조례가 11월에 포고되었다. 이에 따르면 국립은행은 자본금 5만 엔 이상의 주식회사로 설립하는 것으로 했다.[318]

이와쿠라 사절단의 미국 방문

이와쿠라 사절단이 1월에 워싱턴에 도착하여, 미국과 조약 개정을 위한 사전교섭을 시작했다. 그러나 전권위임장이 없어서 오쿠보 도시미치와 이토 히로부미가 다시 일본으로 돌아간다. 6월 중순에 이들은 다시 워싱턴에 도착하지만, 이후 서구와의 조약 개정 교섭은 포기하고 각국의 시설 및 사회제도를 시찰하는 것으로 방문 목적을 집중시킨다.

그들의 방문 일정은 매우 빡빡했다. "기차가 그 도시에 도착해, 간신히 짐을 호텔에 풀자 즉시 견학이 시작됐다. 낮에는 바퀴 소리와 기적이 울 때 쇠 냄새와 매연 사이를 달렸다. 연기와 먼지가 몸에 가득 밴 채 날이 저물어 방에 돌아가면, 옷을 털 새도 없이 연회 시간이 되어 식탁에서 위엄을 차린 채 보고 듣느라 눈과 귀가 피곤해져, 자정에 침상에 누웠다가 눈을 뜨면 견학 예정 공장의 안내인이 이미 당도해 있었다."[319]

일본의 반성을 촉구

샌프란시스코에서는 포도주 양조장을 방문했다. 와인 병을 미국이 만들 수 있음에도 프랑스에서 수입하고 있는 이유가, 프랑스의 이름을 빌리지 않으면 세계 시장에서 안 된다며 "뛰어난 비즈니스는 이 명성을 해가 갈수록 높이는 데 애쓴다."며 브랜드의 가치에 대해 언급하고 있다. 이어서 "같은 태평양 연안이어도 동쪽은 이렇게 번영하고 있는데 서쪽에 있는 우리 요코하마는 어떠한가. 일본인이라면 깊이 반성해야 하지 않겠는가"라고 했다.[320]

정치제도, 운하와 물류비, 마찰과 도로

미국의 정치제도에 대해서는 "매우 뛰어난 의견, 먼 장래를 꿰뚫어 보는 견식은 특히 범인(凡人)의 귀에는 들어오지 않는다. 그래서 여러 의견이 나온 뒤 다수결로 결정하면 상책은 피하고 하책을 취하게 되는 일이 많다. … 몰래 수뢰가 있을 수 있고 행정관 멋대로의 의견이 입법부의 논의를 뒤에서 좌우할 수 없다고도 말하기 어렵다. 이들은 모두 공화정치의 불완전한 부분이다."라고 했다.

해외에서 물건을 우편으로 보낼 수 있는 것을 보고는 "일본은 서양을 마치 은하계와 같은 별세계로 생각하고 있으나 서양 상인은 세계를 마치 하나의 도시로 생각하고 있다"고 했고, 운하를 보고는 "농산물은 무겁고 가격은 낮아 수송비용을 가능한 한 낮춰야 한다. 그러므로 이는 운하에 의한 수송이 적당하다"라며 물류비에 대해 언급했다. 교육현장을 방문해서는 미국은 읽기, 쓰기, 산수, 물리 등의 교육에 힘쓰고 있는데, 동양의 상층 계급은 "뜬구름 잡는 문예 따위"에 힘쓰고 있다고 했다. 그리고 바퀴, 마찰, 도로정비에 관해서는, 1톤의 무게는 "선로 위에 있으면 불과 3.6kgs 정도의 힘으로도 움직일 수 있다. … 차량의 움직임이 둔하게 되는 것은 두 개의 마찰에 의한다. … 그래서 도로를 정비하는 데 드는 비용은 아끼지 않는다."며 과학적 지식과 경제적 사고를 기록했다.[321]

이렇게 이들은 시찰하면서 일본이 낙후한 원인을 생각하고 반성해야 한다고 했다. 1년 9개월 간 12개국을 일본의 리더들이 다니면서 이렇게 보고 느끼고 반성한 결과가 메이지유신으로 나타났다고 봐야 할 것이다.

영국 방문 기록

8월 중순(음 7월 중순)에 영국에 도착해 약 4개월간 군사훈련, 무기 및 해군 시설 등을 견학하고, 섬유, 제철, 조선, 기계, 무기제조, 화학, 유리, 제당 공장 등과 탄광, 화폐창 등도 견학했다. 특히 암스트롱(Armstrong) 사의 제철소를 방문하여 고로를 견학하고, 이 회사의 제강공장, 무기제조창, 탄광까지 일련의 공장과 작업장을 방문하였다. 영국 방문 기간 동안 주일 공사 파크스가 통역으로 동행했다.[322]

일본의 낙후 원인

"본디 전기는 우주에 가득 차 있는 것이기 때문에 약하기는 하지만 어느 곳에나 있다. 사용 방법만 안다면 바람을 이용하듯 이용할 수 있는 것이다. 유리병에 천둥을 가둘 수도 있다… 전기는 마찰에 의해 발생할 수도 있고 화학반응으로도 만들 수 있다"고 했다. 8월에 리버풀에 있는 조선소를 방문해서는 일본이 낙후된 이유는 "공업의 원리인 물리, 화학, 기계공학, 측정기술 등에 대해 무지한 탓이기도 하지만 설계나 모형과 같은 개발단계에 투자를 아끼기 때문"이고, 일본인은 깊이 생각하기를 싫어하여 결국은 진보하지 않는다며 반성을 촉구했다.

4개월간의 영국 방문을 마치고 12월에 파리에 도착하여 다음 해 2월 중순까지 약 2개월간 프랑스를 시찰한다.[323]

이홍장의 중국 사대부 비판

이홍장도 5월에 청의 무기는 너무 빈약하여 서양에게 비교가 안 된다며 각성을 촉구했다. 그는 "사대부들은 성인군자의 학문에만 갇혀 수천 년 이래 가장 위태로운 비상시국을 보지 못하고 눈앞의 일시적인 안일만" 탐하고 있으면서, 나라를 안정시키고 외부 침략을 막아낼 것을 생각조차 하지 않고 있다고 비판했다. 국가가 군사를 키우고 무기를 갖추는 데 돈을 아끼면 청이 강해지고 번영하는 날은 오지 않을 것이라 했다.[324]

이렇게 청국에는 나라의 미래를 걱정하는 리더가 있었고, 일본에는 선진국을 돌며 일본의 정치, 경제, 사회 등 국가 시스템 전체를 뜯어고칠 것을 연구하는 지도층이 있었다.

1873년(동치 12, 고종 10) - 조선

궁전공사에 반대하는 상소

종4품 무관인 부호군 강진규가 5월에 상소를 올려 건청궁은 "행차할 때 임시로 거처하는 장소에 지나지 않는데, 저렇게 화려하게 지어서 어디다 쓰시려고 비용을 지나치게 낭비하는 것입니까?"라 하였다. 즉, 전년도 9월에 "건축의 역사(役事)가 끝났으니 영건도감을 철파"했는데, 계속 토목공사를 하고 있었던 것이다. 8월에 좌의정 강로는 "전후하여 벌인 2, 3천 칸에 달하는 거대한 공사에 쓴 비용은 모두 백성들에게서 나왔습니다. … 모든 재물의 소비에 대해서 절약하기에 더욱 힘쓰소서."라 했다.[325] 전년도 9월에 보고한 총 783만 냥 외에 그 이후로 돈을 얼마나 더 거두었는지에 대한 기록은 없다.

사신들의 허위 보고

4월 초에 중국에서 돌아온 세 사신을 만난 고종은 "아라사는 몽고의 외계인가, 아니면 사막 안쪽에 있는가?", "오인도(五印度)는 어떤 땅인가?"라고 묻는데, 러시아와 인도의 위치를 모르고 있었음을 알 수 있다. 8월에 청국에 다녀온 세 사신들과 고종이 대화하는 내용이 매우 긴데, 이 중 일부를 보자.

"아라사는 서양에 있는 나라인가?" …

"이른바 왜주(倭主)란 자가 서양 사람들과 부화뇌동하여 경전을 비난하고 오로지 사교(邪敎)를 숭상하며, 심지어 의복 제도까지 모두 서양과 똑같이 만들었습니다."

"왜국에 지금 관백(關伯)이 없으니 서양 사람들이 왜국과 통교를 하는 것은 왜주가 한 일인가?"

"왜주가 서양인을 끌어들여서 그들의 힘을 빌려 관백을 제거한 다음 스스로 국가 권력을 총괄한다고 말하고 있으나, 실상은 텅 빈 산에 혼자 앉아 있는 것으로 마치 호랑이를 끌어들여 자신을 호위하는 격입니다."

"지금은 서양이나 왜가 다를 것이 없습니다." …

"서양 나라들은 조공(朝貢)이 없는가?"

"우호 관계를 맺을 뿐이지 조공을 바치지는 않습니다." …

"우리나라가 서양을 배척하는 데 대해서 중국 사람들이 매우 좋게 받아들인다고 하던데 과연 그러한가?"

"우리나라의 위정척사는 천하에 알려졌으며, 중국 사람들이 모두들 칭송하고 있습니다."

"중국 사람들만 좋게 받아들이는 것이 아니라 서양인들도 우리나라를 경외한다고 합니다." …

"서양인들이 우리나라를 매우 꺼려한다고 하던가?"

"과연 경외하는 마음을 가지고 있다고 합니다." …[326]

8월의 대화 내용을 보면, 고종만이 아니라 조선의 신하들도 아직 세계지도를 보지 못한 것으로 보인다. 또 일본 외무성이 외교문서를 보내고 외무성 관원들이 와서 설명했지만 이를 믿지 않고, 이렇게 중국에 다녀온 사신들의 허위 내지 부실 보고를 일본의 실상으로 파악했음을 알 수 있다.

일본을 모멸한 동래부사

동래부사가 왜관의 수문장 막사의 벽에 글을 두 번 게재하는데, 동경의 상인이 외무성의 허가를 받아 왜관에서 동래상인과 무역을 하려던 것 때문이었다.

4월에 게재한 글에서는 일본은 바꿀 수 없는 법을 바꾸고 풍속을 바꾼 것을 부끄러워하지 않는다며 "근래 저들의 소행을 보니 무법지국"이라 할 만하다고 했다. 10월에 게시한 글에서는 "천하의 웃음거리가 되었는데도 수치를 모르고" 있으니 개탄스럽다고 했다. 동경 상인이 하려고 했던 것은 밀무역이고 그것은 사형에 해당하는 것으로 조선은 가차 없이 사형시키는데, 일본은 그렇지 않으니 "저 나라에 법이 없음을 알 수 있다"고 했다. 이것은 일본 외무성에 보고되었고, 이로 인해 일본은 모멸감을 느꼈는데 이런 감정이 일본에서는 계속 쌓이고 있었다.[327]

최익현의 대원군 비판 상소

10월 25일에 최익현이 상소를 올려 당시 10년간 통치하던 대원군을 비판하는데, 고종은 "매우 가상한 일"이라며 그를 당일 호조참판으로 등용한다. 그러나 좌의정, 우의정 외에 대사헌, 대사간과 사헌부, 사간원, 승정원, 홍문관 관리들도 사직을 청한다. 이에 고종은 "개탄스럽다"며 모두 파직한다. 이어서 최익현을 심문하자는 상소가 올라오자 고종은 "어찌 감히 충신을 이처럼 질시할 수 있겠는가? 매우 괴이하다"고 한다.[328]

"이미 300년 동안을 신하로서 섬겨" 온 조선

최익현은 11월 초 상소에서 "우리 왕조는 명나라에 대하여 이미 300년 동안을 신하로서 섬겨 왔고 … 또한 전교하기를, 우리나라의 풀 한 포기, 나무 한 그루에도 모두 황은의 혜택이 깃들어 있으니 집집마다

시동을 모셔 놓고 제사를 지낸들 안 될 것은 없을 것이라고 하였습니다. 이 선대 임금의 거룩한 뜻이 …"라며 만동묘에서의 제사를 허락해 주기를 상소했다.

결국 다음 해 2월에 만동묘에서 명나라 황제들에게 제사를 지내는 것을 다시 허락하면서, 대보단에서는 봄에 제사를 하니, 만동묘에서는 가을에 제사를 지내라고 한다.

최익현은 11월에 제주도에 위리안치 되고, 대원군은 물러났으며, 고종의 친정이 시작된다. 고종의 나이 21세였다.[329]

1873년(메이지 6) - 일본

이해에도 일본에는 많은 변화가 있었다. 양력 시행, 징병제 실시, 기독교 해금령, 잿더미가 된 황궁, 심각한 재정적자, 류큐인 피살사건과 관련한 청국과의 교섭, 외무경이 청 황제 알현시 고두례 대신 목례를 한 일, 국립은행 개설, 토지세(지조) 개정, 이와쿠라 사절단의 귀국, 조선 사절단 파견을 둘러싼 일본 내 갈등과 사이고 다카모리 등의 낙향 등이다.[330]

징병령

1월에 징병령이 발포되었는데, 20세 이상의 남자는 3년간의 병역과 4년간의 예비군 복무 의무를 규정했다. 그러나 여러 사유로 병역을 면제받았고, 돈을 납부하고 면제받는(1883년 폐지) 자도 적지 않았다. 이로 인해 육군은 필요한 병력을 채우지 못했고, 돈 없는 사람들만 군대에 간다는 한탄이 나오고 성난 군중이 각지에서 징병센터를 습격·파괴하는 폭동이 발생하여, 처벌받은 자가 10만 명에 달했다.[331] 이런 문제점과 사무라이들의 불만으로 실제 징병 인원은 전체 대상자의 5%를 넘지 못하는 등 한동안 징병제는 효과를 거두지 못했다.

농민폭동

5~6월에는 대규모 농민폭동(잇키, 一揆)이 일어났는데, 징병제와 단발령, '학제' 실시에 따른 등록금 등이 이유였다. 이들은 민가와 소학교, 천민층 거주지를 방화했는데, 10여 명이 참수당하고, 2만 명 이상이 처벌받았다. 이보다 더 큰 폭동은 지금의 후쿠오카현 서부에서 일어난 것으로, 농민들이 민가를 방화하고 현청에 난입하여 서류 등을 태우는 일이 있었다. 이 사건으로 수 명이 사형을 당하고, 6만여 명이 처벌받았다.[332]

잿더미가 된 황궁

5월 초에는 화재가 발생해 황궁이 잿더미가 되었다. 1889년에 새 궁전이 완성될 때까지 약 15년간 임시 황궁을 사용하는데, 메이지 천황은 국가에 돈이 없는데 황궁을 짓느라고 '민산(民産)을 축내고, 백성을 괴롭히는 일이 없도록' 하라 했다.[333]

심각한 재정적자

5월에 대장성 대보 이노우에 가오루와 시부사와 에이이치가 사직을 청했다. 당시 일본의 세입은 4천만 엔인데, 세출은 5천만 엔으로 1년에 천만 엔이 부족하고, 그 외에 모든 부채까지 고려하면 정부의 부채는 1억 4천만 엔에 달한다고 했다. 이를 해결하기 위해서는 경비 절감과 세출이 결코 세입을 넘지 않도록 지방 말단 조직에 이르기까지 실천해야 한다고 했다. 따라서 이런 빈약한 재정상태에서 당시에 추진하고 있던 개명(開明)은 기뻐할 일이 아니라, 오히려 크게 우려할 일이라며 "죽을 각오로 말씀드립니다"며 사직서를 제출했다.[334]

이후 시부사와는 대장성을 떠나 은행, 보험업, 제조업 등 기업 설립에 관여하는데 그 수가 500개가 넘는다. 그는 1900년 11월, 남대문 정거장에서 열린 경인선 철도 개통 기념식에도 경인철도합자회사의 사장으로 참석해 축사를 한다.

청국 대신의 답변 내용과 양계초

1871년 12월에 대만에 표류한 류큐인 50여 명을 살해한 대만의 원주민(생번, 生蕃) 처리 문제를 위해 메이지 정부는 청 정부와 5~6월에 외교교섭을 한다.

외무경 소에지마 다네오미는 특명전권대사에 임명되어 일청수호통상조약의 비준서 교환 및 류큐민 피해 사건 교섭을 위해 청에 파견되었다. 소에지마는 주청 미국 공사 로우로부터 1871년 신미양요 전에 총리아문이 보낸 서한의 등본을 받았다. 그 내용은 조선은 청의 속국이지만, 일체의 정교금령(政教禁令)에 대해 청은 간섭을 하지 않는다는 것이었다.

류큐인 살해사건과 관련해서는 청국 측의 모창희(毛昶熙), 동순(董恂) 등이 이들 생번은 청의 '정교(政教)'가 미치지 않는 '화외(化外)'의 땅에 살면서 아직 청국에 복종하지 않은 자들로, 청국은 이들을 다스리지 않고 있으며 따라서 청의 책임이 없다고 했다. 그러자 일본 측은, 그러면 이들 생번들에게 일본이 독립국으로서 조치를 취할 것임을 알렸다. 이처럼 청국의 이러한 답변이 후에 류큐를 일본이 병합할 수 있는 근거가 되었다.

청국 측은 조선에 대해서도 예전부터의 관례를 따라서 조공과 책봉의 예전(禮典)만 유지할 뿐이며, 조선의 화전(和戰)권리도 청국이 간여하지 않는다고 답했다. 이 회담에 대해 훗날 양계초(梁啓超, 1873-1929)는 조선은 원래 청국의 속국이었기 때문에 조선의 외교는 청국이 하는 것이 당연했는데, 이때 청국이 일본과의 논쟁을 두려워해 일본에게 조선과 자유롭게 교섭하라고 하여 1876년 강화도조약이 체결되었다고 했다.[335]

1873년 일본

목례로 청 황제를 알현한 외무경

6월 말에 소에지마 전권대사가 서양 외교관들과 동치제를 알현했는데, 서양 외교관들이 12년간 기다린 황제 알현이었다. 17세의 동치제는 2월에 친정을 시작했는데, 청 정부는 외국 대표가 허리를 굽혀 인사를 하는 것으로 고두례(叩頭禮)를 대체하는 것에 동의했다. 일본 외교사절도 서양식 대례복을 입었고 소에지마가 가져간 일본의 국서도 일본어로 작성했고, '대일본국 대황제', '대청국 대황제' 그리고 '짐(朕)'을 사용함으로써 완전히 대등한 예에 따랐다.[336]

조선에 군대파견과 특사파견의 대립

동래부사의 게시문 등본을 보고받은 태정대신 산조 사네토미는 일본인이 조선에서 어떤 모욕과 멸시를 받을지 예측하기 어렵다며 육군 약간과 군함 몇 척, 그리고 사절을 조선에 파견하여 분명하게 담판하도록 지시해 줄 것을 상신했다.

이러한 태정대신의 의견에 대해 육군대장 겸 참의였던 사이고 다카모리는 군대 파견에 반대하고 특사파견을 주장했다. 사이고는 육해군을 조선에 파견하여 일본인을 보호한다면, 일본이 조선을 병합할 것이라고 조선이 의심할 것이라 했다. 따라서 육해군을 파견하지 않고, 먼저 전권사절을 보내 조선 조정 스스로 깨닫게 해야 하며, 사이고 자신이 전권사절로 조선에 가겠다고 했다. 이러한 사이고의 의견에 참의 이타가키 다이스케(板垣退助, 1837-1919), 참의 오쿠마 시게노부(1838-1922), 참의 에토 신페이(江藤新平, 1834-1874, 다음 해 '사가의 난'을 일으켜 처형됨)와 청국 출장을 다녀온 소에지마 외무경도 사이고의 의견에 동의했다. 태정대신 산조는 천황에게 결재를 청했지만, 천황은 이와쿠라 우대신이 유럽에서 귀국한 뒤에 최종 결정을 하겠다고 했다.[337]

사이고 다카모리의 낙향

9월에 돌아온 이와쿠라 사절단의 오쿠보 도시미치는 10월에 열린 각의에서 지금은 일본의 국력을 키워 러시아의 침략에 대비하는 것이 우선이라며 사절파견에 반대했고, 이와쿠라도 반대했다. 그러나 사이고는 조선 문제가 잠시도 미룰 수 없는 급한 문제라 보았다. 이러한 가운데 산조는 사직서를 제출했고, 그 역할을 대신 맡게 된 우대신 이와쿠라는 10월 말에 천황에게 상주문을 올렸는데, 결국 조선에의 사절 파견은 취소되었다. 이에 사이고는 사직서를 제출하고 가고시마로 낙향했고, 소에지마 다네오미, 이타가키 다이스케, 에토 신페이 등도 사직서를 제출했다.[338]

오쿠보와 이와쿠라는 조선에 사절을 파견하여 문제가 생기면 전쟁으로 비화할 것을 걱정했고, 러시아의 침략이 우려되던 당시에 조선과 전쟁을 할 수 없다는 입장이었다. 그러나 사이고는 조선과의 수교를 더 이상 지연시킬 수 없다고 주장했다.

비스마르크의 충고

이와쿠라 사절단은 프랑스에서 지하 8m에 건설된 파리의 하수터널을 견학했는데, 1850년에 나폴레옹 3세의 명령으로 만들어진 것이었다. "하수도는 도시의 오물을 흘려보내는 것으로 위생을 유지하고 그 오수는 농촌의 비료로 환원된다"며 하수도의 기능과 재활용 방안을 높이 평가했다. 그 외에 제철소, 탄피 제조공장 및 초콜릿, 향수, 그릇 제조공장들도 견학했다.

사절단은 2월 중순에 프랑스를 출발하여 벨기에, 네덜란드를 방문하고 3월 초에는 베를린에 도착하여 약 20일간 독일에 체류한다. 사절단을 접견한 비스마르크는, 강대국은 자국의 이익을 추구할 때 유리하면 만국공법을 잘 지키지만, 자국에 불리하면 군사력으로 해결하려 하므로

1873년 일본

만국공법을 지키는 것은 불가능하다고 했다.

이후 사절단은 러시아를 방문하는데, 그동안 일본이 러시아에 가졌던 두려움은 우물 안 개구리처럼 시야가 좁아서 생긴 "망상"이라고 했다. 이후 이들은 덴마크, 스웨덴, 이태리, 오스트리아, 스위스 등을 방문하고 귀국한다.[339]

1874년(동치 13, 고종 11) - 조선

역관 오경석과 영국 서기관의 대화

조선 연행사의 역관으로 북경에 간 오경석이 3월에 영국공사관 서기관 메이어즈를 찾아가 대화를 나누었다. 그를 만나게 된 동기는 몇 년 전부터 북경에 오는 조선 사절들과 연락을 하고 있던 메이어즈가 이번에도 조선 사절들에게 회견을 요청하여 오경석이 방문한 것이었다.

오경석은 조만간 조선은 무역을 하게 되겠지만, 지배계급의 거부감이 크기 때문에 변화는 오직 힘에 의해서만 가능할 것이라 했다. 기득권층은 조그마한 변화도 그들의 특권을 줄어들게 할 것으로 생각하여, 백성들에게 어떠한 지식도 유입되는 것을 막고 있다고 했다. 그러면서 오경석은 중국어를 한마디도 하지 못하는 조선 양반들의 무능, 사대주의적 정신세계와 시대착오성, 어떤 침략자도 물리칠 수 있다고 믿는 맹목적인 자신감을 한탄했다고 메이어즈는 보고했다.[340]

중국어를 모르는 사신들

그런데 3월 말에 청에서 돌아온 세 사신과 고종의 대화를 승정원일기에서 보면 오경석의 말이 사실임을 알 수 있다.

"세 사신 가운데 혹 중국어를 아는 자가 있는가?"

"역관배들은 익히 들었기 때문에 쉽게 이해합니다만, 사신은 저들을 자주 접하고자 하지 않기 때문에 알기가 어렵습니다."[341]

이를 보면 조선 관리들은 외국어를 공부하는 것은 "역관배"나 할 일로 여기고 있었다.

백만 냥이 드는 전각 세 채 건설

전년도인 12월에 대비가 거처하던 경복궁 내 자경전에 화재가 났다. 1월에 다시 경복궁 중건 얘기가 나오고 결국 11월에 중건을 지시하는 기록이 고종실록과 승정원일기에 나오는데, 그 과정을 보자.

1월에 고종은 호조의 재정상황이 매우 안 좋아 "경복궁 공사는 당분간 그만둘 것이다"라고 했다. 그런데 5월에 있은 대신들과의 대화에서 고종은 경복궁을 "수리하는 일을 이달 20일부터 시작한다고 하였는데"라 하였고, 경복궁을 다시 수리할 때가 되면 "각 전각의 사이를 좀 더 떨어지게 하는 것이 좋을 듯하다."고 구체적인 구조 변경 의사까지 나타냈다.

9월에 호조판서 김세균이 "경상 비용"을 대기도 어려운 상황이라 하자, 고종은 "목재와 석재라도 미리 유념해서 대비해 두는 것이 좋겠다."고 했고, 김세균이 현재 호조에 있는 돈이 "1만 6천 냥"에 불과하다고 했고, 영의정 이유원은 각도의 경상 비용도 부족하다며 "전하께서 어떻게 수습하실지 모르겠습니다."라고 했다.

11월에 호조판서 김세균은 9월부터 11월까지 호조가 지급해야 할 돈이 9만 6천 냥, 대궐 내 수리 비용으로 지급한 것이 30여 만 냥, 추가로 또 수만 냥을 지급해야 할 것이 있으며, 호조가 돈을 빌려서 무위소(武衛所), 훈련도감, 금위영에 준 것도 거의 10만 냥이라고 했다. 이렇게 호조는 돈이 없고 대책도 없는데, 이날 고종은 경복궁의 세 전각과 행각의 중건을 지시한다. 고종이 예상 비용을 묻자 호조판서는 약 백만 냥이 들겠지만, "조처하는 방도는 미처 감히 마련하지 못하였습니다."라 했다. 그러나 고종은 "전교를 내리지는 않았으나 호조에서 거행할 수 있는 것은 차례로 거행하도록 하라."며 사실상 경복궁 전각 중건 공사의 시작을 지시했다.342

이렇게 백만 냥이 드는 전각 건설을 고종이 호조에 지시한 것이 11월이다. 그런데 아래에서 보는 바와 같이 4월부터 군 예산 부족, 관리 및 군인의 열악한 봉급 문제, 수재민 문제, 환곡으로 인한 백성들의 고달픈 삶에 대한 상소가 올라간다.

"시를 지어서 적을 물리치겠습니까?"

신미양요 발발 3년째인 이해의 문무관의 상황을 영의정 이유원이 3월에 한 발언을 통해 보자.

"장수 집안의 자제들은 무예에 익숙하지 못하고 진법(陣法)을 전혀" 모르고, "채찍을 잡고 말을 모는 일은 전적으로 마부에게 의지하고 … 활 당기는 것을" 수치로 여겼다. 또 "글 쓰는 것을 자랑거리로 여기고 시나 읊는 것을 고상하게 여기면서 세월을 보내고" 있으니, 무기가 있어도 다룰 만한 사람이 없어서 전쟁이 일어나면 "시를 지어서 적을 물리치겠습니까?"라 했다. 그런데 이유원은 군대를 제대로 만들기 위해서는 《기효신서》에 입각하여 전략을 짜고 활쏘기와 말타기를 익혀야 한다고 했다.

다카스키 신사쿠가 12년 전인 1862년에 엄청나게 발전한 상해를 약 두 달간 방문했다. 그러나 청군의 병영을 방문한 그는 300년 전의 책인 《기효신서》의 진법을 청국이 그대로 따라하고 있는 것을 보고 청을 두려워하지 않게 되었다. 그런데 조선에서는 이 책대로 해야 한다고 영의정이 말하고 있는 것이다.343

군인명부는 빈 장부

4월 5일 자 승정원일기를 보면, 빈약한 군사비, 부실한 군인 급여, 군의 사기 문제 등이 언급되어 있다. 영의정 이유원이 금위영에 있는 각종 무기를 만드는 일을 다 마치려면 4, 5만 냥이 필요한데 충당을 할 수가 없다고 하자, 고종은 "이런 때에는 책정하기가 필시 어려울 것이다."라고 했다.

이어서 고종이 군사 제도가 "매우 엉성하니" 인원을 늘리는 것이 좋겠다고 하자, 이유원은 군인에게 줄 "급료 예산을 먼저 변통한 뒤라야" 인원을 늘리는 것을 논의할 수 있다고 했다.

우의정 박규수는 "군제(軍制)를 논하게 되면 실로 한심"하다며, 군인명부는 "태반이 실제 인원은 없고 빈 장부로만 기록되어" 있다고 했고, 고종은 병인양요(1871) 때를 보면 그것이 사실이라고 동의한다. 지삼군부사 양헌수도 군사들의 급료가 매우 작아 "이것으로 어떻게 그들에게서 목숨도 바치는 마음을 얻을 수 있겠습니까."라 하였다. 고종이 조정 관리의 녹봉도 매우 박하다고 하자, 이유원은 "지금의 녹봉은 바로 전날 노비의 급료에 해당합니다."라 했다.

수재민 구휼금 규모

6월에는 호남 지방에 홍수로 인해 수천 호가 피해를 입었고 10여 명이 죽었는데 "특별히 내탕금 1만 냥"을 보냈고, 7월에는 호남, 호서, 영남 지역에서 홍수 피해를 입어 "특별히 내탕고의 돈 5,000냥"을 보냈다. 또 평양 등 평안도 지역의 7월 홍수 피해에 "내탕전 2천 냥을 특별히 하사" 하였다.[344]

세금이 아니라 약탈이었다

백성들의 세금 부담은 엄청났는데 7월 30일 자 승정원일기를 보면, 영의정 이유원이 전세(田稅)가 "옛날에는 밭에 7냥, 논에 8냥이던 것이 지금에는 자꾸 더해져 5, 6십 냥 혹은 7, 8십 냥까지" 되었다고 했다.

이렇게 된 것은 "허다한 명색(名色)을 그 사이에 첨부하여 일 년 내내 백성들이 농사지어 수확한 것을 모두 관청에서" 가져가기 때문이라 했다.

수천 호의 홍수 피해에 1만 냥을 보냈으니 가구당 2~5냥을 지원해 준 것으로 보면, 50~80냥의 세금이 논과 밭에 부과된 것이 얼마나 큰 것인지 짐작할 수 있다.

아내를 팔고 아들을 팔게 만드는 환곡제도

고종실록 9월 20일 자 기사에는 전 참봉 홍인섭의 상소가 있는데, 그의 상소를 읽으면 그의 목소리가 귓가에 울리는 듯하다.

그는 환곡제도가 "… 백성들을 돕는 것이라고 하지만 도리어 백성들의 살을 깎아내는 칼이 되었습니다. 빈 쭉정이 곡식을 나누어 주고는 알찬 곡식으로 받아들이며, 온통 뜰에서는 매질만 하고 형틀과 칼을 찬 죄수가 옥에 차고 넘쳐 신음소리가 길에 사무치고 … 심지어 아내를 팔고 아들을 팔고 있으니 원한은 하늘에 사무치고 있습니다. 아! 어떻게 이러한 참상이 있단 말입니까? …"라 했다.

우의정의 일본에 관한 인식과 정보 수준

당시 조선 관리들의 일본에 관한 인식과 정보 수준이 어느 정도였는지 알 수 있는 기록을 보자. 우의정 박규수는 6월에 고종에게 "양이가 일본과 통상을 해온 지는 오래되었습니다. 일본 사람들이 처음에는 엄하게 배척하지 않은 것은 아니나, 마침내는 사학에 빠져들었기 때문에 그 가운데 학문이 있는 자는 대부분 울분하고 강개하였습니다. 그러나 근래에는 벼슬을 하는 사람들도 다들 조금씩 그 안에 들어가 한통속을 이루어 양이와 똑같게 되었으며, 중국에 교역하기를 청하여 중국도 허락하였다고 합니다."[345]

1874년 조선

고종과 암행어사의 대화

12월에 고종과 경상좌도 암행어사 박정양이 나눈 대화 내용 중 왜관과 일본에 관련된 부분을 보자.

"왜관(倭館)은 가 보았는가?"

"대개 설문 안은 잡인이 출입하지 못하는 금령이 있으므로, 가 보지 못하였습니다." …

"높은 데에 올라가 보면 오가는 배를 볼 수 있을 것인데, 배 모양은 어떻던가?"

"배가 왜관 앞에 있으므로 가까이 보지 못하고 높은 데에 올라가 멀리 보았으므로 그 만든 모양은 잘 모르겠습니다마는, 동래 백성이 전하는 말을 들으니 혹 화륜선을 타고 오가기도 한다 합니다. … 왜관에서 대마도까지는 다 물길인데 물길의 이수는 어떠한지 모르겠으나, 왜인이 배를 타고 오갈 즈음에 순풍을 만나면 수일 안에 다녀온다 합니다."

"400여 리를 과연 수일 안에 다다를 수 있는가. 대마도는 땅의 넓이가 어떠한가? 통론하면 왜국의 넓이는 우리나라보다 큰 듯하다."

"신은 잘 알지 못합니다마는, 우리나라 지방에 견주면 조금 큰 듯합니다."[346]

일본에 대해서 아는 것이 없었다

임금이 파견한 암행어사는 "잡인"이 아니기 때문에 왜관에 가서 충분히 사정을 파악하고 일본의 배에도 올라가서 살펴볼 수도 있었다. 그러나 방문하지 않았다. 왜관을 개설한 지 2백 년이 넘고, 일본 외무성 관리들에게 쉽게 확인할 수 있었는데도, 고종 및 조선의 고위 관리들은 일본의 실정은 물론 쓰시마와 일본의 크기, 그리고 일본과의 거리도 모르고 있었다.

일본에 서계 수정을 요청

7월 23일(양 9.3), 안동준 후임의 훈도 현석운과 별차 현제순이 초량 공관에서 외무소승 모리야마와 회담을 가졌는데, 조선이 최초로 일본 외무성 관리를 접견한 것이었다.

모리야마 공관장은 전년도 12월 말에 조선에 파견되었다. 그는 현상 타개를 위해 3가지 방안을 조선 측에 제시했는데, 그중 두 번째는 일본 외무경이 조선 예조판서에게, 외무대승이 예조참판에게 보내는 서계를 다시 작성하여 전달하는 것이었다. 이에 조선 측은 조정에 상신하여 알려주겠다고 했다. 이날 회견에서 모리야마는 일본국기, 군함기, 상선기의 그림을 현석운에게 전달하면서, 연해 각 지방에 알려 이러한 기장을 게양한 선박이 접근하면 일본 배이니 보호해 줄 것을 요청했다.

영의정 이유원이 8월 초에 이와 관련하여 보고를 하는데 "우리나라의 후의를 잘 효유하여 수정하여 가지고 오도록 한 만큼, 만약 일이 순조롭게 되면 다시 이웃 간의 관계를 좋게 가지게 될 것이며, 만약 따르기 어려운 말들이 있으면 다시 물리치더라도 안 될 것은 없을 듯합니다"고 하였다.

모리야마가 본국에 보고를 하러 가기 전날인 8월 22일(양 10.2), 현제순이 초량 공관에 가서 모리야마가 제의한 3가지 중 두 번째 것으로 조정에서 동의한 것을 통보하였다.[347]

1874년(메이지 7) - 일본

일본군의 대만 출병

류큐인을 살해한 대만의 생번들에 대한 처벌 방향이 조선에 사절을 파견하는 문제로 결정되지 못하다가, 출병 결정이 내려졌다. 4월 초에는 31세의 사이고 쓰구미치(西鄉從道, 사이고 다카모리의 동생)가 타이완 파병군의 책임자에 임명되었다.

이 사실을 주일 영국공사 파크스로부터 전달받은 주청 영국공사 웨이드(Thomas Wade)는 이를 청의 총리아문에 전했다. 파크스는 일본 외무경 데라지마와 회담을 갖고 일본의 출병을 청이 반대하면, 영국도 따르겠다고 했다. 주청 미국공사 빙엄(Bingham)도 데라지마에게 미국의 시민과 선박을 타이완 원정에 사용하는 것을 금지한다고 통보했다. 이에 일본정부는 청 정부의 의견을 확인할 때까지 대만 출병을 보류하기로 결정하고, 사이고 쓰구미치의 출발을 연기시켰다.

그러나 사이고는 강력하게 반발했는데, 전권 위임 칙서를 반환하고 스스로 '적도(賊徒)'가 되어 생번(生蕃)들을 공격해 국가에 누를 끼치지 않겠다고 했다. 마침내 5월 2일, 사이고는 1천여 명의 병력과 네 척의 군함을 타이완으로 출발시켜 6월 말에는 대만을 거의 평정했다. 이때 사망한 일본군 500여 명 중 10여 명을 제외하고는 열대성 질병으로 사망했다.

특사로 임명된 참의 오쿠보 도시미치는 베이징에서 10월 말까지 약

2개월간 이 건과 관련하여 청국과 협상을 한다.[348]

대만 출병에 대한 일본 측 논거

청국과의 협상에서 오쿠보의 주요 논점은 1873년 협상에서 '생번'은 청국이 다스리지 않는다는 청국 측의 발언을 근거로 했다. 즉, 국가(청국)가 어떤 지역을 실질적으로 통치를 하지 않는다는 것은 그곳에 주권이 없다는 것이며, 따라서 일본은 청의 주권이 미치는 영토를 침범하지 않았다고 했다.

그러나 청은 일본의 대만 원정은 조약 및 '만국공법' 위반이라 했다. 이때 오쿠보의 자문역으로 수행한 파리대학 법학부 교수 출신의 49세의 보아소나드(Gustave Boissonade, 1825-1910)는 '만국공법'을 원용하여 청국의 주장을 반박했다. 일본 외무성은 전년도에 그를 법률고문으로 채용하였는데, 그는 일본에 22년간 체류하며, 외무성 고문으로 활약한다.[349]

일본에 배상금을 지불한 청

마침내 청과 일본 사이에 10월 말에 베이징조약이 체결되었다. 청은 일본의 타이완 생번(生蕃) 토벌을 일본 국민을 지키기 위한 '의거(義擧)'로 인정하며, 청은 '일본인 피해민'에게 10만 냥의 배상금을 지불하기로 했다. 이것은 류큐에 대한 일본의 주권을 청이 승인했음을 의미한다.[350]

'민선의원설립 건백서'

이타가키 다이스케, 고토 쇼지로, 소에지마 다네오미, 에토 신페이 등은 1월에 애국공당(愛國公黨)을 결성하고, 국회개설을 요구하는 '민선(民選)의원설립 건백서'를 태정관에 제출했다. 건백서의 내용은 천하의 공의(公議)를 펴기 위해서는 민선의원을 선출해야 한다는 것이었는데,

1874년 일본

태정관이 기각했다. 그러나 이후 전국에서 자유민권운동이 일어나고, 1880년에 자유민권 단체의 전국 연합체인 애국사(愛國社)-국회기성동맹(國會期成同盟)으로 개칭-는 국회 개설을 목표로 정한다.[351]

'사가의 난'

2월에는 에토 신페이가 고향인 사가에서 '사가(佐賀)의 난'을 일으킨다. 에토 신페이는 2,500여 명의 정한당(征韓黨) 지지자들과 성명을 발표했는데, 조정 일부 대신이 유약하여 천황의 총명을 방해하고, '무례한 조선'을 그대로 두면 일본의 국권이 실추될 것이기 때문에 거사한다고 했다. 이들은 정부군을 공격하고 신정부를 결성할 것을 다짐하고, 2월 중순에 사가 현의 청사를 점령했다. 그러나 육군 중장 야마가타 아리토모가 이끄는 정부군이 3월 1일에 사가성(城)에 무혈입성하여 4월 5일에 에토 신페이를 체포, 재판하여 효수한다.[352]

육군사관학교, 의사시험제도 등

이해에 경시청이 창설되었고, 육군사관학교와 동경여자사범학교가 개교했다. 1882년에는 부속고등여학교가 개교하지만, 당시 고등여학교 수는 전국에 5개, 학생 수는 280여 명에 지나지 않았다. 8월에는 동경, 오사카, 교토에서 '의사시험제도(医制)'가 시행되어 의사 개업시험을 실시했고 이해에 최초의 치과의사 개업 면허가 부여되었다. 그리고 의학교 교육은 예과 3년, 본과 5년으로 정해졌고, 교과목은 이학, 의학, 수학, 독일어, 라틴어 등의 기초 과목과 해부학, 생리학, 병리학 등의 본과과목이었다. 의사 면허증은 의학교 졸업증서 및 2년 이상의 전문과목 실습 증서를 소지한 자에게 부여했다.[353]

서계를 수정한 외무성

모리야마 공관장은 10월에 부산에서 돌아와 9월에 있었던 동래부사와의 합의 사항을 보고하고, 외무성은 외무경과 외무대승의 새로운 서계를 보내기로 했다. 그런데 9~10월에는 청과 대만 문제 협상이 진행되었고, 10월에는 베이징조약이 체결됨으로써, 모리야마는 12월 말에 조선 복귀명령을 받는다.[354]

광서제 즉위, 몰트케의 연설, 캐번디시 연구소

청에서는 19세의 황제 동치제가 12월에 사촌동생인 3세의 광서제에게 황제 자리를 물려주고 한 달 만에 사망한다.

영국의 케임브리지 대학교는 실험물리학 연구소인 캐번디시(Cavendish) 연구소를 설립하였다. 1932년에는 이 연구소의 채드윅(James Chadwick, 1891-1974)이 중성자를 발견하고, 1953년에 DNA 구조를 해명하는 등 세계 과학의 연구 거점으로 성장한다.

독일의 참모총장 몰트케는 상비병을 40여만 명으로 증강해야 한다고 의회에서 연설했다. 그는 만국공법을 준수하는 것은 소국의 행동이며, 대국은 국력으로 그 권리를 관철시켜야 하며, 따라서 군비를 강화해 무력으로 유럽의 평화를 지키는 것이 가장 중요하다고 했다.[355] 이 말은 전년도 3월에 비스마르크가 이와쿠라 사절단을 만났을 때 한 말과 같은 것이었다.

1875년(광서光緒 1, 고종 12) - 조선

연호를 '광서'로 사용

3월 13일에는 예조에서 "황제의 등극을 경하하는 표식에 대한 자문이 조금 전에 나왔는데, 연호가 광서(光緒) 원년으로 쓰여 있었습니다."며, 지금부터 각종 문서에 광서 원년으로 쓸 것을 지시하게 했다. 청일전쟁 후인 1895년 3월에 내무대신 박영효가 88개의 규례를 발표하는데, 그중 제86조 "명나라와 청나라를 떠받들지 말고 우리나라의 개국 연호가 정해졌으니 모든 문서와 계약서 등에 청나라 연호를 쓰지 말 것"을 결정할 때까지 이렇게 중국의 연호를 사용한다.[356]

"작은 나라"의 감격

승정원일기 4월 12일 자에는 광서제의 등극을 축하하여 죄인을 사면하는 교서가 있다. "… 우리나라는 지리적으로 한쪽 귀퉁이에 치우쳐 있지만 선황(先皇)의 크나큰 은택을 입어 왔다. 봄·여름으로 조회하여 대략이나마 작은 나라가 큰 나라를 섬기는 정성에 힘써왔고, … 처음 즉위하여 정사를 펼치는 날에 사신을 수고롭게 멀리 보내준 것이 더욱 감격스럽다. …"라고 했다. 다음의 장면을 보자.

청국 황제에게 곡하고 "만세"를 외치는 고종

같은 날인 4월 12일에 고종, 종친, 문무백관이 청국 칙사를 모화관에서 영접한 절차를 승정원일기를 통해 줄여서 보자. 죽은 동치제에게 곡(哭)하고, 즉위한 광서제에게 만세를 외친다.

"… 칙서와 조서를 실은 용정이 정문을 통해 들어오고, 칙사가 여에서 내려 따라서 들어왔다. … 상이 꿇어앉았다. … 상이 몸을 폈다. … 상이 동쪽을 향하여 섰다. … 종친과 문무백관이 무릎 꿇었다. … 종친과 문무백관이 엎드려서 머리를 조아리고 일어나 몸을 폈다. … 좌통례가 엎드려 곡하기를 무릎 꿇고 계청하자 상이 엎드려 곡하였다. … 상이 곡을 그치고 일어나 사배하고 일어나 몸을 폈다. … 상이 무릎을 꿇었다. … 상이 무릎을 꿇었다. … 상이 세 번 무릎을 꿇고 아홉 번 머리를 조아리고 일어나 몸을 폈다. … 상이 세 번 무릎을 꿇고 아홉 번 머리를 조아렸다. … 상이 "만세" 하고, 또 산호를 계청하자 상이 "만세" 하고, 또 재산호(再山呼)를 계청하자 상이 "만만세" 하였다. … 상이 사배하고 일어나 몸을 폈다."

'산호(山呼)'는 신하가 임금에게 만수무강을 축원하며 두 손을 치켜들고 만세를 부르는 것을 말한다.

서양대례복과 행사장 정문 출입을 거부

전년도 8월에 조선 측과 합의한 대로 모리야마가 1월 중순(양 2월 말)에 일본 외무경과 외무대승의 서계를 수정하여 부산에 도착했다. 모라야마는 별차 현제순에게 외무경과 외무대승의 서계 일본문과 한역문의 등본 등을 전달했다.

그런데 2월 5일(양 3. 12)에 이를 보고받은 의정부는 "그들이 서계에서 약간의 글자를 산거(刪去)하는 수정을 하였다고 하지만 결국 온당치 못한 곳이 있고, 또 원본에 한문과 언문(諺文)을 섞어 쓴 것은 300년

이래로 있지 않았던 일인데 … 부사가 관소에 가서 별도로 연향을 베풀게 함으로써 … 그 자리에서 받아보고 만일 규례에 어긋나는 곳이 있으면 조목에 따라 자세히 검토하여 이치에 근거하여 물리칠 것입니다."라 보고하여 일본서계의 접수를 사실상 거부했다.

2월 20일(양 3. 27), 모리야마는 훈도 현석운과 동래부사 접견 절차를 논의했는데, 현석운은 모리야마가 서양식 대례복을 입고 연향 대청의 정문을 통행하는 것은 격식에 위배된다며 강경하게 반대했다. 이를 동래부사로부터 보고받은 의정부는 모리야마의 대례복 착용, 연향 대청의 정문 출입을 거부하고, 구식에 따라 연향을 베풀기로 했다.

현석운은 4월 초(양 5월 초)에 의정부의 이런 방침을 모리야마에게 통보했고, 모리야마는 이 두 가지 사항은 일본의 명분에 관계되는 바이기 때문에 결단코 들어줄 수 없다고 했다. 모리야마는 4월 중순(양 5월 중순)에 현석운을 불러 구진서를 전달했다. 그는 구진서에서 일본의 의복제도 개혁에 대해, 지난 가을에 이미 훈도에게 도식(圖式)을 보여 주었고, 어느 나라도 그 나라의 의복에 대해 참견을 할 수 없다고 하면서 "이 무슨 조롱이며, 이 무슨 무례입니까?"라고 항의했다.[357]

서계 접수 거부 결정

이것으로 양국의 교섭은 완전히 암초에 걸렸고, 모리야마는 공관의 직원을 귀국시켜 외무성에 교섭경과를 보고하게 했다. 일본은 이미 2년 전인 1873년 6월에 일본 외상 소에지마 다네오미가 동치제를 알현할 때, 청국이 주장해 오던 고두례를 하지 않고 허리를 굽혀 인사를 할 때도 서양대례복을 입었다. 이 서양대례복을 조선에서는 거부하고 있는 것이다.

5월 10일, 고종이 서계 접수 문제와 관련하여 이유원, 박규수, 이최응 등 대신과 정2품 이상의 신하 35명을 모았다. 신하들은 대부분 접수거부를 주장하면서 결론 부분에서는 "사려가 모자라므로", "감히 지적하여 말씀드릴 수가 없으니", "좋은 것을 취하여 재결하여 주소서", "억측하여 아뢸 수는 없으니", "신의 얕은 견해로 어찌 감히"라며 고종이 결정할 것을 말한다.

결국 고종은 여러 신하들의 의견을 각자 써서 들이도록 했다. 이렇게 하여 의정부에서 "서계가 대마도를 통하지 않고 외무성에서 보내온 것", "문자가 겸공하지 못하고 지나치게 스스로 존대"한 것, 연향을 베푸는 "제반 절차에서 갑자기 전의 규칙을 바꾸었으니"라는 이유로 일본의 서계를 거부하기로 결정했다.[358]

일본 공관원의 귀국

5월 21일(양 6.24), 현석운은 일본 공관을 방문하여 이러한 조정의 방침을 모리야마에게 전달하였고, 이로 인해 일본 외무경과 외무대승이 보내는 서계는 전달할 수가 없게 되었다. 모리야마 등 일본 공관원들은 더 이상 외교접촉을 할 수 없음을 알고 모리야마의 귀국을 신청했다. 모리야마는 8월 21일(양 9. 20)에 귀국 명령을 받고, 다음 날 부산에서 출발한다.

모리야마가 귀국 명령을 받기 전날에 군함 운요호가 인천 월미도 앞바다에 임시 정박했고, 귀국 명령을 받은 8월 21일에는 초지진에서 운요호사건이 일어났다. 그는 공관 및 거류민 보호를 위해 9월 5일(양 10.3)에 다시 부산으로 복귀한다.[359]

운요호 사건

운요호(雲揚號)는 나가사키에서 출항하였으나, 식수가 고갈되어 8월 20일(양 9.19)에 제물포 월미도 앞바다에 임시 정박하였다가, 다음 날에 한강의 지류인 항산도에 도착했다. 이노우에 요시카(井上良馨) 함장이 보트를 직접 지휘해서 초지진으로 접근하던 중, 조선군이 갑자기 포격을 가했다. 당시 운요호는 군함기를 게양하고 있었다.

60여 명의 일본군은 이튿날 강화도 포대를 파괴하고, 8월 22일에는 영종도에 상륙했는데 이때 영종첨사와 군민 600여 명은 도주했다. 사망자는 30여 명, 포로 17명이었고, 일본군은 1명 사망, 1명 부상이었다. 불과 사흘 동안의 일이었다. 이노우에 함장은 8월 29일(양 9.28) 오전에 나가사키에 귀환하여 강화와 영종도에서의 전투를 해군성에 타전했다. 당시 운요호 등 일본의 함정을 조선에 보내는 것에 일본 내에서도 반대가 많았지만 외무성에서는 강경론이 대두되었다.

8월 23일 자 고종실록을 보면, 일본 군함이 들어왔을 때 의정부는 "낯선 배가 내양에 들어왔는데 … 어느 나라 사람이 무슨 일로 와서 정박하고 있는지 …" 몰랐고, 또 경기감사가 손돌목의 군사들에게 먹일 군량미로 시급하게 "쌀 300석만 특별히" 내려줄 것을 요청한 상태였다. 8월 25일 자 고종실록에는 "잠깐 사이에 갑자기 온 성을 잃었으니 아뢸 말이 없습니다. 또 해당 첨사는 직책이 방어하는 데 있는 것인데 막을 생각은 하지 않고 진의 관속들을 이끌고 성을 버리고 피신하였으니 …"라 하였다.[360]

일본 전권대신의 부산 도착

결국 11월 15일(양 12.12)에 좌의정 이최응이 "저들의 서계 중에 몇몇 글자는 그 나라 신자(臣子)들이 스스로 존대하는 호칭에 불과하니, 우리의 체면이 손상될 것이 무엇이 있겠습니까"라며 일본 서계를 접수할 것을 건의했다. 그러나 일본은 이미 3일 전에 일본 주재 6개국 공사들에게 대조선 정책을 설명하고, 그들의 양해를 얻었다.

11월 20일에는, 일본 외무성 관리가 동래부사에게 구로다 기요타카(黑田淸隆) 특명전권공사의 조선 방문을 통보했는데, 그가 강화도조약의 일본 측 전권대표이다. 이날 일본 측이 조선에 보낸 문서에는 일본 사신이 조선에 간 것이 "3, 4번이요, 햇수가 지난 것이 7, 8년인데 아직 글자 1자, 서함 1장도" 받지 못했으며, 외무경의 서계를 수정하여 가져오면 접수하겠다고 전년도에 합의했지만 이것도 조선이 지키지 않았다는 것이었다. 12월 13일(양 1.15) 구로다 일행을 태운 6척의 배가 부산에 입항한다.[361]

강화도 복구비 75%는 현지 조달

고종이 3월 중순에 "경복궁의 세 전각을 중건해야 하겠다."라고 하였고, 4월 초에는 고종이 "탁지의 돈 20만 냥과 선혜청의 돈 10만 냥"을 보내게 했다. 그런데 돈이 부족한 선혜청은 "갑옷과 투구 값으로 책정된 돈 1만 2천 냥"도 중건비로 지출했다. 8월 말에는 선혜청에서 10만 냥을 더 지출하였다.

경복궁 재건에는 이렇게 많은 돈이 지출되었지만, 8월에 지금의 대통령 경호실과 수도방위사령부의 역할을 한 금위영이 은화 5천 냥을 빌려달라고 요청했다. 11월에는 경기감사가 영종진의 파괴된 관청을 신축하기 위해 2만 냥을 요청하자 "특별히 내탕전 5천 냥을 내려 주고, 그 나머지는 도신으로 하여금 잘 헤아려 조처하게 하라." 하였다.[362]

세입의 3배를 지출하는 호조

10월에는 호조판서 민치상이 "1년의 세입이 불과 52만여 냥인데…. 정월부터 이미 지급한 돈이 80여만 냥이나 되며 … 이미 받아 쓰고 값을 치르지 못한 것 역시 50여만 냥이나 되는데 또 장차 칙사가 오게 되면 그 접대가 더욱 아득합니다. 그 비용을 모두 합치면 1백 4, 5십만 냥에 밑돌지 않아 1년에 3년의 세입을 쓰게 됩니다."고 했다.[363]

방납과 도고의 문제점

당시 방납(防納)과 도고(都賈)의 문제점이 승정원일기에 구체적으로 언급되어 있다. 7월에 좌의정 이최응이 방납의 문제에 대해 "상납하는 면포를 가지고 말하더라도, 담당 아전들이 온갖 핑계를 대면서 백성들한테 후하게 세금을 거두어들이고는 한 조각의 면포도 가지지 않은 채 빈손으로 서울로 올라옵니다. 그리고는 품질이 좋은지 나쁜지의 여부는 헤아려 보지도 않은 채 오로지 싼 값으로만 면포를 사서는 도장을 위조해 찍으며, 또 이를 받아들이는 각 아문의 하리들과 결탁한 다음 몰래 뇌물을 주고 농간을 부려 무사히 완납합니다. 이에 공인(貢人)들에게 나누어 주고 군졸들에게 나누어 줄 때에는 마침내 원성이 치솟게 됩니다. …"라고 했다. 이것을 보면 그동안 병조판서들이 면포 대신에 돈을 달라고 한 이유를 알 수 있다.

12월에는 영의정 이최응이 도고의 문제점에 대해 언급하는데, "물품을 도고하는 것은 이른바 '이익을 독차지한다'는 것입니다. 근래에 와서 육지 생산이든 바다 생산이든 따질 것 없이 거의 다 중간에서 농간을 부리니, 그 값이 한 번 올랐다 하면 다시는 내리지 않고 있습니다. … 현재 백성들의 형세가 매우 위급하여 보존하기 어려울 염려가 있게 되었으니, 각별히 법사 및 포도청에 신칙하여 낱낱이 규찰하여 금지하게 하고 …"라 하였다. 1864년 1월에 대왕대비가 도고의 문제점을 언급한 것이나, 임오군란 중이던 1882년 6월 22일에 고종이 도고를 모두 혁파하게 한 것을 봐도 도고는 심각한 문제였다.[364]

"모든 법도가" 무너졌다는 고종

11월에는 고종 자신이 재정 및 사회 전반에 관해 언급을 한다.
"허위로 명목을 만들어 전결(田結)에서 추가로 세금을 거두고, 부유한 백성들을 속이고 협박하여 돈과 재물을 강제로 뜯어내거나 옥에 가두며, 간사한 아전의 횡령을 규찰하지 않아서 점차 정공(正供)을 지나치게 거두어들이는 지경에 이르렀으며, 도적 떼가 출몰해도 단속하지 못하고 토호가 무력으로 전횡해도 제거하지 못하며, 해안 방비가 허술하고 변경의 금법이 해이해졌는데도 수령이란 사람들은 태연하게 앉아서 보고만 있다. 나라의 삼정이 문란하고 모든 법도가 무너졌으며, 뇌물을 받는 것이 풍조가 되고 베틀이 텅텅 비었어도 자기에게 이익이 있으면 오직 백성들의 재산을 긁어 들이는 것만 일삼고 있으니 …"[365]라고 한 것을 보면, 고종 자신이 당시 조선의 문제점을 누구보다 잘 알고 있었다.

1875년(메이지 8) - 일본

대조선 정책

2월 초에 데라지마 외무경은 모리야마 공관장에게 훈령을 내렸다. 그 내용은 외무경과 외무대승의 서계의 전달에 관한 사항과, 조선 예조판서의 회신은 조선 사절이 가지고 일본에 올 기한을 약속할 것, 조선이 대마도에 제작하여 준 도서(圖書, 도장)는 반납하고 앞으로 사용될 새 표식을 전달하는 것과 양국 표류민의 구조·송환 문제를 협의하는 것 등이었다.

모리야마를 조선에 파견하기 전에 우대신 이와쿠라 도모미와 외무경은 주일 영국공사 파크스를 방문했다. 이들은 유럽이 일본에 한 정책을 조선에 시행하려고 한다면서, 조선 사절이 일본의 군대, 철도, 전신, 선박 등과 대외관계를 보고 이해하는 것이 조선에 큰 도움이 될 것이라 했고, 파크스는 이러한 일본의 정책에 동의했다. 모리야마 일행은 2월 24일(음 1.15) 부산에 도착했다.[366]

'입헌체제 수립에 관한 조칙'

4월에 메이지 천황은 '입헌체제 수립에 관한 조칙(漸次立憲政體詔勅)' 과 입법자문기관인 원로원과 대심원 및 지방관 회의의 개설을 발표했다. 원로원은 신법의 제정과 구법의 개정을 논의·결정하고, 건의를 받

는 곳으로 1890년 10월에 폐지된다.³⁶⁷

사할린과 쿠릴열도

전년도 8월에 주러시아 초대 특명전권공사로 파견된 에노모토 다케아키(榎本武揚)는 러시아와 국경선 협상을 진행해왔다. 양국은 마침내 5월에 사할린(가라후토) 전체를 러시아에 넘기고, 지시마 열도(千島, 쿠릴열도)는 일본령으로 하는 페테르부르크 조약을 체결했는데, 일본은 사할린 대신에 쿠릴 열도 중 러시아령이었던 우루프(Urup) 섬 이북을 양보받았다. 이 조약 후 양국 관계는 안정되었고, 러시아의 태평양함대는 오랫동안 나가사키 항을 월동항으로 사용할 수 있었다.³⁶⁸

거문도 점령을 건의한 주일 영국공사

7월 중순에 주일 영국공사 파크스는 러시아, 일본, 독일의 조선에 대한 움직임을 보고하며 이에 대응하여 거문도 점령을 본국에 건의했다. 본국 외무상은 이를 거부했으나, 주일 영국공사관의 플런켓(F.R.Plunkett) 일행은 8월 초에 거문도를 방문했다.³⁶⁹ 파크스는 주청공사로 이임한 뒤인 1884년 12월에도 거문도 점령을 본국에 건의하는데, 결국 다음 해 2월(양 3월)에 거문도를 점령한다.

조선에 특사 파견 결정

조선에서 서계 접수를 거부하여 모리야마 서기관은 결국 귀국했다. 이와 관련하여 참의 기도 다카요시는 10월 초, 태정대신 산조 사네토미에게 건의서를 제출하였다. 기도는 조선 문제를 해결하기 위해서는 우선 조선 정부의 행위에 대해 종주국으로서 책임을 질 것을 청국 정부에 요구하고, 만약 이를 거부하면 그때 일본 정부는 자유롭게 행동할 수 있을 것이라 했다. 이에 따라 기도는 자신이 조선에 가서 평화적으로 해결하겠다는 의사를 표명했고, 일본정부는 그를 전권대신으로 조선에 파견하기로 했다. 아울러 청국에도 주재공사를 파견하기로 하고, 11월 초에 28세의 외무소보 모리 아리노리(森有禮)를 임명했다.

그러나 11월 초, 기도 참의가 뇌일혈을 일으켜 육군 중장 겸 홋카이도 개척장관 구로다 기요타카(黑田淸隆)와 이노우에 가오루를 파견하기로 결정했다. 이들에게 부여된 훈령은 조선과 우호적인 조약을 체결할 것과, 양국은 대등한 예로써 교섭해야 하며, 부산 외에서도 양국 인민이 자유롭게 교역을 할 수 있게 해야 한다는 것이었다.[370]

조선 정벌을 주장하는 건백서들

운요호 사건이 알려진 10월에는 건백서가 일본의 여러 지역에서 많이 올라왔다. "신속하게 문죄(問罪)의 군대를 일으켜야 할 것입니다", "속히 그들을 정벌해야 합니다", "수차례 우리의 사절을 능욕할 뿐만 아니라 우리의 국서를 거절하고 그 거만함과 무례함" 등 조선 정벌을 주장하는 내용들이었다.[371]

폐도령

12월 초에 육군경 야마가타는 사무라이들이 칼을 지니고 다니는 것을 금지하는 폐도 건의서를 정부에 올렸는데, 군대 외에는 무기휴대를 금지시켜야 한다는 것이었다. 이러한 그의 의견에 따라 다음 해 3월에 폐도령(廢刀令)이 공포되는데, 징병령에 이어 사무라이들의 불만은 더욱 커진다.[372]

이홍장의 중국 유학자 비판

일본의 대만 정벌 이후 이홍장은 해안방어 시설 설치를 주장하는 상소를 올렸다. 그 내용 중에는 중국 유학자들을 비판하는 내용도 있는데,

마치 조선의 유학자와 양반들에게 말하는 것 같다. 그는 중국의 고지식한 유학자 대부분은 외교와 양무(洋務)를 일종의 '치욕'으로 여기면서 양무를 피하는 자신이 고고하다며 자기 자신을 높이는 데 이용하고 있다고 했다.

정부가 이러한 유학자들 때문에 끝내 국가를 부강하게 만들 방법을 찾지 못한다면 훗날 인재의 부족은 심각해질 것이고, 중국이 자강·자립할 날은 오지 않을 것이라며, "근심할 일이 이것 하나만이 아니니 수치스러울 뿐"이라고 했다.[373]

이러한 이홍장의 우려와 경고는 1895년 청일전쟁에서의 패배와 1900년 의화단 사건에서 현실화된다. 그 이후 청은 영국, 러시아, 프랑스, 독일의 이권 경쟁장으로 변하고, 1904년 러일전쟁에서 일본의 승리로 러시아가 갖고 있던 철도 등 만주에서의 이권은 일본으로 넘어간다. 1912년에는 신해혁명과 청국 멸망으로 이어진다.

1876년(광서 2, 고종 13) - 조선

강화도조약 체결에 대한 청의 충고

조선은 일본 측과 강화도조약의 첫 회담을 1월 16일(양 2.10)에 가졌는데, 그 전에 청나라 현지에서 열린 모리 일본공사와의 회담 내용과 강화도조약에 대한 청의 입장을 통보받았다. 청의 입장은 일본과 조약을 체결하는 일을 조선이 처리하고, 일본과 불화를 일으키지 말라는 것이었다.[374]

모리와 청국 측의 자세한 회담 내용은 일본 편에 있다.

세 차례의 회담

신헌과 윤자승이 각각 전권대신과 부대신으로 임명되어, 1차 회담에서는 6~7년 동안 일본의 서계를 접수하지 않은 문제, 운요호 사건 및 야도 마사요시의 정한론에 관한 문제가 거론되었다. 운요호의 경우 일본이 이미 깃발의 표식을 알렸는데도 이런 일이 생긴 것에 일본은 항의했고, 야도 마사요시 건에 대해서는 이미 일본이 사실이 아니라고 회답한 것을 상기시키며, 신문만을 믿는다면 전쟁이 일어나지 않는 날이 없을 것이라고 구로다는 대답했다.

1월 18일에 있은 2차 회담에서 구로다는 1874년에 '사가의 난' 등이 일어나 조선에 무력행사를 하자고 한 것을 일본정부가 토벌한 것을 설명했다. 이어서 일본 측이 강화도조약 초안 13개 조목을 제시하자, 신헌은 "(조선은) 곡식과 무명뿐이며" 금·은 등 보물이나 사치품은 없기 때문에 일본에는 이로울 것이 없고, 조선에는 손해가 클 것이며, 결국 "왜관에서 교역하는 것만 못할 것"이라 했다. 1월 19일에 있은 3차 회담에서는 조약의 조속한 체결을 조선 측에 요청한다.[375]

'서술책자'에 나타난 조선의 입장

1월 25일에 의정부에서 구로다에게 '서술책자(敍述冊子)'를 보냈다. 그 내용 중, 그동안 조선이 세계를 접수하지 않은 것에 대해 "어찌 조금이라도 사신을 배척할 의도가 있었겠습니까? 두 나라 사이에 서로 의심하고 멀리하게 된 것이 여기에까지 이르렀으니 부끄럽고 통탄스러움을 이루 말할 수 없습니다."고 했다. 그리고 '사가의 난' 등 조선 정벌을 주장한 일본 내의 난을 토벌한 것에 대해 "조정의 의견이 분분하여 파면과 사형이 계속되고 군사와 백성들이 무력행사를 하려고 하면 관리를 파견하여 무마하였으니 귀국의 후의는 어떻게 잊을 수 있겠습니까? 천만 번 감사하게 생각합니다."라고 했다.[376]

강화도조약

2월 3일(양 2.27)에 "대조선국"의 신헌과 윤자승이 "대일본국"의 구로다 기요타카, 이노우에 가오루와 총 12개항의 강화도조약을 체결했다.

제1관은 "조선국은 자주 국가로서 일본국과 평등한 권리를 보유한다. 이후 양국은 화친의 실상을 표시하려면 모름지기 서로 동등한 예의로 대해야 하고, 조금이라도 상대방의 권리를 침범하거나 의심하지 말아야 한다. …"고 했고, 제10관에서는 "일본국 인민이 조선국 지정의 각 항구에 머무르는 동안 죄를 범한 것이 조선국 인민에게 관계되는 사건은 모두 일본국관원이 심리하여 판결하고, 조선국 인민이 죄를 범한 것이 일본국 인민에게 관계되는 사건은 모두 조선 관청에 넘겨 조사 판결하되 각각 그 나라의 법률에 근거하여 심문하고 판결하며, 조금이라도 엄호하거나 비호함이 없이 공평하고 정당하게 처리한다."고 했다.[377]

제10관의 영사재판권과 관련하여 비변사등록 1859년 6월 20일 자의 간통사건에 관한 기사 내용을 보자. "지금 여기 세 죄수(조선인)의 죄상은 사형에 해당되므로 묘당에서 품처하게 하고, 간통을 범한 왜는 포박하여 대마도로 보내 율에 따라 감처하도록 관수왜(館守倭)에게 책유(責諭)하며 …"라고 했다. 즉, 조선인은 조선에서 처벌하고, 일본인은 일본에서 처벌하는 관행이 이미 있었고, 이런 관행을 강화도조약 10관에서 따른 것이라 볼 수 있을 것이다. 당시 영국, 미국, 프랑스 등 열강들은 조약을 체결할 때 상대국(후진국)의 법률을 자국민(선진국)에게 적용하지 않고, 현지에 있는 자국의 영사가 자국법에 따라 재판하게 하는 영사재판권을 규정하였다. 이것이 완전히 없어진 것은 2차대전 이후이다.

서계 접수거부에 대한 조선의 해명

고종실록에 강화도조약 조문에 뒤이어 실려 있는 〈일본국 변리 대신에게 보낸 의정부 조회(照會)〉에서는 그동안 일본 서계를 접수하지 않은 것과 운요호사건 및 강화도조약 체결에 대한 언급이 있다. "… 무진년(1868) 이래 귀국이 혁신한 사정을 살피지 못한 때문에 갖가지 의심의 단서가 있었으며, 귀국에서 여러 번 사신과 서계를 보냈으나 선뜻 받아들이지 않아 마침내는 이웃 나라와 우의가 막히는 처지가 되었습니다. 작년 가을에 귀국 기선이 강화도에 왔을 때에도 소동이 있었는데 이번에 귀 대신이 사신으로 경내에 이르러 폐국 사절과 서로 만나보고 두터운 뜻을 알게 되면서 종전의 의심이 하루아침에 풀렸으니 어찌 기쁨을 이길 수 있겠습니까? 체결할 조약의 각 조항을 받아보고 우리 조정에서는 이미 폐국 사절에게 위임하여 모여서 토론하게 하였습니다. 무진년 이래 양국 사이에 오간 공문들은 다 폐지하여 휴지로 만들고, 영원토록 친목을 유지하고 함께 양국의 경사를 도모하게 되었으니 역시 이웃 나라와 좋게 지내려는 우리나라의 선린의 우의를 밝힐 수 있을 것입니다"라 했다. 뒤이어 기록되어 있는 〈일본 전권대신이 바친 글〉에서는 "… 중간에 의견이 맞지 않아 정의(情意)가 서로 화합하지 못하게 되었지만, 이번에 우리 대신들이 황제의 명령을 받들고 귀국에 와서 귀 대신과 함께 모여 옛날의 우의를 중수하고 새로운 조약을 맺어 양국이 함께 지킬 신위를 밝히고 만대를 두고 변하지 않을 전범을 마련하였으니 참으로 국가의 끝없는 복이며, 본 대신들도 영예가 있게 되었습니다. …"라 했다.[378]

1년 전에 일본 외무경의 서계도 접수하지 않고, 외무성 관원이 서양 대례복을 입고 연회장소의 정문을 통과하는 것도 거부하던 조선의 태도가 매우 달라졌음을 볼 수 있다.

일본의 무기류 기증

일본 측은 귀국 전에 조선에게 개틀링 기관총 1문과, 탄약 등을 기증하고, 기관총의 조작방법과 사격시범을 보여주었다. 이들이 바친 물품의 목록이 고종실록 2월 4일 자에 있는데 "회선포 1문, 탄약 2,000발, 전차(前車) 1량, 육연단총(六連短銃) 1정, 탄약 100발, 칠연총(七連銃) 2정, 탄약 200발 …" 등이었다. 그러나 이후 이들 장비를 조선이 사용. 관리한 기록은 보이지 않는다. 조선은 종이, 붓 등을 선물하였다.

고종과 신헌의 대화

조약을 체결한 신헌과 윤자승이 2월 6일에 고종을 알현했는데, 고종은 "과연 말을 잘하였다."고 칭찬을 했다. 신헌은 "저들이 말하기를, '지금 천하의 각국이 군사를 쓰는 때를 당하여 귀국의 산천이 매우 험한 것으로는 싸우고 지키기에 넉넉하나 군비가 매우 허술하다.' 하며, 부국강병의 방법을 누누이 말하였습니다."고 하자 고종은 "그 말은 교린하는 성심에서 나온 듯하다. 우리나라는 군사의 수효가 매우 모자란다."고 했다.[379]

고종실록에는 일본 측과 세 차례 회담한 내용이 자세히 수록되어 있다. 1차 회담(1.17) 내용은 1월 19일에, 2차 회담(1.18)은 1월 20일에, 3차 회담(1.19)은 1월 21일 자에 있다.

조약 책자 전국에 배포

고종은 전국에 공문을 발송하여 강화도조약 체결 사실을 알리고 책자를 내려 보내게 했는데, 고종실록 2월 9일 자에 있다.

"이번에 일본 사신이 강화도에 온 것은 사실 이웃 나라와 다시 우호를 가지기 위해서였다. 그러니 그들과 우리가 의논하여 정한 비준 책자와 조규 책자 및 그들의 수록 책자 각 1건을 내려 보내니 비치해두고 증거 문건으로 삼도록 하라. 이제부터 그들의 배가 지나간다든가 혹은 와서 정박하게 되면 깃발 표식을 자세히 살피고 … 절대로 경솔하게 범하지 말며 서로 좋게 지내는 도리에 힘쓸 것 …"을 알렸다.

최익현의 강화도조약 반대 상소

강화도에서 회담이 진행 중이던 1월 23일, 최익현이 다섯 가지의 이유로 일본과의 화친에 반대하는 상소를 올린다.

그것은 조선이 일본을 "제압"할 힘이 없고, 통상한 지 몇 년 되지 않아 "망하게 될 것"이며, "사학(邪學)"이 온 나라에 전파될 것이고, 일본인이 살게 되면 "재물과 부녀들을 제 마음대로 취할 것"이고, "저들은 재물과 여자만 알고 사람의 도리라고는 전혀" 모르기 때문이라 했다. 최익현은 이어서 "이것은 기자(箕子)의 오랜 나라가 하루아침에 오랑캐에 빠지게 되는 것입니다."라며, 자신이 잘못된 것이라면 "이 도끼로 신에게 죽음을 내리신다면 조정의 큰 은혜로 여기겠습니다"라고 했다.

이에 대해 24세의 고종은 "일이 매우 놀랍다. 왕부(王府)를 시켜 나수(拿囚)하라."하였다. 고종은 "일본을 제어하는 일은 일본을 제어하는 일이고, 서양을 배척하는 일은 서양을 배척하는 일이다. … 한 세상을 현혹시킬 계책을 앞장서 만들고 이렇게 임금을 속이고 핍박하는 말을 만들어서 방자하게 … 헐뜯어 욕하였으니…"라며 흑산도에 위리안치 시켰다. 최익현 외에도 전·현직 관리들의 화친 반대 상소가 올라오는데, 이들의 상소에 대해 영의정 이최응은 "거짓을 날조하여 조정 관원을 일망타진하려는 계책"이라고 했다.[380]

고종도 개탄한 무기상태

영의정 이최응이 당시 군의 무기상태에 대해 아뢴 내용이 고종실록 2월 27일 자에 있다. 나라를 방어하기 위해서는 무기가 중요한데 "녹슬고 무디어 예리하지 못하다면 비록 산같이 쌓여 있어도 무슨 소용이 있겠습니까? 10여 년 동안 조정에서 변란에 대비하기 위한 정사에 거의 모든 것을 다하여 재정을 떼어 내어 나눠주고 상을 주어 장려하였습니다만 … 수량은 줄곧 사실과 맞지 않고 병기는 전혀 볼품이 없습니다. 그러나 앉아서 은전(恩典)을 바라면서 태연하게 부끄러운 줄도 모르고"라고 하자 고종은 "이와 같이 사실과 맞지 않는다니 참으로 놀랍고 개탄할 일이다. …"라고 했다.

수신사 김기수 임명

2월 22일에 홍문관 정4품인 "응교 김기수를 특별히 가자하여" 수신사로 임명하였다. 4월 4일(양 4.27), 김기수가 출발 전에 고종을 알현하는데 이때 고종은 "저곳의 일들을 자세히 탐지해서 오는 것이 좋겠다.",

"무릇 모든 들은 일들은 모름지기 빠뜨리지 말고 기록하게 해서 가져오도록 하라.", "15일을 넘기지 않는 것이 좋겠다." 등을 말했다.

일본 외무성은 영접괘 3명과 통역 등 11명을 부산에 파견하여 수신사 일행 76명과 같은 배로 올 것을 명했다. 또 외무성 역체료(驛遞寮, 교통·통신 담당 관청) 소유의 기선을 수신사가 탑승할 배로 차출하여 80명이 탈 수 있도록 내부를 개조하였고 해군 군의관도 합류하도록 명했다.

이 배는 4월 20일(양 5.13)에 부산에 도착했고, 수신사 일행이 배에 승선한 것은 4월 29일(양 5.22)이었다. 수신사 일행의 배 사용료 및 일본 숙소 비용은 모두 일본이 부담하고, 승선한 동안의 식사는 일본 측의 수신사 영접괘에서 제공할 것, 수신사 일행은 요코하마에서 특별열차로 상경할 것 등이 양국 간에 합의되었다. 그러나 일본의 이런 세세한 배려가 1880년 김홍집이 방문할 때나 그 이후에는 보이지 않는다.[381]

김기수의 조선 출발과 일본 도착, 일본 현지 방문 내용은 일본 편에 있다.

김기수의 귀국 보고

6월에 김기수가 고종에게 보고하는 내용 중 일부를 보자.

"보고 들은 것을 적어 올린 별단(別單) 이외에 들을 만한 얘기를 아울러 자세히 아뢰도록 하라." …

"그들의 풍속은 대체로 부국강병을 힘쓰고 있었습니다."

"노서아라고 하는 것은 어느 땅인가?"

"이는 러시아 나라입니다." …

"서양의 학문을 하는 자도 있던가?"

"서양의 학문을 하는지에 대해서는 자세히 알지 못하겠으나, 군사를 기르고 논밭을 경작하는 데에 모두 서양의 기술을 사용하고 있었습니다." …

"그들 군사의 병기는 매우 강하던가?"

"매우 강하였습니다."

"저들은 돈을 주조한다고 하던데, 그렇던가?"

"화폐를 주조하고 있었습니다." …

"이번의 사행은 저들의 강청(強請)에 따라 부득이 사행하게 되었다는 뜻을 보이기 위하여 이러한 여러 기술에 대해서는 하나도 물어보지 않았습니다."

"매우 잘하였다. 만약 그 기술에 대해서 듣고 그 기술을 얻을 수 있다면 이로운 것이겠지만, 그렇지 못하게 되면 한갓 체모만 잃게 된다." …

"전선, 화륜과 농기계에 대하여 들은 것은 없는가? 저들 나라에서 이 세 가지 일을 가장 급선무로 힘쓰고 있다고 하는데, 그러하던가?"

"과연 그러하였습니다." …

"그들 말을 어떻게 하면 배울 수 있는가?"

"훈도와 별차가 가까이 초량관에 있으니, 초량관에서 배우는 것이 좋을 것 같습니다." …

"기계는 모두 어느 곳에서 만들어진 것이며, 일본에서는 지금 모두 배워 익혔다고 하던가?"

"각국의 기계들을 이미 모두 배웠다고 합니다." …

"이외에 또 볼 만한 일이나 들을 만한 일이 있던가?"

"비록 들을 만하고 볼 만한 일이 있더라도 한 번도 물어보지 않았습니다."

"이 역시 잘 처신한 것이다. 그들의 병사는 얼마나 되겠던가?"

"매우 많은 것 같지는 않았습니다."[382]

승정원일기에 기록된 위의 내용만 보면 김기수가 매우 소극적이었던 것처럼 보이는데, 김기수가 지은 《일동기유》를 보면 그렇지 않다. 그는 출발 전부터 많은 고뇌에 싸였고, 도착해서도 행동의 제약을 많이 느꼈다. 자세한 내용은 일본 편에 있다.

〈무역규칙〉 조인 및 수출입세 면세

6월 5일(양 7.25)에는 강화도조약 제11관에 따라 수호조규 부록과 무역규칙 및 무역과 관계되는 사항을 협의하기 위해 미야모토 쇼이치(宮本小一) 이사관이 도착한다. 강수관(講修官) 조인희는 미야모토와 약 20일간 11차례에 걸쳐 회담을 하고, 7월 6일에 강화도조약의 부록과 〈무역규칙〉을 조인했다. 부록 내용은 일본인이 부산항에서 통행할 수 있는 도로의 이정(里程)은 "동서남북 각 직경 10리"로 하는 것 등이었고, 〈무역규칙〉은 일본상선의 부산항 출입 시 절차와 제출서류 등에 관한 내용이었다. 이날, 조인희와 미야모토는 공문을 주고받아 수출입세 면세를 협정했다. 미야모토는 조인희에게 서한을 보내 조선에 수출하는 일본제품과 조선에서 수입하는 물품에 대해서 수년간 수출세와 수입세를 부과하지 않기로 했다며, 이 내용은 강화도조약 "부록과 다를 바" 없다고 했다. 조인희는 답신에서 "응당 이에 따라 시행해서 영원히 장정을 준수할 것입니다."고 회답했다. 이 무관세 정책은 7년 후인1883년에 체결하는 '조일(朝日)통상장정'에 '해관세칙'을 만들어 조선이 관세를 부과할 수 있게 함으로써 개정된다. [383]

"죽고 싶어도 죽지 못해 러시아로 흘러들어가는 사람들"

고종이 미야모토를 만났을 때 함경도 6진의 백성들이 국경을 넘어가는 문제를 언급하였다면서, 고종이 그 이유를 대신들에게 물었다. 영돈녕부사 김병학은 "… 근래 고을의 폐해와 백성들의 고통이 갈수록 더욱 심해지니 고통스러워하며 고향을 떠나는" 것이라고 했고, 영의정 이최응은 "원통하고 고통스러워 감당할 수 없는 일이 있어서 스스로 국법을 어기고 죽음도 두려워하지 않은 것"이라 했다.

이와 관련하여 8월에 고종이 함경도 백성들에게 윤음을 내리는데 "기근에 시달리고 부역에 고달프며 죽고 싶어도 죽지 못해 러시아로 흘러들어가는 사람들이 무려 몇천 몇백 명이나 되는지 헤아릴 수도 없다. … 해마다 큰 흉년이 들어 땅에 풀 한 포기 없고, 의복은 남루하고 비쩍 말라서 굶어죽은 시체가 곳곳에 있지만, 관리들은 상관없는 일처럼 여겨서 진휼하지 않고 세금을 더욱 독촉하고, 가혹하게 부역을 시키고 지나치게 징수하며 사람을 모아서 굶어모으고 있다… 마구 매질을 하고, 혹형과 학대를 하니 백성들은 울부짖으며 뒹굴지만 도망칠 곳이 없다"며 그러나 기한 안에 돌아온다면, 잘못과 죄를 용서하여 안정된 생활을 하게 할 것이라 했다.

그런데 당시 톈진의 러시아 영사 베베르는 연해주를 방문하여 그곳에 살고 있던 조선인들이 근면하고 성실하게 가정을 꾸리고, 러시아어도 빨리 배워 러시아에 도움이 되는 좋은 이민자들이라 했다.[384] 이것은 1870년 윤 10월에 청국 예부에서 보내온 자문에서, 러시아의 총독이 조선 백성들의 "생활이 안정"되어 있다고 한 것을 6년 후에 러시아 영사가 현지답사를 통해 입증해 주는 것이다.

가뭄, 경복궁 화재

이해에는 가뭄이 매우 심했는데, 9월에 고종이 "올해의 가뭄은 근세에 드물게 있는 일인 데다 … 경기와 삼남(三南)에서는 흉작으로 인해 치우치게 고통을 겪고 있으므로 … 특별히 내탕고의 돈을 경기, 호서, 영남, 호남에 각각 1만 냥씩" 내려보냈다. 10월에는 영의정 이최응이 탐욕스런 수령들이 "백성들의 살을 바르고 피를 말리고" 있어 "이미 다 파괴된 형국을 어떻게 다시 정돈하며 이미 다 고갈된 경제를 어떻게 다시 되살릴 수 있겠습니까"라며, 이런 수령들을 제거하는 것이 급선무라 했다. 이런 상황인데 11월에 경복궁에 또 화재가 일어나 "830여 간이 연달아 불길에 휘감겼다. 화재가 갑자기 일어났으며 불기운이 매우 빨랐다. 순식간에 여러 전각이 몽땅 재가 되었으며, 열조(列朝)의 어필과 옛 물건은 하나도 건지지 못하고 …"[385] 수백만 냥이 들어간 경복궁이 잿더미가 된 것이다.

1876년(메이지 9) - 일본

조선의 '속방' 논쟁

　모리 아리노리(森有禮) 공사는 1월 5일(음 12.9)에 베이징에 부임하였다. 그는 1월 10일에 총리아문을 방문하여 군기대신 심계분(沈桂芬) 대표, 공부상서 모창희, 호부상서 동순(董恂, '만국공법'의 서문 작성), 서리 병부좌시랑 곽숭도(郭嵩燾, 초대 주영공사) 등과 2월(음 1월)에 강화부에서 구로다 일행이 조선 측과 접견을 시작하기 전까지 약 35일간 회담을 가진다.
　심계분은 모리에게 조선의 내치와 외교는 조선의 자주에 맡기며 청은 관계하지 않는다고 명확하게 대답했다. 이에 모리는 만약 불행히 조선과 외국(일본)이 전쟁을 하여 외국군(일본군)이 상륙한다면 청은 관여를 하지 않는다는 말인지 질문했다. 이에 대해 청 측은 1월 14일(음 12.18) 회담에서 '청일수호조규'에 있는, 양국의 소속 방토(邦土)를 서로 침월하지 않는다는 것을 지켜달라고 했다. 이에 대해 모리는 다음 날에 회신을 보냈다. 그는 청의 회신을 보면 조선은 하나의 독립국인데, 청이 조선을 속국이라고 부르는 것은 한갓 '공명(空名)'일 뿐이며, 따라서 조선과 일본 사이에 일어나는 모든 일은 '일청수호조규'와 관계없다고 회답했다.
　이 이후 총리아문 측은 여러 번 모리공사에게 조회문을 발송하여 조선은 청의 속국이며, 조선이 실제로 청에 소속된 나라임을 모르는 사람은 없다고 했다. 그러나 모리는 만약 조선 정부와 인민이 일본에게 행하는 일들에 대해서 청이 책임을 질 수 없다고 한다면 비록 속국이라고 해도 한갓 '공명(空名)'일 뿐이라며, 청국의 주장을 반박했다.

이에 대해 청국은 조선이 청에 소속된 속방이라는 주장을 반복했고, 결국 모리 공사는 더 이상 형식적인 속방론을 반복할 필요를 느끼지 않아 조회를 보내 청한종속관계에 대한 논쟁을 중단했다. 모리는 조선은 독립국이며, 일본도 조선을 독립국으로 대하고 있다, 현재 조선에 일본의 사절단이 강화도에 도착하였으니 결과를 두고 보자며 끝맺었다. 모리는 1865년에 사츠마번이 보낸 유학생으로, 런던대학교에서 국제법을 공부했다.[386]

김기수의 방문 일정

수신사 김기수 일행이 5월 29일(음 5.7)에 요코하마에 도착했다. 이때 외무성에서는 외무성 관리들을 선상으로 보내 수신사를 영접했고, 이들과 함께 상륙한 수신사 일행은 특별 열차로 상경하여, 의장기병의 호위를 받으며 숙소로 이동했다.

김기수의 《일동기유》를 보면 그가 방문한 곳은 순서대로 다음과 같다. 외무성, 천황 알현, 어화원(御花苑), 엔료칸 연회 참석, 박물원(博物院), 육군성의 군대훈련 참관, 미야모토(宮本少一)의 집, 해군성, 이노우에 가오루의 집, 대마도주였던 소 시게마사(宗重正家)의 저택, 모리야마(森山茂)의 집, 육군성의 병학료(兵學寮), 공부성의 공학료(工學寮)에 가서 전선(電線)을 관람, 공부경 이등박문의 집 연회 참석, 태학(太學) 관람 및 공자의 소상(塑像)에 배향, 개성학교와 동경여자사범학교, 원로원, 엔료칸 연회 참석이다. 도착한 지 19일 만인 6월 17일(음 5.26)에 귀국길에 올랐다.[387]

1876년 일본

외무성이 준비했던 일정

그런데 외무성의 수신사 영접괘는 수신사가 동경에 도착하기 전에 수신사 일행을 다양한 곳에 방문하게 할 목적으로 태정대신에게 보고하여 일정을 확정했다.

주요한 곳으로 원로원 의사당과 육군성 소관의 육군 연병, 근위보병영, 도야마 戸山 학교, 포병 본창(本廠), 사관학교와 해군성 소관의 요코스카 조선소, 군함, 해군병학교 등이었다. 그리고 내무성 소관의 박물관, 식물원, 위생국, 도미오카(富岡) 제사장, 이치가야 감옥소, 요코하마 제철소, 방적소 등과, 공부성 소관의 공업료(工業寮)와 아카바네(赤羽) 제작소, 문부성 소관의 서적관, 사범학교, 여자 사범학교, 영어학교, 외국어학교, 가이세(開成) 학교, 의학교 부속병원 등이었다. 그리고 대장성 소관의 지폐료, 활판국(活版局), 역체료(驛遞寮), 오사카 조폐공장과, 사법성 소관의 도쿄 재판소, 경시청 소관의 소방 조련, 개척사 소관의 홋카이도 물산 박물원 등이었다.[388]

외무성의 수신사 영접괘에서는 이상의 일정에 따라 수신사 일행의 시찰을 독려했지만, 전원이 흔쾌히 견학에 동의한 것은 히비야 연병장에서의 보병, 기병, 포병의 소규모 연합 훈련 정도였고, 그 외 해군 병학료, 근위 보병영, 육군 포병 본창, 서적관, 가이세 학교, 원로원 의사당 등에 불과했다.

김기수의 조선 내 위치

그런데 김기수는 왜 이렇게 방문을 하지 않았을까? 그 이유를 김기수가 《일동기유》에서 쓴 글을 통해 유추해 보자. 그의 기록에 의하면 그가 수신사로 오게 된 경위는 "마침 사신(使臣) 갈 사람이 모자라서" 오게 된 것이며, 그의 지위는 "우리 조정에서는 아무런 존재가" 없는 낮은 직급이었다.[389]

1876년 일본

김기수는 수신사로 임명될 때 직위가 '응교'였는데 당하관으로 홍문관 정4품이다. 강화도조약을 맺기 위해 온 일본 측 사절단에 대한 답방으로 보낸 것이 수신사인데, 당상관도 아닌 당하관을 전권 사신으로 임명하여 '신의를 강조할 목적'으로 임명한 것이다. 물론 출발 전에 당상관으로 직급이 올랐지만, 구로다가 대신급이었던 것에 비하면 매우 낮은 직급이었다.

보이지 않는 '가이드라인'

김기수가 조선에서 출발하기 전에 "전송 나온 사람들이 제각기 한 말씩 일러주는데", 어떤 이는 "모든 유람이란 유람은 일체 사절하는 것이 옳다"라 했고, 어떤 이는 "일언(一言), 일동(一動), 일유(一遊), 일람(一覽)이 대경대법(大經大法)에서 벗어나서는 안 될 일이요, 또한 권도(權道)에 어긋나서도 안 될 일이로다. … 저들이 비록 도리에 위반치 않는 일일지라도 우리 편에서 먼저 서둘지는 말아야 한다"고 일러주었다. 김기수는 "나는 그 말에 깊이 심복하여 자고 쉬고 할 때면 항시 마음으로 되새겼더니 뒤미처 에도에 도착했다"라고 했다.

이 말을 한 사람이 누구인지에 관한 언급은 없는데, 상급자가 말한 것으로 보인다. 김기수가 육군성의 정조국(精造局)을 방문하고 충격을 받고 "저들(일본)이 나에게 유람하도록 권고한 것이 정녕 도리에 위반되지 않았고, 나의 유람도 이 편에서 먼저 서둘지 않았을 뿐이라고" 자신의 방문에 대한 "답변"을 내린 것을 보면, 위의 '가이드라인'대로 했다는 것이다. 즉, 고위층의 압력으로 제대로 된 일본 시찰을 하지못한 것이 아니었나 하는 생각을 갖게 한다.

이것은 4년 후인 1880년 8월에 《조선책략》을 들고 귀국한 수신사 김홍집을 비난하는 유생들과 관리들의 상소에 못 견딘 김홍집이 결국 다음 해 8월에 올린 사직상소에서도 유추해 볼 수 있다. 김홍집은 "지난번에는 신을 논한 것이 한 도(道)였으나 지금은 여러 도에서 번갈아 공격하고, 지난번에는 신을 논한 것이 한 가지 일이었으나 지금은 여러 가지 일을 함께 거론하여 뭇 살촉이 모여들고 쇠뇌를 신속히 쏘아대니, 신의 마음이 위태롭고 두렵습니다. 오직 영원히 벼슬을 사퇴하고 시골에 물러가 은거해야 할 뿐이니 …"라 하였다.[390]

마음껏 시찰하라는 일본과 곧 돌아가야 한다는 김기수

김기수는 도착하자마자 행동거지를 매우 조심했는데 "구경하는 한 가지 일도 내 마음대로 할 수는 없으나 또한 저들에게 따라 할 수도 없는 처지이므로 저들이 두 번 세 번 와서 요청하면 괄시하는 모양으로 있을 수도 없어서 마지못하여 응할 뿐이었다"라 했다. 첫날 외무성을 방문했을 때 미야모토 외무대승이 "적어도 몇 달 동안 푸근히 쉬시고 마음대로 유람하기를 바랍니다. 진실로 그렇게 않는다면 매우 섭섭하겠습니다"라고 하자 김기수는 "우리 주상께서 바닷길 만 리에 나를 보내시고 누각에 나와서 내 돌아오기를 기다리며, 사신으로 간 일에 실수는 없는지, 병나지는 않았는가를 걱정하시니 … 내가 매우 급히 돌아가고저 하는 것은 이 때문입니다. … 유람하는 일은 마땅히 틈나는 대로 도모하여 당신들의 후의에 좇아 응하겠습니다"라 했다.[391]

김기수의 고뇌

방문 사흘째에 모리야마가 수행했는데 모리야마는 "우리들이 구경하라고 자세히 말하는 것은, (일본의) 군사제도를 두루 살펴서 좋은 것은 개혁하는 것이 한 가지 일이요, 기계를 자세히 보아서 편리한 것은 모방하는 것이 둘째요, 풍속을 두루 살펴서 채용할 것은 채용하는 것이 세 가지 일입니다. 귀국에 돌아가시거든 확실하게 의논을 세워서 부국강병을 도모하여 두 나라가 입술과 이처럼 서로 의지하여 외환(外患)을 방어하는 것이 우리들의 소망입니다"고 했다.

이에 김기수는 "대단히 감사합니다. 귀국의 성의는 모르는 바 아닙니다" 그러나 자신과 수행원들은 "몸가짐이 근신하고 옹졸하여 다만 득죄(得罪, 죄를 지음)하지 않은 것으로 준칙을 삼으니"라며 "비록 날마다 구경하고 날마다 구경하더라도 다만 몸만 수고로울 뿐이지 아무런 이익이 되는 점이 없을 것입니다"라고 했다. 이어서 김기수는 모리야마에게 일본은 이미 이같이 부강하여 외환이 닥쳐도 조선에게 힘을 빌릴 것이 없는데도 "오히려 이같이 정성스러우니 귀국의 성의는 우리 조정에서도 또한 어찌 이것을 알고 감동하지 않겠습니까. …"라 했다.[392]

이노우에의 충고

메이지 천황의 칙명에 따라 6월 3일(음 5.12)에 엔료칸(延遼館, 하마리큐(濱離宮))에서 있은 오찬에는 태정대신 산조 사네토미, 사법경 오키 다카토, 공부경 이토 히로부미, 육군경 야마가타 아리토모, 의관(議官) 이노우에 가오루, 해군대보 가와무라 스미요시, 그리고 데라지마 외무경 등이 참석했다.

이노우에는 방문 8일째인 6월 7일(음 5.16)에 자신의 집에 수신사 일행을 초대했다. 이노우에는 김기수에게 러시아를 경계하라고 말한 것은 "내가 중풍으로 정신 이상이 생긴 사람은 아닌데 진실로 정세에 대하여 아는 바가 없다면" 왜 이런 말을 하겠느냐고 했다. 이노우에는 조정에 힘써 아뢰어 일찍 대비할 것을 권하고, 세계지도 한 폭을 선물했다.[393]

김기수의 방문 소감

6월 13일, 김기수는 개성학교와 동경여자사범학교를 방문하여서는 선생이 정중하고 가르치는 것이 근실했으나 "공리(公利)의 학(學)에 지나지 않았다"고 했고, 이들은 "매우 부지런하여 밤낮으로 쉬지 않으니" 그 정교함은 "미칠 수 없으며, 그 근실함은 더욱 미칠 수 없었다"고 했다. 또 숫자 계산을 정확히 하고 계획을 상세히 하는 것을 보고는 "옷을 여미고 경의를 표하게 되었다"고 했다.

그날 저녁에 만난 문부대승 구키류 우이치(九鬼隆一, 1852-1931)가 "귀국의 국학은 주자만 오로지 숭상합니까, 다른 존숭하는 것이 있습니까"라고 묻자, 김기수는 "500년 동안 다만 주자만 존상하였을 뿐입니다. 주자를 어기는 자는 바로 난적이라는 죄목으로 처단"하였다고 대답했다.

김기수는 일본의 서양학문 학습에 대해서는 "전적으로 부국강병의 술(術)만 숭상하고 경서(經書)문자는 무용의 물(物)로서 수장하여 두었다."고 했고, 일본의 서적 인쇄에 대해서는 "기술이 매우 뛰어나고 아주 민첩해 비록 많은 서적이라도 하루 동안에 만들어 내었다"고 했다. 또 청국 서적을 입수하는 대로 곧 간행하니 책을 사러 북경에 갈 필요도 없고, 인쇄의 선명도와 종이의 질이 청국 것보다 좋다고 《일동기유》에 기록했다.[394]

수신사의 귀국

수신사 출발 이틀 전인 6월 16일, 김기수는 외무성을 방문했다. 데라지마 외무경 등이 영접하였고, 메이지 천황이 주는 고별 예단을 전해 받았다. 데라지마는 "이제 우리나라와 귀국은 … 입술과 이처럼 이해관계가 깊은 나라입니다. … 귀국 조정에 빨리 고하여 모든 일을 조금도 지체함이 없이 만년 우호의 터전을 마련한다면 어찌 좋은 일이 아니겠습니까"라 했다.

이에 김기수는 "성의가 이 같으니 대단히 감사합니다. 삼가 지시하신 대로 우리 조정에 고할 것이오나 다만 우리나라는 졸약(拙約)을 근수(謹

守)하여 외교를 통하지 않으므로 모든 일이 졸박(拙樸) 견실하고 기기(奇技) 묘예(妙藝)가 없어서 남을 위하여 힘을 낼 만한 것이 없습니다. 조금치도 귀국에 도움을 주지 못하면서 다만 귀국이 우리나라에 도움을 주기만 바라오니 어찌 이것이 매우 부끄러운 일이 아닙니까"라 하니 데라지마는 웃으면서 "어찌 이런 일이 있겠습니까. 이것은 모두 공의 겸사(謙辭)입니다"라고 했다.

6월 18일, 동경에서 출발하여 6월 29일(음 윤5.7) 부산에 도착했고, 7월 21일(음 6.1)에 고종에게 복명했다.[395]

이해에 일본에서 있었던 주요 변화들을 보자.

회계학 연구서, 서양식 부기법

요코스카 조선소의 회계를 담당할 이나가키 가타조(稲垣喜多造)가 프랑스에서 회계학을 공부하고 1874년에 귀국하여 이해에 회계학 연구서인 《조선사무요략(造船事務要略)》을 간행했다. 한편, 대장성은 전년도에 전 홍콩 조폐국의 영국인을 대장성 부기 연구관으로 고용하여 관원들에게 부기를 가르쳤다. 대장성은 이해 7월부터 모든 장부의 기입을 서양식 부기법으로 개정했다.[396]

오가사와라 제도 편입

오가사와라 제도(小笠原諸島)는 1820년대부터 구미의 포경선이나 군함, 상선의 중요 기항지로서, 다양한 민족이 이곳에 살았다. 일본 정부는 1862년부터 이 섬에 일본인을 이주시키기 시작했고, 이해에 이 섬을 통치한다는 사실을 각국에 알림으로써 영유가 확정되었고, 1882년까지 주민 전원을 일본 국적으로 귀화시켰다. 1884년 갑신정변으로 김옥균이 일본으로 망명한 후 이곳에서 약 2년간 유배 생활을 하고,

1901년에 고종 폐위 쿠데타 시도를 실패하는 유길준도 이 섬에 억류된다.[397]

헌법기초제정 칙어 발표

9월에는 일본의 특성에 기반을 두고 해외 각국의 법을 참조하여 헌법의 기초를 작성하라는 메이지 천황의 칙어가 원로원에 내려졌다. 1889년에 메이지 헌법이 만들어지는데, 이를 흠정(欽定)헌법이라고 한다. 흠정헌법은 헌법 제정의 주체가 군주이고, 군주주권 사상을 바탕으로 한다.[398]

'질록처분'과 사무라이들의 불만

징병령(1873년)이 발포된 지 3년이 지난 이해의 징집 대상은 약 30만 명이었으나, 실제로 징병된 인원은 18%에 해당하는 5만 3천여 명이었다.

징병령 외에 사무라이 계층에게 경제적으로 큰 충격을 준 것은 이해에 시행한 '질록처분(秩祿處分)'이었다. 이것은 화족이나 사무라이에게 대대로 지급되었던 가록(봉급)과 신정부 공로자들에게 지급한 토지를 모두 폐지하고, 그 대신에 이자(연 7% 수준)를 지급받을 수 있는 공채를 지급하기로 한 것이다. 이 정책은 재정부족에 시달리던 메이지 정부의 대장경 오쿠마 시게노부와 내무경 오쿠보 도시미치가 태정대신 산조 사네토미를 설득하여 시행됐는데, 2년 후에는 공채로의 전환을 의무화했다. 공채 금액은 당사자의 과거의 수입에 따라 차등을 두어 약 10년 전후의 연봉에 해당하는 금액이었다. 그러나 이 공채의 이자만으로 생활을 할 수가 없던 사무라이들은 공채를 팔았고, 결국 많은 사무라이들이 몰락했다. 이로 인해 사무라이들의 불만은 더욱 고조되었다.[399]

사무라이들의 반란

폐도령, 징병령, 질록처분 등에 불만을 품은 사무라이들(사족)의 난이 서남지역에서 일어난다. 10월에 구마모토(熊本)현에서 '신푸렌(神風連)의 난'이 일어났고, 며칠 뒤 후쿠오카현 아키즈키의 사족들이 '아키즈키(秋月)의 난'을 일으켰다.

야마구치(山口)현의 하기에서도 마에바라 잇세이(前原一誠, 1834-1876) 일파가 '하기(萩)의 난'을 일으켰는데, 그는 요시다 쇼인의 제자로, 보신전쟁 때 활약했고 병부대보와 참의를 지냈다. 그러나 1870년에 사직하고, 이해에 '하기의 난'을 일으켜 정부의 '간신들'을 제거하고자 했으나, 약 열흘 만에 체포되어 반란 지도자들과 재판에 회부되어 12월에 사형되었다.[400]

일본, 청, 조선의 철도

영국의 한 신문은 9월에 교토-고베 철도 개통 소식을 전하며, 이 구간에 가설된 철교에는 수학적으로 어긋나는 부분이 하나도 없다며 일본의 기술이 최고조에 달해 있다고 평가했다.

반면에 청국에서는 수구파가 근대화를 반대한 사례로 철도를 들 수 있다. 기차가 한 구경꾼을 치었다는 이유로 영국인이 부설한 상해-우송 간의 철로가 1874년에 폭도들에 의해 공격을 받았다. 2년 후인 1876년에는 양강총독이 현지의 압력 때문에 이 철도를 구매하여 철거해 버렸다. 조선에서도 1899년에 개통한 남대문-홍릉 간의 전차가 아이를 치어 죽이자, 분노한 군중들이 전차에 불을 지르고 전복시켰다.

전 세계적으로 1870년에 이미 철로가 10만 km 이상 부설되었고, 일본은 1872년에 철도를 개통했다.[401]

민간기업 독려

일본은 천연두 예방규칙을 마련하였는데, 소아는 출생 70일에서 만 1년 사이에 반드시 종두 접종을 해야 한다고 명시했다. 4월에는 내무경 오쿠보 도시미치가 정부가 직접 민간기업을 장려하고 생산증대를 독려해야 한다고 강조했다.[402]

과학사

미국인 모르스(Samuel Morse, 1791-1872)가 1844년 5월에 글자를 송신하는 데 성공하였고, 1866년에는 미국과 유럽 간 해저 전신선이 가설되었다. 1876년에는 미국인 벨(Alexander Graham Bell, 1847-1922)이 전화를 발명하였고, 독일의 지멘스(Ernst Werner von Siemens, 1816-1892)가 전기를 사용하는 발전기를 창안하여 증기 대신 새로운 동력원으로 활용될 수 있게 되었다. 1877년에는 에디슨(Thomas Edison, 1847-1931)이 축음기를 발명한다.[403]

타자기, 탄산음료

미국 필라델피아에서는 미국 독립 100주년을 기념하는 세계박람회가 열렸다. 이 박람회의 관람객이 1천만 명에 달했고, 37개국이 출품했는데, 미국은 농기계, 전화기, 전보 시설, 타자기, 하인즈 케첩, 탄산음료(Root Beer) 등을 전시했다.[404]

1877년(광서 3, 고종 14) - 조선

전년도 가뭄으로 인해 세금 납부는 더욱 줄어들었고, 세금으로 받은 곡식을 실어오는 배를 고의로 침몰시키기도 하여 서울 등에는 돈이 있어도 양식을 살 수 없는 지경이었다.

궁궐의 절제를 호소하는 영의정

1월 말에 영의정 이최응이 세금이 "크게 줄어든 것이 오늘날과 같은 적이 없었으니, 매우 걱정스럽고 답답한 나머지 애통함을 금치 못하겠습니다"고 했다. 이어서 세금납부 "기한을 끌어 해를 넘긴 것이 백만 냥"이나 되는데, "군신상하가 그럭저럭 세월만 보내며" 비용은 계속 늘어나니 "궁궐에서 쓰는 경비 중에서 쓸데없이 소모되고 낭비되는 것"을 줄이기를 호소한다. [405]

1876년의 회계부

고종실록 1월 30일 자에 있는 1876년의 회계부를 보자. "경각사(京各司)와 각영(各營)에서 병자년(1876)의 회계부를 올렸다. 호조·선혜청·양향청·병조·훈련도감·금위영·총융청이다.【현재 있는 황금은 144냥, 은자(銀子)는 10만 7,671냥 남짓, 전문(錢文)은 16만 4,775냥 남짓 … 쌀 13만 5,807석 남짓, 태(太: 콩)는 1만 9,954석 남짓 …】이었다.

현 시세를 고려하면 황금 144냥은 4.5억 원 남짓이다. 은과 쌀, 콩 등을 고려하더라도 당시 조선의 재정상태가 얼마나 빈약한지 알 수 있다.

거지에게 5전씩

2월 초에 진휼청에서 "삼가 하교대로 도성 내외의 거지 6,297명에게 각각 5전씩 합계 3148냥 5전을" 나누어 주었다.

9년 전인 1868년 상반기 중 5개월 간 경복궁 중건에 참여한 일꾼 2만 3천여 명에게 지급한 평균 월 지급액이 6.6푼이었다.[406] 그런데 9년 후에 거지들에게 5전, 즉 50푼을 지급했다는 것은, 9년 사이에 물가가 대폭등하였거나, 아니면 9년 전 일꾼들이 너무 작게 지급받았거나 둘 중 하나일 것이다.

서울 관아에 곡식이 바닥났다

세곡 운송이 지체되어 5월에는 서울에 있는 관아들의 곡식이 바닥나서 "관청이나 개인이나 황급하여 참으로 아침저녁도 도모할 수 없는" 지경이었다. 이에 의정부에서 "쌀과 좁쌀, 밀과 보리를 막론하고 삼남과 양서에서" 구매하게 할 것을 요청했다. 의정부는 1809년, 1814년, 1822년, 1823년의 흉년에도 이렇게 심하지는 않았다고 했다.[407]

계속되는 조운선 침몰

6월에는 세금으로 받은 곡식을 실어 나르는 조운선을 고의로 침몰시킨 의혹이 있는 사건을 의정부가 보고한다. 10척의 "정박하고 있던 배들이 일제히 풍랑에 휩쓸려 미처 손을 쓸 수 없었다는 것이 이치에 맞습니까? 게다가 담당 아전과 사공, 곁꾼들이 아프다고 하면서 뭍에 내렸으니 놀라운 일입니다. … 건져낸 곡식도 또한 얼마 되지 않습니다. …"

고 했다.⁴⁰⁸ 이런 사고는 전국에서 일어났고, 앞으로도 계속된다.

급여를 못 받은 훈련도감 병사들

훈련도감이 군사의 급여도 제대로 주지 못하자 "군사 중에 난역의 무리 몇 명이 급료를 주지 않는다는 말로 방문을 내붙였"는데, 관련 병사 5명은 모두 유배됐다.⁴⁰⁹

일본의 개화 지원 의사

강화도조약 제5관에 따라 일본 외무대승 하나부사 요시타다(花房義質)가 방문하여 항구 두 곳을 개항시키는 것과, 공사(公使)의 서울 주재 문제 등을 10월 말부터 홍우창과 교섭하기 시작했다. 이때 하나부사는 목포, 남양, 제물포, 강화 등 4곳을 현지조사했으나 적절치 않다는 결론을 내렸는데, 홍우창이 함경도의 원산진을 제의했다.

당시 하나부사는 예조판서 조영하에게 서한을 보내, 일본의 의술, 군수, 측량 등을 조선이 배우고자 한다면 기꺼이 전수하겠으며, 이것은 일본에는 명예로운 일이며, 조선에게는 외세를 방어하는 데 도움이 될 것이라 했다.⁴¹⁰ 그러나 이에 대한 조선의 후속 조치는 없었다.

1877년(메이지 10) - 일본

세이난전쟁

1월 초 메이지 정부가 가고시마에 있는 육군 화약고의 화약을 이송하자, 현지의 사이고 다카모리를 지지하는 군사들이 2월에 난을 일으킨 것을 시작으로 9월까지 세이난(西南)전쟁이 계속된다. 정부군 책임자에는 야마가타 아리토모 육군경이 임명되었고, 러일전쟁 때 여순고지를 탈환하는 노기 마레스케(乃木希典, 1849-1912)도 이때 28세의 육군소령으로 참전한다. 세이난전쟁에 양측 모두 약 9만 명이 동원되어 1만 3천여 명이 사망하고 2만여 명이 부상당했는데, 이는 1년 반 정도 진행된 보신전쟁의 사망자 약 9천 명보다 훨씬 많은 수였다.

49세의 사이고 다카모리는 가고시마의 시로야마(城山)에 들어가 마지막 저항을 하다가 결국 할복한다. 5월에는 44세의 기도 다카요시도 병으로 사망했다. 사이고, 기도와 함께 메이지유신의 3걸(傑)로 불리던 오쿠보 도시미치는 다음 해 8월에 암살당하는데, 이로써 1년 사이에 세 명이 모두 사라지게 된다.[411]

박람회, 전화, 콜레라

세이난 전쟁이 진행 중이던 8월 말, 우에노 공원에서는 제1회 내국권업(국내산업진흥) 박람회가 열렸다. 이때 8만여 종이 출품되었고, 입장객은 약 45만 명이었다. 이 박람회는 민간기업 육성과 수출 장려를 추진하던 내무대신 오쿠보 도시미치가 추진하여 열린 것이었다.

도쿄-요코하마 간에 전화가 시험적으로 가설되었는데, 미국에서 전화기가 발명된 지 1년 만이었다. 8월에는 콜레라가 발생하여 콜레라 발병 지침을 외국선박에 대해서도 시행하려 했으나, 외국과의 불평등 조약 때문에 실시할 수가 없어, 세이난 전쟁이 끝나고 병사들이 귀향하면서 전국에 퍼졌다. 이해 약 8천 명이 사망하는데, 2년 후에는 10만여 명이 사망한다.[412]

공부대학교, 동경대학 등

김기수도 방문했던 1871년에 만들어진 '공학료(工學寮)'가 이해에 공부(工部)대학교로 격상되어, 공업 인재 양성을 목표로 영국인이 영어로 공학을 가르쳤다. 또 이과, 법과, 문과, 의과 4개 학부를 가진 동경대학이 개교했다. 이학부는 화학, 수학, 물리학 및 천문학, 생물학 외에 공학, 지질학 등도 가르쳤다. 강의는 영국인, 미국인 및 독일인 교사가 이학, 법학, 문학, 의학 등을 영어, 독일어로 가르쳤다. 이후 1885년에 공부대학교를 동경대학에 통합하고, 1886년에는 제국대학령이 공포되어, 동경제국대학으로 개칭한다.

그 외에, 사법성법학교에서는 프랑스인이 프랑스법을, 삿포로농학교에서는 미국인이 농학을, 도쿄농림학교에서는 독일인이 농학을 가르쳤다. 삿포로농학교의 초대 교장은 'Boys be ambitious!'라는 명구로 알려진 클라크(William Smith Clark, 1826-1886) 박사였다. 그는 당시 매사추세츠 농대 학장이었는데, 일본정부의 적극적인 요청으로 학장직을 휴직하고 취임하여 약 8개월간 근무했다. 짧은 기간임에도 그의 교육철학은 이후 이 학교에 큰 영향을 미친다.[413]

이홍장과 곽숭도의 사대부 비판

이홍장과 친구인 주영 청국공사 곽숭도(郭嵩燾, 1818-1891) 간에 주고받은 편지 내용을 통해 당시 청국 지도층의 의식구조를 볼 수 있다. 당시 청국 사대부들은 수십 년 동안 국가가 수치를 당하고 재력이 바닥나고 인민에게 해독을 끼쳐도 걱정하는 사람이 없고, 심지어 서양의 기계를 구경하는 것만도 공론의 분노거리가 되고 있다고 했다. 이런 사대부들의 '사납고 무식한 기풍'이 인민을 움직여 마음대로 하는데, 관리들도 그렇게 하고 있다고 지적했다.

곽숭도는 런던에서 보낸 보고서에서 당시 기술을 배우기 위해 영국에 와 있던 200여 명의 일본인들을 칭찬하며, 청의 국력은 약해지고 있는데, 일본은 점점 강해지고 있음을 한탄했다. 이런 곽숭도의 보고서는 완고한 보수주의자들의 비난을 받았고, 결국 1879년에 은퇴한다. 12월에는 이홍장의 측근 하여장(何如璋, 1838-1891)이 초대 주일공사로 부임한다.[414]

러터전쟁과 일본의 정보력

4월에 러시아가 터키(오스만 제국)에 선전포고를 하여 러터전쟁(Russo-Turkish War)이 일어나는데, 다음 해 3월에 산스테파노 조약, 6월에 베를린회의가 열려 종전한다. 그런데 이 전쟁이 발발하기 3개월 전인 1월에 이미 일본의 신문은, 러시아와 터키의 갈등은 아시아에도 갈등을 야기할 것인바 일본이 경계해야 한다는 기사를 게재했다.

당시 터키가 지배하고 있던 보스니아(Bosnia)에서 농민반란이 1875년에 일어났고, 불가리아에서도 반란이 일어나자 터키는 약 10여만 명의 불가리아인들을 학살했다. 이로 인해 영국 등 유럽의 여론이 들끓었지만 터키는 유럽이 요구하는 내부개혁을 거부하는 등 상당히 불안했다.[415]

1878년(광서 4, 고종 15) - 조선

서원 복설을 요구하는 유생 1만 명

1월 말에 경상도 유생 1만여 명이 상소를 올렸다. 서원을 철폐하여 "영혼이 의탁할 곳이 없게 되고 도내의 유생들이 모여서 노닐 곳이 없어졌으니, 유학의 정통은 실추되고 나라의 원기는 소진"되었으며, 이 조치가 "지난 10년 동안 나라에는 보탬이 된 것이 없고 백성에게는 도움이 되지는 않으며 풍속은 날로 무너지고" 있다며 서원을 다시 복구해줄 것을 상소했다.

그러나 4월에 고종은 이런 상소를 못하게 하면서 "서원을 복구하는 문제를 핑계 삼아 서울과 시골에 출입하면서 걸핏하면 무리를 지어 일 없는 중에 말썽을 일으키니"라며 물러가지 않으면 처벌하게 했다.[416]

인구 3천 6백만 명의 일본은 대학에서 외국인 교사가 영어, 독일어, 불어로 물리학, 공학, 의학, 농학, 법학 등을 가르쳐 인재를 양성하고, 정부는 해외 유학을 보내고 있었다. 이홍장과 곽숭도도 청나라의 미래를 걱정하고 있었는데, 인구 660만 명의 조선에서는 이렇게 만 명이나 되는 유생들이 "모여서 노닐"기 위해 서원을 다시 세워달라고 상소를 하고 있었다.

"머리끝부터 다 병들었다"

영의정 이최응이 5월 당시 문제점에 대해 아뢰는데 하나도 제대로 작동되는 구석이 없었음을 알 수 있다.

"군오(軍伍)들에게는 그들에게 들어가야 할 비용을 내놓아야 하는데 그런 비용의 지급이 다 정지된 상태이고, 이례(吏隸)들에게는 곡식과 포가 지급되어야 하는데 곡식과 포는 잇대어지지 않고, 공계인(貢契人)과 시전상인들은 조정에서 진념해 주어야 하는데 물품을 납입하는 것은 배나 늘려놓고도 물건 값을 받을 기약이 없고, 바닷가의 백성들은 조정에서 돌보아 주어야 하는데 어로를 침해하는 일이 점점 자행되고 있어 안도할 길이 없으며, 온 도(道)에 어사가 두루 다니지만 수령이나 목사의 탐오하고 비루한 짓은 여전히 기승을 부리고, 토호들의 무단(武斷)이 낭자한데도 영읍에 징계하여 단속하였다는 말은 들리지 않습니다. … 오늘날 국가의 형세나 백성들의 실상은 머리끝부터 다 병들었다고 할 수 있습니다"라고 하였다. 이에 고종은 "… 기강이 설 여지가 없다는 것을 알 수 있다. … 어찌 놀라 탄식하지 않겠는가?"라 했다.⁴¹⁷

리델 신부 석방을 명령한 청 황제

전년도 겨울에 체포되어 조선 감옥에 있던 프랑스 선교사 리델(Felix Clair Ridel, 1830-1884)을 석방하라는 총리아문의 요청에 따라 청국 황제가 명령을 내려 청의 예부에서 조선에 공문을 보냈다. 그 공문을 의정부에서 보고하는데 "조선에 신칙해서 무슨 일로 수금하였는지 조사하여 밝혀서 즉시 석방시켜 … 본국에 돌려보내 사단을 마무리하도록 하라.」하였다. 이 일에 대해 윤허하는 황지(皇旨)가 내려 속히 통보하니, 분명하게 조사해서 일을 잘 처리하도록 하라."는 것이었다. 의정부는 프랑스 선교사들을 용서해서는 안 되지만 "예부에서 신속히 자문을 보내었으니, 우리나라의 도리로 보아 의당 상국(上國)의 지시를 따라야

합니다"며, 예부의 지시에 따르겠다는 회답 자문을 지어 청국에 보내게 하였다.⁴¹⁸

"상국 지휘"

일본 외무성도 주일 프랑스공사로부터 협조요청을 받아 6월에 의정부에 공문을 보내, 리델을 석방하여 돌려보내면 프랑스도 깊이 감사할 것이라며 석방을 요청했다. 이에 대해 의정부는 이미 이들을 청국에 돌려보낸 사실을 자세히 설명하는 회답 서계를 일본에 보냈다.

그런데 이 조선의 회답에 대해 10월에 일본이 회신을 보냈는데 "지금 일본에서 온 서계 두 통을 받아보았는데, 【하나는, 보내온 편지에서 '큰 나라의 지휘〔上國指揮〕'라고 한 말은 병자조약에 위반된다는 것이었고 …】"라 하였다.

즉, 조선이 일본에 회답을 할 때 "상국"이라는 단어로 청을 지칭한 것은, 강화도조약 제1조에 "조선국은 자주국가로서"라고 한 것에 위배된다는 것이었다. 이러한 일본의 주장에 대해 의정부는 "그 하는 말이 일의 원칙에 크게 어긋나므로 그렇지 않다는 것을 명백히 말해주지 않을 수 없습니다"며, 조선이 중국을 '상국'으로 부르는 것이 원칙에 어긋나지 않는다는 회답 서계를 작성하여 부산의 일본 공관에 보내도록 했다.⁴¹⁹

리델 신부가 본 조선 감옥

리델 신부는 6월 중순에 풀려나 청국으로 추방되었다. 그는 감옥에서의 경험을 기록했는데, 당시 조선의 법 집행이 부정부패에 물들어 감옥은 거의 무법지대였음을 말하고 있다. 권한이 막강한 포교들은 사건을 날조하고, 억울하게 범인으로 몰린 사람을 혹독하게 고문을 하여도 감히 저항하지 못했다. 또 죄수들을 죽이거나, 사고로 죽어도 병사했다고 보고하고, 사체를 숲속에 버린다고 했다. 감옥에는 좀도둑으로 잡혀

온 사람이 매우 많았고, 관리 출신의 죄수는 다른 죄수들 앞에서 잔치를 벌이고 밖에서 음식을 공급받기도 했다.[420]

군의 실상과 치안 상태

경기지역의 방어를 책임진 총융청의 책임자인 총융사를 6월에 임명하면서 고종이 교서를 내렸는데, 그 내용 중에는 당시 군의 실상이 언급되어 있다. "저축해 두었던 군량은 바닥이 나고 기계는 대부분 망가졌으며, 건물들은 퇴락하고 징발된 군병들은 노약자가 반이 넘는 형편이다. …"라 했다.

다음 날에는 의정부가 치안 상태를 보고하는데, "여염집이 밀집된 곳에도 심지어 보통이 아닌 도적의 변고가 일어나고", 지방에는 "총을 쏘는 명화적들이 모여들어 떼를 지어 다니며 사람을 죽이고 재화를 빼앗아" 이를 해결하기 위해서는 "포군(砲軍)을 동원하여야" 할 정도였다.[421]

암행어사가 보고한 삼남 지방

7월에 각 도 암행어사의 보고가 있었다. 경기도 암행어사는 "역참의 폐단이 극도에" 달해 있음을 보고했고, 충청좌도 암행어사는 "나라의 조세는 날로 줄어들고 백성들의 부세(賦稅)는 날로 무거워지니"라 하였다. 전라좌도 암행어사는 여러 고을에서 사적으로 세율을 정하고, 아전들은 "백성들의 고혈을 짜는데도" 수령이나 감사는 "강 건너 불 보듯" 하고 있다고 했다. 또 각 고을의 무기는 하나도 쓸 만한 것이 없고, "호적법이 사실에 맞지 않은 지 오래"라 했다.

전라우도 암행어사는 "역로(驛路)가 쇠잔하고 피폐하여 장차 역참이" 없어질 것 같다고 보고했다. 경상좌도 암행어사는 환곡의 폐단이 더욱 심해졌음을 보고했고, 경상우도 암행어사는 각 포구에서 받는 세금이 너무 많아 백성들의 원망이 자자하다고 했다.[422] 5월에 영의정이 "머리끝부터 다 병들었다"고 한 말이 전국적인 현실임을 알 수 있다.

일본 수입품에 대한 과세 시도

8월에는 의정부에서 "무릇 화물이 들어오고 나가는 곳에는 원래 세액이 있으니, 이것은 바로 통용되는 규정입니다"라며, 부산항에 드나드는 화물에 대해 조선 상인으로부터 세금을 거두기 위해 세목(稅目)을 정하여 책자를 동래부에 내려 보냈다.

동래부사는 조정의 명에 따라 지금의 부산진세관 자리인 두모진에 세관을 설치하고, 9월 3일(양 9.28)부터 징세를 개시할 것이라는 내용을 부산 주재 일본 관리관인 야마노조에게 통고하고, 관련 책자를 보냈다.

그러나 수출입관세를 징수하고 해관을 설치하는 것은 1876년 7월 6일(양 8.24) 자 공문으로 미야모토 이사관과 강수관 조인희 사이에 주고받은 '면세조항' 내용에 위배되는 것이었다. 결국 일본 정부는 대리공사 하나부사 요시모토 등을 부산에 파견하여 징세 중단을 조선 정부와 교섭하게 하였고, 조선 조정은 11월 26일(양 12. 19)에 징세 중지를 결정하고 일본 측에 공문으로 통고했다. 나중에 밝혀진 바로는 부산항에서 과세를 하려고 한 것은, 부산항에서는 무관세로 인해 무역량이 증가한 반면에, 의주부에서는 세금을 부과해 청과의 무역량이 감소하여 의주부 상인들이 건의한 것 때문이라 했다. 또 조선 조정에서는 일본 상인에게는 세금을 거두지 않으므로 조약과 관계가 없을 것이라고 생각하여 시행하려 했다.[423]

이동인

개화승(開化僧)으로 알려진 이동인(李東仁, 1849-1881.3 실종)과 관련된 일을 보자. 일본 불교인 정토진종(淨土眞宗)의 본산인 혼간지(本願寺)는 히가시(東)와 니시(西)로 양분되어 있었다. 그중 히가시 혼간지가 1877

년 부산에 별원을 설치하였는데, 그 부산 별원의 원주에 오쿠무라 엔신(奧村圓心)이 임명되었다.

이 부산 별원에 이해에 이동인이 방문하여 별원에 묵으며 오쿠무라와 토론을 하기도 했다. 이후 이동인은 일본을 오가며 일본의 실상을 알게 되었고, 고종을 알현하는 등 개화에 몰두하는데, 결국 1881년 3월에 일본 사절단 일행으로 파견을 앞두고 실종되었다.[424] 이 부산 별원이 부산 광복동에 있는 '대각사(大覺寺)'이다.

1878년(메이지 11) - 일본

농민반란

1868년부터 1878년까지 일본에서는 최소 190건의 농민반란이 있었다. 메이지 정부는 1877년에 농민들의 세금 부담을 3%에서 2.5%로 경감시켰으나, 농민들은 학교 설립 비용 부담, 징병제, 토지측량 사업, 단발, 천민들에게 법적으로 평등을 부여한 것, 양력 실시 등 그들의 기존 생활양식을 바꾼 많은 개혁 조치들에 반대했다.[425]

오쿠보 도시미치의 암살

5월에 내무경 오쿠보 도시미치가 출근길에 6명의 자객들의 습격을 받아 48세의 나이로 사망한다. 오쿠보를 암살한 범인들은 자수하여, 사츠마와 조슈번 출신자들이 정치를 독점하는 폐해를 고치고 조속히 민회(民會)를 일으켜 국가의 영속과 백성의 안녕을 기하기 위해서 저질렀다고 했다.

오쿠보는 유신정부의 실질적 리더로서 정부 주도의 산업화 정책을 강력히 실행하고, 관료기구 정비, 교육제도 수립, 토지세 개정, 경찰제 도입 등의 개혁정책을 실시하여 근대 일본의 기초를 세웠다고 평가받는다. 그의 후임에는 공부경이었던 이토 히로부미가 임명되었다.[426]

일본공사의 시베리아 횡단 기록

주러시아 공사 에노모토가 본국으로 발령을 받아 귀국하는데, 그는 7월 말에 상트페테르부르크를 출발하여 시베리아를 경유하여 블라디보스토크에 도착했다. 이 두 달 동안에 그는 철도, 배 외에 6천 km가 넘는 구간을 마차를 이용했다. 그의 이 시베리아 횡단 기록이 그의 사후에 발간되었는데, 매일 일기 형식으로 지리, 기상, 식물 및 산업, 무역, 풍속, 물가, 언어, 종교, 민족 등 매우 다양한 내용을 기록했다.[427]

다케바시 사건과 '군인훈계'

8월에는 이른바 '다케바시(竹橋) 사건'이 일어나는데, 불공평한 대우와 봉급 축소 등에 불만을 품은 궁성 부근의 근위포병 대대가 일으킨 사건으로, 일본에서 최초로 병사들이 일으킨 반란이다. 이 폭동에 관여한 2백여 명은 대대장과 대위 두 명을 제외하고 거의가 24세 전후의 농민 출신의 병사였는데, 이들은 사관 몇 명을 살해하고, 대장경 오쿠마 시게노부의 저택에 발포했다. 포(砲) 2문을 끌고 병영을 탈출해 황궁으로 향했으나 결국 모두 체포되어, 53명이 사형되고, 200여 명이 유죄 판결을 받았다.

이 사건 후 10월에 야마가타는 병사와 장교의 정신교육 지침으로 '군인훈계(軍人訓戒)'를 발표했다. 그 내용은 천황에 대한 언급 금지, 정부와의 접촉 금지, 정부정책 및 포고문에 대한 사적 의사표현 금지, 정치적 토론 개입 금지 등이었다.[428]

《특명전권대사 미구회람실기》

10월에 태정관 기록부에서 이와쿠라 사절단의 공식 보고서인 《특명전권대사 미구회람실기(米歐回覽實記)》를 간행했다. 이 책은 사절단을 수행한 구메 구니타케(久米邦武, 1839-1931)가 편수했는데, '실기' 작성에 직접적인 도움을 준 사람은 메이지 정부가 고용한 미국인 버베크(Guido Verbeck, 1830-1898)였다. 그는 보고서 작성 요령, 해외의 정보를 인민에게 알려 계몽하는 효과와 서술 방법 등을 포함한 의견서를 제출했다.

'실기'는 상업과 무역을 중요하게 여겨 유럽이 부강해졌다며, 일본이 향후 추구해야 할 것은 개인의 재산을 중시하고 나라가 부강해지도록 노력하는 것이라 했다. 구메는 또 서양은 물리, 화학, 역학 등을 응용한 기계를 사용하여 나라가 부강해졌지만, 이들이 발전한 것은 겨우 50년 밖에 되지 않으므로 일본이 따라잡을 수 있다고 했다.[429]

러시아의 지중해 진출 좌절

러시아의 터키에 대한 선전포고로 시작된 러터전쟁(1877-1878) 중, 러시아 군이 터키(오스만제국)의 콘스탄티노플(이스탄불)을 위협하자 영국이 군함을 파견하여 보스프러스 해협을 장악했다. 결국 러시아와 터키는 3월에 산스테파노 조약을 맺었는데, 터키의 유럽대륙 영토가 매우 축소되었다.

그러나 영국과 오스트리아가 이 조약에 반대하여 6월에 베를린회의가 열렸다. 베를린조약으로 영국과 오스트리아는 발칸반도에서 터키의 세력을 유지시켜 러시아를 견제했고, 보스니아와 헤르체고비나는 오스트리아가 점령하나 영유권은 터키에 귀속시켰고, 영국은 사이프러스(Cyprus)를 영유하게 되었다. 결국 러시아의 지중해 진출은 또다시 좌절되었다.[430]

곽숭도의 한탄

주영 청국공사 곽숭도는 당시 유럽이 중국 보기를 옛날에 중국이 '오랑캐'를 보는 것과 같이 한다고 했다. 그런데 청국 사대부 중에 아직 이

1878년 일본

것을 아는 자가 없다며, 청국이 유럽으로부터 멸시받는 것도 모르는 것을 탄식했다.[431]

1879년(광서 5, 고종 16) - 조선

백성들은 여전히 세금에 짓눌려 곤궁하고, 법도가 무너지고, 관리는 봉급도 받지 못했다. 청국에 다녀온 사신은 '정신승리'식 보고를 하고, 개국을 권고한 '상국'의 이홍장에게는 "차라리 외교란 말을 하지 말고 앉아서 제 나라나 지키는 것이" 더 낫다며 개국을 거절하던 그런 1879년의 조선이었다.

"단 하루도 보전하지 못할 것 같습니다"

1월 초에 함경감사에 임명된 김병지가 사직상소를 올려 자신이 임명된 것에 "죽을 것만 같은 두려움에 휩싸인 채 실로 그 까닭을 알지 못하겠습니다"라고 자신의 심정을 말했다. 함경도의 실상에 대해서는 "환자곡은 고갈되고 백성들은 곤궁하며 무기는 허술하고 습속은 각박해지고 있습니다. … 그런데다 창고의 비축이 나날이 줄어들면서 …"라며 사직을 청했다.

1월 하순, 영의정 이최응은 "오늘날 국세(國勢)와 민정(民情)이 아슬아슬 위태롭게 된 것은 무엇 때문입니까? … 사치한 풍습이 점점 더해지지만 금지하는 것이 없으며, 탐오하는 풍습이 만연하지만 징계하지 못하고 … 상하의 질서가 무너지고 크고 작은 법도가 무너지고 말았습니다. 근심거리는 천백 가지이고 믿을 만한 것은 한두 가지도 없으니 …"라 하였다.

며칠 후 사헌부 종3품 권종록이 상소를 올려, 나라의 창고가 "텅 비어 백관의 녹봉을 계속 잇대기 어렵고 군병의 방료(放料)도 주지 못하는 때가 많으며 공인(貢人)의 공가(貢價)도 주지 못하고 원역(員役)의 삭하도 지급하지 못하는 등 몹시 황급하여 단 하루도 보전하지 못할 것 같습니다. …"라고 했다. 3월에는 경기감사가 "창고가 텅텅 비어 있어 조처할 방도가" 없다고 했다.⁴³²

"부자와 부부가 하염없이 서로 바라볼 뿐 어떻게 해야 할지" 모르는 백성들

전 정언 이기영이 3월에 군산과 전주의 삼정의 폐단에 대한 상소를 올렸는데, 당시 백성의 모습을 그릴 수 있다.

"어찌하여 근래에는 조세의 징수가 해마다 증가하는데도 나라에는 비축된 것이 없고 백성들은 구학에 뒹굴고 있단 말입니까? … 농민의 토지에는 법으로 정해진 조세가 있지만 흉년이 들어 마련할 수가 없고, 몸뚱이에는 군포(軍布)가 지워졌으나 굶주려서 베를 짤 수가 없고, 집에는 바쳐야 할 환곡이 있지만 빈궁하여 갚을 수가 없으므로, 부자와 부부가 하염없이 서로 바라볼 뿐 어떻게 해야 할지 모르고 있습니다. 이것이 신이 근심하고 가슴 아파하는 이유입니다. …"라 했다.⁴³³

이기영의 이런 표현은 5년 전인 1874년 9월에 홍인섭이 상소를 올려 "아내를 팔고 아들을 팔고 있으니 원한은 하늘에 사무치고"라 한 것과 차이가 없다. 이처럼 백성들에게 징수하는 세금은 해마다 늘어나지만, 조정의 창고는 비어 있고, 백성들은 기근에 시달리고 있었다.

사신과 고종의 '정신승리' 대화

동지사로 청국에 다녀온 사신 중 정사 심순택과 고종이 대화하는 내용 중 일부를 승정원일기 3월 25일 자 기록에서 보자.

"조선이 서양인을 배척하고 있다는 사실을 모두 알고 있는가?"
"모두 알고 있으며 말할 때마다 흠탄하고 있습니다." …
"한인들은 우리나라의 대보단을 알고 있는가?"
"물어보는 자가 없어서 그렇지 어찌 모를 리가 있겠습니까?"
"전부터 이미 알고 있었을 것이다."
"그런 듯합니다."
"우리나라의 예악과 문물을 중국인 가운데 혹 흠모하는 사람이 있는가?"
"비단 중국뿐만이 아니라 천하 각 나라가 또한 모두 예의의 나라라고 칭찬하였습니다." …

6년 전인 1873년 4월에 돌아온 사신들과의 대화에서도 이와 비슷한 대화가 오갔다.

일본군함 시찰을 거부한 훈련대장

하나부사가 부산 외 2개 항을 개항하는 것과 관련하여 4월에 조선을 방문했다. 조선은 원산진을 다음 해 3월(양 5월)에 개항하는 것에 동의하고 7월에 '예약(豫約)'을 체결했다. 그 내용은 원산진에 해관을 두어 물품을 검사하고, 부산항의 규례에 따라 일본인들이 사방 10리를 통행할 수 있게 했다. 그러나 인천은 "서울에서 100리 내에 가까이 있는 관계로", "높고 낮은 관리들이" 모두 반대했는데, 결국 1882년 8월에 개항하기로 1881년 1월에 일본에 통보한다.

한편, 하나부사는 조선정부에 권고해서 제물포 앞바다에 정박 중이던 일본 군함을 시찰하도록 훈련대장을 초청했다. 그러나 훈련대장은 독단적으로 행동하기 어렵다고 거절하고, 군관 몇 명을 보내서 군함을 견학하게 했다.[434]

이것은 1854년에 일본에 페리 함대가 왔을 때 막부는 도장기술자를 보내 미국 기술자로부터 페인트 제조법을 배운 것이나, 그해 에도항에 정박해 있던 러시아 군함이 파손되어 배를 다시 건조할 때 기술자들을 보내 배울 수 있는 것은 모두 배우도록 하는 등, 기회만 있으면 어떻게 해서든 배우려고 한 일본 지도층의 태도와 크게 다르다.

"차라리 외교란 말을 하지 말고 앉아서 제 나라나 지키는 것이 더 낫지 않겠습니까?"

이홍장이 조선의 개국을 권고하며 영중추부사 이유원에게 편지를 보냈는데(7월 도착), 이유원은 "8월 그믐 경에 받아 읽었으나 그 후 또 이럭저럭하다가" 11월에 회신을 보낸다.

"중국 북양 대신 이홍장이 우리나라에 영국, 독일, 프랑스, 미국과 통상하여 일본을 견제하고 러시아 사람들이 엿보는 것을 방지할 것을 권하였는데, 이때에 영중추부사 이유원에게 편지를 보내왔다." 이홍장은 편지에서 영국, 독일, 프랑스, 미국 등은 "본래 다른 요구가 없으며 그 목적은 통상을 하자는 것뿐이고 귀국의 경내를 지나다니는 배들을 보호하자는 것뿐입니다. … 만약 귀국에서 먼저 영국, 독일, 프랑스, 미국과 관계를 가진다면 비단 일본만 견제될 뿐만 아니라 러시아인들이 엿보는 것까지 아울러 막아낼 수 있습니다"라며 임금과 신하들이 모여 토의하여 개국을 하기를 권했다.

그러나 이유원은 회답 편지에서 "설령 우리나라가 정책을 고쳐서 항구를 널리 열어 가까운 나라들과 통상하고 기술을 다 배운다고 하더라도 틀림없이 그들과 교제하고 거래하다가 결국 창고를 몽땅 털리고 말 것입니다. … 절름발이로서 먼 길을 갈 것을 생각하기보다는 차라리 외교란 말을 하지 말고 앉아서 제 나라나 지키는 것이 더 낫지 않겠습니까? … 형편이 허락지 않아 그대로 받들어 실행하지 못하니, '워낙 어리석은 사람은 종신토록 깨닫지 못한다.'고 한 말이 바로 저를 두고 하는 말이 아니겠습니까?"라며 이홍장의 개국 권고를 거절했다.

다음 해 2월 중순에 이유원의 답장을 받은 이홍장은 조선을 위해 중국이 방책을 마련했지만 조선이 아직 깨닫지를 못한다고 서한을 작성하여 이유원의 회답과 함께 총리아문에 보냈다.[435]

이처럼 "상국"의 이홍장이 서구와 외교관계를 수립하라고 충고하지만, 신하는 외교를 하지 못한다는 '인신무외교(人臣無外交)' 사상에 지배되고 인재조차 기르지 않은 조선의 지도층은 개국을 거부하고 계속 쇄국을 하겠다는 것을 보여준다. 이런 조선의 지도층은 1905년까지 변화가 없다.

고종이 본 위급한 조선

8월에 영의정 이최응이 사직상소를 제출하자 고종은 "지금 허다한 사안들이 어지럽고 위태한 지경에 도달하여 큰 집이 기울어지는 듯하고 배 안으로 물이 들어오는 듯하다는 것으로 그 위급함을 비유하기에 부족하다"며 사직을 만류했다.

12월에 전라감사는 사직상소에서 "일군 땅이 해마다 황폐하고 백성의 재산은 점점 기울어 가며 장부가 날로 문란하여 가고 아전의 버릇은 갈수록 속이기를 더합니다"라 했고, 경상감사는 사직상소에서 환곡이 "점점 깊은 폐단이 된 것도 오히려 바로잡지 못하고 지불해야 할 비용이 점점 늘어나는데도 조처하지" 못하는 실정이라 했다.[436]

이렇게 쇄국은 더욱 강화되고 백성을 속이는 것은 더 심해지고, 백성들은 더욱 살기가 어려워져 가고 있었다. 고종도 알고 있었다.

1879년(메이지 12) - 일본

콜레라로 10만여 명 사망

전년도에는 콜레라로 약 2천 명의 환자 중 450여 명이 사망했는데, 이해에는 약 17만 명의 환자 중 10만 7천여 명이 사망했다. 이는 청일전쟁 때 약 1만 3천여 명, 러일전쟁 때 약 8만 명의 일본군 사망자 수를 합한 것보다 많은 수였다.

이에 일본 방역당국은 '콜레라 예방규칙'을 제정하여 소독 및 환자 격리를 엄격하게 실시했다. 그러나 정부가 환자를 격리시켜 살아 있는 사람의 간을 빼내 외국에 팔고 있다는 소문이 돌아 수송 중인 환자를 군중들이 빼내거나, 소독약을 뿌리는 것을 독을 뿌린다고 오해하여 순경이나 의사를 습격하기도 했다.

이런 일본에서 7월에는 동경대학에서 처음으로 학사학위가 수여되었고, 박사 학위는 9년 후인 1888년에 수여된다.[437]

홍콩과 일본 신문 내용

1월에 홍콩의 〈순환일보(1874-1947, 중국어판)〉는 러시아가 청국의 동북 삼성(三省) 및 조선을 침탈할 우려가 있다며, 청국은 일본과 제휴를 맺어 러시아에 대비해야 한다는 기사를 게재했다. 11월에는 일본의 아사노(朝野) 신문이 이 기사를 전재하며, 러시아를 견제하기 위해 양국

1879년 일본

이 우호관계를 맺어야 한다는 기사를 게재했다.[438] 이처럼 청국과 일본은 러시아의 조선 진출을 예상하고 그 대책을 생각하고 있었다.

청에서 나온 조선의 개국 문제

전년도 12월에 일본이 류큐번을 오키나와현으로 변경함으로써 일본에 편입하자, 전 푸젠순무(福建巡撫) 딩르창(丁日昌)이 상소문을 올려 조선이 망하면 일본과 러시아가 동삼성과 근접하게 되며, 그러면 배에 칼날을 숨기고 있는 것처럼 중국에 큰 우환이 될 것이라며 조선의 개국을 주장했다. 주청 영국공사 웨이드(Thomas Wade)도 조선이 쇄국을 지속하면 류큐의 전철을 밟게 될 것이라고 총리아문에게 경고했다. 청 조정은 이러한 딩르창과 영국공사의 의견을 조선 정부에 전해 각국과 조약을 맺고 통상을 할 것을 이홍장이 권고하도록 했다. 이에 따라 이홍장이 이유원에게 보내는 편지가 7월에 도착한 것이다.[439]

전 미국 대통령의 청과 일본 방문

그랜트(Ulysses S. Grant, 재임 1869-1877) 장군이 중국 방문을 마치고, 일본에 7월 초(음 5월 중순)에 도착한다. 그는 청으로부터 류큐 문제 해결을 위해 거중조정을 요청받고 일본에 청의 입장을 전달하며, 양국이 평화적으로 해결하기 바란다는 입장을 전했다. 그랜트는 방문 기간 중 메이지 천황에게 외채는 내정 간섭을 하기 위한 것이기 때문에 위험한 것이라고 여러 차례 경고했다. 그는 약 두 달간 체류하면서 일본 정부와 국민으로부터 성대한 환영을 받았다.

이해 일본의 인구는 3,650만 명, 조선의 인구는 665만 명이었다.[440]

1880년(광서 6, 고종 17) - 조선

미국의 조선과의 조약 체결 시도

미국무장관은 4월 초(양)에 주일 미국공사 빙엄에게 훈령을 내려, 미국인 선원이 조난을 당할 시 구조하여 송환하는 문제를 슈펠트 제독이 조선과 협상할 수 있도록 일본 외무경의 협조를 요청하라고 했다. 이에 이노우에는 슈펠트 제독이 임무를 완성할 수 있도록 부산 주재 외무성 관리들이 편의를 제공하도록 했다. 슈펠트는 3월 하순(양 5월 초)에 부산에 도착해 고종에게 보내는 서한을 전달해 줄 것을 일본영사 곤도에게 부탁했다. 곤도가 동래부사에게 이 편지를 전달했으나 접수를 거절했고, 슈펠트는 나가사키로 돌아갔다.

결국 외무경 이노우에가 4월 하순(양 5월 하순)에 예조판서에게 서계를 보내 쇄국을 할 수가 없음은 일본이 경험해서 알고 있다면서, 미국의 요청을 수락할 것을 권고했다. 그러나 조선 조정은 두 달여 후인 6월 말(양 8월 초)에 거절하는 회신을 보냈고, 일본 외무성은 미국 공사 빙엄에게 슈펠트의 서한이 반송되었음을 알려주었다. 미국이 조선과 조약을 직접 맺으려던 시도는 여기에서 끝났다.[441]

수신사 김홍집의 출발

일본공사 하나부사가 조선에 나온 것과 관련하여 "교린하는 정의(情

誼)로 볼 때 마땅히 사례하는 조치가 있어야" 한다는 의정부의 건의로 수신사 김홍집을 일본에 파견한다. 승정원일기 5월 28일 자에 보면 김홍집이 출발 전에 고종으로부터 "개항과 세금을 정하는 등의 일"을 할 것과 그 외 "처리하기 곤란한 일이 있으면 모름지기 깊이 염려하지 말고 단지 나라를 이롭게 하는 바를 도모하라."는 지시를 받았다.

무기제조술을 배우려는 "작은 나라"

고종은 7월에 청국의 예부에 자문을 보내, 천진에 조선의 기술자를 보내 무기제조술을 익힐 수 있도록 해달라고 요청한다. "작은 이 나라는 풍속이 순박하고 졸렬하여 노는 데 빠지는 것이 습관이 되어 모든 무기를 만드는 일을 둔한 장인들에게 내맡기고 있으니, 저도 모르게 한심해집니다. … 우러러 바라건대 간곡하게 살펴 황제에게 고해 주어 특별히 융숭한 명령을 내려 작은 나라 장인과 공인들로 하여금 천진창에 가서 무기 제조술을 배울 수 있도록 해주소서. …"라 했다.[442]

김홍집의 복명

김홍집이 복명하여 고종과 문답하는 일부 내용을 승정원일기 8월 28일 자에서 보자.

그의 일본 방문 내용은 일본 편에 있다.

"세금을 정하는 일을 아직 제대로 매듭짓지 못하고 돌아왔는가?"
"별단에서 이미 대략 진달하였지만, 그 나라에서 바야흐로 조약을 수정하는 일이 있다고 들었기 때문에 갑자기 정할 수가 없었습니다." …
"몇 해 전에 살마주(薩摩州) 사람이 우리나라를 침범하려고 하는 것을 대신 암창구시(巖倉具視)가 막아서 뜻을 이룰 수 없었다고 하는데, 이 일이 사실이던가?"

"이 말은 진실로 확실합니다." …

"그들의 부세를 많이 견감했다고 하던가?"

"참으로 그렇습니다. 무릇 백성들을 이롭게 하는 정사는 반드시 들어서 행한다고 합니다." …

"저 나라는 각기 그 재주에 따라서 사람을 가르치기 때문에 비록 아녀자와 어린아이일지라도 모두 학습시키므로 한 사람도 버릴 만한 사람이 없을 것이다."

"그렇기 때문에 한 사람도 놀고먹는 백성이 없습니다." …

"저곳에 연로(沿路)의 시장과 백성들의 거주지가 과연 어떠하던가?"

"보이는 것이 자못 번화하고 풍성하였습니다." …

"그들이 아무리 우리나라와 한마음으로 힘을 합치고자 해도, 이것이 어찌 깊이 믿을 만한 것이겠는가. 곧 요컨대, 우리도 또한 부강해질 방도를 시행해야 할 뿐이다."

"그들의 마음을 참으로 깊이 믿을 수는 없지만, 오직 우리나라가 바깥일을 알지 못하는 것을 안타깝게 여기고 있습니다."…

"일본의 형세는 겉으로 보기에는 강한 것 같아도 속은 비었을 것으로 생각된다."

"성상의 하교가 참으로 옳습니다." …

김홍집이 보고한 일본의 다양한 모습과 고종의 관심을 볼 수 있는 내용이다. 이런 대화는 청국에 다녀온 사신들과의 대화에서는 볼 수 없는데, 사신들은 청국에 가서도 청국 관리는 물론, 서양 외교관이나 서양인과도 접촉을 하지 않았다.

고종과 영의정의 《조선책략》 대화

김홍집이 가져온 《조선책략》에 대해 9월 초에 고종과 영의정 이최응이 대화한 내용 일부를 보자. 결국 이최응의 예상대로 《조선책략》은 조선에서 "휴지"가 되고 만다.

"수신사 편에 가지고 온 책자는 청나라 사신이 전한 것이니, 그 후한 뜻이 일본보다 더하다. 그 책자를 대신도 보았는가?"

"일본이 오히려 이처럼 성의를 다하는데 청나라 사람이야 더 말할 나위가 있겠습니까? 반드시 들은 것이 있었기 때문에 우리나라로 하여금 대비하게 하는 것입니다. 우리나라의 인심은 본래부터 의심이 많아 장차 그 책을 덮어놓고 연구하지도 않을 것입니다."

"그 책을 보니 과연 어떻던가?"

"… 한 번 보고 묶어서 시렁 높이 얹어둘 수는 없습니다. … 러시아 사람들이 욕심내는 것은 땅과 백성에 있으며 … 그 의도를 진실로 헤아릴 수 없으니, 어찌 대단히 위태롭지 않겠습니까?"

"방비 대책은 어떠한가?"

"… 청나라 사람의 책에서 논한 것이 이처럼 완벽하고 이미 다른 나라에 준 것은 충분한 소견이 있어서 그런 것입니다. 그중 믿을 만한 것은 믿고 채용해야 할 것입니다. 그러나 우리나라 사람들은 틀림없이 믿지 않을 것이니, 장차 휴지가 되고 말 뿐입니다."

"우리나라의 풍습이 본래부터 이러하므로 세계의 웃음거리가 된다. … 이른바 사학이란 배척해야 마땅하지만 불화가 생기게까지 하는 것은 옳지 않다."443

이렇듯 28세의 고종은 개화에 적극적인 모습을 보였다. 그러나 고종의 뜻대로 할 수 있는 것이 없었다.

《조선책략》 비판 상소

그로부터 한 달 후인 10월 초에 병조 정랑 유원식이 《조선책략》을 비판하는 상소를 올렸다. 그는 "황준헌의 사사로운 의견이 담긴 책자"라며, "'예수와 천주의 학문은 우리 유교에 주희와 육구연이 있는 것과 같다.'라는 구절에 이르러서 저도 모르게 머리털이 서고 간담이 떨리며 가슴이 서늘해지고 뼛골이 오싹하였습니다"라고 했다. 그리고 "바른 것을 지키고 요사스러운 것을 배척하는 원칙을 나타내어야 하는데, 이와 같이 하지 않고 태연하게 받았습니다"라며 김홍집을 비판했다. 그는 《조선책략》이 "인심을 소란하게 하고 사도(邪道)를 물들이려는 것이라고 봅니다. … 잠복해 있는 흉악한 무리를 찾아내어 남김없이 섬멸"하기를 아뢰었다. 이에 고종은 "상소를 보고 잘 알았다."고 했다.[444]

함경도 백성들에게 내린 교서

점점 더 많은 함경도의 백성들이 러시아로 넘어가자 고종은 이들에게 교서를 내리는데, 그들이 조선을 떠나는 이유를 자세히 알 수 있다. 승정원일기 10월 9일 자에 있다.

"아, 너희 관북 십진(關北十鎭)의 백성은 … 이웃 나라로 넘어가고 한 해 두 해 서로 유인하여 거의 셀 수 없이 많아졌다고 하는 것인가? … 탐관오리와 교활한 아전과 간사한 호족이 끝없이 거두어들이고 갖가지로 침탈하며 뇌물이 버젓이 행해지고 옥송(獄訟)이 공평을 잃어 때리고 빼앗는 고통과 차꼬를 채워 가두는 해독에서 벗어날 계책이 없으며, 게다가 자주 흉년이 들고 베틀은 다 비었는데 침탈은 더욱더 심해지고 곤궁하여도 고할 데가 없기 때문이다. … 목에 칼을 쓰고 손에 수갑을 차서 고초를 당하는 것보다 차라리 높이 날아서 멀리 떠나는 것이 낫고 아내를 팔고 자식을 팔아서 주구(誅求)에 응하는 것보다 차라리 가족을 거느리고 떠나는 것이 나아서 이렇게 흩어져 다른 곳으로 가게 된 것이니 …"라 하면서, 그러나 다시 돌아오면 "용서해주고 묵은 허물을 깨끗이 씻어" 주겠다고 했다.

1880년 조선

열 집에 아홉 집은 빈 북방

고종실록 12월 28일 자에 성균관 정6품 이찬식이 올린 상소가 있는데, 북방은 "열 집에 아홉 집은" 비었는데, 환곡은 "더욱 불어나 한 해 내내 애써 농사지어도 조세로 바치고 나면 그만입니다. 가을에 현창에 바치는 것은 알곡이었는데 봄이 되어 환곡을 받은 것은 쭉정이뿐이니, 이것이 참새나 쥐가 축낸 것이겠습니까? 기러기나 따오기가 채간 것이겠습니까?"라 했고, 또 명목 없는 세금과 전례 없는 부역이 해마다 증가되어 "뼈에 사무치는 폐단"이 되고 있었다.

"상하가 빈곤에" 허덕였다

11월 중순에는 전 정언(前正言) 허원식이 상소를 올렸는데 "백관의 녹봉이 넉넉하지 못하고 오영 군량이 넉넉하지 못하며 각사(各司)의 서리(胥吏)가 받아먹을 곳을 잃어 상하가 빈곤에 허덕"이고 있는데도, "어찌하여 지금 세상에서는 위에는 인도하는 정사가 없고 아래에는 자포자기한 부류가 많단 말입니까?"라 한다. 이렇게 위급한데 "입을 다문 채로 충직한 말이나 아름다운 계책을 한마디도 아뢰는 자가" 없음을 한탄했다.[445]

일본공사의 부임과 무기류 기증

11월 중순에 하나부사 판리공사가 부임하였는데, 그는 이때 조선에 총기를 기증하였다. 기증품은 16연발총 등 모두 10종의 총기 각 5정으로 총 50정의 총과, 10종의 포탄 및 뇌관 각 100발, 총 1,000발이었다. 하나부사는 호리모토 육군 소위를 시켜 사용법 등을 조선에게 전수했다.[446] 이후에도 일본은 조선에 여러 번 총기와 탄약류를 기증한다.

1880년(메이지 13) -
일본

미야코제도와 야에야마제도

전년도에 방문한 전 미국 대통령 그랜트의 충고에 따라, 일본은 청국에게 미야코제도(宮古諸島)와 야에야마(八重山)제도를 할양하고, 그 대가로 청이 서양 여러 나라에게 부여한 내지(內地) 통상권을 요구했다. 당시 러시아와의 이리분쟁, 프랑스의 베트남 침공에 대처하기 바빴던 청은 이를 받아들여 주청 일본공사 시시도 타마키(宍戶璣, 1829-1901)와 교섭을 진행했고, 서명 직전까지 갔다. 그러나 청국 내부의 청류파와 이홍장 등의 반대와 전 류큐 신하들도 반대하여, 결국 다음 해 초까지 아무런 진전이 없었다. 동경에서 외무성과 청국공사 하여장 간에도 몇 차례 회담을 가졌으나, 임오군란 때문에 이 문제는 잠잠해졌고, 이후 협상이 진행되지 않아 일본 땅이 되었다.[447]

그런데 최근 타이완 사태와 중공군의 태평양 진출을 둘러싸고 이 지역이 매우 중요해지고 있다. 일본 자위대는 미군과 공동으로 미야코지마와 이시가키(石垣), 요나쿠니(与那国) 등의 섬을 타이완 보호와 중공에 대항하기 위한 전방기지로 하여 미사일과 군함을 배치하는 등 대비태세를 강화하고 있다. 그런데 이들 섬을 이때 일본이 청국에 넘겨주려고 했던 것이다.

1880년 일본

'흥아회'

3월에 '흥아회(興亞會)'가 설립되었는데, 설립자는 소네 도시토라(曾根俊虎, 1847-1910)였다. 설립 목적은 아시아의 쇠퇴를 막는 것인데, 이를 위해 그 언어를 배워 아시아의 정세를 알아야 한다고 했다. 구체적으로는 동경에 중국어학교를 세우고, 통신원을 아시아의 주요 지역에 두고, 장차 상하이 및 부산 등에도 학교를 세워 서로 정세를 파악하게 하는 것 등이었다. 이처럼 일본, 중국, 조선 간 언어장벽이 없도록 학교를 세우고 정보를 교류하는 것 등을 목적으로 했다.[448]

김홍집의 일본 도착과 외무경의 조언

수신사 김홍집 일행이 동경에 8월 11일(음 7.6)에 도착하여 9월 8일(음 8.4)에 귀국길에 오른다. 일행은 약 50명이었는데 이 중에는 강위, 윤웅렬, 지석영 등이 있었다.

외무성을 방문한 김홍집에게 이노우에 외무경은 일본도 15년 전에는 조선과 다르지 않았다며, 수신사에게 시찰을 권하는 것은 자랑하기 위한 것이 아니라 "이를 계기로 깨달아서 속히 국경 수비를 갖춰 우리와 함께 순치상의의 형세"를 이루어 유럽의 모멸을 당하지 않기를 바라기 때문이라 했다.

일본 외무성은 수신사에게 주일 서양 외교단을 두루 방문할 것을 권했으나, 수신사는 주일 청국 공사 하여장만 방문했다. 수신사는 군대, 학교, 공장 등 시찰 권유를 받을 때마다 "본 사신은 우졸해서 본디 지해(知解)가 없으니 설령 보더라도 무익할 것입니다"라며 거부했는데[449], 이는 김기수가 일본을 방문했을 때와 비슷하다.

《조선책략》의 내용

하여장은 김홍집에게 미국이 통상을 요구할 때 일본의 선례를 참고하여 유리하게 조약을 체결한다면 앞으로 손해될 일이 없을 것이며, 따라서 절대 놓쳐서는 안 되는 기회라 했다. 만약 이것을 거절하다가 후에 다급해서 조약을 맺는다면 그 손해가 막심할 것이라고도 충고했다. 이러한 하여장의 생각을 청국 공사관의 황준헌이 《조선책략》이라는 책으로 만들어 김홍집에게 전달했다. 당시 청은 러시아와 이리(伊犁)분쟁으로 인해 혼란한 상태였다. 따라서 《조선책략》에서 러시아의 위협에 대해 아주 다양하게 언급하며, 조선이 이를 실천하기를 바랐다. 주요 내용을 보자.

조선이 해야 할 일은 "러시아를 막는 일보다 더 급한 것이 없다"며 러시아를 막기 위해 "중국과 친하고(親中國), 일본과 맺고(結日本), 미국과 이음(聯美國)으로써 자강을 도모하는 길뿐이다"고 했다. 일본과의 관계에 대해서는 만일 일본이 땅을 잃으면 조선도 스스로 보전할 수 없게 될 것이고, 조선에 어떤 변고가 생기면 일본도 규슈와 시코쿠를 계속 차지하지 못하게 될 것이라고 했다. 따라서 양국은 '서로 돕고 의지하는' 관계에 있다고 했다. 또 양국의 배가 일본의 바다를 종횡으로 누비게 되면 "침입의 길이 저절로 없어질 것이다"며 이것이 일본과 맺어야 하는 이유라고 했다.

미국을 의심하거나 조선을 해치지 않을까 의혹을 품는 것은 "너무나 세상 형편을 모르는 것이다"며 조선이 러시아에 병합되는 것을 막고 영국, 프랑스 등의 위협을 피하려면 미국과 빨리 관계를 맺어야 한다고 했다. 그리고 "대체로 중국과 친하게 지내는 일에 대해서는 조선이 믿겠지만 일본과 맺는 일에 대해서는 조선이 반신반의할 것이고, 미국과 잇는 일에 대해서는 조선이 깊이 의심할 것이다"고 했는데, 조선 내부를 정확하게 파악하고 있었음을 알 수 있다.

이 책은 계속해서, 이 기회를 놓치면 안 되기 때문에 조선의 인재가 속히 이를 실천하기를 바란다면서, "오직 내가 속을 것을 근심한 나머지

1880년 일본

스스로 날개를 잘라버리고" 외국을 배척하다가 "변이 일어난 뒤에야 비로소 비굴하게" 허둥대는 것은 대책이 아니라 했다. 이 책에서 말하는 대로 한다면 "이것은 조선뿐만 아니라 온 천하 생령의 경사"라 했다.[450]

러시아와 이리분쟁을 겪으며 러시아의 위력에 놀란 중국이, 반드시 미국, 일본과 관계를 맺어 러시아의 위협에 대비해야 한다고 조선에 진심으로 충고한 것이다. 그러나 영의정 이최응의 예측대로 결국 "휴지"가 된다.

재정악화와 마쓰가타 마사요시

일본의 재정상황이 매우 안 좋았다. 관영 기업들은 대부분 적자를 내고 있었고, '질록처분'과 세이난 전쟁 이후 극심한 인플레로 쌀값은 3년 사이에 두 배 이상 올랐고, 현금으로 거두어들이던 지조(地租, 토지세)의 실제 가치도 인플레로 인해 크게 떨어졌다. 이 때문에 세입은 도저히 세출을 감당하지 못했고, 각 관청도 더 이상의 예산 삭감이 불가능할 정도였다.

이를 타개하기 위해 대장경 오쿠마 시게노부는 1년 치 예산에 해당하는 5천만 엔의 외채를 발행할 것을 건의했으나, 메이지 천황은 반대했다. 그것은 전년에 그랜트 전 미국 대통령의 조언을 따른 것으로, 근검절약을 기본으로 하여 경제를 회복할 것을 지시했다. 이에 따라 11월초에 손실을 보고 있던 관영기업을 매각하기로 결정했는데, 이를 추진한 사람은 1881년에 대장경에 임명되어 1892년까지 활동하는 마쓰가타 마사요시(松方正義, 1835-1924)였다.[451]

참모본부장의 군사력 증강 강조

이렇게 재정은 여력이 없는데, 참모본부장 야마가타는 청국의 군사 현황에 대한 보고서를 11월에 메이지 천황에게 제출하여 독립을 유지하기 위해서는 군사력이 강해야 함을 강조한다. 그는 조약과 만국공법은 강대국에게는 자국에 이익이 될 때만 좋고, 약소국에게는 그렇지 않다고 했다. 그는 참모본부장에 임명된 1878년에 가쓰라 다로 등 10여 명의 장교를 청에 파견했는데, 그들의 보고를 기반으로 하여 이 보고서를 만들었다. 그러나 이해 일본의 징집 대상 인원 총 32만여 명 중 약 90%에 해당하는 29만여 명이 면제를 받는 실정이었다.

일본에서 자국산 페인트가 처음 생산되었고, 무라타 쓰네요시(村田經芳)가 일본 최초의 소총인 '메이지 13년식 무라타총'을 개발하였다. 3월에는 애국사(愛國社)가 '국회기성동맹'으로 개명하였는데, 향후 10년 간 국회 개설을 위한 활동을 하게 된다.[452]

이홍장의 슈펠트 초청

이홍장이 청국의 현안 문제를 협의하기 위해, 나가사키에 머물며 혹시 올지도 모르는 조선의 회신을 기다리던 슈펠트를 천진에 초청했다. 당시 청은 이리분쟁으로 러시아와 긴장관계에 있었는데, 이홍장은 청국과 러시아가 해상에서 전투를 할 경우 해군전문가인 슈펠트의 의견을 들어보고자 했다.

조선문제에 대해서는 향후 세 차례에 걸쳐 이홍장과 슈펠트가 회담을 가지는데, 7월 중순(양 8월 중순)에 회담을 가진 슈펠트는 조선과 우호조약을 맺을 수 있도록 청이 영향력을 행사해주기를 부탁했는데 이홍장은 조선과의 조약이 체결될 것이라고 확답을 주었다. 이홍장이 질문한 러시아와의 해상전투가 발생할 경우에 대해서는 무질서한 청국 해군은 러시아 해군에게 참패할 것이라고 대답했다.[453]

1881년(광서 7, 고종 18) - 조선

김홍집이 가져온 《조선책략》을 비판하는 상소들이 줄을 잇고, 김홍집은 사직상소를 올린다. 여전히 치안은 불안하고, 고종을 폐위하려 한 '이재선 사건'이 발각된다. 이해에 '별기군'이 조직된다.

유생 1만 명의 《조선책략》 비판 상소

2월 26일에 이만손 등 경상도 유생 만 명이 황준헌의 《사의조선책략》을 비판하는 '만인소'를 올렸다. 그 내용을 고종실록에서 보자. "… 주공(周公), 공자의 말씀보다 낫고 정자와 주자의 문구와 같다고 하니, 어찌 이리도 성현을 모욕하고 어찌 이리도 나라를 욕되게 한단 말입니까? … 중국으로 말하면 우리가 번국으로 자처해 왔고 신의로 교류한 지 거의 200년의 오랜 시일이 지났습니다. … 러시아나 미국, 일본은 모두 같은 오랑캐들이니 … 그 책은 물이나 불 속에 집어던져 …"라고 하였다.

이에 고종이 "… 다른 나라 사람의 《사의조선책략》의 글은 애당초 깊이 파고들 것도 없지만 그대들도 또 잘못 보고 지적함이 있도다. … 이 점을 잘 알고 물러가도록 하라." 하였다.

4월 초에는 대사헌 한경원이 상소를 올려 이만손의 상소는 전 참판 강진규가 지은 것이라며 이들의 처벌을 주장해, 이만손과 강진규는 5월 말에 유배를 간다.[454]

5개월 전인 전년도 9월에 고종이 영의정 이최응과 《조선책략》에 관해 대화한 내용과, 지금 고종이 "《사의조선책략》의 글은 애당초 깊이 파고들 것도 없지만"이라고 말한 것을 보면, 그동안 고종의 생각이 다소 달라졌다는 것을 볼 수 있다.

김홍집의 사직상소

6일 후인 3월 2일에 예조참판 김홍집이 자신을 처벌해 달라는 상소를 올리는데, 그 내용을 승정원일기에서 보자.

"신이 사신으로 갔다가 돌아온 뒤 스스로 초래한 비방이 해가 바뀌도록 그치지 않고 있습니다. … 외국으로 사신 가는 신하가 이런 경우를 당했다면 장차 어떻게 해야 알맞게 처신할 수 있겠습니까?"라 하였다.

이를 보면 5년 전인 1876년에 수신사 김기수가 돌아와서 이런 일을 당하지 않은 것은, 누군가 그에게 말한 대로 "권도(權道)"에 어긋나지 않게 움직였기 때문이 아닐까 생각된다. 조정에서 존재감이 없던 김기수보다 훨씬 높은 예조참판조차 그로부터 5년이 지났는데도 이런 비방을 받고 있었다.

황재현과 홍시중의 《조선책략》 비판 상소

처음으로 벼슬을 받은 출신(出身)들인 황재현과 홍시중이 3월 하순에 상소를 올려 《조선책략》을 비난했다.

황재현은 《만국공법》, 《조선책략》 등은 불태워야 한다고 했으며, 당시 조선이 군사적으로 매우 취약한 상태였음을 아뢨다. "지금 위에서는 신뢰가 없고 아래에서는 법을 지키지 않아서 백성들의 마음이 흩어진 지 오래되었습니다. … 만약 이러한 때에 한 사내가 들고 일어나서 주먹을 부르쥐고 선동한다면 관서 이북과 영남, 호남 이하의 땅이 우리의 소유가 되지 못할 것입니다. … 문관은 안일에 빠졌고 무관은 놀기만 하며 고관들의 집에는 청탁하는 일로 분주하고 상하의 언로가 막혀서 서로 멸망의 길로 빠져들고 있습니다."라고 했다. 또 군은 연습을 하지 않아 북을 울리고 징을 치는 것을 어떻게 하는지도 전혀 모르며 전투 시 동작법, 총 쏘고 활 쏘고 나무와 돌을 내리굴리는 것들을 "마치 꿈속에서 말을 더듬는 것처럼 여기고" 있으며, 병력 현황은 "대장에 올라 있는 이름도 모두 죽은 사람이고 훈련에 참가한다는 인원수도 태반이 어린아이들"이라 했다.

홍시중은 "사람이 사람답지 못하게 되고 나라가 나라 구실을 못하게" 되었다면서 "이른바 《중서문견》, 《만국공법》… 등의 책과 황준헌의 《조선책략》 등 허다한 책들을 일일이 찾아내어 종로 거리에서 불태우고"라 하였다. 이들 둘은 5월 말에 유배를 간다.[455]

홍재학, 신섭 등의 《조선책략》 비판 상소

윤 7월 초에 이항로의 문하생인 홍재학이 주도하여 강원도 유생들이 복합상소를 올려 《조선책략》을 비판했다.

"사람이 짐승과 다른 것은 바로 오륜오상(五倫五常)의 법과 중국을 높이고 오랑캐를 배척하는 성품이 있기 때문"이라고 했다. 서양학문은 "천리를 문란하게 하고 인륜을 멸하는 것"이며, 서양의 문물은 "태반이 음탕한 것을 조장하고" 윤리와 정신을 어지럽히기 때문에, "귀로 들으면 내장이 뒤틀리고 눈으로 보면 창자가 뒤집히며" 본성을 잃게 되고, 《만국공법》 등 "요사스런 책들이" 나라 안에 가득 차 있다고 했다. 아울러 삼천리가 "오늘에 와서 개돼지가 사는 곳으로 되고" 예의가 거름에 빠졌다며 서양 물건들을 불태우고, "창귀 노릇을 하기 좋아하는 자들을 죽여"야 한다고 했다. 유생의 상소 중에 가장 문제시된 것은 홍재학의 상소였는데, 이항로의 문인인 김평묵이 작성했다. 결국 홍재학은 윤 7월에 능지형에 처해지고 가산이 적몰됐으며, 김평묵도 유배되었다.

홍재학과 같은 날에 경기도 유생 신섭 등이 상소를 올렸다. 이들도

"러시아가 … 사신이 왕래하지 않으며 은혜도 원망도 애당초 말할 것이 없는데 망녕되게 무기를 사용하여 강토를 침범할 리가 있겠습니까?"라며《조선책략》을 비판했고, 이유원이 이홍장과 편지를 주고받은 것에 대해서도 "신하로서 다른 나라와 내통한 죄를 스스로 짓고(而自犯人臣外交之罪)"라며 '외교'를 했다고 비판했다. 신섭도 유배되었다.

이런 상황에서 김홍집이 3월에 이어 8월에도 사직상소를 올려 "오직 영원히 벼슬을 사퇴하고 시골에 물러가 은거해야 할 뿐이니 그런 연후에야 뭇사람의 노여움을 가라앉힐 수 있고 여생을 보전할 수 있을 것입니다"고 했다.[456]

이처럼 조선이 떠받들던 "상국"이 작성하여 보낸《조선책략》조차 불태우라며 반대하던 조선에서는 조금도 개화의 가능성이 없었다. 전국의 유생들조차 이렇게 반대하는 조선에서 29세의 고종이 할 수 있었던 일은 없었을 것이다.

청국 칙사에 은 7천 냥

1861년에 사망한 함풍제(재위 1850-1861)의 두 번째 황후인 자안황태후가 사망하여 중국에서 칙사가 오게 되었다. 호조판서 홍우길은 "칙사에게는 으레 은자(銀子) 8천 냥을 기증해야 하는데" 돈이 부족하다는 보고를 올린다. 결국 선혜청, 훈련도감, 금위영, 어영청, 총융청이 갖고 있던 은까지 동원하여 은자 7천 냥을 마련해 6월 말에 칙사를 영접했다.[457]

별기군

4월 하순에는 일본 육군 소위 호리모도 레이조(掘本禮造)를 교사에 임명하여 "각영(各營)의 건장한 병사를 뽑아서 일일이 조사하여 취하고, 따로 장령(將領)을 지정하여 통솔하고 연습하게" 하였고, 6월 말에는 호리모토의 임명 사실을 일본 외무성에 통보했다. 이후 오군영의 지원자 80명을 선발하여 신식 군사훈련을 시작하였는데, 이로써 교련병대, 일명 '별기군'을 조직하게 되었다.[458]

수구파 비판 상소

6월 초에는 전 장령(사헌부 정4품) 곽기락이 상소를 올렸는데, 이는 아주 보기 드문 당시 수구파들을 비판하는 내용이다.

"저 일본이 서양과 좋은 관계를 맺어서 서양 옷을 입고 서양 학문을 배우는 것은 우리나라로서 금지할 바가 아닙니다. … 비록 황준헌의 책자로 말하더라도 … 대책이라고 써 놓은 것은 바로 우리나라의 긴요한 문제와 관련 있는 적정(敵情) 등의 일들을 적어놓았습니다. 그 대책을 채용하는가, 않는가는 오직 조정에서 토의 결정하여 처리하기에 달렸습니다. … 이해관계도 따지지 않고 길고 짧은 것도 대보지 않고 다만 고결하고 정당한 논의에만 의거하여 맨주먹을 부질없이 휘두르면서 '우리도 천승(千乘)의 나라인데 어찌 그들을 두려워할 것이 있는가?'라고 한다면 이것은 매우 좁은 소견이고 고집 불통한 주장이므로 저 사람들의 비웃음과 모욕을 받기에 알맞을 것입니다. … 지금 유생들의 상소문을 보면 큰소리치고 잘난 체 떠드는 것이 실용에는 도움되는 것이 없고 집집마다 돈을 거두어 절반은 자기들의 개인 주머니를 채우고 …"라 하자, 고종은 "현재의 폐단을 잘 말하였고 자못 조리가 있으니 …"라 하고 그 날 곽기락을 병조참의로 삼았다.[459]

문제는 이런 수구파를 비판하는 유생의 수가 적었고, 그들을 지지·보호하는 세력이 없었다는 것이다. 일본의 경우 '존황양이' 세력도 처음에는 쇄국과 양이를 주장했지만, 차츰 개국을 주장하고 부국강병에 앞장섰다. 이것이 큰 차이이다.

조사시찰단의 귀국 보고

'조사시찰단(신사유람단)'이 1월에 '동래부 암행어사'로 변장하여 몰래 일본에 다녀왔는데, 총 60여 명이었다. 이들이 귀국하여 9월 1일에 민종묵과 홍영식이 고종에게 보고하는 기록의 일부를 승정원일기에서 보자.

"저 나라는 제도가 굉장하고 정치가 부강하다 하는데 참으로 그러한가?" 하니, 홍영식이

"그 제도가 굉장하기는 하나 다 쌓여서 이루어진 것입니다. 그 재정으로 말하면 시작하는 일이 번다하여 늘 모자람을 걱정하며, 그 군정으로 말하면 강하지 않은 것은 아니나 다 밤낮으로 부지런히 한마음으로 힘을 합한 데에서 이루어진 것이니, 그 한 일로 그 나타난 것을 보면 참으로 어려운 일이 아닙니다." …

"우리나라의 관세를 정하는 일에 대해 혹 언급하였는가?"

"신들이 사행(私行)으로 이름하였으므로 무릇 공무 쪽에서는 아예 언급하지 않았습니다." …

"너희들은 전에 혹 중국을 보았을 것인데, 이제 일본을 보니 그 형세의 강약이 중국에 견주어 어떠한가?" 하니, 민종묵이

"신은 이미 병자년(1876, 고종13)에 서장관으로 연경에 들어갔을 때 대략 듣고 본 것이 있습니다. 일본을 중국과 견줄 수는 없으나 … 비록 작은 일본으로서도 바야흐로 부강할 방법을 힘써 확대하는 것이 없지 않으니 약하다고 할 수 없습니다."라고 했다.[460]

'조사시찰단'은 위에서 나타난 것처럼, 조선의 공식적인 방문단이 아닌 고종이 보낸 '사적(私的)'인 방문단이었다. 그러나 일본 외무성은 문부, 내무, 공부, 외무, 대장 등 각 성이 시찰단의 방문에 협조하도록 했다. 시찰단은 약 4개월간 일본에 체류하며 각 분야를 조사했으나 이후 이들의 보고가 영향을 끼친 것은 보이지 않는다.

1881년 조선

"가난을 편안히 여기게 만드는" 안빈낙도

조사시찰단의 일행인 어윤중이 1881년에 '수문록(隨聞錄)'을 작성했는데, 여기서 과거제와 '안빈낙도(安貧樂道)'를 비판한다.

"우리나라가 평소에 유교를 숭상하고 게다가 유약하고 나약함에 빠진 것을 어질다고 하기 때문에 용감하게 기상을 떨치는 이가 한 사람도 없다. … 만약 과거를 폐지하지 않으면 인재가 나오지 않을 것이며 모두 옛 학문에 안주하여 학술의 정진을 구하지 않을 것이다. … 옛사람은 누구나 빈궁을 편안히 여기는 안빈을 어질다고 보았으니 진실로 옳지 않은 것이다. 사람들을 가난을 편안히 여기게 만듦으로써 살아갈 방도를 세우는 데 힘쓰지 아니하게 했으니 어찌 그 입과 몸을 지탱할 수 있겠는가"라 비판했다.[461]

이재선 사건

8월 28일, '이재선(대원군의 서자) 사건'의 모의에 참가했던 이풍래가 밀고하여 이재선, 안기영, 강달선, 이철구 등 30여 명이 검거되었다. 이들은 군자금을 마련하여, 8월 하순에 경기도에서 과거가 실시되던 날에 거사하여 고종을 폐위하고 왕비를 처리하여 이재선을 즉위시키려 했다. 62세의 안기영은 "강화도를 먼저 침범하려 하였고 무기를 빼앗아 가지고 서울로 곧장 향하려" 하였다고 의금부는 밝혔다. 10월에 안기영, 권정호, 이철구 등을 사형에 처하고, 처자식 등에는 연좌제를 실시하고, "가산을 적몰하고 집을 부수어 웅덩이로" 만들도록 의금부는 윤허받았다. 이재선에게는 10월 말에 사약이 내려졌다.[462]

김윤식의 상소

전년도 겨울, 이홍장이 조선 조정에 서한을 보내 톈진에서 기술을 배울 학도를 인솔하는 사람을 보낼 때 일을 잘 아는 사람을 보내 미국과의 수교문제를 슈펠트와 상의할 것을 요청했다. 이에 김윤식을 단장으로 하고, 학도를 포함하여 약 70명의 영선사를 청에 파견한다.

김윤식이 압록강을 건너기 직전인 11월 초에 고종에게 상소를 올렸다. "지금 세상의 형편이 크게 변하여 다른 지역의 딴 종족들이 각기 군사를 강화하고 배를 몰아 합종연횡하면서 병력을 서로 겨루며 … 이런 때를 당해서 아직도 문을 닫고 보지 않으며 베개를 높이 베고 편안히 누워 있으려고 한들 되겠습니까? … 민생은 날로 피폐해져 가는데 나라에서 무슨 일을 시행하려 해도 걸핏하면 장애가 생겨 절실한 효과는 못보고 힘만 들이는 폐단이 늘어납니다. 이에 지방에서는 뜬소문이 나오고 아래에서는 난이 일어날 싹이 생겨나니 …"라며 당시의 절박한 조선의 실정을 아뢰며, 재정부족 타개를 위해서는 "요점은 극기절용에 있을 뿐입니다."라고 했다. 김윤식이 아뢴 대로 영선사가 출발할 당시 군기시(軍器寺)도 "봉급과 관청의 경비를 마련할 길이" 없어서 전례대로 "선혜청에 갑옷과 투구 값으로 저축해 놓은 것 중에서" 쓰도록 할 정도였다.[463]

세자 결혼식 비용은 12만 냥

영선사 학도 일행은 9월 말에 한성을 출발하여 11월 말에 천진기기국에 도착했다. 이들은 돈이 없어서 약 9개월 간 현지에서 2만 8천여 냥을 빌렸다. 그러나 이들의 학습이 시작된 지 5개월 후, 임오군란(1882)이 발생하고 돈이 부족하여 1882년 7월에 귀국한다. 이후 1883년 5월에 기기국을 설립하여 청국에서 배운 것을 활용하려 했으나 그 성과는 거의 없었다.

이렇게 영선사 학도는 돈을 빌려 쓴 데 비해, 일곱 살이 된 세자(순종)의 다음 해 봄에 있을 결혼식 비용으로 호조에서 12만 냥을 요청했다. 이에 의정부가 선혜청, 훈련도감, 금위영, 어영청, 총융청, 사복시의 돈과 병조의 돈 5천 냥까지 충당하도록 했다.⁴⁶⁴ 그러나 당시의 환율 문제가 있어 금액을 비교할 수는 없다.

"나라 일은 날로 잘못되고"

11월 중순에 영의정 이최응이 사직을 청하고 출근을 하지 않자 고종이 당시의 상황에 대해 토로한다. "지금이 어떤 때인가. 좋은 계책은 들리지 않고 나라 일은 날로 잘못되고 경영할 비용은 점점 줄어들고 있으며, 백성의 생활은 날이 갈수록 곤란해져서 포악한 무리가 횡행하고 민심이 나날이 나쁘게 변하여 탐욕스럽고 잔학한 무리가 계속 일어나 법의 기강이 날로 무너지고 있으니, 이와 같다면 나라가 편안하겠는가, 위태롭겠는가. …"라며 하루빨리 출근할 것을 명했다.⁴⁶⁵

이것은 전년도 10월에 함경도 백성들이 러시아로 넘어가는 것과 관련하여 고종이 내린 교시문 내용과 거의 비슷하다. 즉, 함경도뿐만 아니라 조선 전체가 똑같은 문제를 안고 있었음을 고종 자신의 말로 알 수 있다.

대궐 내의 문제점과 기강. 치안

이날 이후 두 번 더 고종이 이최응의 등청을 지시하는데, 마침내 11월 24일 영의정이 등청하여 당시 문제점들을 아뢴다.

우선 대궐 내에는 "근래 나인(內人)의 족속, 액례, 군졸 및 일없고 잡스러운 무리들이" 거리낌 없이 출입하며 "어떠한 말이라도 전파하지 않은 것이" 없다고 했다. 이어서 가장 문란한 것은 도적을 잡지 않는 것인데 "부유한 사람이나 불쌍한 사람이나 모두 피해를 당한다"며, 지방은 "포군(砲軍)을 징발해서 소굴을 섬멸"해야 한다고 했다.

이러한 치안부재 문제는 11월 초에 전 지평(사헌부 종5품) 송상순이 올린 상소에서도 볼 수 있다. 그는 영남과 호남에서 비적들이 "벌떼나

1881년 조선

개미떼처럼 모여서 마을에 횡행하고 무기를 가지고 불을 지르며 상납하는 돈과 무명을 대낮에 빼앗으며 … 자칭 의병을 일으켜 왜적을 친다고 하고 역적을 가리켜 충신"이라고 하는데도 "아전과 백성들은 태연히 보고도 근심하지 않고 수령들은 두려워서" 내버려 둬 이제는 비적을 제어할 수 없게 되었다고 했다.[466]

1881년(메이지 14) - 일본

1890년에 의회를 개원한다는 메이지 천황의 조칙이 발표되고, 대장경에 취임한 마쓰가타는 재정적자 타개를 위해 관영기업 매각과 세금 인상을 추진한다. 청은 러시아로부터 이리지방을 획득한다.

국회 개원 조칙 발표

전년도 2월에 태정대신 산조 사네토미 등은 9명의 참의들에게 헌법 초안을 각자 만들어 제출하도록 지시했다. 이에 따라 이해 5월까지 참의들이 헌법안을 제출하였는데, 그중 오쿠마 시게노부는 다음 해에 선거를 실시하고 1883년에 국회를 개원할 것과, 다수당이 지배하는 영국식 제도의 시행을 주장했다.

이것은 당시 일본의 실정에서는 상당히 급진적인 것이었다. 결국 10월 10일, 어전회의가 열려 7명의 참의가 '입헌정체에 관한 상주문'을 제출하였고, 오쿠마는 해임되었다. 이틀 뒤에는 1890년에 국회를 개원한다는 조칙이 발표되었다.

1881년 중반까지 민권파는 영국을 모델로 하는 입헌정체를 구상했는데, 이와쿠라 도모미와 이토 등 정부 수뇌부는 영국식에 반대했으나 대안은 없었다. 그러던 중, 6월에 이노우에 고와시(井上毅, 1844-1895)가 외무성 법률고문인 독일인 뢰슬러(Hermann Roesler, 1834-1894)의 조언에 따라, 영국식 입헌주의에 대비되는 독일 헌법에 기초한 의견을 제시했다.[467]

가네코 겐타로와 우에키 에모리

1871년 이와쿠라 사절단과 함께 출발하여 미국에서 법학을 공부하고 돌아온 28세의 가네코 겐타로(金子堅太郞)가 《정치논략(政治論略)》이라는 책을 이해에 간행했다. 이 책은 영국의 정치철학자인 에드먼드 버크(Edmund Burke, 1729-1797) 등의 저서를 번역, 소개한 것인데, 당시 루소에 심취해 있던 자유민권파에 대항하기 위한 것이었다. 이후 가네코는 메이지헌법 기초작업에 참여하게 된다. 그는 이 책에서 개혁을 위해서는 "고법(古法)"을 먼저 조사, 비교하여야 한다고 했는데, 메이지헌법 반포 후 미국과 서구의 헌법전문가들로부터 메이지헌법이 호평을 받은 이유이기도 하다.

24세의 자유민권운동의 이론가였던 우에키 에모리(植木枝盛 1857-1892)도 '민권은 헌법의 노예가 아니다'는 글을 발표했다. 그는 국가는 "인민이 있고 나서 그 뒤에 서는 것"이며, 헌법은 "인민의 자유 권리를 위하여 제정하는 것"이라며, "무엇보다도 인민이 우선해야 하고 국가는 그 다음이어야 한다. 민권이 주인이고, 헌법은 객이다. 민권을 보전하는 것은 국가를 건설하는 목적이다"고 했다.[468]

조선의 지도층과 유생이 '속국' 의식에서 벗어나지 못하고 개국과 통상에 반대하고, 《조선책략》 등을 불태우라고 상소를 올릴 때, 이렇게 일본의 지도층과 지식인은 개혁, 민주주의, 국가, 헌법, 인민, 자유, 민권 등을 논하고 있었다.

조선의 방문단

이해에는 조선의 사절단 두 팀이 일본을 방문하는데, 나가사키와 고베를 거쳐 5월 하순부터 8월 초까지 동경에 머문 '조사시찰단(신사유람단)'과 10월 말부터 12월 중순까지 동경에 머문 조병호의 제3차 수신사 일행이다.

1881년 일본

'조사시찰단'은 나가사키와 고베를 거쳐 5월 24일(음 4.27)에 동경에 도착했다. 이후 약 70일간 동경에 체재하는데, 고종의 명령으로 '사적(私的)'으로 방문한 것이었다. 그러나 당시 조선 주재 일본공사 하나부사는 이들 시찰단의 방문 기간 동안 협조해 주기를 본국에 요청했다. 시찰단 일행에는 박정양, 민종묵, 홍영식, 어윤중 등 12명의 조사와 유길준, 윤치호(17세) 등 유학생도 포함되었다. 윤치호는 도진샤(同人社)에 입학하고, 유길준 등은 게이오 의숙에 입학하였다. 시찰단은 탄광, 요코스카 및 이시가와지마(石川島) 조선소, 유리·제지·성냥·시멘트 공장, 참모본부, 육해군 사관학교, 육군재판소, 세관, 은행, 조폐국, 백화점, 사범학교, 동경대학, 우편국, 전신국, 흥아회, 신문사, 박물관 등을 방문했다.

10월 하순에는 관세 협상을 위해 조병호를 정사로 하는 제3차 수신사 일행이 동경에 도착하여 12월 중순까지 체재한다. 하나부사 및 외무성 관리들과 여섯 차례에 걸쳐 관세 협상을 진행하였으나, 결과는 없었다.[469]

'마쓰가타 디플레이션'

10월에 마쓰가타 마사요시가 대장경에 취임한다. 그는 대장성 관리였던 1877년에 세이난 전쟁 종전 직후에 파리로 가서 1878년 12월까지 머물렀다. 이때 그는 프랑스 재무장관 레옹 세이(Leon Say, 1826-1896)로부터 프로이센에 배상금을 지불하기 위해 프랑스가 관세를 높인 것 등 여러 가지 경험을 충고받았다. 1881년 당시 일본의 정부 수입은 줄어들고, 토지 가격은 치솟고, 무역적자는 커지고 있었는데, 이를 해결하는 방법은 긴축재정밖에 없었다. 일본은 당시 관세주권이 없어서 프랑스처럼 관세를 올릴 수 없었기 때문이었다. 이렇게 해서 나온 것이 '마쓰가타 디플레이션(deflation)' 정책이었다. 이 정책으로 정부지출은 급격히 축소되었고, 관영기업은 민간에 매각되고, 새로운 세금이 부과되었으며 통화량도 줄었다. 그 결과 많은 영세농이 파산하고 소작농의 비율도 높아졌고, 지방세법도 개정되어 전국에서 불만이 쏟아졌다.

이런 혼란 속에 동경대학에 국제법학과가 만들어졌는데, 이로써 '만국공법' 대신 '국제법'이란 학술상의 용어가 정착되게 되었다.[470]

미국과의 협상을 피한 조선

이홍장의 초청으로 톈진에 간 슈펠트는 7월 초에 이홍장과 천진에서 회담을 가졌다. 이홍장은 슈펠트에게 3개월 이내에 조선정부로부터 회신을 받을 것이니 천진에서 기다리라 했고, 또 조선에서 올 교섭위원도 만나라고 하였다. 그러나 조선 내에서 미국과의 조약 체결에 반대가 많아 고종이 교섭자를 임명하지 못하고 있다는 것을 알게 된 이홍장은, 영선사 인솔자를 슈펠트와 교섭할 수 있는 사람으로 선발하여 파견할 것을 조선에 알렸다. 아울러 이홍장은 조선의 교섭위원이 천진에서 슈펠트와 상의할 것을 권고하고, 큰 틀을 결정한 후에 청국의 대관이 슈펠트 제독과 조선에 가서 조인하도록 하는 것이 좋을 것이라는 의견을 전달했다.

이렇게 하여 영선사 정사로 김윤식이 임명되었으나, 고종은 슈펠트와의 교섭은 이홍장이 할 것을 요청했다. 그래서 김윤식은 한 번도 슈펠트를 만나지 않았고 조약 협상은 청국과 미국 측 간에 진행되었다. 이때의 정황에 대해 영선사 감윤식이 기록한 것을 보면, 이홍장이 "여러 번 조약 체결을 맡을 전권대신의 파견을 말하였으나 우리나라에서는 곤란한 문제가 많고 또 유언비어에 구애되어 우물쭈물하고 파견치 않았다. 이에 나는 회담 때마다 곤경을 겪었고 이목(耳目)은 바보와 같았다. 단지 완곡하게 변명만 할 뿐이었다"고 했다.

한편, 신임 미국 국무장관 프렐링하이즌(Frederick Frelinghuysen, 재직 1881-1885)은 11월 중순(양 1월 초)에 슈펠트에게 훈령을 보내 난파선 조약 하나만 체결해도 대단한 성과라 했다.[471]

301 | 조선은 망할 수밖에 없었다 1권

이처럼 미국과의 조약 체결조차 청국이 주선을 했고, 조선은 미국과의 협상에 참여하지 않았다. 스스로 "작은 나라"라 부르던 조선 지도층의 모습이다.

이리 지방을 획득한 청

2월에 청과 러시아 간의 이리(伊犁)분쟁을 종식하는 페테르부르크 조약(Treaty of Saint Petersburg, 이리조약)이 체결되었다. 이로써 러시아가 점령하고 있던 거의 모든 이리 지역을 청국에 반환하고, 그 대가로 청국은 '900만 루블(metal rubles)'을 지급하기로 했다. 이 조약은 러시아로서는 큰 손실이었고, 청에게는 외교적 승리로 평가되는데, 이 조약의 청국 대표는 쩡지처(曾紀澤, 1839-1890)였다. 당시 러시아는 1876-1877년의 러터전쟁으로 경제불황을 겪었고, 1878년 베를린 조약 이후 러시아는 국제적으로 고립된 상태였다. 결국 러시아는 이리 전체를 청국에 돌려주고 이 분쟁을 종결시켰다.[472]

알렉산더 3세

3월에는 러시아의 알렉산더 2세가 암살되고, 36세의 알렉산더 3세(재위 1881-94)가 즉위하였다. 그는 강력한 전제정치를 실시하여 언론과 학교 교육을 통제했다. 알렉산더 3세는 시베리아 철도 부설을 시도하는데, 이 사업은 1892년 재무장관 비테가 시베리아 철도 건설 상주서를 올린 이후 본격적으로 추진된다.[473]

1882년(광서 8, 고종 19) - 조선

조미수호조약 체결, 임오군란, 대원군 납치, 조중상민 수륙무역장정 체결 등으로 이어지는데, 청의 조선에 대한 압박은 더욱 거세진다.

조미수호조약 체결

마건충과 슈펠트가 3월 21일(양 5.8) 인천에 도착하였고, 전권대관 신헌과 부관 김홍집이 마건충을 방문하여 의견을 교환했다. 이때 마건충은 "하국(下國)"의 신하인 신헌에게 '대신(大臣)'이 아닌 '대관(大官)'으로 칭했다.

청국에서 있은 슈펠트와 이홍장의 협상에 관한 내용은 일본 편에 있다.

조미조약 조인식은 4월 6일(양 5.22) 전권대관 신헌, 부관 김홍집과 미국 전권대사 슈펠트 사이에 이루어졌는데, 조선에서 제기한 쌀의 수출 금지 외에는 거의 원안 그대로 수정 없이 조인되었다. 4월 8일에는 고종이 미국 대통령에게 보내는 3월 28일(양 5.15) 자의 '속방조회문'을 전달했다. 뒤이어 이홍장의 주선으로 4월 21일(양 6.6)에는 영국의 윌리스(George Willes) 제독과, 5월 15일(양 6.30)에는 독일과 각각 동일한 내용의 조약을 체결하였다.[474]

조미수호조약의 내용

제1관에서는 "타국의 어떠한 불공평이나 경멸하는 일이 있을 때에 일단 확인하고 서로 도와주며, 중간에서 잘 조처하여 두터운 우의를 보여준다"고 했다. 이를 근거로 조선은 1904년 러일전쟁 발생 후까지 미국에게 '거중조정(居中調停, good offices)'을 요청하는데, 지지를 받지 못하였다.

제4관에서는 영사재판권을 규정했는데 "미국 인민이 상선에서나 해안에서 모욕하거나 소란을 피워 조선 인민의 생명과 재산에 손해를 주는 등의 일이 있을 때에는 미국 영사관이나 혹은 미국에서 파견한 관원에게 넘겨 미국 법률에 따라 조사하고 체포하여 처벌한다. 조선국 내에서 조선과 미국의 인민사이에 송사가 일어난 경우 피고 소속의 관원이 본국의 법률에 의하여 심의하여 처리하며, 원고 소속의 나라에서는 관원을 파견하여 심의를 들을 수 있다. … 심관의 판결이 공정하지 못하다고 인정될 때에는 역시 상세하게 반박하고 변론하게 할 수 있다. … 조선이 이후에 법률 및 심의 방법을 개정하였을 경우 미국에서 볼 때 본국의 법률 및 심의 방법과 서로 부합한다고 인정될 때에는 즉시 미국 관원이 조선에서 심의하던 권한을 철회하고, 이후 조선 경내의 미국 인민들을 즉시 지방관의 관할에 귀속시킨다." 이 조항은 10월에 중국과 체결하는 '조중상민수륙무역장정' 제2조에 비하면 조선에게 유리한 내용들이다.

제5관은 세율에 관한 규정으로, "미국 상인과 상선이 조선에 와서 무역할 때 입출항하는 화물은 모두 세금을 바쳐야 하며, 그 수세권은 조선이 자주적으로 가진다. … 현재 미리 정한 세칙(稅則)은, 대략 민생의 일상용품과 관계되는 각종 입항 화물의 경우 시장가격에 근거하여 100분의 10을 … 사치품과 기호품인 양주·여송연·시계와 같은 것들은 시장가격에 근거하여 100분의 30을 초과하여 세금을 징수할 수 없다. …"

라고 했다.

미국은 청과 일본에게는 5%의 단일세율을 정했는데, 조선에게는 10%~30%의 높은 수입관세를 인정한 것으로, 조선이 관세주권을 처음으로 인정받은 조약이었다. 이 조약을 미국은 1883년 2월(양 3월)에 비준한다. 당시 일본은 불공정조약 개정을 위한 회담을 열고 있었는데, 일본이 영국의 파크스 공사에게 요구한 관세율이 조미조약의 관세율과 비슷한 것이었다. 따라서 파크스는 조미조약과 동일한 내용인 조영조약을 비준하지 않도록 본국에 건의하였고, 결국 1883년에 영국은 관세율을 인하시킨 후 조영조약을 체결한다. 이 모든 과정에서 독일은 영국과 같이 행동한다. 제14관은 최혜국대우를 규정했다.[475]

'속방조회문'

조미조약 체결 바로 다음 날 속방조회문을 미국 측에 교부했는데, 마건충이 작성하고 조선 측이 검토했다. 이 조회문의 작성 날짜를 조미조약 체결 이전으로 했는데, 그것은 조선과 청국의 종속적인 관계를 미국 측이 사전에 알고 조미조약을 체결한 것으로 해석할 수 있도록 청국 측에서 요구했기 때문이었다.

조회문의 내용은 "… 대조선국이 중국의 속방임으로 인해 마땅히 행하게 되는 일체의 행사에 대해서는 대미국이 조금도 간섭할 바가 아니다. …"라고 했다.[476]

속방조회문을 무시한 미국

그러나 미국은 이 '속방조회문'을 무시한다. 그것을 볼 수 있는 두 가지의 사례가 있는데, 1888년 1월(양)에 박정양 주미공사가 미국 대통령에게 신임장을 제정할 때 청국 공사를 배석시키지 않고, 박정양 공사

1882년 조선

단독으로 제정하도록 미국무성이 조치를 취한 것과, 청일전쟁에서 청이 패한 후인 1895년 5월에 고종이 조선의 독립경축일을 기념하는 행사에 미국공사 씰을 초청했으나 씰이 참석을 거부한 것이다.[477] 이 두 사례는 미국이 1882년 조미조약을 체결할 때부터 조선을 청의 속국이 아닌 독립국으로 인정했다는 사실을 분명히 한 것이었다.

임오군란

조미조약 체결 약 두 달 후인 6월 5일에 임오군란이 일어난다. 영의정 홍순목이 보고한 내용을 통해 발발 원인을 보자.

"지금 선혜청에 무슨 저축된 곡식이 있습니까? … 도감(都監)의 군졸들이 받은 곡식이 섬이 차지 않는다면서 두 손으로 각각 1섬씩 들고 하는 말이 '13개월 동안 급료를 주지 않다가 지금 겨우 한 달분을 분급한 것이 바로 이와 같은가?'라고 하면서 해당 고지기를 구타하여 현재 생사를 분간하기 어렵습니다. 이어 대청 위에 돌을 마구 던져 해당 낭관이 도피하기까지 하였으니 이 어찌 작은 문제이겠습니까?"

6월 8일에는 대대적 시위로 번져 상점을 파괴하고 상인들을 살해했으며, 사찰과 무당집도 습격했다. 6월 9일(양 7.23)에는 난민들이 일본공사관인 청수관을 습격하여 일본인을 살해하고, 인근의 집들을 방화하고 무기고를 부수어 무기를 훔쳤다. 하나부사 공사는 28명을 이끌고 인천으로 도피하여, 6월 12일(양 7.26)에 영국 측량선을 타고 6월 15일(양 7.29)에 나가사키에 도착한다.

선혜청 제조 민겸호, 전 선혜청 당상 김보현과 영돈녕부사 이최응 등 고관 6명이 살해됐고, 6월 11일에는 대원군을 불러 정권을 책임지게 했다. 고종실록을 보면 "11일 밤에 도하(都下)에서 소요스러운 소문이 크게 일어났다. 보부상들이 흥인문 밖에서 경성에 쳐들어온다는 소문이 퍼져 온 성안 사람들이 정신없이 뛰어다니고 부르짖으며 남쪽산과 북쪽

산에 올라 산이 새하얗게 덮였었다"라고 하였다.⁴⁷⁸

어윤중과 김윤식의 대원군 제거 건의

당시 톈진에 있던 어윤중과 김윤식은 임오군란의 실질적 주모자는 대원군이라면서, 대규모 군대를 파견하여 대원군을 제거할 것을 주장했다. 결국 청은 6월 27일에 군함 3척을 보냈고, 어윤중도 함께 왔다. 6월 29일(양 8.12)에는 접견대관인 병조판서 조영하와 접견부관 김홍집이 청국 군함에 가서 임오군란의 전말을 보고하였다. 하나부사 공사도 6월 29일에 제물포에 도착했고 이후 군함 4척과 운송선 3척, 육군 약 800명이 도착했다. 청국도 이후 군함 5척과 약 3천 명을 파견한다.⁴⁷⁹

대원군 납치

7월 3일에는 마건충이 오래전부터 알고 지내던 외무대서기관인 다케조에를 만나, 일본의 요구가 책임자 처벌, 개선책 협의, 손해배상과 군비 배상이라는 예상보다 중대하지 않음을 알았다. 마건충은 7월 11일에는 인천에서 하나부사와도 회담을 가지고, 청이 파병한 것은 반란 세력을 처벌하기 위한 것이라 했다. 마건충은 일본 측과 다시 회담을 갖고 7월 13일에 대원군을 청국의 군함이 정박한 마산포로 납치했다. 이날 밤 마건충은 조영하와 어윤중에게 전말을 알려 고종에게 상주하게 했다.⁴⁸⁰

"대국과 너희 조선은 임금과 신하의 관계"

7월 13일 자의 고종실록은 대원군 납치에 대해 "대원군이 천진으로 행차하다(大院君行次天津)"고 되어 있고, 그 하단에 "마건충, 오장경, 정여창, 위윤선의 효유문(曉諭文)" 내용이 기록되어 있다. 주요 부분을 보자. "조선은 중국의 속국으로서 본래부터 예의를 지켜왔다. … 이 변고가 황제께 보고되자 황제께서는 장수들에게 명하여 군사를 파견하였다. 먼저 대원군을 중국에 들어오게 하여 일의 진상을 직접 물으시고, 한편으로 죄인들을 잡은 뒤에는 엄하게 징벌하되, 그 수괴는 처단하고 추종한 자는 석방하여 법을 정확히 준수하도록 하였다. … 너희들 상하 신민들이 이 뜻을 알지 못하고 함부로 의심과 두려움에 사로잡혀 원(元)나라에서 고려의 충선왕과 충혜왕을 잡아간 전례와 같은 것으로 생각한다면 황제의 높고 깊은 뜻을 저버리는 것이다. … 아! 대국과 너희 조선은 임금과 신하의 관계이므로 정의(情誼)가 한 집안과 같다(天朝與爾朝鮮臣主誼猶一家). … 이것을 믿을 것이다. 특별히 절절하게 타이른다.'라고 하였다."[481]

그런데 이상한 것은 어윤중 등 신하가 왕의 친아버지 납치를 청에 권했고, 납치 후 청은 조선 신하들을 통해 고종에게 보고하게 했다는 것이다. 그리고 고종부터 백성에 이르기까지 청국에 저항하는 사람도 없었고, 조선 왕의 친아버지를 납치한 청국은 오히려 조선의 백성들을 타이르는 글을 발표하고, 고종실록은 대원군이 납치된 것을 "행차"했다고 표현했다. 3년 후 이홍장이 대원군을 귀국시키고자 할 때 반대하는 것도 청나라가 아닌 조선 조정이다.

청국군, 왕십리와 이태원 습격

대원군 납치 후 고종의 부탁으로 청국군은 반란 세력을 토벌했는데, 이들의 집단거주지였던 왕십리와 이태원을 7월 15일 밤부터 다음 날 새벽까지 습격하여 200여 명을 체포하여 그중 약 10명을 당일로 참수했다. 주모자인 김장손과 유춘만은 도피했는데, 이때 왕십리를 습격하는 데는 23세의 원세개(袁世凱, 1859-1916)가, 이태원은 오장경이 지휘했다.[482]

제물포조약

7월 17일에는 제물포에서 하나부사와 이유원, 김홍집이 제물포조약 6개 조, 강화도조약 속약 2개 조에 기명조인했는데, 마건충이 일본 측의 주장 내용을 사전에 파악하여 문제가 없다고 조선 측에 알림으로써 교섭 이틀 만에 체결되었다.

내용은 책임자 처벌, 사망자 장례, 유족들 위로금 5만 원과 배상금 50만 원 지급, 제5조에서는 "일본 공사관에 군사 약간을 두어 경비를 서게 한다"고 했는데, 이는 1894년 청일전쟁 전에 일본군 파병의 근거가 된다. 제6조에서는 사과를 표하는 특사를 일본에 파견할 것을 규정했다. 2년 후 1884년 9월에는 일본 공사 다케조에가 고종을 알현하면서 제물포조약의 배상금 50만 원 중 40만 원을 일본이 받지 않기로 했음을 아뢴다.

강화도조약 속약 2개 조 내용은 부산, 원산, 인천의 일본인의 통행거리를 사방 10리에서 50리로 넓히고, 2년 후에는 100리로 하며, 1년 뒤에는 양화진을 개시하기로 했다. 또 일본 공사와 영사 및 그 수행원과 가족은 예조에서 발급한 여행증명서를 지참하고 조선의 각 곳을 다닐 수 있게 되었다.[483]

묄렌도르프, 마건상

임오군란을 일으킨 세력이 토벌되자, 고종은 "이번 일에 대하여 황제께 보고하는 조치가 없어서는 안 되겠다"며 병조 판서 조영하와 공조 참판 김홍집 등을 청에 파견했다. 이때 고종은 조선의 외교사무를 할 수 있는 사람을 추천해 주기를 요청했고, 이에 이홍장은 천진주재 독일 영사를 역임한 묄렌도르프와 유럽에서 국제법을 공부한 마건상(馬建常)을 추천했다. 이들은 마건상, 묄렌도르프, 진수당과 10월에 돌아온다.

한편, 대원군은 조영하, 김홍집 등이 청으로 출발하기 사흘 전인 7월

19일에 단신으로 톈진으로 갔다. 이후 그를 보정부(保定府)에 구류시키고 영원히 귀국시키지 말라는 청 황제의 명령이 내려졌다. 청의 총리아문은 8월 중순에 주청 일본 공사관에 조회를 보내 대원군 구류 사실을 통보했다.[484]

30세 고종의 결의

대원군이 청으로 끌려간 다음 날인 7월 20일에는 고종 자신이 그동안의 행동을 반성하며 앞으로는 잘하겠다는 내용의 글을 발표한다. 토목공사를 크게 벌여 백성들을 "곤궁하게" 했고, 화폐를 자주 바꾸고 "무고한 사람을 많이 죽인" 것, "복을 내려주기를 비는 제사를 지나치게 믿고 내탕고의 제물을 허비한 것 … 종친과 척신(戚臣)을 높인 것 … 궁녀와 내시들이 은택을 바라게만 한 것 …" 등이 자신의 죄라 했다. 또 뇌물이 성행하고 탐관오리가 징계받지 않는 것, "저축이 오랫동안 텅 비었으며 군사와 아전들을 먹여주지 못하고 … 이웃 나라에 신의를 잃고 천하의 웃음거리가" 된 것도 자신의 죄라 했다.

그러면서 "너희 대소 인민들은 내가 종전의 과오를 버리고 스스로 새로워지는 것을 허락하려는가? 내 이제 마음을 깨끗이 씻고 전날의 교훈을 살려 앞으로는 조심하겠다"[485]고 했다. 그러나 이런 글은 이후에도 몇 번 더 나온다.

척양비 제거

8월에는 서울과 지방에 세운 척양비를 모두 뽑아 버리라고 고종이 명한다. "… 천하에서 홀로 존귀하다는 중화도 오히려 평등한 입장에서 조약을 맺고, 척양에 엄격하던 일본도 결국 수호를 맺고 통상을 하고 있으니 어찌 까닭 없이 그렇게 하는 것이겠는가? … 기계를 제조하는 데 조금이라도 서양 것을 본받는 것을 보기만 하면 대뜸 사교에 물든 것으로 지목하는데 … 농기구·의약·병기·배·수레 같은 것을 제조하는데 무엇을 꺼려하며 하지 않겠는가? … 일본 사람들이 우리나라에 들어와서 언제 우리를 학대하고 모욕하며 화의에 어긋난 일을 한 적이 있었는가? 그러나 다만 우리 군민들이 함부로 의심해서 멀리하고 오랫동안 분노를 품고서 이렇게 까닭 없이 먼저 범하는 행동이 있게 되었다. 그 잘못이 누구에게 있는지를 너희들은 생각해 보라." 하였다.[486]

이러한 30세의 고종의 발언 내용을 보면 개화와 서양문물을 흡수하려는 의지를 볼 수 있다. 그러나 고종은 내부의 반대 때문에 미국과의 조약 협상에 대표조차 청에 보낼 수 없었다.

27세 지석영의 상소

27세의 유학(幼學) 지석영(1855-1935)이 8월 하순에, 각종 외국 서적을 수집하여 연구자들을 장려할 것을 상소하였다. "… 조금이라도 외무에 마음을 쓰는 자를 보기만 하면 대뜸 사교(邪敎)에 물들었다고 지목하며 비방하고 침을 뱉으며 욕합니다. … 각국의 인사들이 저작한 《만국공법》, 《조선책략》 … 등의 책 및 우리나라 교리(校理) 김옥균이 편집한 《기화근사》 … 등의 책은 모두 막힌 소견을 열어주고 시무(時務)를 환히 알 수 있게 하는 책들입니다. 삼가 바라건대, 원(院)을 하나 설치하여 이상의 책들을 수집하고 또 근래 각국의 수차, 농기, 직조기, 화륜기, 병기(兵器) 등을 구매하여 쌓아놓게 하소서. … 서적들을 정밀히 연구하여 세무(世務)를 깊이 알거나, 기계를 본떠서 만들어 그 깊고 신비한 기술을 모두 터득한 자가 있으면, 그 재능을 평가하여 수용하소서. 또 기계를 만드는 자는 전매권을 허가하고 책을 간행하는 자는 번각을 금하게 한다면 모든 원에 들어간 자들은 우선적으로 기계의 이치를 이해하고 시국의 적절한 대응책을 깊이 연구하지 않으려는 자가 없어 너나없이 빠른 시일 안에 깨우치게 될 것입니다. …"라고 했다.

1882년 조선

이에 고종은 "… 상소의 내용을 의정부에 내려 보내서 재품하여 시행하게 하겠다." 하였다.[487]

그러나 시행되지 않았다. 지석영은 5년 후인 1887년에도 상소를 올려 당시의 열 가지 문제를 언급하는데, 이로 인해 비방을 받고 4년간 유배를 간다. 이렇게 개혁 내지 김홍집처럼 개국, 통상 등을 주장하는 사람들은 자리를 지키기가 어려운 상황이었다. 한 해 전에 이동인이 일본 파견 전에 실종된 것도 이런 맥락에서 봐야 할 것이다.

"마음으로는 옳게 여기면서 입으로는 그렇지 않다고 하는"

전적(典籍, 성균관의 정6품) 변옥의 상소를 보면 당시 조선 지도층의 기회주의자적인 모습을 볼 수 있다. 승정원일기와 고종실록 10월 7일자에 있다.

"… 이른바 《만국공법》이라는 책이 비록 외이(外夷)에게서 나오기는 했지만 어찌 행할 만한 조관이 없겠습니까. 그런데도 우리나라 사람들이 그 근본은 따져 보지도 않고 먼저 그 지엽적인 부분만을 배척하는 것은 모두 양학에 물들었다고 지목받을까 두려워하기 때문입니다.

마음으로는 옳게 여기면서 입으로는 그렇지 않다고 하는 것은 바로 옛날에 들은 것만을 잘못 고집하여 시대의 흐름에 발맞추어 행한다는 도리를 궁구하지 못했기 때문입니다. 글을 읽은 사람들도 오히려 이러한데 하물며 어리석은 백성들이 더더욱이나 사리의 본말을 어찌 알겠습니까. … 이러한 여러 책을 사도(四都)와 팔도에 간행한다면 양학이 그렇지 않다는 것이 거의 분명해질 것입니다. … 이것이야말로 오늘날의 위급함을 구제하는 데 소용될 수 있을 것입니다. 원컨대, 망설이지 마시고 간행하소서."라 했다.

〈조중상민 수륙무역장정〉

톈진에서 10월에 조영하, 김홍집, 어윤중이 청국의 주복, 마건충과 〈조중상민 수륙무역장정〉을 체결하였다. 서두에 "조선은 오랜 동안의 제후국으로서 … 이번에 제정한 수륙무역장정은 중국이 속방을 우대하는 뜻"에서 체결함을 밝혔다. 조선은 청국을 "상국"으로 떠받들었지만, 청국은 조선국왕을 청국의 대신급의 지위로 낮추어 명문화했고, 일방적인 영사재판권과 서울에서의 영업권, 군함의 자유 정박권 등을 규정하는 등 "작은 나라"를 더욱 무시했다.

제2조에서는 재판과 관련하여 "중국 상인이 조선 항구에서 만일 개별적으로 고소를 제기할 일이 있을 경우 중국 상무위원에게 넘겨 심의 판결한다. 이밖에 재산 문제에 관한 범죄 사건에 조선 인민이 원고가 되고 중국 인민이 피고일 때에는 중국 상무위원이 체포하여 심의 판결하고, 중국 인민이 원고가 되고 조선 인민이 피고일 때에는 조선 관원이 피고인의 범죄 행위를 중국 상무위원과 협의하고 법률에 따라 심의하여 판결한다. 조선 상인이 개항한 중국의 항구에서 범한 일체의 재산에 관한 범죄 등 사건에 있어서는 피고와 원고가 어느 나라 인민(人民)이든 모두 중국의 지방관이 법률에 따라 심의하여 판결하고 …"라 했다. 이것은 조미수호조약 제4관과 매우 다르게 조선 백성들에게 불리한 내용들이다.

제4조는 한성에서 영업을 할 수 있게('한성개잔') 한 것인데 "… 중국 상인이 조선의 양화진과 서울에 들어가 영업소를 개설한 경우를 제외하고 각종 화물을 내지로 운반하여 상점을 차리고 파는 것을 허가하지 않는다. …"고 했다.

이 조항은 북경, 동경 등 어느 곳도 외국상점의 개설을 허락하지 않던 상황에서 한성만이 상점개설권을 인정한 것으로, 청나라 상인들은 한성 안에서 자유로이 상행위를 할 수 있게 되었다. 이로써 육의전 등 시전상인들은 물론 좌판상까지 피해를 입어, 조선 상인들의 반발로 충돌이 일어난다. 한편, 영국은 1883년에 조영조약 제4관에서 조선의 시장을 완전히 개방시킨다.

제7조에서는 "… 중국의 병선이 조선의 바닷가에 유력하고 아울러 각처의 항구에 정박하여 방어를 도울 때에 … 해당 병선의 함장 이하는 조선 지방관과 동등한 예로 상대하고 …"라 했다. 이로써 청의 병선이 조선 연해를 순찰할 수 있게 되었고, 정박권도 얻게 되었다.

제8조에서는 "… 수시로 북양 대신과 조선 국왕이 협의하여 적절하게 처리한다."고 하여 고종이 청나라 북양대신(1품)과 동급임을 나타냈다. 그런데 11월 5일, 무역장정을 체결하고 돌아온 전권 대관 조영하를 만난 자리에서 고종은 "이번의 협상이 잘 처리된 것은 아주 다행한 일이다."고 칭찬했다.[488]

고종의 하유

12월 말에 고종이 전국의 백성들에게 "… 치화(治化)를 갱신하려면 먼저 선입관을 깨버려야 한다. … 관리나 천한 백성의 집을 막론하고 다 크게 재화를 교역하도록 허락함으로써 치부를 할 수 있도록 하며, 농·공·상고(商賈)의 자식도 학교에 들어가는 것을 허락하여 다 같이 진학하게 한다. 오직 재학(才學)이 어떠한가, 그것만을 보아야 할 것이요, 출신의 귀천은 따지지 말아야 할 것이다."라 했다.[489]

만약 이것을 조선이 실천했더라면 달라졌을 것이다. 그러나 고종이 할 수 있는 것은 앞에서 본 것처럼 거의 없었다. 그렇게 고종의 개혁 의지도 점점 사라진다.

1882년(메이지 15) - 일본

이토, 헌법연구를 위해 유럽 방문

2월에 원로원에서는 이토 히로부미를 유럽에 파견해 헌법을 연구하게 할 것을 건의하여 허가를 받았다. 이에 따라 41세의 이토는 3월에 9명의 수행원과 출국하여 베를린, 빈, 파리, 런던 등에서 입헌제도 조사를 하고 17개월 후인 다음 해 8월에 귀국한다. 수행원 중에는 12대 총리(1906-1908)를 지내는 당시 33세의 사이온지 긴모치(西園寺公望, 1849-1940)도 있었다.

이토에게는 유럽 여러 나라의 입헌제도와 실제 운용 현황을 조사하라는 칙어와 31개의 조사항목이 내려졌는데, 내각의 조직, 상하 양원과의 관계, 예산 및 결산 심사 방법, 법률 및 행정규칙, 행정 부처의 조직과 권한, 사법관의 임용 및 퇴직, 황실의 특권과 재산, 지방제도 등이었다.

베를린에 도착 후 38세의 주독 일본공사 아오키 슈조(靑木周藏, 1844-1914)의 소개로 베를린 대학의 법학자 그나이스트(Rudolf von Gneist, 1816-1895)를 만났는데, 그는 일본에 입헌제도는 아직 빠르다는 의견이었다. 그러나 오스트리아의 빈 대학 교수 슈타인(Lorenz von Stein, 1815-1890)을 만나 일본 헌법의 큰 틀을 잡게 된다. 슈타인은 교육을 역설했는데, 국가는 개인이 능력과 지성을 기를 수 있도록 교육제도를 관리할 것과, 공학(公學)제도를 강조했다. 또 일본의 역사에 관한 성찰을 바탕으로 구미의 지식을 접목할 것을 조언했다.[490]

1882년 일본

"귀국 일은 언제나 토할 듯 토하지 않을 듯하니, 이러고서 일이 될 것인가"

슈펠트와의 조미조약 협상을 위해 천진에 전권대신을 보내줄 것을 조선에 요청한 이홍장은, 조선에서 아무런 회신이 없자 김윤식에게 답답함을 토로한다. "귀국 일은 언제나 토할 듯 토하지 않을 듯하니, 이러고서 일이 될 것인가. 파견 관원이 올지 안 올지는 나의 알 바 아니나 내가 다년간 충고하였는데 귀국이 아직도 이해(利害)를 깨닫지 못한다"며 답답해했다.[491]

'속방' 조항을 둘러싼 이홍장과 슈펠트의 대립

이홍장과 슈펠트는 2월 7일(양 3.25)부터 3월 1일(양 4.18)까지 5차에 걸쳐 천진에서 협상을 가졌다. 이 회담에서 조선이 청의 속방이라는 것을 조약에 명기하는 것이 가장 큰 쟁점이었는데, 슈펠트가 완강히 반대하였다. 그 이유는 조선이 외교와 내정에 자주권을 가진 이상 미국은 조선을 독립국으로 상대할 권리를 가지며, 조선과 미국이 평등한 입장에서 조약을 체결하는데 타국과의 관계를 끌어들일 필요가 없다는 것이었다. 이에 대해 이홍장과 청국 측은 계속 반대하고 지연책을 취했는데, 슈펠트는 교섭의 결렬을 선언하고 즈푸(芝罘)로 갔다. 슈펠트의 이러한 강경한 태도에 이홍장은 속방 조항을 조약문에서 빼는 대신에 조약 체결 후에 조선국왕이 미국 대통령에게 조선은 청의 속방이라는 조회문을 보낼 것을 제안했고, 슈펠트는 이를 받아들였다. 이렇게 조미조약 초안은 완성되었고, 조선의 사신 편에 초안을 조선에 보냈다.[492]

불공정조약 개정 회담과 주일 영국공사

연초부터 일본에서는 불공정조약 개정 회담이 열리고 있었다. 이 회담에서 외무경 이노우에는 영사재판권 폐지와 모든 수입품에 대한 5%

의 관세율 규정을 폐지하고, 주요 수입품에 대한 관세율은 10%, 그 외 품목에 대해서는 5~25%로 인상할 것 등 조미조약과 비슷한 세율을 요구했다. 그 대신 내지통상 허용과 외국인 판사의 재판 참여 등을 제시했다.

그러나 파크스는 수입관세율을 평균 7.5%로 인상해 주는 대신에 내지통상의 자유를 요구하고, 일본의 법적 제도가 완비되지 않았다며 영사재판권 폐지 요구는 거부했다. 대부분의 서구 외교관들은 일본의 제의에 동의했으나, 영국의 반대로 결국 회담은 성과 없이 7월 말에 종결되었다. 파크스는 조영조약을 비준하지 않을 것을 본국에 건의한다.[493]

일본의 조선 파병 결정

이런 상황에서 7월 29일 밤에 나가사키에 도착한 하나부사 공사가 임오군란의 전말을 외무성에 보고했다. 다음 날, 외무차관 요시다 기요나리(吉田淸成)는 여서창(黎庶昌) 주일 청국 공사(재임 1881-1884)에게 사건의 개요를 전달했다.

여서창은 그 요지를 북양대신 서리 장수성(이홍장은 당시 상중(喪中)이었다)에게 타전하며 일본정부의 출병 결정을 알리고, 청국도 군함을 파견할 것을 건의했다. 이노우에는 하나부사로부터 상세 보고를 받은 후 청국 등이 중재를 제의할 경우 거절할 것과 복귀해서 조선 정부와 교섭할 것을 명했다.[494]

청국의 조정 제의를 거부한 일본

주일 청국공사 여서창이 임오군란 문제를 청국이 조정하겠다고 제의하자, 외무차관은 일본은 양국 간에 해결하고자 한다는 입장을 전했다. 그러나 여서창은 조선은 청국의 속방으로, 속방에서 문제가 생겨 파병하였으며 일본과 문제를 해결하고자 한다는 입장이었다.[495] 일본이 제3

국의 중재를 거부하는 것은 1894년의 청일전쟁과 1904년의 러일전쟁에서도 반복된다.

미국, 조선이 독립국임을 일본에 통보

빙엄 주일 미국공사는 조미수호조약 체결 직후 슈펠트 제독으로부터 조약의 사본을 받았다. 그는 7월 말에 조미조약에는 조선에 대한 청국의 종주권을 인정하는 어떤 내용도 포함되어 있지 않다는 점을 일본 외무성에 밝혔다. 미국무장관 프렐링하이젠도 주청 미국공사 영(John Young)에게 조선이 독립국임은 사실이라고 했다.[496] 이렇게 미국은 조미수호 조약 체결 당시부터 줄곧 조선을 독립국으로 인정했다.

군비확장 논의

제물포조약 체결을 교섭 중이던 8월에 일본에서는 군비확장이 논의됐다. 야마가타는 그 재원을 담배세로 충당하자는 상주문을 올렸고, 우대신 이와쿠라도 청이 조선을 속국으로 간주하는 한 청과의 전쟁은 피할 수 없으며, 따라서 육해군을 양성해야 한다고 메이지 천황에게 의견을 제시했다. 9월 중순에는 의관(議官) 이노우에 고와시(井上毅)가 조선이 타국에 점거되면 일본의 머리 위에 칼이 매달려 있는 것 같은 것이라 했다. 또 청나라 군대가 조선에 주둔하고, 대원군이 납치되는 등 '국치(國恥)'를 당했는데도 조선인이 무기를 들고 저항하지 않았다며 조선에는 자립할 기개가 없고, 청과 러시아의 조선 지배를 막아야 한다는 여론이 일본 내에 강하게 일어났다.[497]

청 내부의 대일 주전론

청 조정 내에서는 대일(對日) 전쟁을 주장하는 세력이 있었다. 그들은 청류파로 불리는 등승수와 장패륜이 대표적이었는데, 이홍장은 승리를 장담하지 못한다고 반대했다. 한편, 이홍장은 9월 중순에 총리아문에 보낸 서한에서 조선이 극심한 빈곤에 빠져 있고, 임오군란을 거치면서 나라에 1개월 치 비축분도 없으니 크게 우려된다며, 조선이 청에게 원조를 구하는 것은 그 때문이라 했다.[498]

임오군란 사죄사 파견

임오군란에 대해 사죄를 표하기 위해 수신사 박영효, 부사 김만식, 종사관 서광범, 김옥균 등이 9월 말에 시모노세키에 도착했다. 이들은 고베, 오사카, 교토 등을 시찰했는데, 오사카에서는 동(銅) 제련소, 무기창, 포병공창, 조폐국 등을, 동경에서는 도서관, 여자사범학교, 박물관, 전기기계창, 인쇄국, 제지공장, 육군사관학교, 조선소 등을 방문했다. 이들은 이노우에 외무경과 회견을 갖고, 배상금 50만 엔을 매년 5만 엔씩 10년간 상환하기로 했다. 그러나 조선은 제1차분 5만 엔도 조달할 방법이 없었는데, 이노우에가 요코하마의 은행을 통해 17만 엔의 차관을 성사시켰고, 박영효 등은 이 돈으로 배상금의 1차분 5만 엔을 지불하고, 나머지 12만 엔은 '제반비용'으로 사용했다.[499]

무라타 총과 탄약 5만 발 기증

수신사 박영효 일행이 귀국하기 전에 이노우에 외무경은 1개 대대 병력을 무장시킬 수 있는 일본의 최신식 소총인 무라타 총(村田)을 기증하겠다는 의사를 밝혔다. 수신사 일행은 11월 18일(양 12.27)에 동경을 출발하여, 11월 28일(양 1.6)에 고종에게 복명했다. 러시아 공사로 발령이 난 하나부사의 후임으로 변리공사 다케조에 신이치로(竹添進一郎, 1842-1917)가 수신사 박영효 일행과 동행하여 부임했다. 다케조에는 12월 말에 고종을 알현할 때 일본 천황이 기증하는 무라타 총 425정과 탄약 5만 발을 고종에게 바쳤다.[500]

1882년 일본

37세의 '일본은행' 초대 총재

계속되는 인플레이션을 해결하기 위해서는 중앙은행 설립과 화폐정리가 필요했다. 이를 위해 대장경 마쓰가타 마사요시는 3월에 '일본은행' 설립 건의서를 제출하여 10월에 설립되었다. 초대 총재는 대장경 소보(少輔)를 역임한 37세의 요시하라 시게토시(吉原重俊, 1845-1887)였다. 예상대로 도산, 파산하는 개인과 법인이 속출했고, 농민도 많은 고통을 겪었다. 그러나 이 효과는 몇 년 후에 나타났다.

요시하라는 메이지정부 유학생으로 1869년부터 예일대학에서 정치와 법학을 공부하고, 1872년에 이와쿠라 사절단이 미국에 갔을 때 현지에서 참여했다. 이후 외무성을 거쳐, 1874년에 오쿠보가 류큐인 피살 사건 해결을 위해 프랑스인 법학자 보아소나드와 청국에서 협상할 때 동행하여 베이징조약의 기초를 작성했다.[501]

군비확장 계획과 증세

11월 말에 군비확장 및 조세증징에 관한 칙어가 공포되었는데, 주세, 연초세, 회사세 등을 증세하기로 했다. 이에 따라 12월에 메이지 정부는 군비확장 8개년 계획을 확정하였고, 1883년부터 군함건조와 육군 병력 증강에 예산을 투입하기 시작한다. 이 계획이 1888년에 완성되고, 1889-1893년 동안 2차 증강계획이 추진되어 청일전쟁 전에 일본은 청에 대적하는 군사력을 갖게 된다.[502] 이처럼 임오군란 이후 청이 조선에 대한 지배를 강화하는 것에 위기를 느낀 일본은 군비증강을 본격적으로 추진하게 된다.

박영효를 만난 주일 영국공사

주일 영국 공사 파크스는 조선이 청국과 체결한 '장정'의 문제점에 대해 박영효에게 지적한 것을 본국 외상 그랜빌에게 12월 말에 보고했다.

파크스는 박영효에게 장정상에 조선국왕이 청 황제보다 낮은 지위를 갖고 있어, 다른 국가의 주권자들이 고종을 동등하게 간주하지 않을 수도 있다는 것과, 장정의 수정, 보충도 조선국왕이 북양대신과 처리하도록 규정하고 있는 점을 거론했다.[503]

1883년(광서 9, 고종 20) - 조선

무너지는 공권력

1월 하순에 강화 유수 김윤식이 횃불을 들고 도둑질을 한 명화적(明火賊) 8명을 참수한 것을 보고했는데, 이해에는 도둑과 화적, 난동에 관한 기록이 많다. 5월에는 동래부 난민 수백 명이 관청 뜰에서 행패를 부리고, 옥문(獄門)을 부수고 죄인들을 풀어주는 일이 일어났다. 6월에는 경기도 고양에서 대낮에 강도 60, 70명이 총과 칼을 가지고 수천 냥의 상인 재산을 빼앗는 일이 일어났고, 8월에는 경상도 성주목 난민들이 동헌에 난입해 관장(官長)을 끌어내는 일이 발생했다.

10월 초에는 성균관 주변에 사는 천인 계급인 반인(泮人) 한 명이 억울하게 갇혀 있다고 수백 명이 몽둥이를 들고 옥문을 부수어 10여 명을 탈옥시키고 관리 한 명은 맞아 죽었고, 그 반인을 체포한 군관의 집은 파괴되었다. 이런 일이 계속되자 10월 초 의정부는 서울과 그 주변에서도 도적이 주야로 불을 밝히고 총포를 쏘며 약탈하여, "공납(公納)이 그것으로 지체됩니다"라고 할 정도였다.[504]

배로 귀국하는 것을 허락받지 못한 조선 사신

북양대신(이홍장) 아문에서 자문 네 건을 조선에 보냈다. 이를 승문원에서 보고한 내용이 고종실록 4월 1일 자에 있는데, 자문 네 건 중 "한 건은 부사(副使)가 천진과 연대의 관항(關港) 세무(稅務)를 두루 살피고 뱃길로 귀국하기를 요청한 것에 대하여 그대로 하기 곤란하다는 것을 밝힌 북경 예부의 자문이었습니다. …"고 했다. 즉, 청국에 갔던 사신이 업무를 마치고 배로 귀국하려고 청국 측에 허락을 요청했으나 거부되어 걸어와야 했다.

청국에 보내는 마지막 사신이 청일전쟁 중이던 1894년 6월에 일본군의 눈을 피해 몰래 가는데, 이때도 걸어서 청국에 간다. 청국이 조선을 "참으로 예의의 나라"라고 부를 만했다.

보빙사 파견

미국은 조미수호조약을 2월 6일(양 3.4)에 비준했다. 마침내 주조선 초대 미국공사 푸트(Lucius Foote, 1826-1913)가 부임했는데, 이때 윤치호도 통역으로 왔다. 푸트는 4월 14일에 고종을 알현했다. 6월 초에 푸트의 건의로 고종은 미국에 '보빙사' 파견을 결정했다. 보빙사의 정사에는 23세의 민영익이 임명되었고, 부사에는 27세의 홍영식, 종사관에는 24세의 서광범이 임명됐다. 이들 외에 27세의 유길준과 변수, 중국인 통역, 미국인 퍼시벌 로웰(Percival L. Lowell, 1855-1916), 일본인 통역 등 총 11명이었다. 이들은 인천을 떠나 요코하마, 샌프란시스코, 시카고를 거쳐 뉴욕에 9월 17일(음 8. 17)에 도착하여 미국 대통령 아서(Chester Alan Arthur, 재임 1881-1885)에게 국서를 제정하고, 이후 약 한 달간 시찰한다. 부사 홍영식 등은 12월 말에 귀국하고, 민영익, 서광범, 변수는 유럽을 거쳐 1884년 5월 말에 귀국한다.[505]

이들의 미국 방문 내역은 일본 편에 있다.

'조일통상장정'과 관세권 회복

6월 하순에 체결되었는데, 그 주요 내용을 보자.

제37관에서 쌀 수출은 허용하지만 "일시 쌀 수출을 금지하려고 할 때에는 1개월 전에 지방관이 일본 영사관에게 통지하여 …"라 했다. 제40관에서는 세금과 벌금은 조선 동전으로 납부하도록 했고, "혹 일본 은화를 시가에 따라 바꾸어 쓸 수 있으며, 멕시코 은화가 일본 은화와 가치가 같을 때에도 역시 바꾸어 쓸 수 있다"라고 했다. 제42관에서는 일본에 최혜국 대우를 부여했다.

'장정 세칙'에서는 수입관세율을 약재 및 식료품, 일용잡화, 가구 등은 종가세 5%, 양주, 시계, 보석, 장식품 등은 25% 또는 30%, 일반상품은 8% 내지 10%로 했다. 수출세는 원칙적으로 5%로 했다. 강화도조약에서는 관세를 규정하지 않았는데, 이 조약으로 관세를 규정함으로써 조선은 관세권을 회복했다.[506]

그러나 주청 프랑스 공사관 등은 이 '장정' 내용이 조선에 너무 유리하다고 이노우에 외무경을 비난하게 된다.

청국인이 남대문에 내건 '방문'

이홍장은 조청수륙무역장정 제1조에 따라 진수당을 '총판조선상무'에 임명했다. 진수당은 서울 도착 후 조선인에게 고하는 방을 남대문에 붙였다. 그 내용이 윤치호의 일기(음 10.5/ 양11.4)에 있다. "효유한다 … 조선은 중국의 속국으로서 기자(箕子)로부터 … 수천 년 동안 오로지 시서(詩書), 예의의 가르침을 숭상하여 … 우리 청조가 일어난 지 2백여 년 동안, 조선은 매우 공순하여 … 속국이 대국과 문자를 함께 사용하는 우의를 밝히고 온 집안이 주인을 함께 모시는 정을 두터이 해야 할 것이다." 미국 공사의 통역관이던 윤치호는 이를 번역하여 미국 공사에게 보고했고, 주청 영국공사 파크스도 본국에 보고했다.[507] 임오군란 이후 조선은 청국에 의해 이렇게 철저하게 속국으로 취급당한다.

'조영수호조약'

조선에 큰 영향을 준 것은 10월 27일에 영국과 맺은 조영수호조약이었다. 이것은 1882년에 윌리스 제독이 체결한 조영조약을 폐기하고 수정하여 체결한 것이다. 이 조약의 주요 내용은 치외법권, 한성에서 영업을 할 수 있는 권리, 내지통상권, 군함정박권 등 청국과의 '장정'으로 청에 부여했던 것보다 더 구체적이고 철저하게 규정했다.

제3관에서는 치외법권을 규정했는데, "조선에 있는 영국 인민 및 그 재산은 영국에서 파견한 법률과 소송을 처리하는 관원이 전적으로 관할한다" 그리고 "조선 관원 및 인민 등이 조선에 거주하는 영국 사람을 고소한 사건", "조선에 있는 영국 인민이 법을 범하는 일이 있을 때", "영국 인민이 … 고소를 당하여 벌금을 물거나 재산을 몰수당하는 등 일체의 죄명과 관계되는 것"은 영국의 법관이나 형송관원이 영국의 법률에 따라 심의 판결하도록 했다. 조선관원이 체포·심·판결할 수 있는 것은 "영국 관원 및 영국 인민 등이 조선에서 조선 인민을 고소하는 사건", "조선 인민이 조선 경내에서 영국 인민의 인신, 생명, 재산을 모욕하고 해치고 손상"시킬 때이다.

제4관에서는 조약 시행일부터 제물포, 원산, 부산과 한성의 양화진에서 영국 사람들이 무역을 하도록 허가하고, "영국 인민이 여행증명서를 지니고 조선의 각 처에 돌아다니면서 통상하고 아울러 각종 화물을 운반해 들여와 팔거나 일체 토산물을 구매하는 것을 허가한다."고 했다.

제8관에서는 "두 나라의 군함은 통상 항구든 아니든 관계없이 쌍방이 모두 왕래를 승인한다. … 영국 군함이 조선 안의 통상하지 않는 항구에 갈 때에는 그 배에 탄 관리와 문관, 무관, 병사, 인부들이 해안에 상륙하는 것을 허한다. …"고 했고, 제10관에서는 최혜국 대우를 규정했다.

부속세칙에서는 대부분의 영국산 제품에 5% 또는 7.5%의 수입관세를 정했는데, 이는 일본, 청과 동일한 세율이었다.[508]

이 조약을 체결한 주청 영국공사 파크스는 이해 8월에 주청공사로 이임하기 전까지도 일본이 요구한 수입관세 인상을 반대했다. 그런 파크스가 조선의 수입관세를 5~7.5%로 인하하여 체결한 것이다. 이와 똑같은 내용의 조약을 독일이 같은 날에 한성에서 체결했고, 이후 미국, 일본도 영국과 동등한 내용의 권한을 요구했다. 이 수정된 조영조약으로 인해 서울과 조선의 내지(內地)는 완전 개방되었다.

"조선은 청나라의 속국이므로 본토와 같이 본다"

12월에는 서북경략사 어윤중이 중국의 봉천성 관리와 '봉천과 조선 변민교역장정'을 맺었다. 제1조에서 "변경의 육로 무역은 원래 중국이 속국을 우대하고 오로지 백성의 편의를 위하여 개설한 것"이라고 했고, 제14조에서는 "조선은 청나라의 속국이므로 본토와 같이 본다(至朝鮮, 爲天朝屬國, 視同內服)"고 했다. 제23조에서는 "지방 관리가 교섭할 일이 있어 문건을 교환하는 경우에 격식을 지켜야 한다. 조선은 반드시 '천조(天朝)' 혹은 '상국(上國)'이라는 글자로 존대해서 써야 한다. … 봉천성의 변방 관리들은, '조선국' 혹은 '귀국'이라는 글자를 써 우대하는 뜻을 보인다."고 했다.[509]

이렇게 조선을 청국 땅으로 보는 것은, 8년 전인 1875년 말에 주청 일본공사 모리와 총리아문 대신들 간의 논쟁 때 청이 주장했던 내용이다.

한성순보, 전환국, 혜상공국, 해관

2월에 한성부에서 국(局)을 설치하여, 10월에 최초의 신문인 순한문의 '한성순보'가 간행되었다. 7월에는 "별도로 한 관청을 설치하여 일상적으로 주전 사업을 진행하여 경비를 보충하게 하라"는 고종의 명에 따라 '전환국'이 설치되었다.

8월에는 "보부상들을 군국아문에 소속시켜 통제하는 방도를 좋은 쪽에 따라 조치하라는 명"에 따라 '혜상공국'이 설치되었고, 묄렌도르프가 추진하여 인천, 원산에 이어 11월에는 부산에 해관이 설치되어 관세행정이 시작되었다.[510]

1883년(메이지 16) -
일본

4년 전 유학생과의 약속을 지켜 세운 회사

이해에 오사카방적회사가 설립되는데, 이것은 4년 전인 1879년에 당시 39세의 시부사와 에이이치와 28세의 야마노베 다케오(山邊丈夫, 1851-1920)라는 서로 모르던 사람들의 인연에서 시작된다. 야마노베는 1877년에 런던대학에 유학을 가서 경제학을 공부하고 있었는데, 1879년에 시부사와로부터 편지를 받았다. 시부사와는 친구로부터 야마노베를 소개받았다면서 일본은 면사를 대량 수입하고 있는데, 면 방적업을 육성해야 한다고 했다. 이를 위해서는 경영과 기술을 함께 아는 사람이 필요한데, 야마노베가 방적기술을 공부하여 돌아온다면 자신이 회사를 만들겠다고 제안했다.

야마노베는 시부사와의 충고대로 킹스칼리지에서 기계공학을 공부하고, 당시 세계 섬유산업의 중심지인 맨체스터의 방적공장에서 기술, 판매 등을 배웠다. 공부를 끝내고 1882년에 야마노베는 귀국하였고, 1883년에 시부사와는 약속대로 오사카방적회사(大阪紡績會社)를 설립하였는데, 이 회사가 현재의 도요보(東洋紡, Toyobo)이다.[511]

22세의 기술자가 입안한 비와호 건설

교토부(京都府) 지사가 비와호(琵琶湖)의 물을 교토로 끌어들여 수운과 관개, 발전, 운송에 이용하는 계획을 입안했는데, 이 계획은 교토부 직원으로 공부대학교를 막 졸업한 22세의 기술자 다나베 사쿠로(田辺朔郎, 1861-1944)가 작성한 것이었다. 이 사업은 1885년 1월에 사업허가를 받아 1890년 4월에 완공되는데, 이 프로젝트로 건설된 일본 최초의 수력발전소는 교토의 근대화에 큰 공헌을 한다.[512]

이렇게 일본의 20대가 유학을 가거나 국내에서 공부를 하면서 일본을 만들어 가고 있었다. 10여 년 전 피를 흘리며 전쟁과 혼란의 와중에 메이지유신을 이룬 것과 많이 다르지만, 공통점은 이들이 일본을 강하게 만들어 가고 있었다는 것이다. 국가(막부)와 지방정부(번)가 1860년대 초부터 유학 보내고 인재를 키운 결과가 20여 년이 지난 이때부터 나타나고 있었던 것이다.

주청 영국공사 파크스

1865년부터 약 18년간 주일 영국공사를 역임한 파크스가 8월에 주청 영국공사로 발령을 받아 떠난다. 파크스를 신랄하게 비판하기도 했던 사토우(Ernest Mason Satow, 1895-1900 주일 영국공사)는 일본 측이 파크스의 덕을 많이 보았다며, 만일 파크스가 메이지 유신 기간 중 도쿠가와 막부 편에 섰더라면 메이지 유신 과정에서 엄청난 혼란이 일어나 통제하기 어려웠을 것이라 했다. 파크스는 2년 후에 북경에서 사망한다.[513]

'조일통상장정'에 대한 유럽 공사들의 불만

7월 25일(음 6.22)에 체결된 「조일통상장정」과 세칙 내용을 두고 주청 영국, 독일, 프랑스 공사들은 일본 측에 불만을 표시했다. 이때는 영국이 조영조약을 수정하여 체결하기 전이었다.

주청 프랑스공사는 일본공사 에노모토에게 일본이 미국과 함께 가난

1883년 일본

하고 미개한 조선에게 과분한 세율을 허락했다고 이노우에 외무경을 비난했다. 프랑스 공사는 프랑스, 영국, 독일은 결코 일본과 미국처럼 조선에 높은 수입세율을 허락하지 않겠다고 했는데, 이미 일본과 청국에 낮은 세율을 시행하고 있었기 때문이었다. 결국 파크스가 조선의 수입 관세율을 일본과 청국 수준으로 인하하여 조영조약을 체결한다.[514]

보빙사의 미국 시찰과 귀국

보빙사 민영익 일행이 일본을 거쳐 9월 2일(음 8.2)에 샌프란시스코에 도착하여 성대한 환영을 받았다. 뉴욕에서 보빙사를 만난 아서 미국 대통령은 미국은 다른 나라의 영토를 점령할 의사가 없으며, 단지 우호관계와 교역으로 서로 이익을 얻는 것을 추구한다며, 미국의 농업, 농기구 및 기계, 교육, 법률 등에서 조선이 채택할 부분이 있을 것이라 했다.

이후 보빙사 일행은 방적공장, 박람회, 농장, 신문사, 소방서, 병원, 전신국, 육군사관학교, 조선소, 제당공장, 우체국 등을 시찰했다. 에디슨 전기회사를 방문했을 때 유길준은 그때까지는 '마귀의 힘'으로 불이 켜진다고 생각했는데, 비로소 그 사용방법을 알 수 있게 됐고, 안전하게 조작되는 것도 알게 되었다고 했다. 워싱턴에서 농무부를 방문했을 때는 각종 농작물 종자 및 영농책자를 얻었고, 우체국을 방문했을 때 홍영식은 우편제도에 많은 관심을 보였다.[515]

배에서 유교 서적만 읽은 민영익

미국 방문을 끝내고 홍영식 등은 바로 귀국하고, 민영익은 아서 대통령의 배려로 프랑스, 영국 등 유럽을 방문하고 조선으로 돌아갈 수 있었는데, 서광범과 변수가 동행했다. 유길준은 미국에 남아 공부를 하는데, 미국 유학생 1호가 된다.

이때 포크(George Clayton Foulk, 1856-1893) 해군 소위가 주한

미국공사관 소속 해군 무관으로 임명되어 민영익 일행과 동반하도록 명령을 받았다. 그런데 당시 북경이나 동경에도 미국 해군무관이 없었던바 조선에 대한 미국의 특별 배려로 볼 수 있다. 이 항행 기간 중에 서광범과 변수는 포크 소위의 도움으로 세계에 관한 많은 지식을 익혔다. 그러나 23세의 민영익은 선상에서 유교 서적만 읽었다.[516]

영국, 조선에 총영사 파견 결정

12월 중순, 조선 공사를 겸임하던 주청 영국공사 파크스는 조선에 공사가 아닌 총영사를 파견하기로 결정했다. 당시 이홍장은 조선의 중요한 문제는 청 정부와 협의해야 한다는 입장이었는데, 이를 파크스가 인정한 것이기도 했다.[517]

'만국공법' 번역가가 본 청과 일본의 차이점

'만국공법'을 중국어로 번역한 청나라의 미국인 선교사 마틴이 1880년에 일본을 방문한 적이 있다. 그는 1883년 청국의 동문관이 발간한 책에서 일본과 청나라를 비교하는 글을 썼다. 그는 일본이 메이지유신으로 국가의 정책에서 풍속에 이르기까지 변화가 극히 빨랐던 것은 그렇게 하지 않으면 일본이 부강해질 수 없었기 때문이었다고 진단했다. 반면에, 청국의 개량은 일본보다 십 년 정도 빨랐지만 자국의 정치체제를 바꾸지 않아, 서양문화의 흡수가 일본보다 훨씬 뒤처져 있다고 양국 간의 차이를 말했다.[518]

1884년(광서 10, 고종 21) - 조선

'한성순보' 사건

1월 초에 종로의 한약방에서 인삼을 산 청국 병사 3명이 돈을 갚지 않아 독촉을 받자 총을 쏴 주인을 죽였다. 이에 통리아문은 청국 측에 알려 범인의 처벌을 요구했으나 회신이 없자, 통리아문 부속의 박문국에서 발간하는 한성순보의 이노우에 가쿠고로(井上角五郎, 1860-1939)가 이 사건을 보도하고 비난했다. 이에 청국 측은 조선정부에 한성순보의 배포를 금지하도록 압력을 가해 결국 이노우에가 사직을 하고 일본으로 돌아갔다. 그러나 이노우에는 8월에 다시 서울로 온다.[519]

세계표준시 확정 국제회의

2월 초에 푸트 공사는 세계 표준시 확정을 위한 국제회의가 10월에 워싱턴에서 있음을 알리고 조정에 초청장을 전했다. 주청 영국공사 파크스는 조선을 여러 번 답사하고, 조선말을 할 줄 아는 애스턴(William Aston, 1841-1911)을 총영사로, 칼스(William Carles, 1848-1929)를 부영사로 임명했다.[520]

청국군 1,500명 철수

임오군란 후 조선에 주둔하고 있던 청국군 3천 명 중 절반이 프랑스와 전쟁 중이던 5월 초에 철군해, 한성에 남은 1,500명은 25세의 원세개가 통솔하게 되었다. 일본군은 전년도 2월에 공사관 경비병력을 4백 명에서 2백 명으로 줄였는데, 이들 양국 병력들이 갑신정변에 동원된다.[521]

민영익의 귀국 보고

11개월 만에 미국, 유럽을 순방하고 돌아온 민영익이 5월 9일에 고종에게 복명하는데 승정원일기를 통해 일부를 보자.

"미국의 부강함은 천하제일이라 하는데, 경이 지금 눈으로 보니 과연 그러하던가?"

"그 나라는 곡식을 생산하는 땅이 많고 사람들이 모두 실제에 힘씁니다. 그래서 상무(商務)가 가장 왕성하니, 다른 나라와는 비교가 되지 않습니다." …

"두루 본 가운데 어느 곳이 가장 명승지던가?"

"서양이 모두 불란서의 서울인 파리를 제일로 여깁니다만, 신이 본 바로는 미국의 뉴욕이 명승지로 생각됩니다. 파리는 번화하고 화려하지 않은 곳은 아니나, 그 웅장하고 성대하기로는 뉴욕만 못한 듯하였습니다."

"그곳 역시 무비(武備)를 숭상하던가?"

"서양의 부강함은 오로지 상무(商務)를 위주로 합니다. 만약 전쟁이 일어날 단서가 있으면 반드시 항만을 봉쇄할 것이므로, 각국이 서로 화해하도록 권합니다. 그래서 미국이 무비를 숭상하지 않아도 자연 막강한 것입니다." …

"광명세계로 들어갔다가 이제 또다시 암흑세계로 돌아왔다"

민영익 일행과 미국, 유럽을 거쳐 조선에 오기까지 6개월간 선상 생활을 한 해군무관 포크는, 민영익이 항상 유교 서적만을 탐독하자 모처럼 구미 선진문물을 시찰하고 깨달을 수 있는 좋은 기회를 놓치는 것 같아 안타까웠다고 했다. 반면에 서광범과 변수는 배우는 것에 열의를 보였다.

민영익은 서울에 도착한 다음 날 푸트 공사를 찾아가 감사를 표하며 "암흑세계에서 태어나서 광명세계로 들어갔다가 이제 또다시 암흑세계로 돌아왔다"고 했다. 그러나 고종에게 귀국 보고한 지 두 달도 안 돼 사직상소를 올린다. "외무직에 무릅쓰고 있은 지 이제 3년이 되었습니다. 견문이 적고 지려가 부족한 탓에 외국 사신을 적절하게 접응하는 일을 잘 헤아려 처리하지 못했고, 국제 조약을 유리하게 체결하는 일도" 못한다면서 사직했다. 사흘 후 민영익은 금위대장에 임명되었다.[522]

왕과 왕비의 보호를 받던 24세의 민영익이 7개월 간 미국과 유럽 순방을 마치고 돌아오자마자 수구파로 돌아간 것은 조선의 비극이고 현실이었다. 20년 전인 1864년에 유럽을 방문 중이던 27세의 막부의 외교 책임자 이케다 나가오키는 처벌을 각오하고 돌아와 막부에 개혁을 건의했고, 같은 해에 37세의 오구리 다다마사는 '막부는 유한하지만 일본은 무한하다'며 조선소 건설을 강력하게 주장했다. 이렇게 두 나라 리더들의 생각과 행동은 달랐다.

좌절된 고종의 의복간소화 시도

윤 5월에 고종이 "친군(親軍)이 복장을 간편하게 갖추고 정연하게 보조를 맞추는 것은 때에 알맞게 하는 것이니 …"라며 군의 복장을 간편하게 할 것을 지시했다. 며칠 후에는 "때에 따라 알맞게 만들어 입는 사복(私服)은 힘써 그 편한 대로 따르는 것이니 이것은 변통할 수 있는 것이다"고 했다.

그러나 이날 이후부터 약 두 달 이상 대신 및 전국의 유생들로부터 격렬한 반대상소에 직면하게 된다. 우선 영중추부사, 영의정, 우의정이

상소를 올려 "우리 왕조의 공복(公服)과 사복은 모두 명나라의 제도를 따른 것으로서" 고칠 수 있는 것이 아니라며 반대했다. 이에 고종은 "어찌 옛 습관에 물 젖어 나태하게 지내면서 진흥시킬 것을 생각지 않을 수 있겠는가?"라 했다. 그러나 바로 다음 날 대신들이 또 연명 차자를 올렸고, 후속 조치를 해야 할 예조판서도 반대했다. 이어서 사헌부, 사간원, 홍문관도 취소할 것을 상소했다.

대신들의 반대 상소가 계속 올라오자 고종은 "군신 상하가 힘을 다하고 마음을 합쳐 모든 번쇄한 제도를 빨리 조정하고 경장하여 나라를 이끌고 백성을 인도해야 볼 만한 아름다움이 있게 된다. 이는 아주 급한 일이니, 이번에 의복 제도를 변경한 것은 바로 경장하는 일 중의 하나일 뿐이다. 이전의 비지(批旨)에서 나의 마음을 남김없이 누누이 말하였는데도 경들이 이와 같이 강경하게 고집하여 마치 힘껏 대항하는 듯하니, 어쩌면 그리도 심하게 헤아리지 못한단 말인가? … 내가 어찌 경들에 대하여 개탄하지 않을 수 있겠는가?"라 했다.

퇴임한 이유원도 반대상소를 올렸는데, 최소 2,500년 전에 있었던 "주(周)나라 때부터 이미 그 제도가 있었거니와 소매를 좁게 했다는 말은 듣지 못하였습니다"라며 반대했다. 그리고 고려 때의 김부식이 "송나라 사신이 소매가 넓은 우리의 옷을 보고는 '삼대(三代)의 복장이 이 나라에 있다고 감탄하였다.'라고 하였습니다."라며 변경해서는 안 된다고 했다.[523]

삼대는 하, 은, 주 시대를 말하는데, 하나라는 당시를 기준으로 해도 약 3,500~4,000년 전의 나라이다. 중국도 지키지 않는 그 오래된 중국의 의복 제도를 지켜야 한다고 조선의 대신들과 유생들이 주장하고 있는 것이다. 결국 32세의 고종이 하려던 의복간소화는 영의정부터 반대하여 좌절됐다. 24세의 민영익이 다시 수구파로 돌아간 것도 이런 맥락에서 볼 수 있다. 그만큼 조선에서 개혁은 불가능했고, 고종도 할 수가 없었다.

거의 공석이 된 주진독리

조중상민 수륙무역장정 제1조에 따라 청에서는 진수당을 파견했고, 조선에서는 남정철을 이해 3월에 톈진에 파견했다. 그러나 그는 4개월 만인 7월에 돌아와 다른 관직에 임명된다. 조선의 천진 주재 위원을 주진독리(駐津督理), 그 공관은 주진공관이라 했다. 남정철의 귀국 이후 1894년 6월까지 약 10년 동안 주진독리(임기 3년)에 임명된 8명 중 4명만 부임했지만, 그들의 총 주재기간은 3년도 되지 않았다. 마지막 주진독리는 1894년 6월에 갔다가 1895년 3월에 돌아왔다. 주일공사처럼 주진독리도 거의 공석이었다.[524]

변리공사로 강등된 미국공사

미국정부는 푸트 공사의 지위를 특명전권공사에서 변리공사 겸 총영사로 낮춘다고 7월에 통보하였다. 이에 반발하여 푸트는 연말에 귀국하고, 해군무관인 포크가 1886년 6월에 파커(William Parker)가 부임할 때까지 임시대리공사가 된다.[525]

2천 년 전 중국 사람에 대한 시험을 치는 조선

홍콩에서 발간되던 '신보(申報)'가 조선에서 8월에 실시한 과거시험이 2천 년 전의 한(漢)나라 개국 공신들에 관한 것이라며, 이런 시험을 보는 조선이 너무나 신기하다고 보도했다.

실제 이때 과거 시험이 있었는데, 8월 17일 자 고종실록을 보면 과거장은 "통제하는 것이 없다 보니 혹은 사방으로 트인 대로 잇대어 설치하기도 하고 혹은 관청 건물이나 민간의 집에 흩어져서 시취하기도 하여 시권을 품고 마구 들어와서 혼잡하기가 이를 데 없으니 참으로 한심"하다고 했다.[526]

호조판서와 영국 총영사

10월에 호조판서 김영수가 사직상소를 올렸다. "백료(百僚)들이 다달이 받는 녹봉도 떨어져 가고 있으며, 여러 관사에 월초에 나누어 주는 것도 비축이 떨어져 나누어 줄 수 없는 지경이고, 군리(軍吏)들은 모여서 배고프다고 울부짖고 …"라 했다. 그런데 9월 말에 애스턴 영국총영사가 파크스 주청공사에게 보고한 내용도 호조판서의 상소 내용과 크게 다르지 않았다. 애스턴은 조선의 재정은 항상 비어 있고, 조세의 3분의 1은 걷히지 않으며, 다음 해 세금을 금년에 조기 징세하기도 한다고 했다. 또 1, 2천 명 정도밖에 안 되는 병력조차 훈련이 제대로 되어 있지 않고, 무기는 활과 화승총이며, 월급은 아주 열악하며, 조정에 관료는 너무 많고, 의정부는 몇 명의 가문이 장악해 있다고 보고했다.[527]

이것을 보면 당시 조선 주재 외교관들이 파악한 내용이 매우 정확했음을 알 수 있다. 그들의 이러한 보고 내용을 바탕으로 조선에 대한 본국의 정책이 정해지고 추진되었다.

갑신정변

10월 17일 (양 12.4)에 갑신정변이 일어났다. 고종실록에 "이날 밤 우정국에서 낙성식 연회를 가졌는데 총판 홍영식이 주관하였다. 연회가 끝나갈 무렵에 담장 밖에서 불길이 일어나는 것이 보였다. … 사람들이 모두 놀라서 흩어지자 김옥균 ·홍영식 ·박영효 ·서광범 ·서재필 등이 자리에서 일어나 궐내로 들어가 … 김옥균 등은 상의 명으로 일본 공사에게 와서 지원해 줄 것을 요구하자 밤이 깊어서 일본 공사 다케조에 신이치로가 병사를 거느리고 와서 호위하였다(玉均等, 以上命求日本公使來援, 夜深, 日本公使竹添進一郎率兵來護衛)."라 하였다.[528]

1884년 조선

청국군과 일본군의 교전

10월 19일, 원세개의 강력한 주장으로 1,500명의 청국군과 조선군 좌영, 우영군은, 2백 명의 일본군과 조선 친군 전영, 후영 병력 4백 명을 상대로 창덕궁에서 교전하였다. 다케조에는 결국 고종에게 알리고 퇴거하였는데, 박영효, 김옥균, 서광범, 서재필, 변수 등도 일본공사관으로 피난했다.

이날 저녁부터 각종 유언비어가 난무하며 서울은 혼돈상태였다. 원세개는 진압 결과에 만족했지만, 조선의 수구파와 군중들은 개화당 인사들의 집을 부수고, 박문국과 우정국 건물을 파괴하였으며, 일본공사관에 불을 지르고, 일본인 거류민 29명을 살해했다. 일본공사관 직원은 피난민들과 함께 나가사키로 피했다.[529]

부친들의 자결

김옥균 등이 일본으로 피난한 이틀 후, 승정원, 사헌부, 사간원 등이 김옥균 등을 처단하도록 아뢰자, 고종은 "처분할 것이다."고 하였다. 결국, 김옥균 등의 가족들을 삭탈관직시켰고, 홍영식의 아버지인 영중추부사 홍순목, 박영효의 아버지 박원양과 서재필의 아버지가 모두 자결했다. 청 정부는 양국 충돌의 책임자로 간주된 원세개를 소환시켜 사태를 수습했다.[530]

청년들에게 희망을 가졌던 김옥균

서재필은 이후 《회고 갑신정변》에서 김옥균과 갑신정변에 대해 서술했다. 김옥균은 나라를 구하자면 이미 노후한 자는 깨우치게 할 방법이 없기 때문에, 오직 청년에게 실을 같은 희망을 갖고 있었다고 했다. 서재필은 갑신정변의 실패의 가장 큰 원인은 아무것도 모르면서 반대하는 민중의 무지라고 했다.[531]

한성조약

이노우에 외무경이 조선에 와서 11월 24일에 '한성조약'을 체결했다. 그 내용은 국서를 일본에 보내 사의(謝意)를 표명하고, 일본에 배상금 11만 원 지급, 이소바야시 대위 살해범 처벌, 일본 공관 및 영사관 수리 및 중축 비용 2만 원 지급 그리고 일본 호위병의 병영을 공관 부근에 정하기로 했다.532

고종의 결의

고종은 11월 30일에 조정 신료와 백성들에게 국정 운영 방침과 자신의 결의를 밝히는 유서(諭書)를 내렸다. "총명한 체하지 않을 것이며, 내가 감히 아래로 서무를 간섭하지 않을 것이다. 소인배를 접촉하지 않을 것이고 사사로운 재물을 모으지 않을 것이며, 오직 공적인 것만 들을 것이다. … 너희 의정부가 마음을 툭 터놓고 모든 일을 공정하게 하면 나는 공경히 따르지 않는 일이 없을 것이다. … 나는 이 말로 그대들을 속이지 않을 것이다. …"라고 하였다.533 그런데 이것은 임오군란 후의 결의와 비슷하다.

유학을 떠난 윤치호

윤치호는 갑신정변 후 신변의 위협을 느껴 푸트 미국공사의 추천으로 다음 해 1월에 상해로 간다. 그는 상해의 중서서원(中西書院, Anglo-China College)에서 1888년 9월까지 공부한다. 이때 윤치호는 불결하고 낙후되고 교만하고 문명국으로부터 수모를 겪는 청국을 보게 되었고, 이런 청국을 '상국'으로 섬기는 조선을 "눈멀고 귀먹은 어리석은 노인의 고함 소리에 놀라는 소년"에 비유했다. 그는 또 청국이 조선문제에 간섭하는 한 조선은 문명화될 수 없다며, 낡고 무지한 정치를 쇄신해야 한다고 했다. 3년 반 동안 상해에서의 공부를 마치고, 1888년 10

월부터는 미국 반더빌트(Vanderbilt) 대학에서 3년간, 1891년 7월부터 1893년까지는 에모리(Emory) 대학에서 공부하였다. 1893년 11월에 상해로 복귀하여 교직생활을 하였으며, 1895년 2월에 만 10년 만에 조선에 돌아온다.[534]

1884년(메이지 17) - 일본

1년간 유럽시찰에 나선 육군경

42세의 오야마 이와오(大山巖, 1842-1916) 육군경은 37세의 미우라 고로(三浦梧楼, 1847-1926) 중장, 36세의 가와카미 소로쿠(川上操六, 1848-1899) 대좌, 36세의 참모본부 국장 가츠라 다로 대좌 등을 대동하고 2월에 유럽시찰을 떠났다. 이들은 이후 약 1년간 프랑스, 독일, 러시아, 이태리 등을 방문하며 일본군을 개혁하는 구상을 하게 된다. 이들이 독일에 두 달간 머무는 동안, 독일의 육군참모총장 몰트케(Helmuth Karl von Moltke, 1800-1891)의 추천으로 육군소령 멕켈(Klemes Wilhelm Meckel, 1842-1906)과 고용계약을 체결한다. 그는 다음 해 3월에 일본에 도착하는데, 방어보다는 공격을 강조하는 전략가였다. 오야마 이와오는 스위스에 유학을 다녀와 보신전쟁과 세이난전쟁에도 참전했고 이후 청일·러일전쟁 때 일본군을 지휘한다.

이해 일본의 총세출 6천 1백만 엔 중 군사비 총액은 1천 5백만 엔이었다.[535]

1884년 일본

헌법제정을 위한 조직 구축

3월에는 헌법제정을 위한 예비조사를 위해 궁내에 '제도취조국(制度取調局)'을 설치하고, 그 책임자에 43세의 궁내경 이토 히로부미가 임명되었다. 제도취조국에 참여한 사람은 이토의 헌법조사를 위한 유럽 출장에 동행한 27세의 이토 미요지(伊東巳代治, 1857-1934), 40세의 이노우에 고와시(井上毅, 1844-1895) 그리고 31세의 가네코 겐타로(金子堅太郎) 등 구미에서 법학이나 사회과학을 공부한 인물들이었다.[536]

화족령

7월에는 화족령(華族令)이 발표되었는데, 공작, 후작, 백작 등 5개 등급의 작위로 나누었다. 화족에 선정된 사람은 대부분의 황족과 다이묘 등 세습 귀족가문과 메이지 정부 수립에 기여한 사람이었고, 군인, 관리, 경제인 등도 작위를 받았다. 이 제도는 1947년 5월에 '일본국헌법'이 시행되면서 폐지되었다.[537]

미쓰비시 나가사키 조선소

1857년, 막부는 나가사키에 기계 설계와 제조를 하는 시설인 나가사키 용철소(鎔鐵所)를 설립했다. 그 후, 관영 나가사키 제철소, 공부성 나가사키 조선국 등으로 명칭이 변경되다가, 1884년 7월에 당시 일본 해운업계를 대표하던 미쓰비시가 선박 수리를 위해 공부성으로부터 시설을 빌려 시작한 것이 미쓰비시 나가사키 조선소 설립의 시초가 되었다. 미쓰비시는 1887년에 토지, 건물, 설비 등을 매입하고 이후 강철로 만든 기선 등을 건조함으로써 동양 최대의 조선소로 성장한다.[538]

청불전쟁

8월 말에는 프랑스의 발포로 복건성 연안에서 청불(淸佛)전쟁이 시작되었다. 이때 청의 최대 해운시설이었던 복주선정국(福州船政局)이 대부분 파괴되었는데, 이것은 이홍장과 좌종당(左宗棠)이 프랑스 기술자들을 고용하여 건립한 조선소 중 하나였다. 10월에는 프랑스군이 대만을 점령했다. 이 전쟁 중 복건함대가 북양함대(이홍장)에게 도움을 요청했으나 이홍장은 거절하였고, 복건함대는 괴멸당한다.[539]

세계표준시 확정

10월에는 워싱턴에서 구미국가들과 터키, 일본, 하와이 등 25개국 대표들이 참가한 국제자오선 회의가 열려 현재의 세계표준시(GMT, Greenwich Mean Time)가 확정되었다. 프랑스가 파리의 본초자오선을 세계표준시 기준으로 삼기 위해 노력했으나, 결국 영국의 그리니치 천문대를 지나는 본초자오선이 표준으로 채택되었다.[540]

주청 영국공사와 갑신정변 해결 방향

일본 외무성이 갑신정변 소식을 접한 것은 발생 일주일 후인 12월 11일, 주일 청국 공사 여서창을 통해서였다. 다케조에로부터 사건 개요가 처음 보고된 것은 그로부터 이틀 뒤였다.

갑신정변 소식을 들은 주청 영국공사 파크스는 청의 총리아문을 방문하여 일본과의 평화적 협상을 권했다. 청국은 처음에는 반대했으나, 러시아의 조선 개입 가능성과 프랑스와 일본의 연합 가능성을 파크스가 언급했고, 또 당시 청은 프랑스와 전쟁 중이어서 결국 그의 권고대로 일본과 협상하기로 결정했다. 이에 12월 중순 총리아문 대신 등승수 등은 주청 일본공사 에노모토를 방문하여, 청은 일본에 대해 적의를 갖고 있지 않으며, 양국은 협력해서 서구를 막아내야 한다고 했다. 주일 청국

공사 여서창도 이와 같은 뜻을 일본 외무성에 전했다.⁵⁴¹

주청 영국공사, 거문도 점령을 건의

파크스는 본국에 갑신정변에 대해 보고하면서, 러시아의 조선 개입 가능성을 언급하며 거문도 정찰을 다시 제안했다. 이후 12월 19일 영국 군함이 상해를 출발하여 거문도로 향했다. 파크스는 주일공사 시절인 1875년 7월에도 거문도 점령을 건의한 바 있고, 영국군함 함장은 해군부에 제출한 보고서에서 거문도가 방어와 요새화가 쉽다는 점 등을 들어 전략적 요충지라 보고했다. 이미 영국 해군부는 거문도에 대해서 알고 있었는데, 1882년 제1차 조영조약 체결 당시 영국 측 전권대신이었던 윌레스(George Willes, 1823-1901) 해군 제독도 거문도를 영국 군함의 정박지로 지정하여 조약에 넣으려 한 바 있었다.⁵⁴²

청국의 갑신정변 해결 방침

청국 정부는 12월 15일(음 10.28)에 정여창을 인천에 급파하고, 오대징(吳大澂, 1835-1902)에게 조선에 가서 내란을 조사한 후 선후책을 강구하게 했다. 이홍장은 오대징의 파견 목적을 톈진주재 일본영사에게 통고하고, 주일공사 여서창에게도 알려 일본 외무성에 통보하도록 했다. 12월 16에는 오대징에게 청 황제의 상유가 내려졌다. 그 내용은 갑신정변은 조선 난민이 일으켜 일본 공사관에 불을 지른 것으로, 청국과 무관한 일이라는 점은 주청 일본공사 에노모토와 총리아문이 누차 만나 양해된 일이라 했다.⁵⁴³

일본의 갑신정변 해결 방침

12월 16일, 이노우에 외무경 등은 대책을 협의하여 전권대사를 파견하기로 결정했다. 다케조에의 보고를 토대로 불법적인 공격을 받아 일본 공사관이 불에 타고, 거류민이 참살된 책임을 물어 조선 정부의 사죄와 손해배상, 피해자 구휼금 요구를 방침으로 정했다. 또 일본과 청 양국군 충돌의 책임은 청국군 지휘관에게 있으므로 진상을 조사해서 조치를 강구하기로 하고, 이노우에 외무경이 전권대사에 임명되었다. 그에게 주어진 훈령은 조선의 독립 인정과 양국 군대의 철수였다. 이노우에는 12월 30일(음 11.14) 인천에 도착했다.[544]

조선의 개혁을 주장한 주청 영국공사

12월에 파크스는 조선의 개혁 필요성을 총리아문에 건의했다. 그는 당시 조선을 메이지유신 전후의 일본과 비슷하게 보고, 2년 사이에 두 번의 내란을 겪어 고위관료가 살해되고, 왕과 왕비는 가혹하게 고통을 겪을 정도로 무기력하다고 했다. 이런 조선이 온전한 국가로 보전되려면 개혁을 해야 하며, 이를 청국과 일본이 지원하지 않는다면 조선은 몰락할 수도 있다며 개혁을 통해 조선이 독립을 보전하는 것이 자신의 바람이라고 했다. 그러나 파크스는 다음 해 3월, 베이징에서 57세의 나이로 사망하는데, 영국이 거문도를 점령한 것은 4월 15일, 그가 사망한 지 한 달이 안 되었을 때였다.[545]

조러조약과 조선에 대한 러시아의 관심

베베르가 대표로 와서 7월 7일(윤 5.15)에 조선과 '조러조약'을 체결하자, 러시아에서는 조선에 대한 관심이 일어났다. 러시아의 신문은 12월 기사에서, 조선은 러시아와 직접 접해 있는 만큼 청국이 조선을 점령하지 않도록 조선을 청국으로부터 떼어놓아야 하며, 필요하면 태평양의 러시아 해군력을 동원해야 한다고 했다. 12월 하순, 주러시아 영국대사는 이러한 러시아 신문 기사 내용을 본국에 보고했다.

조러조약 체결 후 12월에 갑신정변이 일어나자 러시아에 보호를 요

1884년 일본

청하려는 움직임이 조선에서 있었다. 고종의 재가를 받은 병조참판 묄렌도르프가 다음 해에 예조참판 서상우와 함께 갑신정변의 사죄사로 일본에 갈 때, 러시아 공사관을 방문하여 인천에 군함과 수백 명의 수병을 파견해 줄 것을 요청한다. 이후 주일 러시아 공사관 서기관인 슈페이예르가 조선의 상황과 요구사항을 파악하기 위해 조선을 방문한다.[546]

일본 해군 식단에 고기, 빵, 우유 등장

런던의 세인트 토마스 병원 의과대학(현 런던대학 의대)에 유학을 다녀와 해군성에 근무하던 35세의 의사 다카기 가네히로(高木兼寬, 1849-1920)는 쌀밥 과다 섭취와 단백질 부족이 당시 일본에 많았던 각기병의 원인이라 진단하여, 해군 식단에 빵, 우유, 고기 등을 도입한다. 이로써 각기병이 퇴치되어 청일전쟁에서 효과를 나타냈는데, 일본 해군에서는 청일전쟁을 서양식 식사로 싸운 것 같다는 말이 나올 정도였다. 다카기는 일본 최초의 의학박사이다.[547]

1885년(광서 11, 고종 22) - 조선

거문도 점령

영국군함 세 척이 3월 1일(양 4.15)에 거문도를 점령했다. 이와 관련하여 3월 초에 주청 영국대리공사 오코너가 교섭통상사무아문의 독판 김윤식에게 "뜻밖의 일에 대응 방비하기 위하여 … 해밀톤이라고 하는 섬을 얼마 동안 차지"하게 되었다고 본국 정부로부터 통보를 받아 알린다고 했다. 그런데 청국의 대조선 종주권을 인정하는 입장인 영국은 전년도부터 런던에서 주영 청국공사와 거문도 점령에 대한 의견 교환을 해 왔다. 영국은 거문도 점령 사실을 청국, 일본보다 늦게 조선에 알렸고, 1887년에 철수할 때도 청국과 협의하여 영국의 입장을 관철시킨 후 철수한다.[548]

이홍장과 일본 공사의 서한

북양대신 이홍장이 거문도 점령과 관련하여 고종에게 편지를 보냈는데 "러시아가 군함을 블라디보스토크에 집결시키므로 영국 사람들은 그들이 남하하여 홍콩을 침략할까 봐 거마도에 군사와 군함을 주둔시키고 그들이 오는 길을 막고 있습니다. … 전하는 일정한 주견을 견지하여 그들의 많은 선물과 달콤한 말에 넘어가지 말기 바랍니다. …"고 했다. 일본 대리공사 곤도 모토스케도 김윤식에게 회답 편지를 보내 "귀 대신이 영국 대신에게 귀국이 허락할 수 없을 뿐 아니라 다른 각국에서 요구한다 하여도 절대로 승인할 리가 없다고 대답한 것은 정말 지당한 말입니다."라고 조선의 입장을 지지했다.[549]

조선의 영국 비난

4월 초 독판 김윤식이 청국총판, 미국, 독일, 일본 공사들에게 서한을 보내 영국의 불법 행위를 비난하며 거중조정을 요청했다. 이에 청국과 독일, 일본은 우호적인 회신을 보냈고, 포크 미국 대리공사는 러시아의 진출을 경계해야 한다는 입장을 표했다. 한편, 주청 영국공사 오코너는 조선이 항의하지 않도록 조선에 압력을 행사해 줄 것을 총리아문에 부탁했다. 5월 하순, 고종은 "거문도를 다른 나라 사람이 제멋대로 차지하고 아직 철수하지 않으니 참으로 개탄할 일이다."라고 했다.[550]

청국과 일본 군대의 철수

6월 8일, 일본 대리공사가 일본공관 호위병을 철수하겠다고 통보했다. 고종실록에 "이번에 우리의 호위병들을 금년 7월 21일에 전부 철수하기로 한다. 이는 명치 15년에 제물포에서 체결한 양국 조약 중 「경비할 필요가 없을 때에는 일시적으로 철수하였다가 이후에 사건이 생겼을 때에는 다시 호위하여야 한다.」라고 한 조항을 따르는 것이다. …"라 하였다. 6월 10일(양 7.21)에 일본 공사관 경비대가 철수했고, 청국 군대도 톈진조약에 따라 같은 날에 모두 철수하여 갑신정변과 관련한 청국과 일본 사이의 현안은 타결되었다.[551]

민란과 활빈당의 준동

1월부터 민란, 도적의 피해가 보고되었지만, 조정은 이들을 진압하거나 체포하지 못했다.

1월 초에 황해도 토산현에서는 읍리(邑吏)가 돈과 재물을 마구 긁어들여, 이에 분노한 주민들이 관아에 들어가 "때리고 불태우는" 일이 있었다. 3월에는 화적의 폐해가 특히 호남에서 극심하다고 부호군(종4품 무관) 김교환이 상소를 올렸는데 "심지어 그 인원수가 대체로 만 명이나 되는데 활빈당이라고 하면서 거리와 저자에 함부로 방(榜)을 내걸고는 민가를 파괴하고 사람을 살해하며 불을 지르고 재물을 빼앗으며 … 그런데도 수령은 내버려두고 다스리지 못하며, 조정에서는 미처 알지 못하고, 설사 안다 하더라도 잡아다가 신문하지 못합니다. …"라고 했다. 3월에 강원도 원주 백성들이 환곡의 폐단을 바로잡기 위해 "읍내에 모여 밤이 깊도록 고함을 지르면서 아전의 집을 파괴하고 난동을" 부리자, 아전들도 "마을에 나가서 집을 파괴"하였다. 4월에는 원주의 백성과 아전들이 무리를 지어 서로 집을 파괴하였는데, 수령은 붙들려 협박당하고 "창고의 서리는 불에 태워 죽음을" 당했다.

12월 중순에 의정부는 "마을에서 살육하는 참변과 길거리에서 노략질하는 무리들이 없는 날이 없는데도 감히 누구도 어쩌지 못하여 중앙과 지방에서 소문이 갈수록 놀라우니 … 지방 관리들이 서로 미루면서 강 건너 불 보듯" 한다고 했다.[552]

이것을 보면 일 년 내내 황해도 및 서울 이남 지역의 치안도 통제하지 못하였는데, 평안도, 함경도의 치안은 얼마나 불안했을지 짐작할 수 있다.

월급이 없는 지방 하급관리

1월 초 의정부가 "군수(軍需)가 다 떨어졌다고" 황해도 지역의 환곡 중 5천 석을 화급히 배로 운반하여 올 것을 윤허받았다. 1월 중순에는 부호군 조영권이 상소를 올려, 말단 행정 실무를 담당하는 "하리(下吏)는 백성들을 갉아먹는 좀"이지만, 이들에게 월급을 주는 규정이 없기 때문에, "각종 명목으로 순전히 백성들을 침학하여 먹고 사는데, 이것은 그렇게 하도록 가르친 것이니 사실 깊이 책망할 것도 없는 것입니다"고 했다. 이런 하리들이 "10만 냥을 포흠했다 하더라도 종신토록 안락하고 부유하게" 지낼 수 있다며, 이들에 대한 처벌이 제대로 안 되고 있음을 말했다. 1월 말 비변사등록을 보면 2만 5천 냥을 낸 1명과, 2만 냥을 각각 낸 3명에게 수령 자리를 줄 것을 의정부가 건의한다.[553] 이처럼 아무리 부정을 저질러도 여전히 처벌받지 않았고, 돈을 내면 관직을 받는 것도 여전하였다. 그 피해는 모두 백성에게 돌아갔다.

"세상에 우리나라처럼 가난한 나라는 없습니다"

영의정 심순택은 일상 경비조차 부족한 것을 언급하며 "재정이 텅 비어 곤궁함이 이 지경에 이른 것은 … 전하께서 절검하지 않아서 그런 것입니다"라 했다. 나흘 후 심순택은 사직상소를 올렸다. "지금 조정의 기강은 날로 해이해지고 … 한마디로 요약하자면 편안하게 지내면서 범범하게 세월만 보낼 때가 아니라는 것입니다. 전하께서 인재를 모으고 정신을 다하여 불 속에서 구해 내듯 물속에서 꺼내 주듯 해도 수습하지 못할까 염려됩니다"라 했다.

호조판서 심이택은 5월에 사직상소를 올려 "창고는 모두 텅 비어 있는데다 수입이 지출을 감당하지 못하다 보니 녹봉이나 공물가(貢物價)는 오히려 논할 것도 없고 매일이나 매달의 지출마저 이리저리 끌어다가 지탱하면서 구차하게 미봉하여 때워 나가려고만 하고 있습니다. …"라 했다. 공조참판 이응진도 8월에 상소를 올려 "백성들은 놀고먹는 사람들이 많고 땅은 좋은 곳을 버려둔 데가 있기 때문에 세상에 우리나라처럼 가난한 나라는 없습니다. … 관직은 적고 인원은 많아서 분경(奔競)이 더욱 심해지고" 있다고 했다.[554]

당오전 문제와 조운선 고의 침몰

헌납(사간원 정5품) 김우용은 7월에 상소를 올려 당오전은 "경상도, 전라도, 평안도, 함경도 네 곳은 전혀 사용되지 않고" 있는데, 그 이유는 위 네 도의 아전들이 "조세를 거둘 때마다 민간에서는 엽전으로 거두고 경사(京司)에 납부할 때는 당오전으로 하여 서너 배나 되는 이익"을 착복하고 있기 때문이라 했다. 전(前) 정언(사간원 정6품) 오성선도 7월에 상소를 올려 조세가 해마다 줄어드는 것에 대해 "세곡을 배에 실은 채로 도망하거나 배에 구멍을 뚫어 고의로 침몰시키는 일이 모든 고을에서 일어나며 특히 영남이 더욱 심합니다. 수년 이래로 영남의 삼세(三稅) 중 반은 조운하던 중에 물에 빠지고 반은 포흠으로 들어가서 거의 바치는 것이 없는 지경에 이르렀으니. … 대개 영남의 삼세가 일 년에 10만여 석이 되는데 …"라 했다.[555]

이상과 같이 1월부터 7월 사이에 올라온 상소 내용은 민란, 치안 부재, 재정 고갈, 엉망이 된 과거제, 세금으로 받은 곡식을 운송 중 빼돌리는 일, 화폐 유통 문제, 지방 관리들의 포흠 등 모두 시급히 해결해야 할 것이었다. 영의정의 표현대로 "편안하게 지내면서 범범하게 세월만 보낼 때가" 아니었다.

"군량이 없는 몇 길이나 되는 빈 성을 지키며"

11월에는 함경북도 안무사로 2년을 근무한 조병직이 사직 상소를 올렸다. 무사를 뽑는 시험인 도시(都試)에 응시하기 위해서는 응시자가 활과 말, 음식을 준비해야 하는 등 돈이 많이 들어 가산을 탕진하는 경우도 있었다. "그렇기 때문에 사람들이 다 싫어하고 피하여 궐원이 있어 빈자리를 채우는 데 구차하게 수효만 채우니, 옛날의 건아가 지금은 피로한 군졸이 되어 버렸습니다. … 양식이 떨어져 주린 파리한 백여 명의 군졸을 거느리고 군량이 없는 몇 길이나 되는 빈 성을 지키며 아침

저녁으로 사변에 대비하려고 하는 것이 옳은 일인지 신은 모르겠습니다. … 관북 일로가 메마른 땅이 많아 풍년이 든 해에도 백성들이 늘 식량을 얻기가 어려운데 … 해마다 흉년이 드니 …"라며 사직을 청했다.[556]

이 내용을 보면 9년 전인 1876년 8월에 고종이 "기근에 시달리고 부역에 고달프며 죽고 싶어도 죽지 못해 러시아로 흘러들어가는"이라며 함경도 백성들에게 윤음을 내릴 때와 상황이 하나도 나아지지 않았음을 알 수 있다.

대원군 귀국 저지와 이홍장

이홍장의 건의로 대원군이 귀국하는데, 당시 고종 측에서는 대원군의 귀국에 반대했다. 7월초에 이홍장은 총리아문에 밀함을 보내 지금까지 민영익 및 대원군과 회견한 내용을 보고하며 자신의 의견을 밝혔다. 대원군은 자신이 66세로 귀국해도 국정에 간여하지 않을 것이며, 오히려 왕비가 정치에 간여하는 것을 막기 위해 원(元)나라 때처럼 황제가 대신을 감국(監國)으로 임명하여 파견할 것과, 행성(行省)을 설치하여 왕과 왕비가 마음대로 행동하지 못하게 해야 한다고 말했다고 보고했다. 그러나 이홍장은 감국 파견과 행성을 설치하는 것은 반대하였다. 고종은 7월 하순에 신하를 보내 대원군의 귀국을 막으려 했으나 이홍장이 반대했고, 그러자 멀리 떨어진 곳에 유폐시켜 주기를 요청했다. 이것도 거부되자 북경에 있는 예부에까지 가서 대원군이 귀국하지 못하도록 부탁을 했다.

그러나 이홍장은 대원군이 없는 동안에도 여전히 조선이 혼란했는데, 이것은 대원군이 아닌 민씨 일족의 책임이라고 봤다. 결국 8월 12일, 대원군을 석방하라는 청나라 황제의 명령이 내려졌고, 이홍장은 원세개 등을 위원으로 지명하여 대원군은 이들과 함께 8월 25일(양 10.3) 인천에 도착한다.[557]

제1차 조러밀약설과 원세개 파견

고종이 권동수 등 밀사 4명을 연초에 블라디보스토크 총독에게 보낸 친서를 러시아 황제에게 보내줄 것을 요청하고, 그 답변을 받아 5월에 귀경한 제1차 조러밀약설이 퍼졌다. 이 소식을 들은 청이 강력 반발하자, 고종 측은 신하들의 개인적인 행동이었다고 해명했다. 이 사건을 계기로 이홍장은 원세개의 조선 주재를 주청하며 올린 글에서, 조선에는 변란이 빈발하여 국가를 유지하고 구호할 능력이 없고, 고종이 청국에 감사하고는 있으나 대세를 좇으며 한결같지가 않고, 강한 나라를 끌어들이려 한다고 했다. 이처럼 이홍장은 고종을 신뢰하지 않았다.

다음 해에는 제2차 조러밀약설이 탄로 나는데, 이때는 원세개가 고종을 '혼군(昏君)'이라 칭하며 폐위시키려 한다.[558]

대원군이 귀국하던 날에 사형집행

8월 27일(양 10.5), 대원군이 서울로 오는 날 고종이 "남문(南門) 안에 나아가서 대원군이 청나라에서 돌아오는 것을 영접하였다". 고종이 "대원군께서 지금 이미 돌아오셨으니, 나의 기쁜 마음을 어떻게 이루 다 말할 수 있겠는가? … 조정 신하들과 한가한 잡인들이 때 없이 왕래하지 못하게 하고" 위반자는 "임금의 금령을 위반한 법조문으로" 죄를 다스리게 했다. 그러나 이날 고종과 대원군이 만났을 때 서로 말을 한마디도 하지 않아 사람들이 해괴하게 여겼다고 황현은 기록했다. 대원군이 서울에 온 날, 임오군란에 가담했던 두 명을 "모반 대역부도 죄인"으로 사형시켰다.[559]

대조선 강경책으로 전환한 이홍장

대원군 귀국 이후 조선의 상황 전개를 보고, 이홍장은 민씨 척족을 조선의 안정과 발전을 저해하는 사당(私黨)으로 간주해서 이들을 억제하기로 결정했다. 이후 이홍장의 대조선 내정간섭은 심해졌고, 조선은 독립국으로서의 기능이 거의 불가능하게 되었다. 대원군이 서울에 도착한 바로 다음 날인 8월 28일(양 10.6), 베베르가 러시아 초대공사로 부임했다.

관리들이 대원군과 교류하는 것을 고종이 금지시키는 것 등을 본 원세개는 조선의 정치상황을 완전히 음모의 연속으로 보았고, 9월 초에는 독판교섭통상사무 김윤식을 만나 묄렌도르프가 계획한 러시아와의 연계책을 비판하고 청국과 동맹을 맺어야 한다고 했다. 당시 미국무장관 배이어드(Thomas F. Bayard)가 8월에 포크 공사대리에게 내린 훈령도 비슷하다. 배이어드는 조선은 갈등의 중심지이며 음모가 벌어지는 곳이기 때문에, 서로 대립하고 있는 나라와 한편이 되거나, 음모에 끼어든 것처럼 보이는 일에 휘말려서는 안 된다는 훈령을 내렸다.560

1880년에 하여장으로 하여금 김홍집을 통해 《조선책략》을 전하고, 1882년에 조미조약을 체결하게 할 때에만 해도 조선을 개국시켜 러시아를 견제하게 하려는 것이 이홍장의 대조선 정책 방향이었다. 그러나 이홍장이 그렇게도 경계하던 러시아와 조선이 가까워지자 이홍장은 조선을 불신하고 대조선 강경책으로 돌아선 것이다.

원세개와 메릴, 조선 해관

9월 하순에는 원세개가 진수당의 후임에 임명되어 상무(商務) 및 외교도 관여할 수 있는 '주차조선총리교섭통상사의'라는 직함을 부여받았다. 묄렌도르프는 약 2년 4개월의 근무를 마치고 10월 중순에 천진으로 떠났고, 해관업무는 미국인 메릴(Henry Merrill)이 담당하게 되었다. 외교고문에는 다음 해 3월에 미국인 데니(Owen N. Denny, 1838-1900)를 임명한다.

메릴은 청국 총세무사인 영국인 하트(Robert Hart, 1835-1911)에 의해 파견되었고, 신분은 청국 해관원이었다. 이후 조선 해관은 사실상 청국 해관의 부속 기구가 되었고, 모든 조선 해관원은 하트가 청국에서 파견한 사람이었다. 1885년부터 조선 해관에서 작성한 무역에 관한 수치도 매년 청국 해관 기록의 부록에 기재되었다.

참고로, 1883년 5월부터 1905년 11월까지 22년 반 동안 총 7명의 총세무사가 임명되었다. 그중 1905년 11월에 임명된 일본인 메가타(目賀田種太郞)를 제외한 6명은 모두 이처럼 청국에서 임명한 서양인이었다. 이들 중 가장 오래 근무한 사람은 1893년 10월부터 1905년 11월까지 12년간 근무한 영국인 브라운(J. Macleavy Brown)이었다.[561]

1885년(메이지 18) - 일본

NYK, 무라타 총, 하와이 이민

서로 경쟁하던 미쓰비시와 미쓰이 소유의 해운사들이 이해에 미쓰비시가 지배하는 '일본우선(郵船)회사', 즉 NYK(Nippon Yusen Kabushiki Kaisha)로 합병되어 오늘날에 이른다. 이해에 도쿄포병공창은 연간 3만 정의 무라타 총을 제조할 능력을 갖게 되어 외제 총을 대체하게 되었다. 그리고 하와이와 이민조약을 체결해 2월에는 약 1천 명이 하와이로 향했다. 이후 10년에 걸쳐 약 3만 명의 이민자가 하와이로 간다.[562]

반청 감정과 '오사카 사건'

1월에는 동경에서 학생들이 반청 가두시위를 벌였고, 2월에 사츠마 출신의 육해군 장성들도 태정대신 산조 사네토미에게 시간이 지날수록 청에게 더 유리할 것이므로 지금이야말로 개전할 수 있는 기회라는 의견서를 제출했다. '오사카 사건'이 2월에 일어나는데, 자유민권운동의 지도적 인물이었던 오이 켄타로(大井憲太郎, 1843-1922)와 고바야시 구스오(小林樟雄, 1856-1920)가 조선에 건너가 청국 세력을 쫓아내고, 조선을 완전한 독립국으로 만들고 개혁하는 계획을 세웠다. 그러나 11월에 관련자 전원이 검거되고, 오이 겐타로는 금고 9년 형을 선고받고,

고바야시는 1889년 헌법 발포 때 특사로 석방된다.563

예조참판의 일본 방문

한성조약 1조에 따라 예조참판 서상우와 병조참판 묄렌도르프가 국서를 가지고 사의(謝意)를 표명하기 위해 일본을 방문했다. 이들은 4월 5일(음 2.20)에 고종에게 복명하는데, 약 50일간 일본에 체류했다. 이노우에가 서상우에게 고종이 일본 등 외국을 방문하여 개화를 속히 해야 한다고 하자, 서상우는 신하가 임금을 타국에 분주하게 다니게 하는 것은 도리에 어긋난다고 답했다. 서상우는 당시 일본 정부의 고관들을 일정한 직업 없이 떠돌아다니던 경박하고 표독한 사람들이라 평하고, 이들은 서양을 다녀왔기 때문에, 중국의 하, 은, 주 삼대(三代) 시대 때에 얼마나 좋은 정치를 하였는지 모른다고 했다. 서상우 일행은 동경에서는 사관학교, 포병공창, 박물관 등을 오사카에서는 조폐국, 기기창 등을 방문했다.564

'탈아론'

후쿠자와는 3월 중순에 '시사신보(時事新報)'에 '탈아론(脫亞論)'을 게재했다. 그는 청국과 조선은 무서운 서양문명을 보고도 아무것도 깨닫지 못하고, 그저 낡은 유교 윤리에만 집착하여 천 년 전과 같이 살고 있어 이 두 나라는 국제사회에서 자립할 수 없다고 봤다. 따라서 일본에게는 아무런 이익도 되지 못하며, 만일 서양이 이 두 나라를 침략한다면 일본도 서양과 보조를 함께 하는 편이 차라리 나을 것이라 했다.565

펜제 점령과 거문도 점령

3월 말, 러시아군이 아프가니스탄군을 패퇴시키고 펜제(Panjdeh, 지금의 투르크메니스탄의 Serhetabat)지역을 점령하자 영국의 식민지인

1885년 일본

인도에 러시아가 침입할 것을 영국은 우려하게 되었고, 이로써 양국 간에는 갈등이 심각해졌다. 펜제 점령 소식이 전해지자 영국 총리 글래드스톤(William E. Gladstone, 2차 내각 1880-1885)은 러시아와의 전쟁 불사를 의회에서 연설했고, 러시아는 이때 블라디보스토크에 수뢰를 부설하는 등 전쟁 준비에 돌입했다. 4월 4일, 글래드스톤 총리는 빅토리아 여왕(재위 1837-1901)에게 아프가니스탄에서 러시아와의 군사적 충돌 가능성에 대한 내각의 대비책을 보고했는데, 그것은 바로 해밀턴 항, 즉 거문도 점령이었다. 마침내 영국 해군부는 4월 14일, 동아시아 주둔 영국 해군의 부제독 도웰에게 거문도 점령을 명령했고, 이에 영국 군함 아가멤논 호 등 3척이 다음 날인 4월 15일(음 3.1)에 거문도를 점령했다. 영국이 거문도 점령을 단행하기 전인 4월 8일, 주영 청국공사 증기택(曾紀澤)은 영국과 러시아 중 한 나라가 거문도를 점령한다면 청국은 영국이 점령하기를 희망한다는 입장을 전달했다. 독일 외무성은 비스마르크 수상의 결정으로 조선은 독일에게 이익이 되지 않고, 독일과 청국의 관계에 악영향을 미칠 수 있다는 점에서 영국의 거문도 점령을 문제 삼지 않기로 결정했다.[566]

청국의 '멸시를 받고 있던 조선은 이렇게 영국, 독일 등으로부터도 무시당했다. 청국은 조선에 대한 종주권을 확인받기 위해 거문도를 두고 영국과 협상을 한다. 앞으로 영국은 러일전쟁에 이르기까지 조선의 중립화와 분할 점령 등을 청국과 일본에 여러 번 제안한다.

주청 영국공사의 청국 설득

갑신정변으로 일본 내에서는 반청 감정이 격화되었는데, 청국 군대가 일본 공사에게 발포한 것, 청국 군사들이 조선 난민들과 함께 일본인 비전투원을 살상한 것 등을 중대시하였다. 일본 측 교섭대표로 이토 히로부미가 임명되었는데, 일본 정부의 방침은 갑신정변 당시 청국 군대를 지휘한 책임자(원세개)의 처벌과, 한성에 주재하는 양국 군대의 전원 철수였다. 청은 일본이 제의한 동시 철군에 반대했는데, 조선 국왕의 요청으로 청이 군대를 배치했으며 조선의 질서 유지를 위해서는 청군의 주둔이 필요하다는 입장이었다. 그러나 3월 초에 총리아문을 방문한 파크스가 조선에는 일본과 청의 충돌 위험성이 상존하며, 위험을 피하기 위해서 철군과 향후 군사교관으로 청과 일본인이 아닌 영국, 미국, 또는 유럽인을 고용해야 한다는 입장을 전했다. 결국 톈진조약에서 파크스의 제안대로 되었다.[567]

톈진조약

4월 18일(음 3.4), 이토와 이홍장은 3개 조로 구성된 톈진조약을 체결했고, 7월 21일에는 양국 군대가 조선에서 철군했다.

톈진조약의 내용은 조인 후 4개월 내에 양국 군 전원을 조선에서 철수할 것, 양국은 서로 조선에 군사교관을 파견하지 못한다, 조선에 변란과 중대한 사건이 생겨 군사를 파견하려면 서로 공문을 보내 통지하고(행문지조, 行文知照), 사건이 해결된 후에는 곧 철수시킨다는 것이었다. 이홍장은 조약 체결 후에 총리아문에 서신을 보내 10년 내에 일본의 부와 군사력은 엄청날 것이며, 이것이 청국 위기의 원천이 될 것인 바 이를 유의해야 한다며 청국의 미래를 우려했다.[568]

제1차 조러밀약설과 일본 외무성

이노우에 외무경은 5월 30일 자로 조선 주재 곤도 대리공사로부터 조러밀약에 관한 보고를 접수했다. 이노우에는 사태의 심각성을 느끼고 6월 초에 주일 청국공사 서승조와 회견을 가졌다. 여기서 이노우에는 러시아에 보호를 요청하기 위해 조선인이 블라디보스토크에 비밀 업무를 띠고 간 사실을 언급하며 조선의 내정을 개혁해서 장래의 화근을 근절해야 한다는 의견을 개진했다. 이와 관련하여 추가 보고를 받은 이노우에는 에노모토 주청 일본공사를 통해 조선의 내정개혁안을 이홍장에게 전달하면서 대원군의 귀국을 건의했는데, 이홍장은 이미 전년도에 대원군의 석방을 건의한 바 있었다. 이노우에의 조선 내정개혁안은 이홍장이 거절했다.[569]

청불전쟁의 종식과 손문의 결의

프랑스는 3월에 팽호도를 점령하고, 결국 청이 프랑스와의 전쟁에서 패하자 손문(孫文, 1866-1925)은 "나는 청조(淸朝)를 타도하고 민국을 창건하고자 결의했다"고 그의 《자전》에서 말했다. 6월에 양국은 천진조약(월남조약)을 체결하여, 청국은 베트남에 대한 프랑스의 보호권을 인정하고 청국군은 베트남에서 철수하고, 프랑스는 타이완과 팽호도에 주둔하고 있던 군대를 철수하기로 했다. 프랑스는 이후 인도차이나 전역으로 세력을 확장한다. 청불전쟁 전 프랑스와 청과의 대립을 보면, 프랑스는 1863년에 캄보디아를 보호국으로 만들었고, 1882년에는 하노이를 점령하여 청과 베트남의 조공관계를 부정했다.[570]

내각제도 실시

1868년에 발표된 '정체서(政體書)'에 의해 설치되었던 태정관 제도가 12월 하순에 폐지되고, 내각제도가 실시되어 내각회의에서 정책을 결정하게 되었다. 이로써 궁중과 정부의 업무가 명확히 구별되었고, 천황이 대신을 임명하여 총리대신에게는 임면권이 없었고 대신들은 각자 천황에게 책임을 졌다. 천황은 정책 결정에 직접 개입하지 않아 정치적 책임을 지지 않게 되었다.

12월 22일에 이토가 초대 총리가 되어 제1차 이토내각이 들어서 1888년 4월까지 존속한다. 9명의 대신 중에는 외무대신 이노우에 가오루, 육군대신 오야마 이와오(大山巖), 대장(大藏) 대신 마쓰가타 마사요시, 해군대신 사이고 쓰구미치, 내무대신 야마가타 아리토모 등이다. 일본 언론에서는 대체적으로 내각제도 도입을 환영했다.[571] 2021년 10월에 취임한 기시다 후미오(岸田文雄, 1957-)가 100대 총리이다.

서아프리카 회의와 '선점'권

영국, 프랑스, 독일, 러시아, 미국 등 14개국이 참가하여 전년도 11월부터 독일 베를린에서 개최해 오던 '서아프리카회의(Berlin West Africa Conference)'가 2월에 종료되었다. 이 회의에서 아프리카 땅을 먼저 점령하여 실효적 지배권을 확립한 나라에 '선점(先占, occupation)'권을 인정해주기로 했다. 선점은 무주(無主)의 토지를 다른 국가보다 먼저 실력적으로 지배(실효적 선점)함으로써 성립되는 영역취득의 방식이다.[572]

참고 사항

조선과 일본의 연혁

조선 왕의 재위 기간
순조 1800.7.4~1834.11.13.
헌종 1834.11.18~1849. 6.6
철종 1849. 6.9~1863. 12.8
고종 1863.12.8~1907. 7.19

일본 쇼군의 재위 기간
11대 도쿠가와 이에나리 德川家齊 1786~1837
12대 도쿠가와 이에요시 德川家慶 1837~1853
13대 도쿠가와 이에사다 德川家定 1853~1858
14대 도쿠가와 이에모치 德川家茂 1858~1866
15대 도쿠가와 요시노부 德川家喜 1867~1868

조선의 연호
1796~1820 가경(嘉慶)
1821~1850 도광(道光)
1851~1861 함풍(咸豊)
1861~1874 동치(同治)
1875~1894 광서(光緖)
1894~1895 개국(開國)
1896~1897 건양(建陽)
1897~1907 광무(光武)
1908~1910 융희(隆熙)

일본의 연호
간세이 寬政 1789~1801
교와 亨和 1801~1804
분카 文化 1804~1818
분세이 文政 1818~1830
덴포 天保 1830~1844
고카 弘化 1844~1848
가에이 嘉永 1848~1854
안세이 安政 1854~1860
만엔 万延 1860~1861
분큐 文久 1861~1864
겐지 元治 1864~1865
게이오 慶應 1865~1868
메이지 明治 1868~1912

일본 천황의 재위 기간

119대 고카구 光格 1779~1817
120대 닌코 仁孝 1817~1846
121대 고메이 孝明 1846~1866
122대 메이지 明治 1867~1912

일본의 내각 총리

1대 이토 히로부미 伊藤博文 1885~1888
2대 구로다 기요타카 黑田淸隆 1888~1889
3대 야마가타 아리토모 山縣有朋 1889~1891
4대 마쓰가타 마사요시 松方正義 1891~1892
5대 이토 히로부미 伊藤博文 1892~1896
6대 마쓰가타 마사요시 松方正義 1896~1897
7대 이토 히로부미 伊藤博文 1898.1.12~1898.6.30
8대 오쿠마 시게노부 大隈重信 1898.6.30~1898.11.8
9대 야마가타 아리토모 山縣有朋 1898.11.8~1900. 10
10대 이토 히로부미 伊藤博文 1900. 10~1901.5
11대 가쓰라 다로 桂太郎 1901.6~1906.1

1800년~1891년 조선의 인구 및 가구 수, 가구당 인구

연도		인구수	가구 수	가구당 인구
1800	순조 즉위			
1801	순조1	7,513,792	1,757,973	4.27
1802	순조2			
1803	순조3			
1804	순조4	7,514,567	1,760,469	4.27
1805	순조5			
1806	순조6			
1807	순조7	7,561,403	1,764,801	4.28
1808	순조8			
1809	순조9			
1810	순조10	7,583,046	1,761,887	4.30
1811	순조11			
1812	순조12			
1813	순조13	7,903,167	1,637,108	4.83
1814	순조14			
1815	순조15			
1816	순조16	6,595,368	1,555,998	4.24
1817	순조17			
1818	순조18			
1819	순조19	6,512,349	1,533,550	4.25
1820	순조20	-		
1821	순조21	-		
1822	순조22	6,470,570	1,534,238	4.22
1823	순조23	-		
1824	순조24	-		
1825	순조25	6,558,784	1,549,653	4.23
1826	순조26	-		
1827	순조27	-		
1828	순조28	6,644,482	1,563,216	4.25

연도		인구수	가구 수	가구당 인구
1829	순조29	-		
1830	순조30	-		
1831	순조31	6,610,878	1,565,060	4.22
1832	순조32			
1833	순조33	-		
1834	순조34	6,755,280	1,578,823	4.28
1835	헌종1	6,411,506	1,526,808	4.20
1836	헌종2	6,538,207	1,559,651	4.19
1837	헌종3	6,632,641	1,581,162	4.19
1838	헌종4	6,684,191	1,577,806	4.24
1839	헌종5	6,693,006	1,575,824	4.25
1840	헌종6	6,617,997	1,560,774	4.24
1841	헌종7	6,625,953	1,568,176	4.23
1842	헌종8	6,630,491	1,566,491	4.23
1843	헌종9	6,703,684	1,582,313	4.24
1844	헌종10	6,719,648	1,582,673	4.25
1845	헌종11	6,656,440	1,572,656	4.23
1846	헌종12	6,743,862	1,581,594	4.26
1847	헌종13	6,751,656	1,587,181	4.25
1848	헌종14	12,643,442	1,118,911	11.30
1849	헌종15	6,470,730	1,529,356	4.23
1850	철종1	-		
1851	철종2	-		
1852	철종3	-		
1853	철종4	-		
1854	철종5	-		
1855	철종6	6,747,011	1,585,917	4.25
1856	철종7	-		
1857	철종8	-		
1858	철종9	6,775,948	1,588,864	4.26
1859	철종10	-		
1860	철종11	-		

연도		인구수	가구 수	가구당 인구
1861	철종12	6,748,138	1,589,038	4.25
1862	철종13	-		
1863	철종14	-		
1864	고종1	6,828,521	1,596,448	4.28
1865	고종2	-		
1866	고종3	-		
1867	고종4	6,806,399	1,602,460	4.25
1868	고종5	-		
1869	고종6	-		
1870	고종7	6,677,001	1,591,839	4.19
1871	고종8	-		
1872	고종9	-		
1873	고종10	6,670,447	1,593,965	4.18
1874	고종11	-		
1875	고종12	-		
1876	고종13	6,691,757	1,607,751	4.16
1877	고종14	-		
1878	고종15	-		
1879	고종16	6,648,610	1,944,598	3.42
1880	고종17	-		
1881	고종18	-		
1882	고종19	6,610,311	1,571,875	4.21
1883	고종20	-		
1884	고종21	-		
1885	고종22	6,717,373	1,793,922	3.74
1886	고종23	-		
1887	고종24	-		
1888	고종25	6,650,077	1,584,794	4.20
1889	고종26	-		
1890	고종27	-		
1891	고종28	6,633,166	1,576,672	4.21
1892	고종29	이하 자료 없음		

출처: 순조. 헌종. 철종. 고종실록

1800-1905 회계부 내역 중 주요 항목

연도	황금/냥	은/냥	돈(錢)/냥	무명 木, 면포/同	쌀/석	콩 太/석
1800	257	398,932	1,374,922	7,393	323,906	25,536
1801	257	403,740	1,047,381	7,690	456,862	59,615
1802	247	386,380	606,500	6,827	431,576	33,513
1803	240	380,540	779,900	7,062	376,000	37,800
1804	195	471,594	1,139,843	6,620	371,183	40,093
1805	227	363,040	835,480	5,981	353,450	38,890
1806	234	291,651	1,107,366	6,034	405,004	41,797
1807	254	446,364	1,444,947	11,063	430,697	43,413
1808	256	452,551	1,326,742	11,472	437,088	43,135
1809	256	452,603	1,567,640	11,457	421,582	43,631
1810	255	446,382	1,599,345	10,512	277,734	31,171
1811	251	374,308	928,316	11,019	221,721	11,678
1812	203	459,580	1,200,430	7,380	229,840	38,490
1813	240	473,800	794,800	7,610	210,700	29,300
1814	240	459,130	1,149,290	6,777	143,630	25,630
1815	200	346,624	618,022	6,095	87,935	18,902
1816	230	400,900	726,540	5,314	154,480	26,500
1817	230	366,520	856,520	6,214	218,020	39,140
1818	233	412,460	1,027,358	6,449	211,918	38,672
1819	230	431,710	1,006,860	8,420	151,820	15,150
1820	228	403,697	682,392	8,610	183,650	34,737
1821	223	402,402	632,515	7,430	191,101	33,485
1822	220	422,150	750,960	8,064	134,570	26,780
1823	220	416,140	750,760	7,748	137,919	31,873
1824	206	396,040	749,090	7,471	166,213	24,638
1825	205	398,748	965,359	1,893	152,523	27,749
1826	205	399,977	1,174,950	9,022	184,748	33,731
1827	193	392,053	1,093,809	8,757	239,554	32,323

연도	황금/냥	은/냥	돈(錢)/냥	무명 木, 면포/同	쌀/석	콩 太/석
1828	192	310,178	758,300	7,498	225,033	27,023
1829	189	371,161	864,400	2,452	161,366	17,947
1830	144	349,180	665,190	2,773	173,400	24,030
1831	180	307,490	633,480	2,827	174,790	5,238
1832	180	352,420	889,180	2,298	205,790	20,320
1833	180	330,042	568,560	2,114	94,392	12,732
1834	165	342,816	548,063	1,884	100,319	15,385
1835	158	300,534	487,381	1,982	98,931	18,965
1836	157	295,757	532,089	1,755	136,292	16,871
1837	150	226,242	368,679	1,651	128,245	23,523
1838	149	205,111	329,044	1,724	76,696	15,052
1839	148	220,410	487,998	1,965	74,131	22,079
1840	147	223,655	496,978	2,146	96,543	18,029
1841	146	221,598	762,873	2,300	187,272	25,674
1842	145	236,973	1,108,790	2,547	219,482	24,744
1843	142	222,430	1,118,071	2,707	205,941	24,943
1844	138	211,418	831,236	3,704	222,694	20,125
1845	-	223,201	833,081	4,023	258,362	18,449
1846	136	203,936	632,736	4,048	277,684	14,880
1847	131	203,881	735,067	4,230	283,770	12,211
1848	119	208,689	680,885	4,973	315,438	11,918
1849	회계부 자료 없음					
1850	회계부 자료 없음					
1851	회계부 자료 없음					
1852	회계부 자료 없음					
1853	회계부 자료 없음					
1854	회계부 자료 없음					
1855	회계부 자료 없음					
1856	회계부 자료 없음					
1857	회계부 자료 없음					
1858	회계부 자료 없음					

연도	황금/냥	은/냥	돈(錢)/냥	무명 木, 면포/同	쌀/석	콩 太/석
1859	회계부 자료 없음					
1860	회계부 자료 없음					
1861	회계부 자료 없음					
1862	회계부 자료 없음					
1863	회계부 자료 없음					
1864	101	87,985	352,827	2,074	116,802	19,674
1865	100	93,189	411,133	1,801	106,858	18,635
1866	98	80,936	995,168	1,981	51,552	11,153
1867	98	83,559	7,804,986	2,077	129,901	14,754
1868	98	83,215	256,044	1,971	146,903	18,112
1869	59	53,543	317,190	2,262	70,886	18,564
1870	62	47,757	358,978	4,041	77,815	18,698
1871	62	85,838	750,265	4,523	112,327	22,117
1872	62	108,793	659,912	3,780	162,905	24,228
1873	151	154,933	1,635,498	5,330	205,794	38,320
1874	105	116,797	138,863	2,576	123,647	27,006
1875	151	122,020	242,860	1,802	223,303	27,681
1876	144	107,671	164,775	1,399	135,807	19,954
1877	144	106,039	140,634	311	63,663	7,066
1878	144	98,309	293,594	422	44,138	11,254
1879	144	64,745	144,618	280	57,820	11,463
1880	144	63,405	141,829	484	90,747	11,697
1881	회계부 자료 없음					
1882	회계부 자료 없음					
1883	회계부 자료 없음					
1884	회계부 자료 없음					
1885	회계부 자료 없음					
1886	58	7,266	151,354	353	16,921	12,674
1887	회계부 자료 없음					
1888	회계부 자료 없음					

연도	황금/냥	은/냥	돈(錢)/냥	무명 木, 면포/同	쌀/석	콩 太/석
1889	회계부 자료 없음					
1890	회계부 자료 없음					
1891	회계부 자료 없음					
1892	회계부 자료 없음					
1893	회계부 자료 없음					
1894	회계부 자료 없음					
1895	회계부 자료 없음					
1896	회계부 자료 없음					
1897	회계부 자료 없음					
1898	회계부 자료 없음					
1899	총예산 세입 6,473,222원 세출 6,471,132원					
1900	총예산 세입 6,162,796원 세출 6,161,871원					
1901	총예산 세입 9,079,456원 세출 9,078,682원					
1902	자료 없음					
1903	자료 없음					
1904	자료 없음					
1905	자료 없음					

출처: 순조. 헌종. 철종. 고종실록

원납전 내역

기간	원납전, 쌀			백미(석)
	각처	선파	계(냥)	
1865-4월	757,086.0	76,450.0	833,536.0	
1865-5월	320,761.3	37,156.0	357,917.3	
1865-윤5월	499,781.2	46,441.5	546,222.7	
1865-6월	411,234.4	27,652.3	438,886.7	
1865-7월	9,605.8	20,271.8	29,877.6	
1865-12월	427,477.0	10,886.0	438,363.0	
1865 계	2,425,945.7	218,857.6	2,644,803.3	-
1866-1월	199,179.9	12,770.5	211,950.4	
1866-2월	143,773.2	12,632.0	156,405.2	
1866-4월	169,837.0	7,279.0	177,116.0	
1866-6월	110,657.0	2,000.0	112,657.0	
1866-7월	67,441.0		67,441.0	
1866-8월	84,550.4		84,550.4	
1866-9월	14,960.0		14,960.0	
1866-10월	18,124.0		18,124.0	
1866-11월	22,780.0		22,780.0	
1866-12월	37,521.0		37,521.0	
1866 계	868,823.5	34,681.5	903,505.0	-
1867-1월	52,740.0		52,740.0	
1867-2월	690.0	5,739.0	6,429.0	100
1867-3월	28,430.0		28,430.0	
1867-4월	75,130.0		75,130.0	
1867-5월	172,133.0		172,133.0	
1867-6월	8,420.0		8,420.0	
1867-7월	10,552.0		10,552.0	
1867-8월	18,100.0		18,100.0	
1867-9월	78,760.0		78,760.0	
1867-10월	85,910.0	11,662.0	97,572.0	
1867-11월	24,736.0		24,736.0	
1867-12월	16,806.3	1,660.0	18,466.3	
1867 계	572,407.3	19,061.0	591,468.3	100
1868-1월	31,610.0		31,610.0	
1868-2월	88,010.2		88,010.2	
1868-3월	77,262.0	6,456.0	83,718.0	
1868-4월	75,839.0		75,839.0	
1868-윤4월	97,280.0		97,280.0	140
1868-5월	143,612.4		143,612.4	290
1868-6월	78,127.6	2,800.0	80,927.6	
1868-7월	305,751.0		305,751.0	250
1868-8월	103,590.0		103,590.0	125
1868 계	1,001,082.2	9,256.0	1,010,338.2	805
총액	4,868,258.7	281,856.1	5,150,114.8	905.0

출처: 승정원일기- 매월 초에 전월의 실적 보고

주석

1. 순조실록 1800. 7.4, 1803.12.28
2. 순조실록 1802.7.6
3. 안승일, 2016, p.29
4. 순조실록 1810.5.27/ 12.30
5. 순조실록 1812.2.4
6. 순조실록 1812.4.21, 고종실록 1882.7.16
7. 순조실록 1812.12.16
8. 순조실록 1816.10.6
9. 순조실록 1818.5.29
10. 순조실록 1822.9.12
11. 순조실록 1825.11.19
12. 순조실록 1826.4.11/ 5.3
13. 순조실록 1830.10.21
14. 순조실록 1831.5.1
15. 순조실록 1834.2.30
16. 순조실록 1834.2.16
17. 순조실록 1834.11.13/ 11.18, 헌종실록 1834. 11.18/ 1840.12.25
18. 헌종실록 1835.5.4
19. 헌종실록 1839.8.14/ 1846.7.25
20. 강진아, 2009, p.37-40
21. 헌종실록 1848.2.10
22. 헌종실록 1849.6.6., 철종실록 1849.6.9/ 1851.12.28
23. 유모토 고이치 2018, p.492-496, 마리우스 잰슨 1, 2014, p.72-79, 박훈 2018, p.19-21, 26-34, 라이샤워 외 상, 1985, p.764, 780-785
24. 유모토 고이치 2018, p.495, 497, 라이샤워 외 상, 1985, p.785-787, 마리우스 잰슨 1, 2014, p.200-209, 성희엽 2016, p.196
25. 라이샤워 외 상, 1985, p.790, 박훈 2018, p.35-37
26. 라이샤워 외 상, 1985, p.862-865, 성희엽 2016, p.150, 158, 162

27. 라이샤워 외 상, 1985, p.815
28. 마쓰무라 아키라 외 2015, p.248-250, 마리우스 잰슨 1, 2014, p.318-323, 성희엽 2016, p.164-167
29. 마쓰무라 아키라 외 2015, p.120-124, 마리우스 잰슨 1, 2014, p. 393-395, 라이샤워 외 상, 1985, p.863, 864
30. 라이샤워 외 상, 1985, p.811-833, 856, 마리우스 잰슨 1, 2014, p.175-183, 253-265
31. 성희엽 2016, p.158,159
32. 이종찬 2014, p.192, 이계황 2015, p.301
33. 존 페어뱅크 외 하, 2007, p.17
34. 라이샤워 외 상, 1985, p.864, 마리우스 잰슨 1, 2014, p.389
35. 마리우스 잰슨 1, 2014, p.403, 404, 성희엽 2016, p.118-120, 박영준 2015, p.113-121, 박훈 2018, p.58-59, 유인선 외 2014, p.364-365
36. 이계황 2015, p.304, 마리우스 잰슨 1, 2014, p.398-399
37. 마리우스 잰슨 1, 2014, p.400, 이계황 2015, p.304, 성희엽 2016, p.152
38. 이종찬 2014, p.195-196, 박훈 2018, p.72-74
39. 존 페어뱅크 외 하, 2007, p.20-23, 김용구 2009 외교사, p.289-290, 륨이 2013, p.207
40. 마리우스 잰슨 1, 2014, p.372-375, 이계황 2015, p.327-328, 라이샤워 외 상, 1985, p.821
41. 마쓰무라 아키라 외 2015, p.137, 성희엽 2016, p.271
42. 성희엽 2016, p.142, 야마구치 게이지 2001, p.324
43. 존 페어뱅크 외 하, 2007, p.24-32
44. 성희엽 2016, p.112-113
45. 이종찬 2014, p.252-253
46. 유모토 고이치 2018, p.438-439, 581, 성희엽 2016, p.258-259
47. 유모토 고이치 2018, p.500, 일본사학회 2011, p.140, 박진한 2010, p.232, 이계황 2015, p.332, 마리우스 잰슨 2018, p.73-74
48. 이계황 2015, p.348, 박영준 2015, p.148, 박삼헌 2014, p.234
49. 존 페어뱅크 외 하, 2007, p.32-34, 김용구 2009 외교사, p.294-299, 오기평 2007, p.182-188, 륨이 2013, p.216-218
50. 김영작 1984, p.15, 성희엽 2016, p.262- 264, 박영준 2015, p.155-159, 송석원 2003, p.35
51. 미타니 히로시 외 2011, p.133-134, 이계황 2015, p.349, 마리우스 잰슨 1, 2014,

p.409-410, 앤드루 고든 1, 2015, p.114, 이광훈 2011, p.69
52. 성희엽 2016, p.281, 박영준 2015, p.168, 마리우스 잰슨 1, 2014, p.85-87. 박훈 2018, p.21-22
53. 마리우스 잰슨 1, 2014, p.412, 이계황 2015, p.349, 비즐리 1996, p.44-45
54. 김용구 2009 외교사, p.319
55. DK Publishing 2018, p.218-219, 264-265, 차하순 1989, p.418-423
56. 비변사등록 2.28/ 2.11/ 4.16
57. 비변사등록 11.3/ 12.20/ 2.11
58. 비변사등록 1.11/2.22/5.29/7.15/11.3, 변원림 2012, p.118-119
59. 함동주 2009, p.30
60. 존 페어뱅크 외 하, 2007, p,44-49, 차하순 2, 2000, p.949-950
61. 곽영직 2020, p.300-301, 정갑수 2017, p.545
62. 비변사등록 1.20/ 3.4/ 5.7/ 7.13/ 윤 8.6/ 10.5, 철종실록 1849.12.30., 조윤민 2017, p.269-271
63. 비변사등록 1.20/2.7/ 3.4
64. 비변사등록 3.4/ 4.15/ 12.6
65. 철종실록 10.5/10.24/10.26/11.3/12.28, 김우철 2010, p.185-198
66. 전국역사교사모임 외, 2006, p. 212
67. 문소영 2013, p.176, 서현섭 2014, p.130-131
68. 에밀리 로젠버그 2018, p.936, 1006-1007, 고야마 게타 2020, p.164-166
69. 비변사등록 1.16/ 2.10/ 4.4/ 6.18
70. 비변사등록 7.1/ 7.20/ 12.25, 철종실록 12.30
71. 성희엽 2016, p.271, 구대훈 2008, p.240
72. 야마모토 요시타카 2019, p.18-19, 마리우스 잰슨 2018, p.176-177, 185-187
73. 미타니 히로시 외 2011, p.139, 이계황 2015, p.355, 성희엽 2016, p.253, 이노우에 가쓰오 2013, p.24-25
74. 심헌용 2007, p.21, 두다료노크 외 2018, p.150
75. 차하순 1989, p.430
76. 강상규 2007, p. 25-26, 존 페어뱅크 외 하, 2007, p.35
77. 비변사등록 4.5/6.28/ 7.18/ 8.27
78. 비변사등록 9.15/ 12.10
79. 철종실록 12.28, 이상배 1997, p.156-160
80. 유모토 고이치 2018, p.20-21, 이광훈 2011, p.29-31, 이와나미신서 편집부 2013, p.13

81. 이와나미신서 편집부 2013, p.14-15, 이광훈 2011, p.77-78
82. 미요시 도오루 2002, p. 381-383, 이광훈 2011, p.45-46
83. 후지와라 아키라 상 2013, p.27-28, 박영준 2015, p.183-185, 성희엽 2016, p.280-283, 마리우스 잰슨 1, 2014, p.419 -422
84. 벳쇼 코이치 2009, p.769, 박영준 2015, p.186-196
85. 박영준 2015, p.202, 성희엽 2016, p.285
86. 박영준 2015, p.199, 237-239, 296, 이광훈 2011, p.161
87. 도널드 킨 1, 2017, p.45-48, 두다료노크 2018, p.151, 박영준 2015, p.206
88. 박훈 2020, p.64-67, 성희엽 2016, p.299
89. 야마구치 게이지 2001, p.318
90. 비변사등록 1.20/ 2.15/ 윤 7.13/ 11.15
91. 비변사등록 5.25/ 10.11/ 12.21/윤 7.13
92. 비변사등록 윤 7.13
93. 비변사등록 9.10/ 11.15
94. 비변사등록 1.14/ 8.2
95. 비변사등록 4.27, 심헌용 2007, p.24-25, 이희수 2008, p.14-17, 연갑수 2001, p.111, 노대환 1999, p.130
96. 이노우에 가쓰오 2013, p.29-33, 김용구 2009 외교사, p.320-321, 오기평 2007, p. 210-212, 성희엽 2016, p.283, 이광훈 2011, p.88-89, 이계황 2015, p.357
97. 앤드루 고든 1, 2015, p.117, 제임스 메클렐란 3세 외 2006, p.470, 유모토 고이치 2018, p.21, 224
98. 김세진 2018, p.59-61, 마쓰무라 아키라 외 2015, p.141-147, 전국역사교사모임 외 2006, p.214, 송석원 2003, p.36
99. 이노우에 가쓰오 2013, p.44-46, 성희엽 2016, p.284, 김기혁 2007, p.53
100. 도널드 킨 1, 2017, p.54-55, 이노우에 가쓰오 2013, p.47, 성희엽 2016, p.311, 박영준 2015, p.207
101. 김기혁 2007, p.54, 로널드 토비 2013, p.148, 김용구 2009 외교사, p.322, 326-327, 일본외무성 홈페이지, 와다 하루키 1, 2019, p.107, 두다료노크 2018, p.152-153, 홍웅호 2008, p.103, 강정일 2013, p.117
102. 도널드 킨 1, 2017, p.49, 박영준 2015, p.240-242, 251, 성희엽 2016, p.264-266
103. 박영준 2015, p.242-246
104. 임종원 2011, p.37-38
105. 비변사등록 1.10
106. 비변사등록 4.26/ 5.20/ 7.21, 승정원일기 1875.7.29

107. 철종실록 3.20, 비변사등록 12.28
108. 철종실록 8.2
109. 박영준 2015, p.252-255, 마리우스 잰슨 2018, p.244, 김연옥 2016, p.160, 벳쇼 코이치 2009, p.770, 김용구 2009 외교사, p.322
110. 성희엽 2016, p.273
111. 비변사등록 1.16/ 11.21
112. 비변사등록 3.5
113. 비변사등록 3.8/ 8.30/ 11.21
114. 비변사등록 8.28/1857.1.23, 철종실록 8.28/9.11
115. 비변사등록 7.22, 김학준 2010, p.135-137, 국방부전사편찬 위원회 1989, p.61, 김원모 2003, p.20, 김용삼 2권 2020, p.55-56, 노대환 1999, p.130
116. 김연옥 2016, p.157-159
117. 오기평 2007, p.62-63, 91-92 Paul Kennedy 1989, p.173-177, 김용구 2009 외교사, p.264-267, 차하순 1989, p.431-432
118. 김기혁 2007, p.42-43, 윌리엄 로 2014, p.336-339, 륭이 2013, p.219
119. 박영준 1997, p.115
120. 김세진 2018, p.72-77
121. 차하순 1989, p.12-14
122. 비변사등록 1.22/ 5.11
123. 비변사등록 1.7/1.11/ 5.11/ 8.21/ 8.23, 철종실록 1.9
124. 비변사등록 9.24/ 9.6
125. 두다료노크 2018, p.160-161
126. 도널드 킨 1, 2017, p.63-64, 김용구 2009 외교사, p. 299-300, 323-324, 이계황 2015, p. 358, 이와나미신서 편집부편 2013, p.20-27, 이노우에 가쓰오 2013, p.56
127. 도널드 킨 1, 2017, p.76, 성희엽 2016, p.286, 박훈 2018, p.91, 이원우 2017, p.339-342
128. 박영준 2015, p. 269-271, 293-294, 김연옥 2016, p.166-171
129. 비변사등록 3.20/ 6.20
130. 비변사등록 10.2/ 8.18, 철종실록 10.7
131. 비변사등록 2,18/ 3.29/ 2.27
132. 오기평 2007, p.213-214, 박영준 2015, p.327-330, 도널드 킨 1, 2017, p.79-80, 이광훈 2011, p.120-121, 이원우 2017, p.343-348
133. 성희엽 2016, p.289-290, 이계황 2015, p.360-362, 이원우 2017, p.351
134. 김세진 2018, p.81-87, 폴 발리 2011, p.385

135. 함동주 2009, p.32, 폴 발리 2011, 374, 김기혁 2007, p.58, 성희엽 2016, p.635-639, 김용구 2009 외교사, p.324-326, 김현수 2007, p.320
136. 오기평 2007, p.192-194, 김용구 2009 외교사, p. 301-303, 김기혁 2007, p.44-45, 구용회 외 2014, p.92-94
137. 존 페어뱅크 외 하, 2007, p.57, 김용구 2009 외교사, p.303, 오기평 2007, p.194-195, 두다료노크 2018, p.164-165, 성희엽 2016, p.634
138. 비변사등록 2.11/ 2.25/ 3.25/ 4.18
139. 비변사등록 6.19
140. 비변사등록 2.11/ 9.25
141. 비변사등록 6.20, 장순순 2016, p.12-14, 21-26
142. 비변사등록 5.17
143. 비변사등록 8.28
144. 박영준 2015, p.277,315, 유모토 고이치 2018, p.22-23, 도미타 쇼지 2008, p.53
145. 김현수 2007, p.321
146. 김기혁 2007, p.46, 김용구 2009 외교사, p.304
147. 제임스 메클렐란 3세 외 2006, p. 491-495, 이문규 외 2015, p.220-233, 차하순 1989, p.470, J.M Roberts, 1993, p.357, 김성근 2009, p.241-243
148. 비변사등록 1.15/5.20/8.10, 강준만 1권, p.174, 전석원 2012, p.232
149. 비변사등록 2.16, 미하일 알렉산드로비치 포지오 2010, p.125
150. 비변사등록 4.5/ 9.9
151. 철종실록 8.8, 다보하시 기요시 상 2013, p.131
152. 철종실록/ 비변사등록 12.9, 김명호 2008, p. 364-366, 노대환 1999, p.153
153. 유모토 고이치 2018, p.24-25. 이광훈 2016, p.158, 성희엽 2016, p.156-158, 임종원 2011, p.48-51, 야마모토 요시타카 2019, p.23, 박영준 2015, p.349
154. 야마모토 요시타카 2019, p.24-26, 박영준 2015, p. 354-356, 427-428, 벳쇼 코이치 2009, p.770-771
155. 성희엽 2016, p.117, 306-308, 이광훈 2016, p.157-158
156. 김용구 2009 외교사, p.304-306, 오기평 2007, p.195-198, 203-205, 존 페어뱅크 외 하, 2007, p.37, 54, 57, 두다료노크 2018, p.169-171, 김기혁 2007, p.46-47, 홍웅호 2008, p.99
157. 앤드루 고든 1, 2015, p.120, 구태훈 2008, p.247
158. 비변사등록 1.29
159. 비변사등록 6.13/ 10.29, 조현범 2002, p.91-93
160. 비변사등록 9.14

161. 비변사등록 4.18/ 8.25
162. 철종실록 3.27/6.19, 김명호 2008, p.424-427, 강준만 1권, p.62-63, 장인성 2002, p.155-158, 267
163. 강준만 1권, p.71, 심헌용 2007, p.29-32
164. 박영준 2015, p. 368-369
165. 도널드 킨 1, 2017, p.113, 미타니 히로시 외 2011, p.169, 와다 하루키 1, 2019, p.108, 미요시 도오루, 2002, p.555
166. 도널드 킨 1, 2017, p.115-117, 이계황 2015, p.365-366, 이광훈 2016, p.170, 성희엽 2016, p.315-317
167. 마리우스 잰슨 2018, p.170-174, 박훈 2020, p.120
168. 박영준 1997, p.120, 김현수 2007, p.321
169. 김용구 2009 외교사, p.306, 강상규 2007, p.32, 존 페어뱅크 외 하, 2007, p.157-158, 이매뉴얼 쉬 2013, p.307, 334, 김용구 1997, p.99
170. 미타니 히로시 외 2011, p.220, 김용삼 1권, 2020, p.265
171. Paul Kennedy 1989, p.179-181, 에곤 프리델 2015, p.426-431
172. 김명호 2008, p.455-456, 464, 이영호 2004, p.90-108, 비변사등록 2.29/3.10, 철종실록 2.29/ 3.1/ 4.4/ 5.22
173. 비변사등록 4.15/4.17/4.21/4.22/4.25/5.12/5.14/5.16/5.20/5.21/5.22/11.2/12.8, 철종실록 4.15/4.17/4.21/4.22/5.5/5.12/5.16/5.19/5.20/5.21/5.25/5.28/5.29/6.9/11.2/12.8
174. 비변사등록 3.25/ 7.15
175. 조현범 2002, p.92,98,100
176. 비변사등록 9.1/ 9.5/ 8.6
177. 유모토 고이치 2018, p.26-27, 함동주 2009, p.80-81, 방광석 2015, p.201-203
178. 임종원 2011, p.54-55, 방광석 2015, p.212-216, 허동현 2006, p.269
179. 강상규 2007, p.74, 박훈 2018, p.100-102, 성희엽 2016, p.155, 박영준 2015, p.370-371, 김용구 2001, p.261-262, 이한기 1975, p.142
180. 도널드 킨 1,2017, p.122-126, 성희엽 2016, p.313, 317-318, 351-353, 691 서현섭 2014, p.145, 구태훈 2008, p.250, 이계황 2015, p.366, 마리우스 잰슨 2018, p.198-199, 이광훈 2011, p.219, 이노우에 가쓰오 2013, p.100, 133, 함동주 2009, p.49-50
181. 닐 맥그리거 2016, p.382-383, 김용구 2009 외교사, p.118-119, 오기평 2007, p.74-76
182. 조현민 2002, p.101, 106, 임혜련 2008, p.228-237

183. 고종실록 12.20
184. 성희엽 2016, p.318-320, 도널드 킨 1,2017, p.136-148, 이노우에 가쓰오 2013, p.107-108, 144-145, 미요시 도오루 2002, p.28-30
185. 미요시 도오루 2002, p.36-37, 성희엽 2016, p.155,441,612, 이광훈 2011, p.190-192, 김보림 2016, p.278-284
186. 도널드 킨 1,2017, p.151, 성희엽 2016, p.353-354, 박영준 2015, p.408-409, 김성근 2008, p.456-458
187. 도널드 킨 1, 2017, p.153-154, 성희엽 2016, p.320-322, 박훈 2020, p.194-195, 이광훈 2011, p.195-197, 박영준 2015, p.405-406
188. 마리우스 잰슨 2018, p.257, 가노 마사나오 2009, p.36-40
189. 이매뉴얼 쉬 2013, p.349-350
190. 고종실록 1.2/10.15, 승정원일기 10.15
191. 고종실록 1.10
192. 고종실록 1.19/ 1.23/ 1.24/ 8.23, 승정원일기 8.23
193. 고종실록 2.20/ 8.20
194. 고종실록 3.3/ 3.4, 도면회 2014, p.46
195. 미요시 도오루 2002, p.51, 마리우스 잰슨 2018, p.215, 이노우에 가쓰오 2013, p.143-144, 구태훈 2008, p.253, 이계황 2015, p.374, 성희엽 2016, p.323-325, 도널드 킨 1,2017, p.158-161
196. 이시이 다카시 2008, p.22-25, 228-229, 박훈 2020, p.197-199, 성희엽 2016, p.331-332, 385, 박영준 1997, p.147-148, 김영작 1984, p.31
197. 성희엽 2016, p.261
198. 미요시 도오루 2002, p.18-19, 50, 이시이 다카시 2008, p.35-36, 46-47, 58-60, 이광훈 2011, p.206-210, 성희엽 2016, p.329-330, 613, 도널드 킨 1, 2017, p.165, 김성근 2008, p.459
199. 성희엽 2016, p.334-337, 이광훈 2011, p.214-220
200. 허동현 2006, p.264
201. 이시이 다카시 2008, p.41-42, 50, 박상후 2019, p.85, 박영준 2015, p.429-430, 강진아 2009, p.83
202. 오기평 2007, p. 188-192, 윌리엄 로 2014, p.344-350, 강상규 2007, p.17, 34-37
203. 고종실록 3.29/ 윤 5.2/ 11.28, 계승범 2011, p.137, 201-209, 다보하시 기요시 상 2013, p.67, 김용삼 2권, 2020, p.180-181
204. 고종실록 4.2/4.3/4.5, 황현 상, 2005, p.39, 안외순 2000, p.232-233, 임혜련 2008, p.245-247

205. 권영상 2003, p.82-83
206. 고종실록 7.28/ 8.9
207. 고종실록 윤 5.2/ 9.25
208. 이시이 다카시 2008, p.51-52, 유모토 고이치 2018, p.28-29, 박영준 2015, p.431
209. 이시이 다카시 2008, p.103-107, 도널드 킨 1, 2017, p.169-172, 성희엽 2016, p. 340, 이계황 2015, p.378-379, 김현수 2007, p.325-328
210. 성희엽 2016, p.155, 박영준 2015, p.421-423, 438, 이광훈 2011, p.167, 이덕훈 2015, p.511
211. 강상규 2007, p.74-79, 이한기 1975, p.142
212. 이매뉴얼 쉬 2013, p.364
213. 고종실록 1.11/2.8, 승정원일기 1.20, 비변사등록 1.24, 국방부전사편찬위원회 1989, p.74, 다보하시 기요시 상 2013, p.93, 강상규 2008, p.81-83, 안외순 1995, p.109
214. 고종실록 7.8/8.5/8.16/9.11/9.12/9.23/10.4, 비변사등록 8.1/9.1/9.24, 국방부전사편찬위원회 1989, p.75-76, 95-107, 140-145, 다보하시 기요시 상 2013, p.94-105, 321-322, 김명호 2005, p.91, 99-101, 김용구 2009 외교사, p.406, 쟝팅푸 1991, p.78-79, 박성순 2010, p.204
215. 승정원일기 9.24, 고종실록 3.6, 인조실록 1637. 1.30, 유바다 2016, p.220-222
216. 고종실록 7.22, 고종실록/승정원일기/비변사등록 7.27, 국방부전사편찬위원회 1989, p.175, 이상태 1987, p.169-170
217. 고종실록 2.18/2.25/7.5/7.14/7.16/11.5, 비변사등록 7.5, 노대환 1999, p.130
218. 비변사등록 10.7, 국방부전사편찬위원회 1989, p.146
219. 승정원일기/고종실록 10.1
220. 승정원일기 12.1/ 12.2, 고종실록 1867.5.4
221. 이광훈 2016, p.164, 함동주 2009, p.120
222. 마리우스 잰슨 2018, p.337, 이시이 다카시 2008, p.115-117, 성희엽 2016, p.356-358, 김영작 1984, p.38
223. 이시이 다카시 2008, p.154-155, 야마구치 게이지 2001, p.329-330, 김영작 1984, p.39-40, 유모토 고이치 2018, p.29
224. 이시이 다카시 2008, p.132, 존 페어뱅크 외 하, 2007, p.92-93, 성희엽 2016, p. 637-639, 김현수 2007, p.330
225. 앤드루 고든 1 2015, p.121, 이시이 다카시 2008, p.152
226. 박훈 2018, p.115, 마리우스 잰슨 2018, p.358-370, 이시이 다카시 2008, p.152-153, 도널드 킨 1, 2017, p.181, 191-194, 성희엽 2016, p. 342-343
227. 이계황 2015, p.382-383, 박영준 2015, p.443-444

228. 마리우스 잰슨 2018, p.383-385
229. 풀리 2007, p.17-20, 함동주 2009, p.87-88, 박영준 2015, p.439-440, 고야마 게타 2020, p.241
230. 이매뉴얼 쉬 2013, p.364-365
231. 주디스 코핀 외 2014, p.340, 차하순 2 2000, p.821-823, 김용구 2009 외교사, p.126-128, 권녕성 2010, p.33
232. 다보하시 기요시 상 2013, p.115-116, 국방부전사편찬위원회 1989, p.195-196, 김용구 2009 외교사, p.403, 이상태 1987, p.173
233. 고종실록 3.7/10.1, 승정원일기 3.7, 다보하시 기요시 상 2013, p.139-149, 김용구 2009 외교사, p.434, 김용구 2001, p.196
234. 고종실록 1.16/ 3.22, 국방부전사편찬위원회 1989, p.247, 박은숙 1997, p.226, 최진욱 2008, p.125, 안외순 1995, p.158-159
235. 고종실록/ 승정원일기 1.24/ 2.17/ 7.27/ 9.19
236. 고종실록 3.16/ 3.22
237. 고종실록 2.17/3.2/5.4/5.21/6.3/10.12/10.28/11.18/12.28, 1873.10.29, 승정원일기 6.3, 강준만 1권, p.80-82, 안외순 1997, p.405-406
238. 시부사와 에이치 2019, p.164-176, 195 유모토 고이치 2018, p.30-31, 264-265, 시부사와 에이치 2009, p.320-321
239. 박영준 2015, p.450
240. 도널드 킨 1, 2017, p.211-212, 다보하시 기요시 상 2013, p.134-137, 141-144
241. 이시이 다카시 2008, p.189-190, 후지이 조지 외 2012, p.299, 마리우스 잰슨 2018, p.455-457, 이계황 2015, p.390, 김영작 1984, p.41
242. 마리우스 잰슨 2018, p.485-487, 이시이 다카시 2008, p.200-201, 함동주 2009, p.74-75, 오카 요시타케 1996, p.17, 도널드 킨 1, 2017, p.230-235, 유인선 외 2014, p.367, 김영작 1984, P.42
243. 마리우스 잰슨 2018, p.508-509, 521-526, 박훈 2020, p.206-208, 도널드 킨 1, 2017, p.243-249, 유인선 외 2014, p.367-368, 성희엽 2016, p.373-375, 576, 구태훈 2008, p.263, 김영작 1984, p.43-45, 이근우 2009, p.59-60
244. 권용립 2010, p.237-238, 최문형 2001, p.31-33, 윤영미 2005, p.4
245. 고종실록 3.30, 다보하시 기요시 상 2013, p.116, 김명호 2005, p.135-137, 141, 151-154, 국방부전사편찬위원회 1989, p.197, 김혜승 2012, p.12, 이상태 1987, p.173
246. 다보하시 기요시 상 2013, p.122, 김원모 2003, p.44
247. 승정원일기 3.1/ 4.1/ 5.1/ 6.1/7.1, 고종실록 10.6

248. 고종실록 1.4/ 2.9/ 5.11/ 6.18, 승정원일기 5.29
249. 승정원일기 10.11
250. 다보하시 기요시 상 2013, p.178-180, 김용구 2001, p.155, 하우봉 2014, P.181-183
251. 도널드 킨 1, 2017, p.250-253, 후지와라 아키라 상, 2013, p.39, 43, 박훈 2018, p.108-109
252. 이시이 다카시 2008, p.211-213, 심기재 2010, p.488-489
253. 도널드 킨 1, 2017, p.236, 256-257, 다보하시 기요시 상 2013, p.162-163, 강상규 2007, p.83-84, 유인선 외 2014, p.369
254. 김수암 2000, p. 36-42, 다보하시 기요시 상 2013, p.174-181
255. 이시이 다카시 2008, p.223-227, 도널드 킨 1, 2017, p.256-263, 김영작 1984, p.46-47
256. 도널드 킨 1, 2017, p.291, 성희엽 2016, p.453, 구태훈 2008, p.265
257. 이시이 다카시 2008, p.229-231, 박훈 2020, p.210-211, 김영작 1984, p.48
258. 마리우스 잰슨 2018, p.511, 유인선 외 2014, p.369-370, 도널드 킨 1, 2017, p.275-277, 성희엽 2016, p.47-52, 이한기 1975, p. 143-144, 明治神宮 홈페이지
259. 성희엽 2016, p. 379, 380, 후지와라 아키라 상, 2013, p.44-46, 이광훈 2011, p.278-281, 심기재 2010, p.479-485
260. 손일 2017, p.371-373, 384-392, 404-424, 이광훈 2011, p.283, 서현섭 2014, p.112-113, 심기재 2010, p.486-487
261. 일본사학회 2011, p.149, 구태훈 2008, p.266, 유모토 고이치 2018, p.32, 도널드 킨 1, 2017, p.314, 고토 히데키 2016, p.20-21, 야마모토 요시타카 2019, p.42
262. 이매뉴얼 쉬 2013, p.365-369
263. 승정원일기 1.27, 고종실록 5.29, 안외순 1997, p.414
264. 고종실록 8.20/ 10.3/ 10.20
265. 승정원일기 9.30
266. 고종실록 10.22/11.23, 승정원일기 10.22, 연갑수 2001, p.114
267. 고종실록 1.2/9.15, 승정원일기 11.4, 이은송 1997, p.141-142
268. 고종실록 1.11/ 3.29/ 6.6, 안외순 2000, p.234-236
269. 고종실록/승정원일기 12.13, 다보하시 기요시 상 2013, p.183-189, 195-203, 김용구 2001, p.155-158
270. 고종실록 1874.1.10./ 8.29, 1875. 3.4
271. 마리우스 잰슨 1, 2014, p.516-517, 도널드 킨 1, 2017, p.358, 성희엽 2016, p. 455-456, 미요시 도오루 2002, p.67, 함동주 2009, p.101, 다보하시 기요시 상

2013, p.210, 김영작 1984, p.50
272. 야마모토 요시타카 2019, p.97
273. 유모토 고이치 2018, p.83-85
274. 박영준 2020, p.53, 59, 가토 요코 2003, p.33
275. 시부사와 에이치 2009, p.322, 성희엽 2016, p.564
276. 쿠로노 타에루 2015, p.25-26, 후지와라 아키라 상 2013, p.54, 성희엽 2016, p.453, 580, 방광석 2017, p.246, 247
277. 권용립 2010, p.223, 에밀리 로젠버그 2018, p.402-406, 공하린 2009, p.257, 고야마 게타 2020, p.177-179
278. 고종실록 1.13/1.24/6.18, 승정원일기 2.27/4.6/6.18/1871.2.4
279. 승정원일기 3.7, 고종실록 1891.10.2, 김명호 2005, p.415-418, 고야마 게타 2020, p.177-179
280. 승정원일기 9.3
281. 승정원일기 11.28, 고종실록 11.26, 와다 하루키 1, 2019, p.119
282. 고종실록 윤 10.3
283. 다보하시 기요시 상 2013, p.251-263, 김용구 2001, p.160-161
284. 김원모 2003, p.45, 다보하시 기요시 상 2013, p.117, 김용구 2009 외교사, p.409
285. 야마모토 요시타카 2019, p.74-77, 야마구치 게이지 2001, p.325, 비즐리 1996, p.120-121
286. 쿠로노 타에루 2015, p.35-36, 박영준 2020, p. 68-69, 임경석 외 2012, p.20-21
287. 다보하시 기요시 상 2013, p.310-316, 박영준 2007, p.178
288. 쟝팅푸 1991, p.19
289. 미요시 도오루 2002, p.72, 성희엽 2016, p.556-557
290. 이노우에 가쓰오 2013, p.213-214
291. 차하순 1989, p.433,440-442, 김용구 2009 외교사, p.134-136, 오기평 2007, p.87-90, 노명식 2011, p.379-383, 콜린 존스 2001, p.257, 메리 풀브룩 2003, p.191-193
292. 고종실록 4.9/4.10/4.14/ 4.17/ 4.24, 다보하시 기요시 상 2013, p.118-123, 김용구 2009 외교사, p.409-410, 국방부전사편찬 위원회 1989, p.210-231, 문일평 2016, p.33-36
293. 다보하시 기요시 상 2013, p.124-128
294. 고종실록 4.25, 문일평 2016, p.36, 강상규 2008, p.36-37, 김성근 2008, p.468, 한승훈 2015, p.33-34
295. 고종실록/승정원일기 3.20, 박제형 2016, p.98-99, 황현 상 2005, p.41

296. 고종실록 3.18/ 8.11/ 12.23, 승정원일기 12.23, 이은송 1997, p.144-145, 안외순 1995, p.184-185
297. 고종실록/ 승정원일기 10.15
298. 다보하시 기요시 상 2013, p.264-266, 김용구 2001, p.161
299. 도미타 쇼지 2008, p.35, 유모토 고이치 2018, p.381, 김보림 2016, p.286
300. 시부사와 에이이치 2019, p.226-228, 도미타 쇼지 2008, p.36, 성희엽 2016, p. 558-562, 한일문화교류기금 동북아역사재단 2011, p.272-273, 이윤섭 2016, p.41
301. 마리우스 잰슨 1, 2014, p.520-522, 시부사와 에이이치 2019, p.229, 함동주 2009, p.102-103, 성희엽 2016, p.457-461
302. 쟝팅푸 1991, p.22-33, 이매뉴얼 쉬 2013, p.387, 미타니 히로시 외 2011, p.227-231
303. 김용구 2009 외교사, p.306-307, 박영준 1997, p.270-272
304. 미요시 도오루 2002, p.72-76, 유모토 고이치 2018, p. 38-39, 성희엽 2016, p. 487-495, 허동현 2006, p.267, 방광석 2015, p.206-209, 이균 2007, p.65-66
305. 차하순 2 2000, p.814, 김용구 2009 외교사, p.137, 오기평 2007, p.91-92
306. 콜린 존스 2001, p.258-262, 노명식 2011, p.395, 416-419, 428-431, 차하순 2, 2000, p.915-918, 민유기 2013, p.79-81
307. 다보하시 기요시 상 2013, p.278-283, 김수암 2000, p.30
308. 다보하시 기요시 상 2013, p.288-291
309. 고종실록 6.7, 승정원일기 6.9, 다보하시 기요시 상 2013, p.292-294
310. 다보하시 기요시 상 2013, p.295-300
311. 다보하시 기요시 상 2013, p.235-241, 300-301, 미타니 히로시 외 2011, p.207, 김용구 2001, p.162, 신명호 2014, p.102
312. 비변사등록 4.30, 승정원일기 9.15, 고종실록 9.16, 박종인 2021, p.51
313. 승정원일기 10.23, 비변사등록 12.4
314. 유모토 고이치 2018, p.431-432, 440-441, 임종원 2011, p.88-113, 야마모토 요시타카 2019, p.158-159
315. 유모토 고이치 2018, p.56-57, 야마모토 요시타카 2019, p.102, 이윤섭 2011, p.49, 이준섭 2014, p.39
316. 유모토 고이치 2018, p. 404, 마리우스 잰슨 2, 2013, p.639-640, 일본사학회 2011, p.152, 김태훈 2014, p.306, 윤종혁 1999, p.36-38
317. 강진아 2009, p.145-146, 호즈미 가즈오 2019, p.75-81, 에밀리 로젠버그 2018, p.118-120, 유모토 고이치 2018, p.88, 야마모토 요시타카 2019, p.97-98, 성희엽 2016, p.497, 도미타 쇼지 2008, p.38

318. 유모토 고이치 2018, p.50, 성희엽 2016, p.563
319. 야마모토 요시타카 2019, p.30, 다나카 아키라 2013, p.17, 미요시 도오루 2002, p.83-85
320. 구메 구니타케 1권, 2011, p.39, 103-106, 박진빈 2013, p.19-22
321. 구메 구니타케 1권, 2011, p.197-199, 206-208, 239-240, 275-278, 366, 다나카 아키라 2013, p.56-57
322. 구메 구니타케 2권, 2011, p.168-169, 이영석 2013, p.42-43, 김현수 2008, p.101-105
323. 구메 구니타케 2권, 2011, p.132-133, 169, 전진성 2013, p.103
324. 량치차오 2013, p.150-151
325. 승정원일기 5.10/ 1872.9.15, 고종실록 5.10/ 8.19, 김승혜 2010, p.354-355
326. 승정원일기 4.9/8.13, 다보하시 기요시 상 2013, p.516-517
327. 다보하시 기요시 상 2013, p.301-304, 미타니 히로시 외 2011, p.207-208
328. 고종실록 10.25/10.26/10.27/10.28/10.29, 다보하시 기요시 상 2013, p.72-81, 안외순 1995, p.140, 241-242
329. 고종실록 11.3/11.9/11.11/11.12/12.13, 1874.2.13, 안외순 1995, p.202
330. 도미타 쇼지 2008, p.39, 유모토 고이치 2018, p.51, 함동주 2009, p.109, 126, 한일문화교류기금 동북아역사재단 2011, p.276, 김영작 1984, p.51
331. 앤드루 고든 1 2015, p.153, 후지와라 아키라 상 2013, p.57, 요시다 유타카, 2005, p.34-35, 50, 이윤섭 2016, p.48-49, 유모토 고이치 2018, p.60-61, 호즈미 가즈오 2019, p.59-64
332. 이노우에 가쓰오 2013, p.226-228
333. 도널드 킨 1, 2017, p.455
334. 시부사와 에이이치 2019, p.247-262, 시부사와 에이이치 2009, p.325, 임경석 외 2012, p.307-309
335. 량치차오 2013, p.159-160, 다보하시 기요시 상 2013, p.325-326, 오비나타 스미오 2011, p.155-156, 오카모토 다카시 2011, p.72-73, 이매뉴얼 쉬 2013, p.389, 신기석 1959, p.3, 김성근 2007, p.79
336. 이매얼 쉬 2013, p.374-375, 다보하시 기요시 상 2013, p.517
337. 다보하시 기요시 상 2013, p.326-329
338. 박훈 2020, p.262-264, 미타니 히로시 외 2011, p.239-241, 다보하시 기요시 상 2013, p.330-334, 도널드 킨 1, 2017, p.451
339. 구메 구니타케 3권, 2011, p.139-141, 370-372, 구메 구니타케 4권, 2011, p.135-140, 다나카 아키라 2013, p.73, 일본사학회 2011, p.153, 와다 하루키 1, 2019,

p.110, 성희엽 2016, p.504, 박삼헌 2016, p.56, 방광석 2015, p.217-220, 민유기 2013, p.68, 71-72, 전진성 2013, p.106, 최용찬 2013, p.254, 강철구 2019, p.34
340. 김종학 2017, p.27-32, 한승훈 2015, p.30-38, 한상길 2006, p.12-14, 26
341. 승정원일기 3.30
342. 고종실록 1.20, 승정원일기 5.12/ 9.20/ 11.1
343. 고종실록 3.20, 박상후 2019, p.66-71, 성희엽 2016, p.691
344. 승정원일기 6.26/7.7/7.15/7.27
345. 승정원일기 6.25, 김태웅 2017, p.141
346. 승정원일기 12.13, 신명호 2014, p.129
347. 고종실록 6.29/8.9/8.29, 승정원일기 6.29/8.9, 다보하시 기요시 상 2013, p.348-353, 장인성 외 1권, 2012, p.18-20, 김용구 2009 외교사, p.425, 미타니 히로시 외 2011, p.245, 김수암 2000, p.32
348. 쟝팅푸 1991, p.36-42, 도널드 킨 1, 2017, p.475-477, 마리우스 잰슨 2, 2013, p.668, 오비나타 스미오 2011, p.164-166
349. 쟝팅푸 1991, p.36, 49-54, 오카모토 다카시 2011, p.77-79
350. 존 페어뱅크 외 하, 2007, p.208, 이매뉴얼 쉬 2013, p.390, 오비나타 스미오 2011, p. 175-176, 도널드 킨 1, 2017, p.479, 김용구 2009 외교사, p.307, 이삼성 2009, p.326
351. 오카 요시타케 1996, p.31-34, 함동주 2009, p.132-133, 신명호 2014, p.315, 방광석 2008, p.46, 유모토 고이치 2018, p.66-67
352. 신명호 2014, p.317-318, 도널드 킨 1, 2017, p.465-472
353. 유모토 고이치 2018, p.385, 410,김명희 2016, p.19-22, 성희엽 2016, p.709, 이준섭 2014, p.45-48
354. 다보하시 기요시 상 2013, p.354-356
355. 구메 구니타케 3권, 2011, p.382-385, 다나카 아키라 2013, p.74, 성희엽 2016, p.506-507, 고야마 게타 2020, p.183-184
356. 승정원일기 3.13, 고종실록 1895.3.10
357. 고종실록/비변사등록 2.5/ 2.9/ 3.4, 승정원일기 2.5, 다보하시 기요시 상 2013, p.360-369, 김용구 2009, p.425, 427, 김수암 2000, p.33
358. 승정원일기/고종실록 5.10, 다보하시 기요시 상 2013, p.378-382, 김용구 2009 외교사, p.425-427, 김흥수 2013, p.317-321, 김수암 2000, p.34
359. 고종실록/승정원일기 7.9, 다보하시 기요시 상 2013, p.383-386, 김흥수 2013, p.321-322
360. 고종실록 8.23/8.25, 승정원일기 8.23, 다보하시 기요시 상 2013, p.390-395, 와다 하

루키 1, 2019, p.117, 김용구 2001, p.184-186
361. 비변사등록/승정원일기 11.15, 다보하시 기요시 상 2013, p.399-401, 417-419, 422-423
362. 승정원일기 3.18/ 4.5/ 8.24, 고종실록 4.5/ 8.1/ 8.25/ 8.26, 비변사등록 11.12
363. 승정원일기 10.25, 이영훈 2016, p.577
364. 승정원일기 7.29, 비변사등록 12.5, 고종실록 1864.1.24/ 1882. 6.22
365. 고종실록/ 비변사등록 11.9
366. 다보하시 기요시 상 2013, p.358-360, 박영준 1997, p.338-340
367. 유모토 고이치 2018, p.64, 도널드 킨 1, 2017, p.488-489, 성희엽 2016, p.615, 방광석 2008, p.78
368. 손일 2017, p.490-496, 미타니 히로시 외 2011, p.241, 도널드 킨 1, 2017, p.396, 와다 하루키 1, 2019, p.112-114, 김용구 2009 외교사, p.327, 홍웅호 2008, p.109
369. 김용구 2001, p.244-245, 한승훈 2015, p.51-53
370. 다보하시 기요시 상 2013, p.406-412, 신명호 2014, p.170, 김용구 2001, p.187-188, 함재봉 2, 2017, p.246
371. 임종원 2011, p.271-276, 배한철 2015, p.27-29
372. 신명호 2014, p.247-248
373. 량치차오 2013, p.151-153
374. 고종실록 1.2/1.3/1.13/1.19/1.20, 비변사등록 1.2/1.5, 다보하시 기요시 상 2013, p.521-522, 장팅푸 1991, p.86, 오영섭 2004, p.444
375. 고종실록 1.19/1.20/1.21, 다보하시 기요시 상 2013, p.442-457
376. 고종실록 1.25, 다보하시 기요시 상 2013, p.443
377. 고종실록 2.3, 비변사등록 1859.6.20, 다보하시 기요시 상 2013, p, 459-467, 김용구 2001, p.199-209, 이영훈 1, 2016, p.571-572, 미타니 히로시 외 2011, p.247-251, 장순순 2016, p.33
378. 고종실록 2.3
379. 승정원일기 2.6, 다보하시 기요시 상 2013, p.529-530, 682, 김용구 2001, p.215
380. 고종실록 1.23/ 2.5, 승정원일기 1.27/ 2.5, 비변사등록 2.5, 최익현 외 2014, p.11-22, 강준만 1권, p.160, 윤종혁 1999, p.50-52, 금장태 2009, p.41-42
381. 고종실록/비변사등록 2.22, 다보하시 기요시 상 2013, p.530-533, 김기수 1962, p.27-28
382. 승정원일기 6.1, 신명호 2014, p.233-237, 김수암 2000, p.67
383. 고종실록 7.6, 다보하시 기요시 상 2013, p.601-606, 강진아 2018, p.93
384. 고종실록 7.13/ 8.9, 와다 하루키 1, 2019, p.121-122, 임경석 외 2012, p.137-142

385. 승정원일기 9.10/ 9.23, 비변사등록 9.10/9.22/10.20, 고종실록 10.20/11.4
386. 다보하시 기요시 상 2013, p.495-513, 김용구 2009 외교사, p.430-432, 신기석 1959, p.3-5, 김성근 2007, p.79-81, 박정현 2005, p. 298, 김수암 2000, p.44-45, 오시진 2014, p.195
387. 다보하시 기요시 상 2013, p.532-541, 김기수 1962, p.21-22
388. 다보하시 기요시 상 2013, p.542-544
389. 김기수 1962, p.132
390. 김기수 1962, p.236-237, 고종실록 1881. 8.2, 김용구 2001, p.216-217
391. 김기수 1962, p.60, 114-116
392. 김기수 1962, p.121-123
393. 김기수 1962, p.123-126
394. 김기수 1962, p.128-129, 166, 198, 김용구 2001, p.220, 221
395. 김기수 1962, p.132
396. 유모토 고이치 2018, p.376-377
397. 미타니 히로시 외 2011, p.262-263
398. 방광석 2008, p.78-79, 신명호 2014, p.307, 도널드 킨 1, 2017, p.509, 권녕성 2010, p.18
399. 후지와라 아키라 상 2013, p.60-62, 마리우스 잰슨 1, 2014, p.549, 함동주 2009, p.155-156, 성희엽 2016, p.468-471, 한일문화교류기금 동북아역사재단 2011, p.276-277, 신명호 2014, p.252-253, 호즈미 가즈오 2019, p.118-122
400. 마리우스 잰슨 1, 2014, p. 549, 함동주 2009, p.124, 도널드 킨 1, 2017, p.511-517
401. 유모토 고이치 2018, p.451, 이매뉴얼 쉬 2013, p.363, 에밀리 로젠버그 2018, p.122, 강진아 2009, p.71, 고종실록 1899.5.27
402. 유모토 고이치 2018, p.458, 성희엽 2016, p.521-522
403. 차하순 1989, p.474, 권기균 2012, p.170-171, 피터 매시니스 2011, p.153-154
404. 에밀리 로젠버그 2018, p.1013
405. 비변사등록 1.25
406. 승정원일기 2.8/ 1868.6.1
407. 고종실록 5.16/ 6.13/ 10.15/ 12.14, 비변사등록 5.16/ 6.13, 승정원일기 6.13
408. 고종실록 6.26/ 8.14, 승정원일기 8.14, 비변사등록 6.4/ 12.25
409. 고종실록 8.10
410. 고종실록 10.12, 다보하시 기요시 상 2013, p.631-637, 김성근 2015, p.63
411. 후지와라 아키라 상 2013, p.66-72, 도널드 킨 1, 2017, p.532-546, 마리우스 잰슨 1, 2014, p.549-551, 쿠로노 타에루 2015, p.27-30, 박훈 2020, p.223-225, 강창성

1991, p.54, 미요시 도오루 2002, p.212-214, 후지이 조지 외 2012, p.320
412. 유모토 고이치 2018, p.460-461, 성희엽 2016, p.534, 도널드 킨 1, 2017, p.552, 이낙현 2004, p.161, 김영희 2016, p.67-70, 호즈미 가즈오 2019, p.101-102
413. 야마모토 요시타카 2019, p.78-80, 아마노 이쿠오 2017, p.24-25, 손일 2017, p.466
414. 소공권 1998, p.1105-1106, 이매뉴얼 쉬 2013, p.376-377, 존 페어뱅크 외 하, 2007, p.209
415. 와타나베 히로시 2008, p.221, 김용구 2009 외교사, p.273-275, 차하순 1989, p.444-445
416. 고종실록/ 승정원일기 1.25/ 4.4
417. 비변사등록 5.3
418. 비변사등록 5.4, 김학준 2010, p.162
419. 고종실록/ 승정원일기 6.6/ 10.26, 비변사등록 6.6, 신기석 1959, p.7, 김수암 2000, p.46-47
420. 김학준 2010, p.164-167
421. 승정원일기 6.14, 고종실록 6.15, 비변사등록 6.15/10.5
422. 고종실록/비변사등록/ 승정원일기 7.19, 미하일 알렉산드로비치 포지오 2010, p.127-130
423. 고종실록/비변사등록 8.10, 다보하시 기요시 상 2013, p.609-615, 643, 박한민 2017, p.21-25
424. 김용구 2001, p. 264-266, 한상길 2006, p.29-30
425. 루스 베네딕트 2019, p.116, 박삼헌 2014, p.242
426. 도널드 킨 1, 2017, p.564-574, 성희엽 2016, p.530-535, 도미타 쇼지 2008, p.42, 미요시 도오루 2002, p.214-216
427. 손일 2017, p.515-526, 와타나베 히로시 2008, p.223
428. 후지이 조지 외 2012, p.320-321, 쿠로노 타에루 2015, p.30-31, 도널드 킨 1, 2017, p.577, 마키하라 노리오 2012, p.20-23, 강창성 1991, p.69
429. 다나카 아키라 2013, p.19-23, 야마모토 요시타카 2019, p.33, 96-97
430. 차하순 1989, p.445-446, 김용구 2009 외교사, p.274-277, 오기평 2007, p.105-107
431. 강상규 2007, p.48-49
432. 승정원일기 1.5/ 1.20/ 1.24, 고종실록 1.20/ 1.24, 비변사등록 1.20/ 3.2/ 1878.5.3
433. 고종실록 3.4/ 1874.9.20
434. 고종실록 4.19/ 5.23/ 7.13/ 7.16, 승정원일기 7.16, 다보하시 기요시 상 2013, p.648-655, 668-669, 682, 박한민 2017, p.25-39

435. 고종실록 7.9, 다보하시 기요시 상 2013, p.683, 신명호 2014, p.272-274, 김용구 2001, p.339-340, 김태웅 2017, p.144-147, 정동귀 1982, p.233, 신기석 1959, p.10, 백옥경 2012, p.320-329
436. 비변사등록 8.4/ 7.22/11.15, 승정원일기 12.5/12.8
437. 마키하라 노리오 2012, p.114-115, 유모토 고이치 2018, p.402, 460-462
438. 방광석 2008, p.84-85, 와타나베 히로시 2008, p.224, 229-231
439. 도널드 킨 1, 2017, p.585-586, 592, 김기혁 2007, p.166, 김용구 2001, p.337, 오카모토 다카시 2011, p.96-97
440. 미요시 도오루 2002, p.227-228, 도널드 킨 1, 2017, p.602-620, 쟝팅푸 1991, p.61-68, 김용구 2009 외교사, p.307, 고종실록 12.30
441. 고종실록 4.10, 다보하시 기요시 상 2013, p.677-678, 김원모 2003, p.119-120, 김용구 2001, p.342-348, 정동귀 1982, p.232, 국사편찬위원회 2017, p.152
442. 고종실록 4.30/7.9, 승정원일기 4.30, 김수암 2000, p.67
443. 승정원일기 9.8, 김태웅 2017, p.148, 김세민 1999, p.34-36
444. 고종실록/ 승정원일기 10.1, 강준만 1권, p.223
445. 고종실록 11.11, 승정원일기 11.11/ 12.29
446. 고종실록 11.26, 다보하시 기요시 상 2013, p.587-594, 666,682, 김성근 2015, p.71-72
447. 쟝팅푸 1991, p.72-76, 야마무로 신이치 2010, p.39-40, 마키하라 노리오 2012, p.136-137, 양수지 2009, p.111-112
448. 와타나베 히로시 2008, p.232-233
449. 김용구 2001, p. 274-277, 323-327, 다보하시 기요시 상 2013, p.678-681
450. 김종학 2017, p.97-99, 와타나베 히로시 2008, p.41-43, 원재연 2000, p.307-308, 김세민 1999, p.30, 한승훈 2015, p.42-43, 57-58, 이헌주 2006, p.298-301, 305, 최익현 외 2014, p.23-43
451. 마리우스 잰슨 2, 2013, p.604, 도널드 킨 1, 2017, p.641-644, 653-655, 존 페어뱅크 외 하, 2007, p.107-111
452. 가토 요코 2003, p.68-70, 성희엽 2016, p.588-589, 방광석 2008, p.82-84, 도널드 킨 1, 2017, p.661
453. 국사편찬위원회 2017, p.124,136, 김용구 2001, p.350-352, 강진아 2009, p.91-99
454. 고종실록 2.26/4.1/5.27, 최익현 외 2014, p.47-57, 안승일 2016, p.105-107
455. 고종실록 3.23/ 5.27, 승정원일기/비변사등록 3.23, 김용구 2001, p.291-292
456. 고종실록 윤7.6/윤7.20/윤7.29/8.2, 다보하시 기요시 상 2013, p.687-688, 오영섭 1997, p.116-122, 신명호 2014, p.284-285, 김용구 2001, p.292-293, 김수암

2000, p.39, 박정심 2016, p.75,88
457. 승정원일기 4.7, 고종실록/ 비변사등록 5,20
458. 고종실록 4.23/ 6.20, 심헌용 2005, p.76-77
459. 고종실록 6.8, 강준만 1권, p.224
460. 승정원일기 9.1/9.2, 강상규 2008, p.129-130, 허동현 2002, p.517, 한승훈 2015, p.93-94
461. 허동현 2002, p.516, 김경미 1998, p.37-38, 미하일 알렉산드로비치 포지오 2010, p.225-226
462. 승정원일기 10.10/10.11/10.27, 고종실록 10.27, 다보하시 기요시 상 2013, p.690-696, 김용구 2004, p.7, 안승일 2016, p.109-110
463. 고종실록 11.4/9.27, 승정원일기 11.4/9.26/10.27, 김용구 2001, p.310, 김성근 2015, p.80-81, 미하일 알렉산드로비치 포지오 2010, p.109-110
464. 고종실록 11.15, 비변사등록/승정원일기 12.23, 한국사 44, p.32-33, 김경미 1998, p.17-20
465. 비변사등록 11.19, 승정원일기 1880.10.9
466. 비변사등록 11.24, 고종실록 11.6
467. 오카 요시타케 1996, p.37-42, 방광석 2008, p.111-112, 116-124, 130, 마리우스 잰슨 2, 2013, p.610-611, 앤드루 고든 1 2015, p.188, 성희엽 2016, p.617-624, 신명호 2014, p.325-326, 이에나가 사부로 2006, p.69, 마키하라 노리오 2012, p.76, 박삼헌 2013, p.370-371
468. 김영민 2005, p.37-43, 46-47, 가노 마사나오 2009, p.66-68
469. 다보하시 기요시 상 2013, p.681, 697, 진재교. 임경석 외 2006, p.45,53, 허동현 2006, p.265-270, 유영렬 2004, p.2, 박한민 2017, p.44-45
470. 마리우스 잰슨 2, 2013, p.603-610, 함동주 2009, p.130, 비즐리 1996, p.143-144
471. 다보하시 기요시 상 2013, p. 683-684, 쟝팅푸 1991, p.92-94, 김용구 2001, p.311, 373-374, 문일평 2016, p.63, 101, 신기석 1959, p.11-14, 정민경. 이근욱 2011, p.108-109, 이상면 2006, p.102, 105
472. 이매뉴얼 쉬 2013, p.400-401, 오기평 2007, p.226, 김용구 2009 외교사, p.308-310
473. 강성학 1999, p.182-183
474. 승정원일기 4.7/4.22/5.15, 쟝팅푸 1991, p.95-96, 김기혁 2007, p.169, 김용구 2001, p.363-369, 378-382, 와타나베 히로시 2008, p.44-45, 박정현 2005, p.301, 한승훈 2015, p.66
475. 고종실록 4.6, 문일평 2016, p.121-124, 최덕수 외 2010, p.91-95, 오영섭 2004,

p.468, 오시진 2014, p.208-210
476. 오영섭 2004, p.467, 이상면 2006, p.106-107, 김성근 2007, p.96-97
477. 김원모 2003, p.179, 유바다 2016, p.179-182, 오시진 2014, p.209, 김수암 2000, p.48
478. 고종실록 4.25/ 6.5/ 6.9/ 6.10/ 6.11/ 6.12/ 6.29, 다보하시 기요시 상 2013, p.700-710, 강준만 1권, p.254-257, 문소영 2013, p.186-187, 김정기 2002, p.317-323, 박은숙 1997, p.232-233
479. 다보하시 기요시 상 2013, p.724, 755-756, 쟝팅푸 1991, p.100-101, 신명호 2014, p.301-302, 김용구 2004, p.87-93, 김성배 2009, p.175, 이삼성 2009, p.591, 미타니 히로시 외 2011, p.358
480. 고종실록 7.13, 이양자 2002, p. 26, 다보하시 기요시 상 2013, p.754-759
481. 고종실록 7.13/ 7.15, 다보하시 기요시 상 2013, p.765-766, 황현 상 2005, p.180, 김성근 2007, p.108
482. 다보하시 기요시 상 2013, p.761-762, 이양자 2002, p. 27-28, 김정기 2002, p.324, 배항섭 2001, p.224, 임경석 외 2012, p.393-397
483. 고종실록 7.17, 다보하시 기요시 상 2013, p. 670-671, 725-729, 731-740, 759-760
484. 고종실록 7.16/7.18, 승정원일기 7.18, 신기석 1959, p.43
485. 고종실록 7.20/ 7.25/ 8.1/ 9.20
486. 고종실록/ 비변사등록 8.5, 김용구 2004, p.66-67, 윤종혁 1999, p.59-60, 허동현 2002, p.523, 김세민 1999, p.37-38, 70
487. 고종실록/승정원일기 8.23, 김용구 2004, p.68-69
488. 고종실록 10.17/ 11.5, 승정원일기 11.5, 장인성 외 1권 2012, p.127, 이양자 2002, p. 189, 도면회 2014, p.100, 미타니 히로시 외 2011, p.293, 심헌용 2005, p.145, 이태진 2004, p.140-141, 김정기 2002, p.327, 구선희 2005, p.165-170, 배항섭 2001, p.225, 신기석 1959, p.37-41, 임경석 외 2012, p.538-542
489. 고종실록 12.28, 서영희 2005, p.85
490. 도널드 킨 2, 2017, p.812, 833, 마키하라 노리오 2012, p.196-197, 성희엽 2016, p.626-632, 방광석 2008, p.139-156, 정연욱 2004, p.275-278, 이정훈 2012, p.12-15
491. 문일평 2016, p.64-66, 101, 쟝팅푸 1991, p.93
492. 문일평 2016, p.102-112, 김성배 2009, p.178, 신기석 1959, p.14-16, 정민경. 이근욱 2011, p.112, 김수암 2000, p.51-52
493. 도널드 킨 2, 2017, p.815-817, 한승훈 2015, p.85-92

494. 다보하시 기요시 상 2013, p.712-713, 718-719, 745-747, 김종학 2017, p.147-148, 방광석 2014, p.233
495. 다보하시 기요시 상 2013, p.748-751, 도널드 킨 2, 2017, p.823
496. 김원모 2003, p.178
497. 신명호 2014, p.341-344, 372-373, 도널드 킨 2, 2017, p.823-824, 와타나베 히로시 2008, p.248, 미타니 히로시 외 2011, p.305, 와다 하루키 1, 2019, p.123-124, 마키하라 노리오 2012, p.146, 쿠로노 타에루 2015, p.40-41, 최석완 2007, p.110
498. 쟝팅푸 1991, p.106, 이양자 2002, p.35-37, 다보하시 기요시 하 2016, p.472-475, 다보하시 기요시 상 2013, p.770-773, 폴리 2007, p.78-83, 84-91, 김종학 2017, p.165
499. 승정원일기 11.18, 다보하시 기요시 상 2013, p.742-744, 807, 809, 김용구 2001, p.383-384, 414, 한철호 2008, p. 105, 112, 118, 김종학 2017, p.166, 190, 방광석 2014, p.234-235
500. 도널드 킨 2, 2017, p.827, 다보하시 기요시 상 2013, p.807, 한철호 2008, p.110, 김성호 2015, p.77
501. 도미타 쇼지 2008, p.51, 유모토 고이치 2018, p.51, 조명근 2011, p.21-23, 호즈미 가즈오 2019, p.168-171
502. 가토 요코 2003, p.72-73
503. 김수암 2000, p.54-55
504. 승정원일기 1.26/12.22, 고종실록 5.22/6.15/8.8/10.5, 비변사등록 10.6, 황현 상 2005, p.197
505. 고종실록 4.14/6.5, 장인성 외 1권 2012, p.87-91, 강준만 1권, p.280-282, 손정숙 2003, p.38-42, 62
506. 고종실록 6.22, 다보하시 기요시 상 2013, p.617-621
507. 유바다 2016, p.186-187, 다보하시 기요시 상 2013, p.781, 신명호 2014, p.348, 신기석 1959, p.42
508. 고종실록 10.27, 이영훈 1, 2016, p.575, 이노우에 가쿠고로 1993, p.38, 한승훈 2015, p.89-100, 임경석 외 2012, p.522-527
509. 고종실록 12.3
510. 고종실록 2.5/ 7.5/ 8.19, 김수암 2000, p.114
511. 이균 2007, p.117-118, 이덕훈 2015, p.517-523, 강철구 2019, p.42, 도요보 홈페이지 www.toyobo-global.com
512. 유모토 고이치 2018, p.442-443, 야마모토 요시타카 2019, p.111-112
513. 도널드 킨 2, 2017, p.838-839

514. 신기석 1959, p.45, 박한민 2017, p.64-66
515. 문일평 2016, p.148, 154-160, 김원모 2003, p.524-530, 578
516. 김원모 2003, p. 531-532, 최익현 외 2014, p.58-69
517. 유바다 2016, p.185
518. 강상규 2007, p.52-53
519. 다보하시 기요시 상 2013, p.794, 이노우에 가쿠고로 1993, p.41-42, 강진아 2018, p.136-138
520. 한승훈 2015, p.107-108
521. 고종실록 5.3, 다보하시 기요시 상 2013, p.781
522. 승정원일기 6.30, 김원모 2003, p.532-533, 문일평 2016, p.161-163, 하원호 외 2009, p.124, 손정숙 2004, p.67-68, 노대환 2002, p.476
523. 승정원일기 윤5.19/ 6.3, 고종실록 윤5.25/윤5.27/윤5.28/윤5.29/6.1, 강상규 2008, p.139-146, 박정현 2005, p.305, 313, 미하일 알렉산드로비치 포지오 2010, p.335-336
524. 승정원일기 7.6, 강진아 2018, p.115, 한철호 2007, p.69-72
525. 김원모 2003, p.219, 김용구 2004, p.133, 손정숙 2004, p.46-52, 정성화.로버트 네프 2008, p.141-146
526. 고종실록 8.17, 진재교. 임경석 외 2006, p.50-51
527. 승정원일기 10.13, 한승훈 2016, p.76-77, 박은숙 1997, p.216
528. 고종실록 10.17, 다보하시 기요시 상 2013, p.831-832, 905-906, 940-944, 문일평 2016, p.139-142
529. 고종실록 10.19/ 10.21, 다보하시 기요시 상 2013, p.859-868, 김용구 2004, p.189-191, 217, 고종시대사 12, 2017, p.302, 황현 상 2005, p.221, 이양자 2001, p.132-134, 심헌용 2005, p.119
530. 고종실록 10.22/11.1, 황광우 2016, p.196
531. 정희윤 2005, p.13-14, 47
532. 고종실록 11.24
533. 승정원일기/비변사등록 11.30, 김성배 2009, p.53-54, 다보하시 기요시 하 2016, p.31-33
534. 유영렬 2004, p.7-13, 김도형 2017, p.43
535. 쿠로노 타에루 2015, p.42-44, 야마다 아키라 2014, p.25, 강창성 1991, p.101, 박영준 1997, p.442-443
536. 손일 2017, p.578
537. 유모토 고이치 2018, p.34-35, 성희엽 2016, p.708, 미요시 도오루 2002, p.343

538. 도미타 쇼지 2008, p.52
539. 이삼성 2009, p.324, 마키하라 노리오 2012, p.147, 구용회 외 2014, p.97-98, 윌리엄 로 2014, p.391-392, 도널드 킨 2, 2017, p.840
540. 에밀리 로젠버그 2018, p.940-942
541. 한승훈 2016, p.72, 75-76
542. 한승훈 2016, p.63-65, 78-81
543. 손일 2017, p. 555-557, 김용구 2004, p.223-225
544. 다보하시 기요시 상 2013, p.895-901, 933-935, 김용구 2004, p.197-199, 이양자 2002, p.53
545. 한승훈 2016, p.77
546. 한승훈 2016, p.82-85, 홍웅호 2008, p.110-111
547. 요시다 유타카, 2005, p.50-55, 고토 히데키 2016, p.48-51
548. 고종실록 3.10, 김현수 2002, p.69-70, 한승훈 2015, p.144-149, 원유한 1983, p.44-46
549. 고종실록 3.20/ 3.29, 말로제모프 2002, p.63, 김용구 2009, p.529, 한승훈 2015, p.150-152
550. 고종실록 4.3/4.6/4.7/4.8/4.10/5.25, 김용구 2009 거문도, p.128,132-142, 오영섭 2004, p.472, 정상수 2012, p.153
551. 고종실록 6.8, 다보하시 기요시 상 2013, p.977-978, 김용구 2009 외교사, p.524
552. 고종실록 1.4/ 3.6/ 3.29/ 12.13, 비변사등록 1.4/4.28
553. 승정원일기 1.10, 고종실록 1.16, 비변사등록 1.28
554. 승정원일기 3.20/3.24/5.18, 고종실록 8.26, 비변사등록 3.20
555. 승정원일기 7.28, 미하일 알렉산드로비치 포지오 2010, p.466-467
556. 승정원일기 11.7, 고종실록 1876.8.9
557. 다보하시 기요시 하 2016, p. 46-54, 이양자 2002, p.60, 노대환 2002, p.482
558. 다보하시 기요시 하 2016, p.34, 심헌용 2007, p.52-53, 김용구 2004, p.250-252, 벨라 보리소브라 박 2020, p.47-48, 와다 하루키 1, 2019, p.132, 이태진 2004, p.145, 유바다 2016, p.262, 268
559. 고종실록/승정원일기 8.27/8.28, 황현 상 2005, p.230-231, 강준만 2권, p.44-45
560. 다보하시 기요시 하 2016, p.41,56, 김원모 2003, p.127, 이양자 2002, p.57-59, 윤덕한 2012, p.72, 와다 하루키 1, 2019, p.141
561. 승정원일기 9.23, 고종실록 1886.3.5, 다보하시 기요시 하 2016, p.41, 57, 김용구 2004, p.286, 이양자 2002, p.118-119,153, 김기혁 2007, p.186-188
562. 존 페어뱅크 외 하, 2007, p.112, 유모토 고이치 2018, p.32, 후지와라 아키라 상

2013, p.110
563. 다보하시 기요시 상 2013, p.932, 와다 하루키 1, 2019, p.126
564. 다보하시 기요시 상 2013, p.927-928, 다보하시 기요시 하 2016, p.37, 이효정 2009, p. 491-493, 510-511, 김성혜 2014, p.339-340
565. 임종원 2011, p.303-304, 유인선 외 2014, p.372-373, 한일문화기금 동북아역사재단 2014, p.118-121
566. 김용구 2009 거문도, p.59-64, 74-83,168-169, 김현수 2002, p.75-76, 82-83, 김종헌 2008, p.137, 정상수 2012, p.164-165, 한승훈 2015, p.140-143, 강정일 2013, p.153-154
567. 다보하시 기요시 상 2013, p. 937-945, 도널드 킨 2, 2017, p.867-868, 최석완 2007, 17집 p.113-114, 한승훈 2016, p.72-74
568. 고종실록 3.4, 다보하시 기요시 상 2013, p. 974-977, 김용구 2009 거문도, p.73, 쟝팅푸 1991, p.140-141
569. 다보하시 기요시 하 2016, p.43-45, 쟝팅푸 1991, p.120-125, 와다 하루키 1, 2019, p.137-139
570. 호리가와 데쓰오 1983, p.19, 이매뉴얼 쉬 2013, p.407-408
571. 존 페어뱅크 외 하, 2007, p.134, 유모토 고이치 2018, p.96-97, 손일 2017, p.580-581, 마키하라 노리오 2012, p.200, 강창성 1991, p.73, 방광석 2008, p.173-177
572. 김용구 2009 외교사, p. 196, 석화정 2017, p.70-75, 이한기 2009, p.307-309

참고 자료 리스트

순조 ·헌종 ·철종 ·고종실록
승정원일기
비변사등록
http://db.history.go.kr/

가노 마사나오/이애숙 외 옮김	근대 일본의 사상가들, 삼천리, 2009
가토 요코/박영준 옮김	근대 일본의 전쟁 논리, 태학사, 2003
강상규	19세기 동아시아의 패러다임 변환과 한반도, 논형, 2008
강상규	19세기 동아시아의 패러다임 변환과 제국 일본, 논형, 2007
강성학	시베리아 횡단열차와 사무라이, 고려대학교 출판부, 1999
강정일	지정학으로 본 러시아제국의 대한반도 정책(1884-1904), 고려대학교 박사학위논문, 2013
강준만	한국근대사산책, 1권, 인물과 사상사 2007
강준만	한국근대사산책, 2권, 인물과 사상사 2011
강진아	이주와 유통으로 본 근대 동아시아 경제사, 아연출판부, 2018
강진아	문명제국에서 국민국가로, 창비, 2009
강창성	일본/한국 군벌정치, 해동문화사, 1991
계승범	정지된 시간, 서강대학교 출판부 2011
계승범	조선 후기 대보단 친행 현황과 그 정치. 문화적 함의, 역사와 진실 75, P.2010
고야마 게타/김진희 옮김	연표로 보는 과학사 400년, AK, 2020
고토 히데키/허태성 역	천재와 괴짜들의 일본 과학사, 부키, 2016
공하린	세상을 바꾼 과학사 명장면 40, 살림출판사, 2009
곽영직	인류문명과 함께 보는 과학의 역사, 세창출판사, 2020
구메 구니타케/정애영 옮김	특명전권대사 미구회람실기 1권 미국, 소명출판, 2011
구메 구니타케/방광석 옮김	특명전권대사 미구회람실기 2권 영국, 소명출판, 2011
구메 구니타케/박삼헌 옮김	특명전권대사 미구회람실기 3권 유럽, 소명출판, 2011
구메 구니타케/서민교 옮김	특명전권대사 미구회람실기 4권 유럽, 소명출판, 2011
구선희	19세기 후반 조선사회와 전통적 조공관계의 성격, 사학연구 80호, 2005
구용희 외	청일전쟁, 육군 군사연구소, 2014

구태훈	일본근세·근현대사, 재팬리서치21, 2008
국방부 전사편찬위원회	병인·신미양요사, 1989
국사편찬위원회	고종시대사 10, 2017
국사편찬위원회	한국사 44, 2000
권기균	세상을 바꾼 과학 이야기, 에르디아, 2012
권녕성	헌법학원론, 법문사, 2010
권영상	조선후기 한성부 도시공간의 구조, 서울대학교 박사학위논문, 2003
권용립	미국 외교의 역사, 삼인, 2010
금장태	19세기 한국 성리학의 지역적 전개와 시대인식, 국학연구 15집, 2009
김경미	갑오개혁 전후 교육정책 전개과정 연구, 연세대학교 박사학위논문, 1998
김기수	일동기유, 부산대학교 한일문화연구소, 1962
김기혁	근대 한·중·일 관계사, 연세대학교출판부, 2007
김달현. 허동현	1881년 조사시찰단의 명치 일본 산업진흥 정책관 연구, 아태연구 4권, 1997
김명호	환재 박규수 연구, 창비, 2008
김명호	초기 한미관계의 재조명, 역사비평사, 2005
김보림	메이지유신기 일본의 유학생 파견 연구, 전북사학 49호, 2016
김성근	조.청 외교관계 변화 연구, 강원대학교 박사학위논문, 2007
김성근	교양으로 읽는 서양과학사, 안티쿠스, 2009
김성근	메이지 일본의 대조선 외교와 군사기술, 1876-1882, 한국과학사학회지 37권1호, 2015
김성근	19세기 중엽 일본의 정치적 변동과 군사기술의 변화, 한국과학사학회지 30권 2호, 2008
김성배	유교적 사유와 근대국제정치의 상상력, 창비, 2009
김성혜	일본망명자 김옥균 송환을 둘러싼 조·일 양국의 대응, 대동문화연구 88집, 2014
김성혜	1873년 고종의 통치권 장악과정에 대한 일고찰, 대동문화연구 72집, 2010
김세민	고종시대 만국공법 인식 연구, 강원대학교 박사학위논문, 1999
김세진	요시다 쇼인 시대를 반역하다, 호밀밭, 2018
김수암	한국의 근대외교제도 연구, 서울대학교 박사학위논문, 2000
김연옥	1850년대 막부의 해군교육 실태, 역사교육 137, 2016
김영민	명치헌법 체제의 이념과 그 변천에 관한 고찰, 중앙대학교 석사학위논문, 2005
김영작	명치정권 성립을 위한 사상과 운동, 아세아연구 72호, 1984

김영희	메이지 전기 일본의 위생관념과 정책, 건국대학교 박사학위논문, 2016
김용구	거문도와 블라디보스토크, 서강대학교출판부, 2009
김용구	임오군란과 갑신정변 사대질서의 변형과 한국외교사, 도서출판 원, 2004
김용구	세계관 충돌의 국제정치학, 나남출판, 1997
김용구	세계관 충돌과 한말외교사 1866-1882, 문학과 지성사, 2001
김용구	세계외교사, 서울대학교 출판문화원, 2009
김용삼	세계사와 포개 읽는 한국 100년 동안의 역사, 1권, 백년동안, 2020
김용삼	세계사와 포개 읽는 한국 100년 동안의 역사, 2권, 백년동안, 2020
김우철	철종2년(1851) 이명섭 모반사건의 성격, 한국사학보 40호, 2010
김원모	개화기 한미 교섭 관계사, 단국대학교출판부, 2003
김재호	대체로 무해한 한국사, 생각의 힘, 2016
김정기	임오년에 다시 보는 120년 전의 '임오군란', 역사비평 60호, 2002
김종학	개화당의 기원과 비밀외교, 일조각, 2017
김종헌	슈페이예르와 러시아 공사 베베르의 조선 내 외교활동, 대동문화연구 61집, 2008
김태웅	이유원의 경세론과 국제정세 인식, 진단학보 128, 2017
김태훈	일본의 메이지유신과 문명화, 일본문화학보 63집, 2014
김학준	서양인들이 관찰한 후기 조선, 서강대학교 출판부, 2010
김현수	영제국 외교력의 쇠퇴와 '포트 해밀턴' 사건의 상관관계, 영국연구 7호, 2002
김현수	주일 영국공사 파크스의 대일외교 1865-1868, 영국연구 17호, 2007
김현수	주일 영국공사 파크스의 외교활동 1869-1874, 영국연구 19호, 2008
김흥수	1875년 조일교섭의 실패요인, 한일관계사연구 45집, 2013.8
노대환	민영익의 삶과 정치활동, 한국사상사학 18집, 2002
노명식	프랑스혁명에서 파리 코뮌까지 1789-1871, 책과함께, 2011
다나카 아키라/현명철 옮김	메이지유신과 서양문명, 소화 2013
다보하시 기요시/김종학 옮김	근대 일선관계의 연구, 상, 일조각, 2013
다보하시 기요시/김종학 옮김	근대 일선관계의 연구, 하, 일조각, 2016
도널드 킨/김유동 옮김	메이지라는 시대 1, 서커스, 2017
도널드 킨/김유동 옮김	메이지라는 시대 2, 서커스, 2017
도면회	한국 근대 형사재판 제도사, 푸른역사, 2014

도미타 쇼지/유재연 옮김	그림엽서로 본 일본 근대, 논형 2008
동북아역사재단편	대한제국과 한일관계, 경인문화사, 2014
두다료노크 외/양승조 옮김	러시아 극동지역의 역사, 진인진, 2018
라이샤워 외/전해종. 고병익 역	동양문화사 상, 을유문화사, 1985
량치차오/박희성. 문세나 옮김	리훙장 평전, 프리스마, 2013
로널드 토비/허은주 역	일본 근세의 '쇄국'이라는 외교, 창해, 2013
루스 베네딕트/이종인 옮김	국화와 칼, 연암서가, 2019
륭이/류방승 옮김	백은비사, 알에이치코리아, 2013
마리우스 잰슨/김우영 외 옮김	현대일본을 찾아서 1, 이산, 2014
마리우스 잰슨/김우영 외 옮김	현대일본을 찾아서 2, 이산, 2013
마리우스 잰슨/손일 외 역	사카모토 료마와 메이지유신, 푸른길, 2018
마쓰무라 아키라 외/윤철규 옮김	절대지식 일본고전, 이다미디어, 2015
마키하라 노리오/박지영 옮김	민권과 헌법, 어문학사, 2013
말로제모프/석화정 옮김	러시아의 동아시아 정책, 지식산업사, 2002
메리 풀브룩/김학이 옮김	분열과 통일의 독일사, 개마고원, 2000
문소영	조선의 못난 개항, 위즈덤하우스, 2013
문일평/이광린 교주	한미오십년사, 탐구당, 2016
미요시 도오루/이혁재 옮김	史傳 이토 히로부미, 다락원, 2002
미타니 히로시 외/강진아 옮김	다시 보는 동아시아 근대사, 까치, 2011
미하일 알렉산드로비치 포지오/이재훈 옮김	러시아 외교관이 바라본 근대한국, 동북아역사재단, 2010
민유기	이와쿠라 사절단의 프랑스 근대도시 체험과 인식, 사총 80, 2013
박삼헌	천황 그리고 국민과 신민 사이, 알에이치코리아, 2016
박삼헌	천칭폐지령과 메이지유신, 일본연구 21집, 2014
박삼헌	메이지유신과 국민행복의 탄생, 사총 80, 2013
박상후	메이지유신을 이끈 카게무샤, 프리덤&위즈덤, 2019
박성순	고종·순종 연간 의병의 개념과 위상 변천 연구, 동양고전연구 38집, 2010
박영준	명치시대 일본 군대의 형성과 팽창, 국방군사연구소, 1997
박영준	해군의 탄생과 근대일본, 그물, 2015
박영준	제국일본의 전쟁 1868-1945, 사회평론 아카데미, 2020
박영준	근대일본의 국제질서 인식과 대외정책론, 일본연구논총 25호, 2007
박은숙	개항기(1876-1894) 군사정책 변동과 하급군인의 존재양태, 한국사학보 2호, 1997
박정심	한국근대사상사, 천년의 상상, 2016

박정현	19세기말 조선에 온 중국인의 조선인식, 중국학보 51집, 2005
박제형/이익성 옮김	근세조선 정감, 탐구당, 2016
박종인	매국노 고종, 와이즈맵, 2021
박진빈	자연, 도시, 국가: 이와쿠라 사절단의 미국 체험, 사총 80, 2013
박진한	일본근세의 서민지배와 검약의 정치, 혜안, 2010
박한민	조일수호조규 체제의 성립과 운영 연구(1876-1894), 고려대학교 박사학위 논문, 2017
박훈	메이지유신은 어떻게 가능했는가, 민음사, 2018
박훈	메이지유신을 설계한 최후의 사무라이들, 21세기북스, 2020
방광석	근대일본의 국가체제 확립과정, 혜안 2008
방광석	일본의 근대입헌체제 수립과 서양체험, 사총 92, 2017
방광석	러일전쟁 이전 이토 히로부미의 조선인식과 정책, 한일관계사연구 48집, 2014
방광석	근대전환기 일본인의 서양체험, 일본연구 24집, 2015
배한철	'정한'관련 건백서를 통해 본 명치 초기 대외정책의 공론 형성, 서강대학교 석사학위논문, 2015
배항섭	개항기의 대청의식과 그 변화, 한국사상사학 16집, 2001
백옥경	개항기 역관 김경수의 대외인식, 한국사상사학 41집, 2012
벨라 보리소브라 박/최덕규. 김종헌 옮김	러시아 외교관 베베르와 조선, 동북아역사재단, 2020
벳쇼 코이치	가쓰 가이슈의 동아시아 인식과 "문명개화"관, 한국실학연구 18, 2009
변원림	순원왕후 독재와 19세기 조선사회의 동요, 일지사, 2012
비즐리/장인성 역	일본근현대사, 을유문화사, 1996
서영희	대한제국 정치사 연구, 서울대학교출판부, 2005
서현섭	일본 극우의 탄생 메이지유신 이야기, 라의눈, 2014
석화정	풍자화로 보는 세계사; 1898, 지식산업사, 2017
성희엽	조용한 혁명, 소명출판, 2016
소공권/최명 외 역	중국정치사상사, 서울대학교출판부, 1998
손일	에노모토 다케아키와 메이지유신, 푸른길, 2017
손정목	개항기 한성 외국인 거류의 과정과 실태, 향토 서울 38호, 1980
손정숙	한국 근대 주한미국공사 연구(1883-1905), 이화여자대학교 박사학위논문, 2004
송석원	사쿠마 쇼잔의 해방론과 대(對)서양관, 한국정치학회보 37집 5호, 2003
시부사와 에이이치/박훈 역주	일본의 설계자, 시부사와 에이이치, 21세기북스, 2019
시부사와 에이이치/노만수 옮김	논어와 주판, 페이퍼로드, 2009

신기석	청한 종속관계-임오군란을 전후한-, 아세아연구 2권1호, 1959
신명호	고종과 메이지의 시대, 위즈덤하우스, 2014
심기재	木戶孝允과 戊辰戰爭, 일본어문학47집, 2010
심헌용	한말 군 근대화 연구, 국방부 군사편찬연구소, 2005
심헌용	한러군사관계사, 국방부 군사편찬연구소, 2007
아마노 이쿠오/박광현 외 옮김	제국대학, 산처럼, 2017
안승일	김홍집과 그 시대, 연암서가, 2016
안외순	대원군의 사회적 기반과 지지세력, 동방학 6집, 2000
안외순	대원군 집정기 권력구조에 관한 연구, 이화여자대학교 박사학위논문, 1995
앤드루 고든/문현숙 외 옮김	현대일본의 역사 1. 이산, 2015
야마구치 게이지/김현영 옮김	일본근세의 쇄국과 개국, 혜안 2001
야마다 아키라/윤현명 옮김	일본군비 확장의 역사, 어문학사, 2014
야마모토 요시타카/서의동 옮김	일본과학 기술 총력전-근대 150년 체제의 파탄-, AK, 2019
야마무로 신이치/정재정 옮김	러일전쟁의 세기-연쇄시점으로 보는 일본과 세계, 소화, 2010
양수지	19세기 말 유구의 멸망과 군주권, 동북아문화연구 19집, 2009
에곤 프리델/변상출 옮김	근대문화사 제4권; 낭만주의와 자유주의, 한국문화사, 2015
에밀리 로젠버그/조행복 외 옮김	하버드 C.H. 베크 세계사 1870-1945, 민음사, 2018
연갑수	대원군 집권기 부국강병정책 연구, 서울대학교출판부, 2001
오기평	세계외교사, 박영사, 2007
오비나타 스미오	근대일본 '대륙정책'의 구조-타이완 출병문제를 중심으로-, 동북아역사논총 32호, 2011
오시진	근대 국제법상 문명론에 대한 비판론적 고찰, 고려대학교 박사학위논문, 2014
오영섭	개항 후 만국공법 인식의 추이, 동방학지 124권, 2004
오영섭	화서학파의 대(對)서양 인식, 태동고전연구 14집, 1997
오카 요시타케/장인성 옮김	근대일본정치사, 소화, 1996
오카모토 다카시	일본의 류큐 병합과 동아시아 질서의 전환, 동북아역사논총 32호, 2011
와다 하루키/이웅현 옮김	러일전쟁 기원과 개전 1, 한길사, 2019
와타나베 히로시/박충석 공편	한국. 일본. '서양', 아연출판부 2008
요시다 유타카/최혜주 옮김	일본의 군대- 병사의 눈으로 본 근대 일본, 논형, 2005
원유한	영국의 거문도 점령사건, 軍史, 1983
원재연	조선후기 서양인식의 변천과 대외개방론, 서울대학교 박사학위논문, 2000
윌리엄 로/기세찬 옮김	청, 중국 최후의 제국, 너머북스, 2014

유모토 고이치/연구공간 수유 외 옮김	일본근대의 풍경, 그린비 2018
유바다	19세기 후반 조선의 국제법적 지위에 관한 연구, 고려대학교 박사학위논문, 2016
유영렬	윤치호의 문명개화 의식과 반청 자주의식, 한국독립운동사연구 23권, 2004
유인선 외	사료로 보는 아시아사, 위더스북, 2014
윤덕한	이완용 평전, 도서출판 길, 2012
윤영미	시베리아 횡단철도-건설배경과 과정 및 개발정책을 중심으로, 21세기정치학회보 15집 2호, 2005
윤종혁	19세기 한국과 일본의 교육근대화론 수용에 관한 연구, 한국교육 26권, 1999
이계황	일본근세사, 혜안, 2015
이광훈	조선을 탐한 사무라이, for book, 2016
이광훈	상투를 자른 사무라이, 따뜻한손, 2011
이균	일본 경제 근대화의 발자취, 한국학술정보, 2007
이근우	막말기의 새로운 권력구조 구상, 동북아문화연구 19집, 2009
이낙현	일본 근대화에 있어서의 박람회의 역할에 관한 연구, 기초조형학연구 5권, 2004
이노우에 가쓰오/이원우 옮김	막말유신, 어문학사, 2013
이노우에 가쿠고로 외/한상일 역.해설	서울에 남겨둔 꿈, 건국대학교 출판부, 1993
이덕훈	일본의 근대화 과정에서의 방적업의 발전, 일본문화학보 64집, 2015
이매뉴얼 쉬/조윤수 외 옮김	근-현대 중국사 상권; 제국의 영광과 해체, 까치, 2013
이문규 외	과학사산책, 소리내, 2015
이삼성	동아시아의 전쟁과 평화 2, 한길사, 2009
이상면	개항기 조선 주권론 충돌, 서울대학교 법학 47권 2호, 2006
이상배	조선후기 괘서 연구, 강원대학교 박사학위논문, 1997
이상태	제너럴 셔먼호 사건과 신미양요, 軍史 14, 1987
이시이 다카시/김영작 옮김	메이지유신의 무대 뒤, 일조각, 2008
이양자	조선에서의 원세개, 신지서원, 2002
이양자	원세개와 조선의 갑신정변, 중한인문과학연구 7집, 2001
이에나가 사부로/ 연구공간 '수유+너머' 옮김	근대일본 사상사, 소명출판, 2006
이영석	이와쿠라 사절단이 바라본 영국의 산업도시, 사총 80, 2013
이영호	동학과 농민전쟁, 혜안, 2004
이영훈	한국경제사 I, 일조각, 2016

이와나미신서 편집부/서민교 옮김	일본근대사를 어떻게 볼 것인가, 어문학사, 2013
이원우	메이지유신과 테러리즘, 한일관계사연구 58집, 2017
이윤섭	일본 100년, 아이필드, 2016
이은송	대원군 정권의 교육정책에 관한 연구, 한국교육사학 19집, 1997
이정훈	명치흠정헌법의 성립과 한국개화파의 추종, 법철학연구 15권2호, 2012
이종찬	난학의 세계사, 알마, 2014
이준섭	교양 일본문화론, 역락, 2014
이태진	19세기 한국의 국제법 수용과 중국과의 전통적 관계 청산을 위한 투쟁, 역사학보 181집, 2004
이한기	국제법강의, 박영사, 2009
이한기	근대화와 국제법, 법정 55, 1975
이헌주	제2차 수신사의 활동과 '조선책략'의 도입, 한국사학보 25호, 2006
이효정	1884년 조선사절단의 메이지 일본 체험, 고전문학연구 35집, 2009
이희수	교류 초기 러시아인의 한국인식, 대동문화연구 61집, 2008
일본사학회	아틀라스 일본사, 사계절, 2011
임경석 외	한국 근대외교 사전, 성균관대학교 출판부, 2012
임종원	후쿠자와 유키치, 한길사, 2011
임혜련	신정왕후 조씨의 생애와 수렴청정, 한국인물사연구 10호, 2008
장순순	조선 후기 왜관 통제와 교간 사건의 처리, 역사와 현실 75호, 2010
장인성	장소의 국제정치사상, 서울대학교 출판부, 2002
장인성 외 엮음	근대한국 국제정치관 자료집 제1권, 서울대학교 출판문화원, 2012
쟝팅푸/김기주 외 옮김	청일한 외교관계사, 민족문화사, 1991
전국역사교사모임(한국), 역사교육자협의회(일본)	마주보는 한일사 II, 사계절, 2006
전석원	1884-1910년의 급성전염병에 대한 개신교의 의료사업, 한국기독교와 역사 36, 2012
전진성	비스마르크의 환대: '미구회람실기'에 나타나는 근대일본의 자기모색과 프로이센, 사총 80, 2013
정동귀	초창기에 있어서의 한미 외교 관계, 경희대학교 논문집 11, 1982
정민명, 이근욱	미국과 영국의 대조선 수호조약 교섭과정 연구, 동아연구 30권 2호, 2011
정상수	비스마르크의 식민정책과 거문도 사건, 서양사연구 46집, 2012
정성화, 로버트 네프	서양인의 조선살이 1882-1910, 푸른역사, 2008

정연욱	이토 히로부미의 교육이념을 통해서 본 일본 근대교육 성립의 한 단면, 일본어문학 20집, 2004
정희윤	갑신정변 전후 급진개화파의 일본인식, 숙명여자대학교 석사학위논문, 2005
조명근	일제의 국책금융기관 조선은행 연구, 고려대학교 박사학위논문, 2011
조윤민	모멸의 조선사, 글항아리, 2017
조현범	19세기 중엽 프랑스 선교사들의 조선인식과 문명관, 한국정신문화연구원 박사학위논문, 2002
존 페어뱅크 외/김한규 외 역	동양문화사 하, 을유문화사, 2007
주디스 코핀 외/손세호 옮김	새로운 서양문명의 역사 하, 소나무, 2014
진재교, 임경석 외	근대 전환기 동아시아 삼국과 한국, 성균관대학교 출판부, 2006
차하순	서양사총론, 탐구당, 1989
차하순	새로 쓴 서양사 총론 2, 탐구당, 2000
최덕수 외	조약으로 본 한국근대사, 열린책들, 2010
최문형	한국을 둘러싼 제국주의 열강의 각축, 지식산업사, 2001
최익현 외/이주명 편역	원문사료로 읽는 한국 근대사, 필맥, 2014
최진욱	19세기 해방론 전개과정연구, 고려대학교 박사학위논문, 2008
콜린 존스/방문숙 외 옮김	사진과 그림으로 보는 케임브리지 프랑스사, 시공사, 2001
쿠로노 타에루/최종호 옮김	참모본부와 육군대학교, 논형, 2015
폴 발리/박규태 옮김	일본문화사, 경당, 2011
폴리/신복룡 외 옮김	하야시 다다스 비밀회고록, 일본외교의 내막 1900-1910년, 건국대학교출판부, 2007
피터 매시니스/이수연 옮김	100 디스커버리, 생각의날개, 2011
하우봉	조선시대 해양국가와의 교류사, 경인문화사, 2014
하원호 외	개항기의 재한 외국공관 연구, 동북아역사재단, 2009
한상길	개화사상의 형성과 근대불교, 불교학보 45권, 2006
한승훈	영국의 거문도 점령과정에 대한 재검토, 영국연구 36호, 2016
한승훈	19세기 후반 조선의 대영정책 연구(1874-1895), 고려대학교 박사학위논문, 2015
한일문화교류기금 동북아역사재단 편	한국과 일본의 서양문명 수용: 1910년 - 그 이전 100년, 경인문화사, 2011
한철호	한국 근대 주진대원의 파견과 운영(1883-1894), 동학연구 23집, 2007
한철호	개화기 박영효의 '사화기략'에 나타난 일본인식, 한국학논집 44집, 2008
함동주	천황제 근대국가의 탄생, 창비, 2009
함재봉	한국사람만들기 2, 아산서원, 2017

허동현	19세기 한일 양국의 근대 서구문물 수용양태 비교연구, 동양고전연구 24집, 2006
허동현	조사시찰단(1881)의 일본 경험에 보이는 근대의 특성, 한국사상사학 19집, 2002
현광호	세계화 시대의 한국근대사, 선인, 2010
호리가와 데쓰오/왕재열 편역	손문과 중국혁명, 역민사, 1983
호즈미 가즈오/이용화 옮김	메이지의 도쿄, 논형, 2019
홍웅호	청일전쟁 이전 러시아의 동아시아 정책, 대동문화연구 61집, 2008
황광우	역사콘서트 2, 생각정원, 2016
황현/임형택 외 옮김	역주 매천야록 상, 문학과지성사, 2005
후지와라 아키라/서영식 옮김	일본군사사 상, 제이앤씨, 2013
후지이 조지 외/박진한 외 옮김	쇼군, 천황, 국민, 서해문집, 2012
DK Publishing	History of the World Map by Map, DK Publishing, London, 2018
J.M. Roberts	A Short History of the World, Oxford University Press, N.Y., 1993
Paul Kennedy	The Rise and Fall of the Great Powers, Vintage Books, N.Y., 1989

찾아보기

3직제도	155	도사근왕당	106
5개조 어서문	163	도요보	328
8.18 사변	120	독일제국	187
가이텐 궐기	128	동경대학	75, 258, 275
간통사건 처리	93, 234	러터전쟁	259
갑신정변	337	런던각서	112
강화도조약	233	런던세계박람회	56
개세약서	144	류큐인 피살사건	187
개틀링(Gatling) 기관총	235	마쓰가타 디플레이션	300
거문도 점령	347	만국공법	130, 136, 207, 289, 312
견미사절단	99	만동묘	131, 202
경응의숙	164	만엔킨	101
고도칸	44	만인소	288
고두례	206	모리슨호 사건	42
공부대학교	258	무라타 총	63, 287, 319, 356
공부성	177	미야코 제도	283
관왜난출	190	민선의원 설립건백서	217
관제개혁	172	벌링게임사절단	164
국제법학과	301	베이징조약 1860	101
국회개원조칙	298	베이징조약 1874	217
군인훈계	267	별기군	291
금문의 전투	126	병인박해	138
기상관측	193	병인양요	139
기효신서	211	보불전쟁	179, 187
나가사키 조선소	342	보빙사	323
나마무기 사건	114	보신전쟁	160
난일사전	37	보오전쟁	147
난징조약	45	봉천과 조선 변민 교역장정	326
난학	36	분큐 사절단	112
남북전쟁	108	비와호	328
내각제도	360	빈춘 사절단	146
내화벽돌	44	사가의 난	218
네덜란드 군사교관단	75, 86	사무라이들의 반란	252
다케바시 사건	267	사츠에이 전쟁	120
당백전	142, 151	사카시타문 밖의 사건	113
대륙간철도	172	사쿠라다문 밖의 변	100
대만출병	216	산킨고타이	36, 114
대보단	131, 202	삿도맹약	154
대선금지령	64	삿쵸동맹	143
대원군 귀국	352	상락	119
대원군 납치	307	서술책자	233
대정봉환	154	서아프리카회의	361
대총제조방	52	세계표준시	332, 343
데라다야의 변	113	세이난 전쟁	106, 257
데키주쿠	43	소속방토	186, 243
덴포 개혁	45	속방 조회문	305, 316
도고	123, 226	속방 지위 논쟁	243, 316, 317
도미오카 제사장	194	쇼카손주쿠	81
도바-후시미 전투	160	쇼콘사	171

수에즈운하	172	제너럴 셔먼호 사건	140, 156, 176
슈세이칸	58	제물포조약	309
시모노세키 포격사건	119	조미수호조약	303
시모노세키전쟁	128	조사시찰단	293, 300
시모다조약	71, 85	조선책략	246, 279, 284, 288, 311
시바타 사절단	135	조슈 파이브	119
시베리아 횡단기록	267	조영수호조약	325
신론	40	조일통상장정	324, 329
신미양요	181	조중상민수륙무역장정	313
신수급여령	45	종의 기원	96
신화(新貨)조례	179, 185	주기율표	172
쓰시마점령	105	주식회사	171
아이훈조약	91	주진독리	336
아편전쟁	34, 43	지볼트 사건	40, 41
안빈낙도	294	진주민란	109
안세이 5개국조약	89, 98, 112	질록처분	251, 286
안세이 대옥(大獄)	89	징병제	172, 203
애로우호 사건	81	척화비	182, 310
양학소	75	청불전쟁	343, 360
엔	171, 185	총리아문	107, 343, 345
열하문안사	98	캐번디시연구소	219
영선사	295, 301	콜레라	91, 257, 275
영해민란	183	쿠릴열도	229
오가사와라 小笠原 제도	41, 250	크림전쟁	70, 80, 155
오사카사건	356	탈아론	357
오시오 헤이하치로의 난	42	태정관제도	162
오우에쓰 열번동맹	163	태평천국의 난	52, 130
왕정복고의 대호령	154	톈진조약 1858	90, 96
요코스카조선소	129, 135, 143, 185	톈진조약 1885	348, 359
운요호 사건	223	통항일람	65
의복간소화	334	특명전권대사 미구회람실기	267
의사 시험제도	218	파리코뮌	188
이국선무이념타불령	41	판적봉환	170
이명섭 모반사건	55	페인트	69, 287
이시가와지마 石川島 조선소	64	페테르부르크조약	229, 302
이와쿠라 사절단	187, 196, 207	펜제 점령	357
이재선사건	294	폐도령	230, 252
이케다야 池田屋의 변	126	폐번치현	186
인구조사	37	프랑스 군사고문단	153, 194
인신무외교(人臣無外交)	161, 274	학제	194, 204
일러화친조약	71	한성순보	327, 332
일미수호통상조약	90	한성조약	339, 357
일미화친조약	69, 95	항해원략책	105
일본우선회사 NYK	356	해국도지	59
일본은행	320	해외유학생규칙	185
임술민란	109	해외팽창론	41
임오군란	283, 306, 319, 320	해체신서	37, 39
입헌체제 수립에 관한 조칙	228	헌법제정 칙어	251, 315
제1차 조러밀약설	353	혁명의 해	47
제1차 조슈정벌	127	홍경래의 난	24, 31
제2차 조러밀약설	353	화족령	342
제2차 조슈정벌	144	후생신편	44
제2차 견구사절	129	흥아회	284